UNITED NATIONS CONFERENCE ON TRADE AND DEVELOPMENT

WORLD INVESTMENT REPORT

世界投资报告2015

重构国际投资机制

REFORMING INTERNATIONAL INVESTMENT GOVERNANCE

冼国明 葛顺奇 总校译

南開大學出版社

图书在版编目(CIP)数据

世界投资报告. 2015 ：重构国际投资机制 / 联合国贸易和发展组织编. —天津:南开大学出版社,2015.9
ISBN 978-7-310-04921-9

Ⅰ. ①世… Ⅱ. ①联… Ⅲ. ①对外投资—调查报告—世界—2015 Ⅳ. ①F831.6

中国版本图书馆 CIP 数据核字(2015)第 199100 号

南开大学出版社出版发行
出版人:孙克强
地址:天津市南开区卫津路 94 号　　邮政编码:300071
营销部电话:(022)23508339　23500755
营销部传真:(022)23508542　　邮购部电话:(022)23502200
*
天津市豪迈印务有限公司印刷
全国各地新华书店经销
*
2015 年 9 月第 1 版　　2015 年 9 月第 1 次印刷
285×210 毫米　16 开本　19.5 印张　493 千字
定价:158.00 元

如遇图书印装质量问题,请与本社营销部联系调换,电话:(022)23507125

目　录

说　明

联合国贸易与发展会议投资与企业司作为全球卓越中心，主要负责处理联合国体系中投资和企业发展的相关问题。在调查研究和政策分析领域已积累了40年的经验和国际专业知识，并建立了政府间协调机制，为超过150个国家提供技术援助。

本报告中使用的“国家/经济体”是为了适当地说明领土和地区。使用的名称以及编排材料的方式并不代表联合国秘书处对任何国家、领土、城市、地区或主管当局的法律地位或者对其边界划分有任何意见。此外，国别名称的使用完全是为了便于统计和分析，并非对某一国家或地区在发展进程中所处阶段的评判。本报告所采用的主要国别名称沿用联合国统计处的分类，即：

- 发达国家：经合组织成员国（除智利、墨西哥、韩国和土耳其共和国），非经合组织成员国的欧盟新成员国（保加利亚、克罗地亚、塞浦路斯、拉脱维亚、立陶宛、马耳他和罗马尼亚），以及安道尔、百慕大、列支敦士登、摩纳哥和圣马力诺。
- 转型经济体：东南欧国家、独联体国家和格鲁吉亚。
- 发展中经济体：泛指上述未提到的所有经济体。处于统计的目的，中国的数据不包括香港特别行政区（Hong Kong SAR）、澳门特别行政区（Macao SAR）和中国台湾。

联合国贸易与发展会议对报告中出现的公司及活动并不提供支持。

报告中显示的边界和名称以及地图中使用的称谓，并不代表联合国官方认可。

报告中表格所用符号含义如下：

- 两个圆点（..）表示没有数据或无法得到单独的数据。在一些案例中，如果某行的任何一项均无数据，则予以删除；
- —（—）表示该数据等于零或其值可忽略不计；
- 除非另有说明，表中空白表示该项目不适用；
- 年份之间的斜线（/）代表年，例如：1994/95，表示一个财政年度；
- 代表年份的数字间适用连接符（—），例如：1994—1995，表示参与了一个完整的周期，包括起始和终止年份；
- 除非另有说明，“$”代表美元；
- 除非另有说明，年增长率或变化率均指年复合增长率；

表中数据和百分比由于四舍五入的原因，可能合计数与总计数不等。

本报告所载资料尽可引用，但需恰当注明出处。

序　言

《世界投资报告2015》是这一系列丛书的第25本，旨在告知全球讨论未来国际跨境投资的政策环境。

今年的报告显示，由于全球经济的增长乏力，2014年FDI流入下降了16%，降至1.2万亿美元。然而，2015年以后复苏迹象明显。目前，发展中经济体和转型经济体FDI流量占外部发展融资的比重超过40%。

《世界投资报告2015》非常及时地借鉴了在亚的斯亚贝巴举行的第三次发展筹资国际会议——多数重要议题强调FDI重要性、国际投资政策制定和财税体制，以实现未来可持续发展目标的新议程和新进展。

《世界投资报告2015》主要解决国际投资保护和促进方面的重要挑战，包括行使监管的权利、投资者国家争端解决机制、以及投资者责任。另外，也审视了国际投资的金融政策，包括跨国公司在发展中国家的贡献、通过避税引起的金融缺陷、以及离岸投资中心的作用。

《世界投资报告2015》提供了一个国际投资协议体制改革的方法，以及一个国家间、双边、区域和多边的政策指导框架。它还提出了一套原则和指导方针，确保国际税收和投资政策的协调一致。

在此，我将《世界投资报告2015》作为重要的工具推荐给在这关键一年致力于可持续发展的国际投资组织。

潘基文

联合国秘书长

鸣　谢

《世界投资报告2015》由 James X. Zhan（詹晓宁）领导的工作组编写。工作组成员包括 Richard Bolwij、Kwangouck Byun、Bruno Casella、Joseph Clements、Hamed EI Kady、Kumi Endo、Masataka Fujita、Noelia Garcia Nebra、Axèle Giroud、Joachim Karl、Ventzislav Kotetzov、Guoyong Liang、Hafiz Mirza、Shin Ohinata、Sergey Ripinsky、Diana Rosert、William Speller、Astrit Sulstarova、Claudia Trentini、Elisabeth Tuerk、Joerg Weber 和 Kee Hwee Wee。

Jeffrey Owens 担任 WIR15 首席税务顾问并为本书提供很多建议。

研究和数据支持由 Bradley Boicourt、Mohamed Chiraz Baly 和 Lizanne Martinez 提供。同时得到了 Bekele Amare、Ana Conover Blancas、Hasinah Essop、Charalampos Giannakopoulos、Thomas van Giffen、Natalia Guerra、Rhea Hoffmann、Mathabo Le Roux、Kendra Magraw、Abraham Negash、Chloe Reis、Davide Rigo、Julia Salasky、John Sasuya、Carmen Saugar Koster、Catharine Titi，以及实习生 Anna Mouw 和 Elizabeth Zorrilla 的帮助。

Lise Lingo 担任编辑，Laurence Duchemin 和 Teresita Ventura 担任内容排版。

Sophie Combette 和 Nadege Hadjemian 负责封面设计，Pablo Cortizo 负责图标和地图的制作。《世界投资报告2015》的出版和发行得到了 Elisabeth Anodeau-Mareschal、Anne Bouchet、Nathalie Eulaerts、Rosalina Goyena、Tadelle Taye 以及 Katia Vieu 的支持。

在报告准备过程中的不同阶段，尤其是在本报告起草初期的专家研讨会阶段，工作组得益于外部专家的评论和建议，他们是 Wolfgang Alschner、Carlo Altomonte、Douglas van den Berghe、Nathalie Bernasconi、Yvonne Bol、David Bradbury、Irene Burgers、Jansen Calamita、Krit Carlier、Manjiao Chi、Steve Clark、Alex Cobham、Aaron Cosbey、Lorrain Eden、Maikel Evers、Uche Ewelukwa、Michael Ewing-Chow、Alessio Farcomeni、Michael Hanni、Martin Hearson、Steffen Hindelang、Lise Johnson、Michael Keen、Eric Kemmeren、Jan Kleinheisterkamp、Victor van Kommer、Markus Krajewski、Federico Lavopa、Michael Lennard、Jan Loeprick、Ricardo Martner、Makane Mbengue、Nara Monkam、Hans Mooij、Ruud de Mooij、Peter Muchlinski、Alexandre Munoz、Thomas Neubig、Andrew Packman、Joost Pauwelyn、Facundo Perez Aznar、Raffaella Piccarreta、Andrea Saldarriaga、Mavluda Sattorova、Ilan Strauss、Lauge Skovgaard Poulsen、ChristianTietje、Jan van den Tooren、Gerben Weistra 和 Paul Wessendorp。中东商业智库（MEED）也在搜集西亚数据方面提供了帮助。

同时，UNCTAD 感谢来自 UNCTAD 其他部门同事的意见，它们包括来自非洲部门最不发达国家特别项目组、全球化和发展策略部门以及技术逻辑部门，作为内部同行评议过程的一部分，以及来自秘书长办公室的意见，作为审查和清除过程的一部分。联合国制图部门在地区地图方面提供了建议。

众多中央银行、政府机构、国际组织和非政府组织的工作人员也对《世界投资报告 2015》做出了积极贡献。衷心感谢芬兰、挪威、瑞典和瑞士政府提供的财务资助。

缩 略 词

ADR	非诉讼解决机制
AGOA	非洲增长与机会法案
APEC	亚太经济合作组织
ASEAN	东南亚联盟
BEPS	解决税基侵蚀和利润转移报告
BIT	双边投资协定
BOT	建设—经营—转让
BRICS	金砖国家（巴西、俄罗斯、印度、中国、南非）
CETA	全面经贸协议
CFIA	经济合作和投资促进协议
CIL	习惯国际法
CIS	独立国家联合体
CLMV	柬埔寨、老挝、缅甸、越南
COMESA	东南部非洲共同市场
CSR	企业社会责任
DTT	双重征税协定
EPZ	出口加工区
ETR	有效税率
FDI	外国直接投资
FET	公平公正待遇
FTA	自由贸易协定
GATS	服务贸易总协定
GCC	海湾合作委员会
GFCF	固定资本形成总额
GVC	全球价值链
IIA	国际投资协定
IPA	投资促进机构

IPFSD	可持续发展的投资政策框架
ISDS	投资者—东道国争端解决机制
LDC	最不发达国家
LLDC	内陆发展中国家
M&As	并购
MFN	最惠国
MNE	跨国公司
NAFTA	北美自由贸易协定
NEM	非股权模式
ODA	政府开发援助
PPP	公共部门与私人企业合作模式
RCEP	区域全面经济伙伴关系
SEZ	经济特区
SDT	特殊与差别待遇
SIDS	小岛屿发展中国家
SME	中小企业
SOE	国有企业
SPE	特殊目的实体
SWF	主权财富基金
TPO	贸易促进组织
TPP	跨太平洋伙伴关系协定
TRIMs	与贸易有关的投资条款
TTIP	跨大西洋贸易和投资伙伴协定
UNCITRAL	联合国国际贸易法委员会
WIPS	世界投资前景调查报告
WTO	世界贸易组织

内容提要

全球投资趋势

2014 年全球 FDI 流入下降。由于全球经济脆弱、投资者政策不确定和地缘政治风险上升的影响，全球外国直接投资（FDI）流入在 2014 年下降了 16%，降至 1.23 万亿美元。新增投资也被一些大规模撤资所抵消。

发展中经济体内向型 FDI 流量增加了 2%，增至历史最高水平 6810 亿美元。从而发展中国家在全球直接投资流入量中扩大领先。中国成为全球最大的 FDI 接收国。在全球 FDI 接收国的前 10 位排名中，有 5 位来自发展中国家。

2014 年发达国家持续流入的水平较低。尽管跨国并购（M&As）有所复苏，但总体而言，发达经济体的 FDI 流量下降了 28%，降至 4990 亿美元。其主要受到来自美国的一项大规模撤资的影响。

发展中国家跨国公司的投资也达到了历史最高水平：目前发展中亚洲海外投资多于其他地区海外投资。前 20 大投资国中有 9 个国家来自于发展中经济体或转型经济体。这些跨国公司继续并购设立在发展中国家的发达国家海外附属子公司。

大多数区域性合作行动组织在 2014 年经历了流入的下降。参与商讨《跨大西洋贸易和投资伙伴关系协定》（TTIP）以及《跨太平洋伙伴关系协定》（TPP）的国家集团占全球 FDI 流入份额有所下降。相反，东盟（ASEAN）和区域全面经济伙伴关系（RCEP）呈上升趋势，ASEAN 增加了 5%，达到 1330 亿美元，RCEP 增加了 4%，达到 3630 亿美元。

从行业分布来看，随着不断增加的行业自由化、不断增加的服务贸易以及全球价值链中服务地位的不断提升，过去十年间 FDI 不断流向服务业。2012 年，服务业 FDI 存量占全球 FDI 存量的 63%，是制造业占比的两倍多。具有代表性的初级部门占总体行业的比重不到 10%。

2014 年跨国并购强劲反弹至 3990 亿美元。2014 年交易额超过 10 亿美元的跨境并购总数由 168 起增加到 233 起，成为 2008 年以来的最高水平。与此同时，跨国公司撤资活动总额相当于并购总额的一半。

已披露的绿地投资额下降了 2%，降至 6960 亿美元。发展中国家持续吸引了 2/3 的已披露的绿地投资额。来自发达国家和发展中国家的跨国公司绿地投资持续不变。

特殊投资者 FDI 有所变化。在全球并购市场（2014 年并购额达到 2000 亿美元）中，私募股权基金主要反映在大公司之间的交易。主权财富基金（2014 年 FDI 投资达 160 亿美元）越来越多的针对国际基础设施建设。国有跨国公司的国际扩张速度在减缓；尤其是，跨国并购额下降了 39%，降至 690 亿美元。

跨国公司的国际生产在不断扩张。2014 年国际生产有所增加，创造了大约 79 亿美元的附加值。跨国公司海外附属子公司的销售额和资产额增长远快于其国内附属子公司。跨国公司海外附属子公司雇佣了大约 7500 万的劳动者。

FDI 的复苏迹象明显。预期 2015 年全球 FDI 流入增加 11%，增至 1.4 万亿美元。预期 2016 年增至 1.5 万亿美元，2017 年增至 1.7 万亿美元。联合国贸发会议的 FDI 预测计量模型以及大型跨国公司的商业调查表明在未来几年 FDI 流量有所增加。预期未来三年（2015—2017），跨国公司的 FDI 支出占比将从 24%增至 32%。2015 年跨国并购的趋势也将恢复增长。然而，一系列的经济和政治风险，包括欧元区持续不断的不确定性、冲突的潜在溢出效应、以及新兴经济体的固有缺陷，都会扰乱预期的复苏趋势。

地区投资趋势

非洲 FDI 流入维持在 540 亿美元左右。尽管非洲服务业 FDI 的份额仍然低于全球和发展中国家的平均水平，但 2012 年服务业 FDI 存量占地区总存量的 48%，超出制造业 FDI 份额（21%）的两倍以上。主要行业中的 FDI 存量占总体存量的 31%。

亚洲发展中国家 FDI 流入增至历史最高水平（增长了 9%）。2014 年几乎达到了 5000 亿美元，进一步巩固了该地区全球最大接收国的地位。东亚和东南亚的 FDI 流入增加了 10%，增至 3810 亿美元。近几年，跨国公司通过跨境投资基础设施，在增强次区域的互联互通方面，已经成为一股主要力量。西亚的安全局势已经导致 FDI 流量连续六年下降（2014 年下降 4%，降至 430 亿美元）；在大部分地区不断增加的公共投资弥补了不断减少的私人投资。在南亚（增长 16%，增至 410 亿美元），制造业 FDI 有所增加，其中包括汽车行业。

在连续四年的持续增长之后，2014 年拉丁美洲和加勒比地区的 FDI 流量下降了 14%，降至 1590 亿美元。主要源于中美洲和加勒比地区跨国并购的下降以及商品价格的逐步降低，抑制了 FDI 向南美洲的流动。较高的商品价格引起 FDI 流入的增加，之后 FDI 有所放缓，这可能会成为拉丁美洲国家的一次机遇，为 2015 年后的发展议程重新评估 FDI 战略政策。2014 年转型经济体的 FDI 增加了 52%，增至 480 亿美元。地区冲突外加石油价格的下降以及国际制裁，已经损害了经济增长的预期并减少了地区投资者的利益。

发达国家 FDI 流入下降了 28%，降至 4990 亿美元。撤资和公司内部贷款的大幅波动降低了 FDI 流入，降至 2004 年以来的最低水平。流出稳定维持在 8230 亿美元。2014 年跨国并购活动势头强劲。迅速增加的 FDI 收入正在平衡贸易赤字，尤其是在美国以及近期的日本。

结构脆弱的小型经济体 FDI 流量有所变化。最不发达国家（LDCs）的 FDI 增加了 4%。内陆发展中国家（LLDCs）FDI 流入下降了 3%，主要集中在亚洲和拉丁美洲。相比之下，小岛屿发展中国家

（SIDS）的 FDI 流入增加了 22%，主要由于跨国并购销售额的增加。相比于其他金融来源，FDI 更具稳定性和多样化，FDI 的相对重要性意味着其仍然是这些经济体外部金融发展的重要组成部分。在过去的十年间（2004—2014），最不发达国家和小岛屿发展中国家的 FDI 存量翻了两番，内陆发展中国家的FDI存量翻了三倍。由于国际投资发展联盟的共同努力，结构脆弱的经济体FDI存量有可能在2030年再翻三倍。更重要的是，为了实现经济多样化，这些国家还需要进一步努力利用融资手段来增加更大的可恢复性和可持续性。

投资政策趋势

国家投资政策措施继续以加强投资促进和投资自由化、便利化为主。2014 年，80%以上的投资政策措施旨在提升准入环境和降低投资限制；其中的焦点是投资便利化和特定部门的自由化（例如基础设施行业和服务业）。新的投资限制措施多与国家安全和战略性行业（例如交通运输业、能源和国防行业）有关。

针对可持续发展至关重要部门的相关投资措施仍然较少。2010—2014 年，只有 8%的措施是专门针对私有部门参与可持续发展的重点行业（基础设施、健康、教育和缓解气候变化等）。鉴于与可持续发展投资目标（SDG）存在差距（WIR14），各国必须保证集中力量为可持续发展的重点行业放宽投资渠道。

各国和地区也在继续寻求改革国际投资协议（IIA）体制的方法。2014 年签订了 31 项新国际投资协议（IIA），绝大多数包含与可持续发展相关的条款，其中加拿大是最活跃的国家（签署了 7 项新协议）。国际投资协议总量达到了 3271 项。同时，各国和地区也在考虑投资政策制定的新路径。为了降低对当前全球投资协定运作的不满情绪、顺应可持续发展的要求和投资环境的变化，至少 50 个国家和地区参与了对 IIA 模式的审议和修订。巴西、印度、挪威和欧盟公布了投资改革路径。南非和印度尼西亚继续终止有关协定，同时制定新的 IIA 战略。

少数但越来越多的 IIA 包含了投资的准入前承诺。目前，约有 228 个协议提供了对“跨国并购”或“绿地投资”的国民待遇。绝大多数协议包括美国、加拿大、芬兰、日本和欧盟，也包括少部分发展中国家（智利、哥斯达黎加、韩国、秘鲁和新加坡）采纳这一承诺。

2014 年，共发生了 42 项投资者—国家争端解决（ISDS）案例，基于协议的申诉案件累积达到 608 件。发展中国家继续成为首当其冲的被申诉国，但针对发达国家的案件比例有所上升。绝大多数申诉者来自发达国家。2014 年完成了 43 项裁决，使结案总数达到 405 项。其中，国家胜诉比例为 36%，投资者胜诉比例为 27%；剩余案件可能已解决或已中止。

重构国际投资体制：一份行动计划

当前，IIA（国际投资协定）体制亟需系统性改革。从众多国家与地区中的热议及议会听证会可见，对 IIA 体制进行改革，以确保其有利于利益相关者的观点逐步达成共识。问题不在于是否进行改革，而在于改革什么、如何改革以及改革的力度。本报告为上述改革提供了一份行动计划。

IIA 改革可以借鉴 60 年来制定 IIA 规则的经验教训：（1）IIAs 有副作用并且可能存在不可预见的风险，因而相应的保障措施应当到位；（2）IIAs 作为投资促进工具，有其局限性，但同时也有未充分利用的潜力；（3）IIAs 在政策、系统一致性和能力建设等方面具有广泛影响。

IIA 改革应处理好五个主要挑战。IIA 改革应着力于：（1）在公共利益方面保障监管权力，以避免 IIAs 在国家主权上的有限界定不正当地约束公共政策制定；（2）改革投资争端解决机制，以解决当前存在的合法性危机问题；（3）有效扩展 IIAs 中投资促进与投资便利化的内容；（4）确保负责任投资，最大化外国投资的积极影响并最小化其潜在的负面影响；（5）加强 IIA 体制的系统一致性，以克服当前体制中存在的空白、重复及不协调等问题，并协调投资关系。

UNCTAD 为应对上述挑战，提供了政策选择。本报告阐述了针对 IIA 基本要素的政策选择，其中的一些改革措施可结合或调整以满足不同的改革目标：

- 保障监管的权力。政策选择包括澄清或界定最惠国（MFN）待遇、公正与公平待遇（FET）、间接征收以及例外（如公共政策或国家安全）等条款的内容。
- 改革投资争端解决机制。政策选择包括：（1）改革现行 ISDS 中的临时仲裁机制，同时保留其基本结构；（2）替代现行的 ISDS 仲裁体系。前者可通过修改现行机制（例如，改进仲裁程序，限制投资者的进入，利用筛选机制，引入当地的诉讼要求）以及加入新的元素（例如，增加高效且可选择的争端解决方法或构建上诉机构）来实现。如果主权国家希望替代现行 ISDS 机制，则可采取的措施包括创建常设国际投资法庭，或依靠国家—国家和/或国内争端解决方式。
- 投资促进及投资便利化。政策选择包括增加促进内向型投资和外向型投资的条款（例如，东道国措施和母国措施），以及共同的地区投资促进条款，包括任命投资便利化巡视员。
- 确保负责任投资。政策选择包括增加而非降低标准条款，缔结关于投资者责任的条款，如与国内法一致及企业社会责任有关的条款。
- 加强 IIA 机制的系统一致性。政策选择包括提高 IIA 机制的协调性，合并、简化 IIA 网络，协调 IIAs 与其他部门国际法的相互作用，将 IIA 改革提上国内政策议程。

当实施 IIA 改革，在为投资提供保护与便利的同时，政策制定者必须决定保障监管权力的最有效方式。为此，他们需要考虑上述政策选择的多重影响。一些改革政策选择的结合使用也许会出现反效果，甚至达成违背传统投资保护理念的条约。

从程序上来看，IIA 改革行动应在国家、双边、区域、多边层面上同步。在上述各层面上，改革程序包括：（1）评估现状并识别问题；（2）为改革制定策略与行动计划；（3）实施计划并实现目标。

利用 IIAs 实现可持续与包容性发展，聚焦于关键改革领域并遵循多层次、系统且全面的方法，应当是上述改革程序的指导目标。由于尚未达成一个多边体系，同时考虑到现行 IIAs 数量之大，使 IIA 体制服务于可持续发展目标的最佳方法是，以全球支持结构来共同改革该体制。通过政策分析、对各层面上不同程序的协调、与其他部门法的相互作用、技术支持以及建立共识，该结构能为 IIA 改革提供必要的支持。UNCTAD 在这当中发挥着至关重要的作用。只有采取共同的方法，才能保证 IIA 体制的稳定性、明确性、可预测性，从而有助于实现所有利益相关者的目标：有效利用国际投资关系，以促进可持续发展。

国际税收和投资政策协调一致

国际社会正围绕跨国公司的财政贡献做激烈的辩论和巩固政策的工作。焦点主要集中于避税——尤其在二十国集团税基侵蚀和利润转移（BEPS）项目上。与此同时，全球经济增长和发展需要持续的投资，特别是考虑到可持续发展目标（SDGs）的融资需求。因此，现阶段对避税行为采取行动政策势在必行，旨在支持国内资源流动以及继续促进可持续发展的生产性投资。

UNCTAD 预计，跨国公司海外子公司每年对发展中国家政府财政贡献约为 7300 亿美元。平均而言大约是企业总贡献的 23%和政府总收入的 10%。这一贡献的相对大小（和构成）因国家和地区而异。跨国公司对发展中国家的财政贡献超过了发达国家，意味着发展中国家依赖于外国企业的贡献（平均而言，非洲国家政府财政预算的 14%依赖于外国企业的经费支出）。

更进一步讲，一个国家的发展水平越低，它对跨国公司贡献的非税收入的依赖性就越大。平均而言，在发展中国家，海外子公司通过对自然资源的特许使用费、关税、工资税和社会贡献以及其他税收对东道国的财政贡献是其公司收入所得税贡献的两倍多。

跨国公司通过跨境投资的方式构建其企业结构。他们在自身商业和操作需求的约束下，以最为节税的方式来完成构建。因此，FDI 的规模及流向经常受到跨国公司对税收考虑的影响，因为其投资的结构和形式将可能为其以后的投资收入带来避税的机会。

一个有关避税的投资观点集中于离岸投资中心作为全球投资的主要参与者所起到的作用。据统计，约 30% 的跨国公司投资存量是先通过这些离岸金融中心再作为生产性资产流向目标国的。（UNCTAD 的 FDI 数据库删除了与此相关的重复计算的影响）

尽管其他因素也起到了支持作用，但离岸中心在全球企业投资中的重要地位很大程度上是来源于跨国公司的税收筹划。通过各司法管辖区的税率差异、立法错配和税收协定，跨国公司使用一系列手段得以避税。跨国公司税收筹划包括复杂的多层企业结构。其中有两种基本避税手段最为突出：（1）无形资产转移定价手段；（2）融资方式。这两种手段作为避税措施的相关部分典型代表，充分利用了设立于离岸投资中心的实体投资结构——投融资手段尤其依赖通过离岸金融中心的直接投资。

跨国公司的避税行为是与所有国家相关的全球性议题：来自离岸金融中心的投资对发展中国家和发达国家的影响是非常相似的。但是，发展中国家的利润转出，因为发展中国家由于资源限制或专业技术缺乏，往往难以应对复杂的国际避税行为。

跨国公司的避税措施将造成发展资金的巨大缺口。发展中国家估计每年约 1000 亿美元的税收收入损失直接来源于离岸中心的内向型投资存量。通过离岸中心投资的东道国的内向型 FDI 存量与已披露的 FDI 回报率（可纳税的）之间有明确的相关性。通过离岸金融中心实现的投资越多，则应纳税利润的增加就越少。平均而言，在发展中国家，每增加 10% 的离岸金融中心投资将减少 1% 的应纳税利润，并且这个平均值还未考虑国别差异的影响。

跨国公司的避税行为导致了发展中国家政府收入的大量减少。这一现象隐含着不同地区间税收收入分配过程中的公平问题，因此需要重视。目前，发展中国家主要存在税收征管能力有限、税收收入来源更为依赖公司投资者以及离岸中心投资日益增多等特定问题。

因此，必须采取措施解决避税问题，并认真考虑其对国际投资的影响。当前，离岸投资中心作为全球 FDI 融资基础设施的一部分，在国际投资流动中扮演着系统性角色。在国际层面上，任何可能影响离岸投资中心投资便利化功能或者投资便利化手段的措施（例如：税收协定），都必须从投资政策视角考虑。

国际社会正在进行的反避税讨论对投资政策的关注十分有限。然而若要使公司结构的设立易于实现避税，投资便发挥着关键作用。因此在任何解决避税问题的方案中，投资政策都应成为不可或缺的一部分。

国际税收和投资政策协调一致的指导方针或将有助于实现投资政策与反避税措施之间的协同效应。主要目标包括：遏制以激进税收筹划作为促进投资手段的行为；认真研究反避税措施对投资的潜在影响；以合作的方式确认东道国、母国和导管公司所在国的共同责任；管理国际投资和税收协定之间的相互关系；加强投资及财政收入在实现可持续发展中的作用，同时提高发展中国家解决避税问题的能力。

2014 年世界投资报告展示了大量用以支持可持续发展的全球融资需求，同时展示了 FDI 在收缩投资缺口中的作用，尤其是对发展中国家的作用。因此，必须优先考虑强化全球投资的政策环境（包括 IIA 和国际税收制度）。IIA 和国际税收制度是相互联系且各由 3000 多份形似“意大利面碗”的双边协定组成。它们既相互关联，也面临共同的挑战。彼此又是相互改革的对象。尽管 IIA 和国际税收制度都各有其具体的优先改革事项，但是考虑它们改革的联合议程仍是有益的。这有助于扩大覆盖面、优化监管、增强一致性以协调国际税收和投资之间的相互作用，即除了避免其发生冲突外更应使其相互支持。基于此，参与国际投资与发展的团体应当、也能最终建立起一个使各方均受益的全球投资合作共同框架。

国际投资趋势

第一章

一、目前趋势

因受脆弱的全球经济、投资政策的不确定性以及不断上升的地缘政治风险的影响，全球 FDI 流量从 2013 年的 1.47 万亿美元降至 2014 年的 1.23 万亿美元，下降了 16%。[1] 部分新增投资也被撤资活动所抵消。与 FDI 流量减少形成鲜明对比的是全球 GDP、贸易、固定资本形成（GFCF）以及就业的增加（见表 1.1）。

表 1.1　2008—2016 年 GDP、贸易、GFCF、就业、FDI 增长率（%）

变量＼年份	2008	2009	2010	2011	2012	2013	2014	2015[a]	2016[a]
GDP	1.5	-2.0	4.1	2.9	2.4	2.5	2.6	2.8	3.1
贸易	3.0	-10.6	12.6	6.8	2.8	3.5	3.4	3.7	4.7
GFCF	3.0	-3.5	5.7	5.5	3.9	3.2	2.9	3.0	4.7
就业	1.2	1.1	1.2	1.4	1.4	1.4	1.3	1.3	1.2
FDI 增长率	-20.4	-20.4	11.9	17.7	-10.3	4.6	-16.3	11.4	8.4
备忘录：									
FDI 总值（万亿美元）	1.49	1.19	1.33	1.56	1.40	1.47	1.23	1.37	1.48

资料来源：UNCTAD，FDI/MNE 2008—2014 数据库；联合国（UN）（2015）GDP 数据；国际货币基金组织（IMF）GFCF 与贸易数据；国际劳工组织（ILO）就业数据；UNCTAD 2015—2016FDI 预测数据。

a：预测。

注：不包含加勒比地区离岸金融中心 FDI 数据。GFCF：固定资本形成总值。

UNCTAD 预计 FDI 流量将在 2015 年回升至 1.4 万亿美元并持续增长（2016 年、2017 年分别增至 1.5 万亿、1.7 万亿美元），主要源于美国经济的增长预期、需求冲击造成的油价降低、适应性货币政策以及不断深化的投资自由化和促进措施。此外，对宏观经济基本面以及跨国公司（MNEs）盈利能力和现金储备的良好预期也预示了更高的 FDI 流量。然而，一些经济、政治风险，包括欧元区持续的不确定性、地缘政治紧张局势的潜在影响和新兴经济体的固有缺陷，都可能干扰 FDI 流量的回升。

（一）按地理区位划分的 FDI

1. FDI 流入

全球 FDI 流量的减少掩盖了 FDI 流入的地区差异。流入发达国家和转型经济体的 FDI 显著降低，但流入发展中国家的 FDI 仍处于历史高位。

流入发展中国家的 FDI 占全球流量的 55%（见图 1.1）。其中，流入亚洲的 FDI 保持增长态势，而流入拉丁美洲的 FDI 有所降低，非洲的则保持不变。

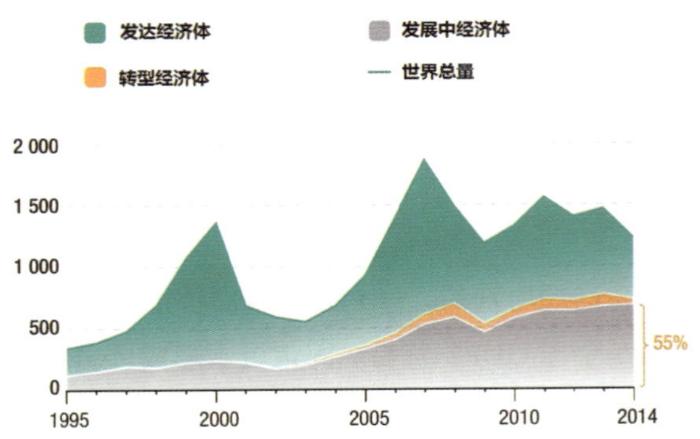

图 1.1　1995—2014 年全球及按经济体组别划分的 FDI 流入（十亿美元）

资料来源：UNCTAD，FDI/MNE 数据库（www.unctad.org/fdistatistics）。

流入发达国家的 FDI 降低了 28% 至 4990 亿美元。其中，美国的 FDI 降至 920 亿美元（仅为 2013 年的 40%），这主要受沃达丰公司（Vodafone）从威瑞森公司（Verizon）撤资的影响。除此之外，流入美国的 FDI 基本保持平稳。流入欧洲的 FDI 降低了 11%，为 2890 亿美元。欧洲经济体中，爱尔兰、比利时、法国和西班牙的 FDI 减少，而流入英国、瑞士、芬兰的 FDI 增加。

FDI 数据统计方法的改变

2014 年，许多国家采用了新的 FDI 数据统计方法。这一方法以世界货币基金组织的第六版《国际收支和国际投资头寸》（BPM6）以及经济合作与发展组织的第四版《关于外国直接投资统计基准定义》（BD4）为基础。本报告中，关于 FDI 统计数据的说明，有两点需要特别注意。

（1）基于资产/负债原则的 FDI 统计与流向原则统计：基于资产/负债原则 FDI 统计是指将直接投资数据按照是否涉及报告经济体的一项资产或者负债进行组织。基于流向原则统计是按照报告经济体直接投资流量和头寸的方向来组织投资数据——流入或流出。两者对逆向投资的处理方式不同（例如：附属子公司对母公司的贷款行为）。

尽管基于资产/负债原则统计适用于宏观经济分析（例如对国际收支平衡的影响），但是基于流向原则统计更多地适用于制定投资政策，这是因为该统计方法以直接投资的来源国或目标国以及投资者进入的特定市场为分析对象。UNCTAD 将继续基于流向原则来公布 FDI 统计数据。

（2）间接投资和中转投资流量。BD4 建议各国采用两种方法对 FDI 进行统计，一种方法包含特殊目的实体（SPEs），[2] 另一种方法则不包含。这一建议为统计一国 FDI 提供了更为有效的方法，排除该国 FDI 中通过本国特殊目的实体投向国外的资金（FDI 流出）以及排除通过国外特殊目的实体投向本国的资金（FDI 流入）。为了避免重复计算，UNCTAD 已将与特殊目的实体相关的投资流量从其统计数据中尽可能地移除。类似地，FDI 中涉及离岸金融中心的流量也应尽可能去除。

资料来源：UNCTAD。

注：关于 UNCTAD 对 FDI 数据序列的统计方法的修改可于网上查看完整版。

由于地区冲突和制裁对新投资者的负面影响，流入转型经济体的 FDI 下降了 52%，为 480 亿美元。某种程度上，由于俄罗斯所受制裁及俄罗斯石油公司与 BP 的巨额交易（详见 WIR14），流入俄罗斯的 FDI 比 2013 年下降了 70%，仅为 210 亿美元。

2014 年流入发展中经济体的 FDI 增长了 2% 并达到了历史新高，总数为 6810 亿美元。其中，流入亚洲发展中经济体的 FDI 有所增长，而拉丁美洲以及加勒比地区发展中国家的 FDI 降低，非洲的水平则保持不变（见图 1.2）。2014 年，流入亚洲的 FDI 增长了 9%，至 4650 亿美元。东亚、东南亚和南亚的 FDI 均有所上升。在中国，FDI 流入总量为 1290 亿美元，较 2013 年增加 4%，这主要归因于国外对中国服务业的投资。中国香港以及新加坡的 FDI 也有所提高。印度的 FDI 显著增长了 22%，增至 340 亿美元。西亚由于地区安全形势的恶化，2014 年 FDI 流入下降了 4%，降至 430 亿美元，已连续 6 年持续下行。

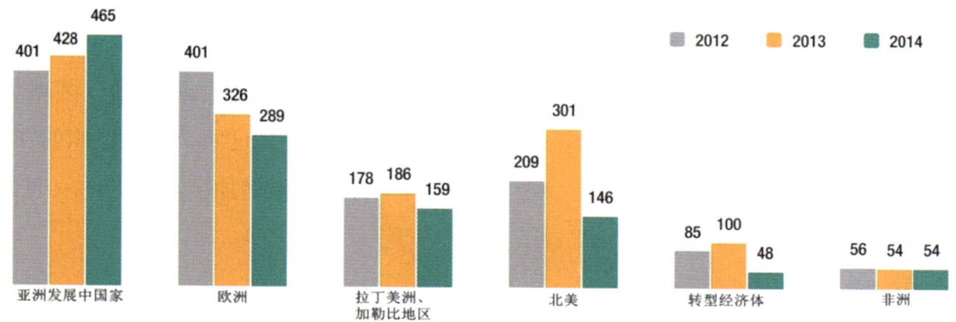

图 1.2 2012—2014 年按区域划分的 FDI 流入（十亿美元）

资料来源：UNCTAD，FDI/MNE 数据库（www.unctad.org/fdistatistics）。

2014 年流入拉丁美洲以及加勒比地区（离岸金融中心除外）的 FDI 下降 14%，降至 1590 亿美元，结束了连续 4 年的增长。下降原因主要为中美洲和加勒比地区跨国并购（M&A）减少了 72%，以及商品价格下跌减少了对南美洲采掘业的投资。委内瑞拉玻利维亚、阿根廷、哥伦比亚和秘鲁的 FDI 流入减少，而智利的 FDI 则因为高水平的跨境并购而有所增加。对于巴西来说，流入初级部门 FDI 的骤降与流入制造业、服务业 FDI 的增加相抵消，使其 FDI 流入总水平与 2013 年基本持平。

非洲的 FDI 流入较为稳定，为 540 亿美元。北非的 FDI 减少了 15%，至 120 亿美元，而撒哈拉以南非洲地区 FDI 增长了 5%，至 420 亿美元。在撒哈拉以南非洲地区中，由于西非的埃博拉疫情、地区冲突和商品价格下降等负面影响，西非国家的 FDI 较上年减少 10%，至 130 亿美元。流入南非的 FDI 也下降了 2%，至 11 亿美元。与此相反，中非、东非地区的 FDI 分别增长了 33%和 11%，数额分别为 120 亿美元和 70 亿美元。

对于结构脆弱、易受冲击的小型经济体来说，其 2014 年的 FDI 流入呈现出不同的趋势。最不发达国家（LDCs）由于受到绿地投资项目的促进，流入的 FDI 上升了 4%，至 230 亿美元。亚洲、拉丁美洲为主的内陆发展中国家（LLDCs）的 FDI 流入减少了 3%，至 290 亿美元。发展中小岛屿国家（SIDS）的 FDI 上涨了 22%，至 70 亿美元，这主要是因为跨境并购的推动作用。

总的来说，中国在 2014 年已成为世界范围内最大的 FDI 流入国（见图 1.3），而美国则由于沃达丰对威瑞森的撤资跌至第三位。在 FDI 流入最多的前 10 个国家中，有五个是发展中经济体。

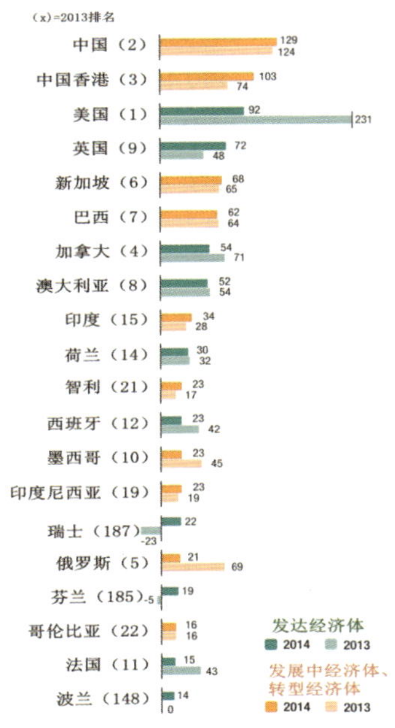

图 1.3　2013 年和 2014 年 FDI 流入前 20 位东道国经济体（十亿美元）

资料来源：UNCTAD，FDI/MNE 数据库（www.unctad.org/fdistatistics）。

注：不包含加勒比地区离岸金融中心数据。

大多数参与区域一体化进程的区域性合作组织的 FDI 流入在 2014 年有所下降。2014 年全球以及区域 FDI 流量的减少也影响了区域合作组织的 FDI 流入。参与谈判《跨大西洋贸易与投资伙伴关系协定》（TTIP）以及《泛太平洋伙伴关系协定》（TPP）的国家集团占全球 FDI 流量份额有所降低。而东盟（ASEAN）、区域全面经济伙伴关系（RCEP）这两个亚洲组织的 FDI 流入则逆势上升，分别增加了 5%和 4%（见图 1.4）。

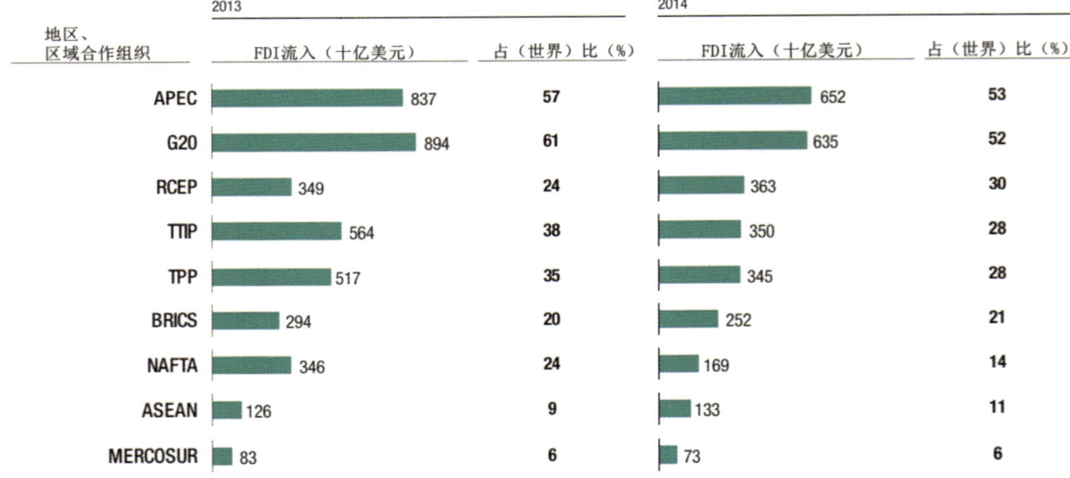

图 1.4　2013 年和 2014 年特定地区及区域合作组织 FDI 流入（十亿美元，%）

资料来源：UNCTAD，FDI/MNE 数据库（www.unctad.org/fdistatistics）。

注：2014 年按 FDI 流入降序排列。G20：只收录了其中 19 个国家的数据（无欧盟）；APEC：亚太经济合作组织；TTIP：跨大西洋贸易与投资伙伴关系协定；TPP：泛太平洋伙伴关系协定；RCEP：区域全面经济伙伴关系；BRICS：巴西、俄罗斯、印度、中国、南非；NAFTA：北美自由贸易协定；ASEAN：东盟；MERCOSUR：南方共同市场。

区域合作组织的FDI趋势很大程度上取决于全球FDI趋势、经济表现以及区位因素。建立长效合作机制，通过开放更多领域以及调整投资者激励政策，将极大地促进区域合作组织FDI的增长。区域内FDI流量可随着投资限制的减少（例如：放开特定行业的投资限制）、交易成本的降低以及政策的趋同而有所增加。区域外FDI（例如：从外部流入该地区的FDI）可随着市场规模的扩大而有所增加（这对小型区域合作组织和小型经济体尤为重要）。此外，区域间投资的协调机制也可能使某地区的外部FDI流入增加。

地域的不同，使区域一体化对区域内以及区域外FDI的影响也不同。某些发展中经济体的区域内FDI流入占其FDI总流入的比重很低。[3]但是在亚洲，例如东盟，区域一体化对FDI影响显著。2014年，APEC经济体的FDI流入达到6520亿美元，超过了全球FDI流量的一半。APEC经济体之间的FDI流量和存量也非常显著，在2009—2011年间约占到了流入存量的40%。

2. FDI流出

发展中国家以及转型经济体跨国公司（MNEs）对外投资持续增长。

亚洲发展中经济体已成为世界上最大的投资输出地区。2014年，发展中经济体跨国公司对外投资共计4680亿美元，较上年增长了23%。而其占全球FDI输出的比重也从2007年的13%上升至35%（见图1.5）。

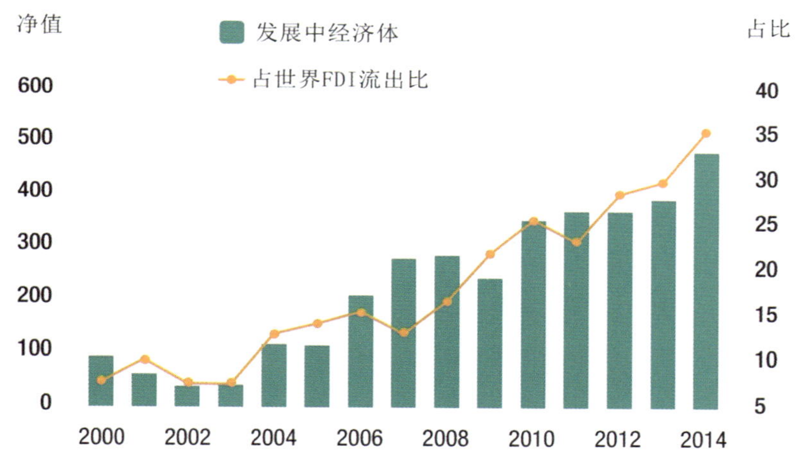

图1.5 2000—2014年发展中经济体FDI流出及占世界比重（十亿美元，%）

资料来源：UNCTAD，FDI/MNE数据库（www.unctad.org/fdistatistics）。

注：不包含加勒比地区离岸金融中心数据。

发展中国家跨国公司通过绿地投资以及跨境并购扩张了其国外业务。

发展中国家的FDI流出中股本输出形式占到了一半以上，而发达国家跨国公司FDI流出仍以收益再投资为主，其比重达到了创纪录的81%（见图1.6）。资本股权流动比收益再投资更有可能带来新投资和资本支出，且未来可能转化为外国子公司的现金储备。

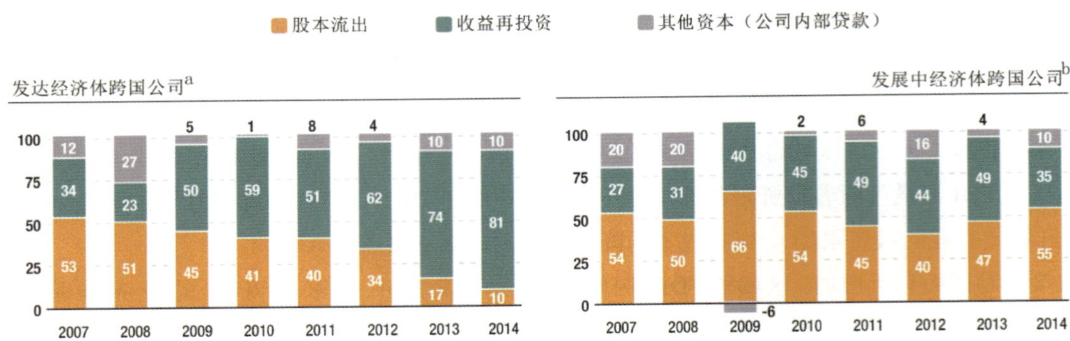

图 1.6　2007—2014 年按组成部分和经济体组别划分的 FDI 流出（%）

资料来源：UNCTAD，FDI/MNE 数据库（www.unctad.org/fdistatistics）。

注：不包含加勒比地区离岸金融中心数据。

a：发达经济体包括：澳大利亚、比利时、保加利亚、加拿大、克罗地亚、塞浦路斯、捷克、丹麦、爱沙尼亚、芬兰、德国、希腊、匈牙利、冰岛、爱尔兰、以色列、拉脱维亚、立陶宛、卢森堡、马耳他、荷兰、挪威、葡萄牙、斯洛伐克、斯洛文尼亚、西班牙、瑞典、瑞士、英国、美国。

b：发展中经济体包括：阿尔及利亚、安圭拉岛、安提瓜巴布达、阿鲁巴岛、巴哈马、巴林岛、孟加拉国、巴巴多斯、伯利兹、玻利维亚、博茨瓦纳、巴西、柬埔寨、佛得角、智利、哥斯达黎加、库拉索岛、多米尼加、萨尔瓦多、斐济、格林纳达、危地马拉、洪都拉斯、中国香港、印度、印度尼西亚、韩国、科威特、莱索托、马拉维、墨西哥、蒙古、蒙特色拉特岛、摩洛哥、纳米比亚、尼加拉瓜、尼日利亚、巴基斯坦、巴拿马、菲律宾、圣克里斯多福与尼维斯、圣露西亚岛、圣文森特和格林纳丁斯、萨摩亚、圣多美和普林西比、塞舌尔、新加坡、圣马丁岛、南非、斯里兰卡、巴勒斯坦、苏里南、斯威士兰、中国台湾、泰国、特立尼达拉与多巴哥、土耳其、乌干达、乌拉圭、玻利维亚与委内瑞拉、越南。

发展中经济体中，亚洲跨国公司对外投资有所增长，而拉丁美洲、加勒比地区以及非洲对外投资有所减少。亚洲发展中国家跨国公司也首次成为世界最大的投资输出群体，几乎占全球 FDI 流出总量的 1/3（见图 1.7）。在 20 个最大的对外投资母国中，有 9 个是发展中或者转型经济体，分别是：中国香港、中国大陆、俄罗斯、新加坡、韩国、马来西亚、科威特、智利、中国台湾（见图 1.8）。

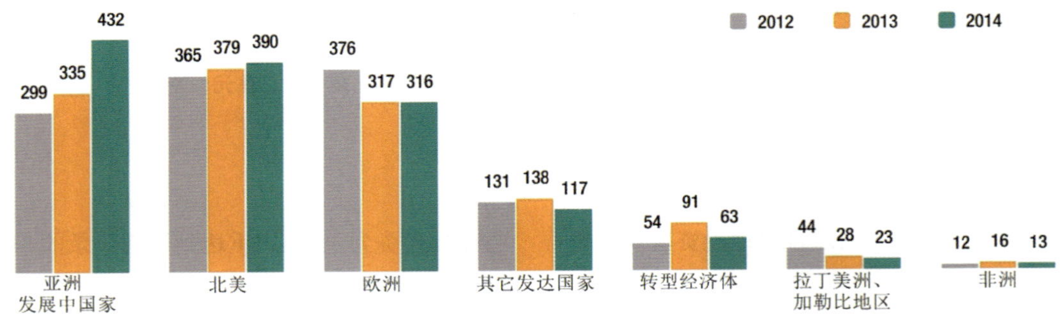

图 1.7　2012—2014 年发展中经济体 FDI 流出及占世界比重（十亿美元，%）

资料来源：UNCTAD，FDI/MNE 数据库（www.unctad.org/fdistatistics）。

注：不包含加勒比地区离岸金融中心数据。

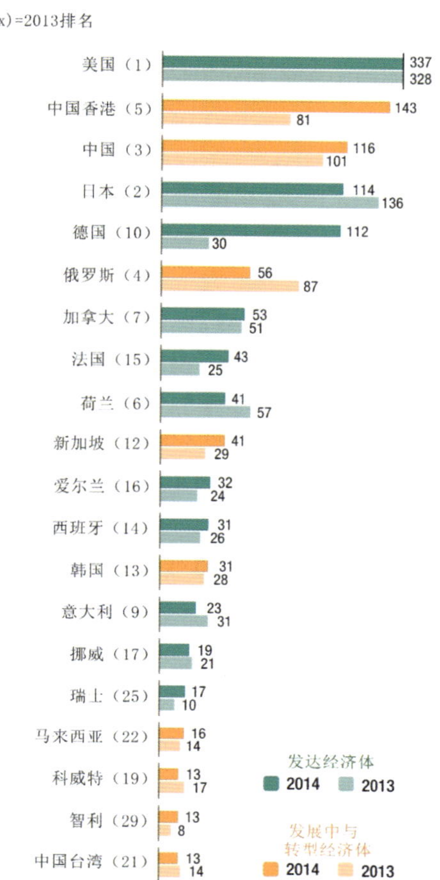

图 1.8　2013 年和 2014 年 FDI 流出前 20 位母国经济体（十亿美元）

资料来源：UNCTAD，FDI/MNE 数据库（www.unctad.org/fdistatistics）。

注：不包含加勒比地区离岸金融中心数据。

2014 年，发展中经济体对外输出的 FDI 中，29%来自亚洲发展中国家跨国公司，总量为 4320 亿美元。同时，亚洲 FDI 输出增长的区位分布也很广泛，包括亚洲各个地区的主要经济体和次区域。在东亚，中国香港跨国公司的 FDI 流出跃升至 1430 亿美元，成为世界上继美国之后的第二大投资输出来源地。这一瞩目的增长主要归因于跨境并购活动的蓬勃发展。另外，中国大陆 FDI 流出增长率也超过了 FDI 流入增长率，达到了 1160 亿美元的新高。在东南亚，2014 年 FDI 流出的增长大部分来源于新加坡快速增长的对外投资，为 410 亿美元。由于印度跨国公司的持续扩张，南亚地区也扭转了 2013 年 FDI 流出下滑的趋势，2014 年增长了 5 倍，至 100 亿美元。西亚跨国公司的 FDI 流出在 2014 年降低了 6%，至 130 亿美元，这主要因为该地区最大的海外投资国科威特对外投资输出的减少。土耳其跨国公司 FDI 流出也增长了近一倍，达到 70 亿美元。

拉丁美洲和加勒比地区的跨国公司（除离岸金融中心以外）FDI 流出在 2014 年减少了 18%，至230 亿美元。墨西哥以及哥伦比亚跨国公司 FDI 流出降低了近一半，分别为 50 亿美元和 40 亿美元。相反，智利——该地区 2014 年主要的对外投资国——跨国公司由于公司内部贷款的强劲增长，其 FDI 流出上升了 71%，至 130 亿美元。巴西跨国公司则连续 4 年因接收债务还款以及从其国外子公司借款而有负的 FDI 流出。

非洲跨国公司总体 FDI 流出在 2014 年降低了 18%，至 130 亿美元。非洲的两大对外投资国，南非以及尼日利亚则在 2014 年增加了对外投资。南非跨国公司主要投资于通信、采矿以及零售等领域，而尼日利亚则专注于金融服务业。值得注意的是，非洲国家间的相互投资在 2014 年有显著增长。

转型经济体跨国公司的 FDI 流出在 2014 年也降低了 31%，至 630 亿美元。资源输出型国家——主要是俄罗斯的跨国公司因受国际金融市场限制、较低的商品价格以及卢布贬值等不利因素的影响，减少了对外投资。

发达经济体的 FDI 流出较为稳定，维持在 8230 亿美元的总水平，但是数字背后包含了大量的新投资以及撤资活动之间的相互抵消。

欧洲跨国公司对外投资水平基本维持不变。德国和法国跨国公司对外投资的强势增长也被英国、卢森堡跨国公司负的 FDI 流出所抵消。德国已成为欧洲最大的对外投资国。沃达丰公司对威瑞森无线通信公司的撤资极大地削减了英国的FDI 流出（减少 450 亿美元，至-600 亿美元）。卢森堡 FDI 流出的骤减（从 350 亿美元到-40 亿美元）则主要由于公司内部贷款的变动。

在北美，由于加拿大跨国公司活跃的资产并购交易，其 FDI 流出上升了 4%，至 530 亿美元。美国 FDI 流出也增加了 3%，至 3370 亿美元。由于美国对外新增股本投资与撤资、收回公司内部贷款相互抵消，使得美国 2014 年 FDI 流出的增加主要来源于收益再投资。日本 FDI 流出减少了 16%，结束了为期三年的扩张。尽管日本跨国公司对北美的投资水平依然稳定，但其对亚洲和欧洲投资的急剧减少使得总 FDI 流出降低。

3. 投资强度指标与南—南 FDI

南—南国家的 FDI 流量，包括区域内的流量，近年来显著增强。发展中国家的 FDI 流量在过去的十年内明显增加，目前已占世界 FDI 流量的 1/3。其中，对外投资规模最大的几个经济体包括：巴西、中国大陆、印度、俄罗斯、韩国、马来西亚、墨西哥、新加坡、南非以及中国台湾。发展中经济体间的对外 FDI 存量（不含加勒比地区离岸金融中心）已经增长了 2/3，即从 2009 年的 1.7 万亿美元增至 2013 年的 2.9 万亿美元。东亚和东南亚在 2013 年已成为 FDI 存量最多的发展中地区（见图 1.9）。在所有南—南国家 FDI 流量中，最不发达国家所占比重虽然一直在增长，但依然很低。

发展中经济体对外FDI存量主要来源分布

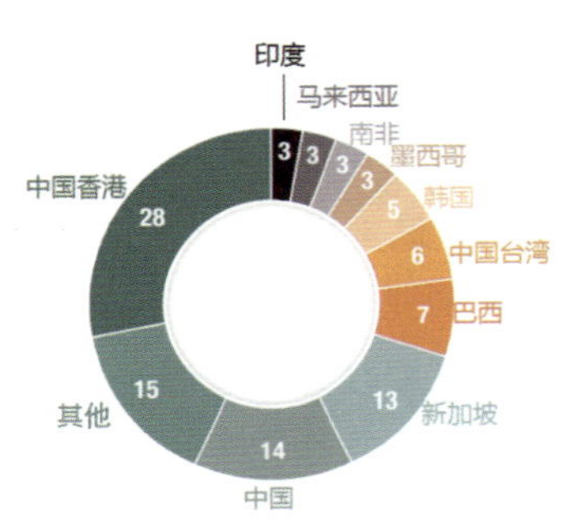

发展中经济体对外FDI主要目的地

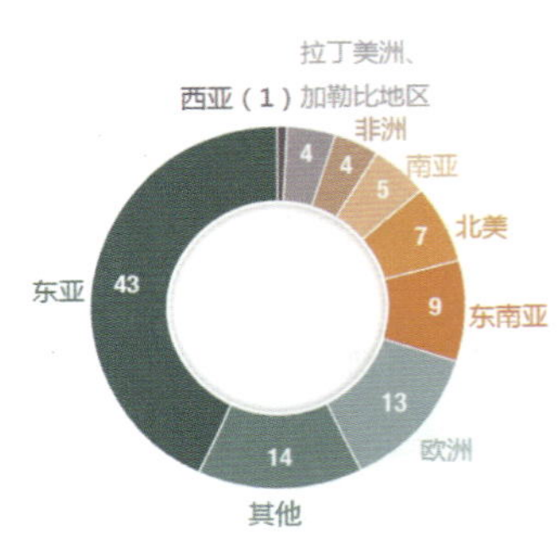

图 1.9　2013 年发展中经济体 FDI 存量：主要来源地和主要目的地（%）

资料来源：UNCTAD，FDI/MNE 数据库（www.unctad.org/fdistatistics）。

通常，大多数发展中经济体的投资行为发生在与其地理上较为接近的地区。较为熟悉的环境是跨国公司早期国际化进程的驱动因素之一，而区域市场和价值链则是更为关键的驱动因素。南非 FDI 目的地之间较强的区域联系就是很好的印证。一国与其邻国密切的 FDI 双边投资也印证了这一点（见表 1.2）。

除了对邻近区域的熟悉程度，决定南—南国家间 FDI 具体模式的因素还包括跨国公司的投资动机、母国政策以及历史关联（WIR06）。在投资动机方面，例如，韩国跨国公司的对外投资以效率导向为主，尤其是对东亚和东南亚的投资，然而，对南亚投资也有市场导向的目的。同样地，自然资源导向的 FDI，如采掘业也占有相当大的比重。这也很好地解释了中国对诸多非洲国家投资的原因。

表 1.2 2012 年所选主要发展中母国经济体双边 FDI 强度

东道国经济体	母国经济体							
	中国		韩国		马来西亚		墨西哥	
关系密切	布隆迪	43.4	马达加斯加	23.6	印度尼西亚	13.4	洪都拉斯	25.5
	老挝	34.8	柬埔寨	21.9	柬埔寨	10.9	危地马拉	20.4
	安哥拉	28.8	也门	16.5	越南	7.3	萨尔瓦多	20.2
	津巴布韦	15.1	缅甸	12.7	新加坡	5.3	厄瓜多尔	18.6
	阿富汗	13.8	越南	11.2	泰国	4.7	哥斯达黎加	9.8
	塔吉克斯坦	13.7	菲律宾	8.7	菲律宾	3.4	尼加拉瓜	9.7
	几内亚比绍	13.1	中国（东道国经济体）	6.9	澳大利亚	2.3	多米尼加	7.4
	柬埔寨	13.0	所罗门群岛	5.8	中国台湾	2.1	巴西	5.3
	刚果民主共和国	12.3	老挝	5.7			哥伦比亚	4.9
	缅甸	11.7						
东道国经济体	母国经济体							
	巴西		印度		新加坡		南非	
关系密切	安哥拉	51.5	尼泊尔	177.6	马来西亚	10.1	斯威士兰	101.0
	奥地利	29.9	东帝汶	32.5	印度尼西亚	7.1	津巴布韦	71.6
	乌拉圭	15.6	不丹	32.3	菲律宾	7.0	博茨瓦纳	64.7
	卢森堡	10.2	巴林岛	22.2	中国台湾	4.6	纳米比亚	64.0
	巴拉圭	9.9	斯里兰卡	14.7	中国	4.2	马拉维	49.2
	阿根廷	5.8	阿联酋	7.9	泰国	4.0	莫桑比克	32.0
	秘鲁	4.1	新加坡	5.3	老挝	3.1	索莱托	27.8
	荷兰	4.0	加蓬	3.5	澳大利亚	2.4	加纳	24.1
	匈牙利	3.2	孟加拉国	2.9	印度	1.8	肯尼亚	22.1
	委内瑞拉玻利维亚	2.5	肯尼亚	1.2	越南	1.8	卢森堡	16.0

资料来源：UNCTAD，FDI/MNE 数据库（www.unctad.org/fdistatistics）。

注：依据 2012 年双边相对 FDI 投资强度比率排序。双边相对 FDI 投资强度是指母国对某一东道国投资存量占母国对外 FDI 总存量的比值，除以东道国 FDI 流入存量占世界 FDI 流入总存量的比值。即：东道国对母国的相对重要性与东道国对世界 FDI 相对重要性之比。

母国政策对 FDI 的影响非常显著。新加坡尽管地域狭小，但其跨国公司由于政府对企业国际化的政策激励而对邻近的亚洲国家大量投资。

最后，国家间的历史关联对投资的区位选择也有一定的影响。例如，历史关联或许可以部分解释印度与肯尼亚、加蓬、阿联酋等国间的高强度 FDI 活动。

（二）按进入模式划分的 FDI

跨境并购的显著增加使绿地投资项目逐渐减少。[4] 在连续两年的下降以后，跨境并购活动在 2014 年有所回升（见图 1.10）。按净额计算，[5] 跨境并购的总价值较 2013 年增加了 28%，达到近 4000 亿美元。可见跨国公司对大规模的企业并购活动重拾信心。

在发达国家的跨境并购总额增长了 16%，而发生在发展中国家和转型经济体的跨境并购交易额增加了 66%。

绿地投资项目对投资者的吸引力有所减弱。绿地项目在 2013 年经历了短暂复苏后，已披露的绿地项目额在 2014 年略微下降了 2%，接近于 7000 亿美元。特别地，2014 年发达经济体与发展中经济体绿地项目额与 2013 年相比基本不变（均减少了 1%），但转型经济体的绿地项目额大幅减少（减少了 13%）。

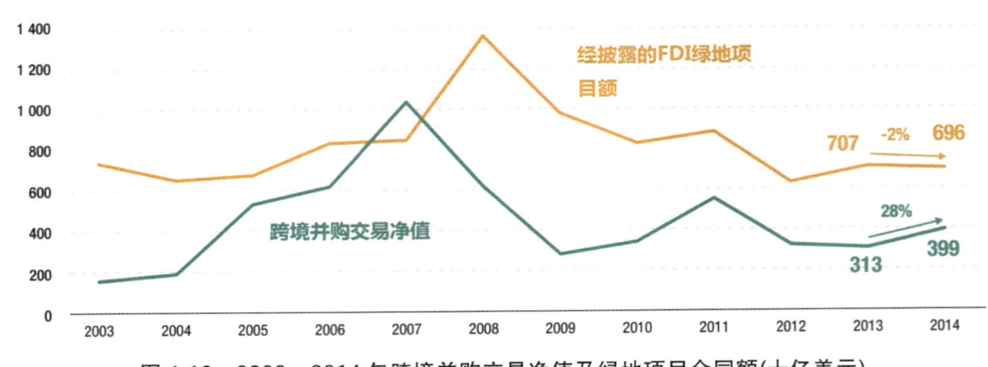

图 1.10　2003—2014 年跨境并购交易净值及绿地项目合同额(十亿美元)

资料来源：UNCTAD，跨境 M&A 数据库（www.unctad.org/fdistatistics）；金融时报有限公司，绿地项目 FDI 市场（www.fDimarkets.com）。

跨国公司并购活动增加。跨境并购交易总额在 2014 年增长了 34%，冲高至 9000 亿美元，显著高于近年平均水平（2010 年至 2014 年均值为 7750 亿美元）。此次跨境并购交易的增长主要涉及制造业（增长 77%）与服务业（增长 36%）。尽管这两个部门中几乎所有产业的并购交易额均有所增长，但是化工业、医药业以及电信业的增长尤为突出，上述行业中的几次重大并购交易也印证了这一点。

大型并购交易回归。大型并购交易再度出现是本次跨境交易额增长的关键因素之一。大型跨国公司通常更想利用其现金储备参与到大规模的跨境合作之中。2014 年，交易额超过 10 亿美元的跨境并购总数由 168 起增加到 233 起，这是 2008 年以来的最高水平。而这些交易的均值接近 34 亿美元，较 2013 年的 29 亿美元明显提升。所有 233 起大型并购交易中有 173 起发生在发达经济体，交易总额约为 5980 亿美元，占所有大型交易的 77%（大型交易总额为 7620 亿美元）。

美国公司在跨境并购中有着较大的吸引力，全球最大规模的跨境并购交易超过 1/3 发生在美国。欧洲跨国公司在美国的收购目标以制药企业为主，同时兼顾其他行业的企业。例如，德国拜耳（Bayer）以 142 亿美元收购默克公司（Merck）的消费医疗业务，瑞士罗氏公司（Swiss Roche）以 83 亿美元收购美国 Intermune 生物制药公司。2014 年，印度菲亚特（Fiat）以 36.5 亿美元收购克莱斯勒（Chrysler），实现全资控股。

欧洲的大型并购交易主要集中在电信行业。其最大的五起跨境并购中，有三起涉及电信业务且参与主体都是欧洲跨国公司。最大的一起并购交易是欧洲有线电视和手机运营商蒂斯 Altice SA（总部卢森堡）以 230 亿美元价格收购威望迪旗下通信公司 SFR SA（总部法国）。

撤资：跨境并购活动的另一面。跨国公司寻求战略性并购交易不仅是为了扩张，也可能是为了精简其全球资产。跨国公司境外实体的股权交易额（撤资[6]包括出售给当地企业或其他跨国公司）在 2014 年达到了创纪录的 5110 亿美元，比上年增长了 56%（见图 1.11），也是 2008 年以来的最高水平。在这些交易中，出售给其他跨国公司（52%）以及转移给当地企业（48%）的比例大致相等。

跨国公司撤资活动的增加反映了跨境并购交易的频繁，而不是通过跨境并购来实现所谓的“去国际化”。事实上，图 1.11 表明，跨国公司的撤资活动在排除沃达丰（Vodafone）对威瑞森（Verizon）撤资这一特例后，与近年历史平均水平基本持平。

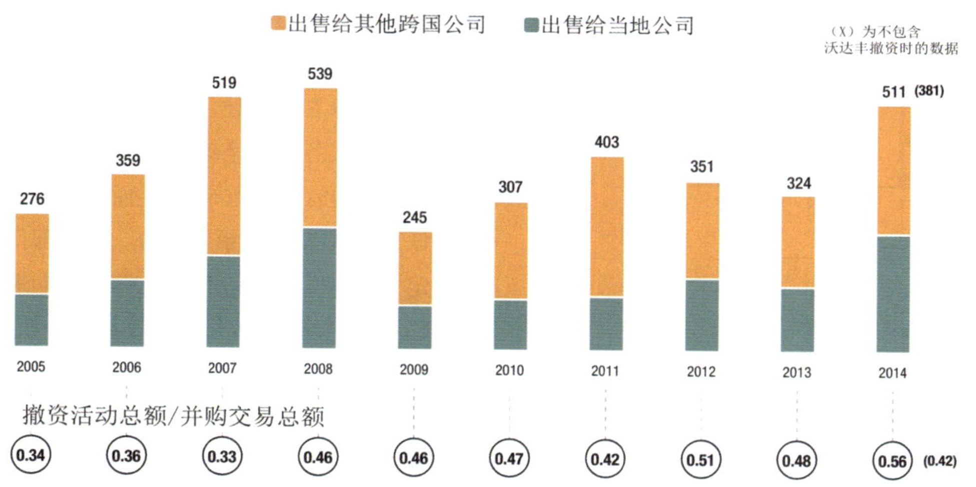

图 1.11　2005—2014 年撤资活动总额(十亿美元)

资料来源：UNCTAD，跨境 M&A 数据库（www.unctad.org/fdistatistics）。

发展中经济体跨国公司继续寻求收购位于发展中国家的发达国家跨国公司资产。发展中国家以及转型经济体跨国公司仍然是跨境并购交易中主要的收购方。其跨境并购交易额占比从 2003 年的 10%增加至 2012 年的 40%并维持稳定。

大部分发展中经济体（约 70%）的跨国并购发生在其他发展中国家（包括区域内并购交易）。而其在发展中国家的收购对象中，很大一部分（约占 50%）是发达国家跨国公司的资产（WIR14）。2014 年，发展中经济体跨国公司延续了在发展中国家收购发达国家跨国公司资本的趋势。例如，五矿资源有限公司南美管理公司（MMG South America Management Co Ltd，总部中国香港）以 70 亿美元的价格收购了嘉能可-斯特拉塔国际公司 Glencore/Xstrata（总部瑞士）在秘鲁的子公司 Xstrata Peru；阿联酋电信公司以 57 亿美元收购了威望迪 Vivendi 子公司 Itissalat Al Maghrib SA（总部法国）53%的股份。

发展中国家跨国公司在发达国家的收购活动也同样活跃。2014 年，发展中国家 32%的跨境并购发生在发达国家，超过 2013 年的 28%。在 2015 年第一季度，这一比重上升到了 47%。在美英等国，一些规模庞大的跨境并购交易涉及来自中国大陆、中国香港、新加坡的跨国公司。例如，新加坡的主权财富基金新加坡政府投资公司 GIC 以 81 亿美元收购了美国 IndCor Properties。

发展中国家主导了绿地投资项目。2014 年全球范围内已披露的绿地投资额略少于上年，发展中国家以及发达国家绿地项目减少幅度相近（见图 1.12）。发展中国家绿地投资项目经历了 2013 年的增加，在 2014 年依然维持在高位，而发达国家则保持稳定。

从投资者来看，在过去的十年，发达国家跨国公司已披露的绿地项目投资额始终维持同一水平，年复合增长率（CAGR）为-1%，而发展中经济体跨国公司已披露的绿地项目投资额除金融危机时期外均稳步增长（CAGR 为 5%）。

基于此，发展中经济体已披露的绿地项目投资额占世界总额比例从 2005 年的 20% 上升为 2014 年的 30%。

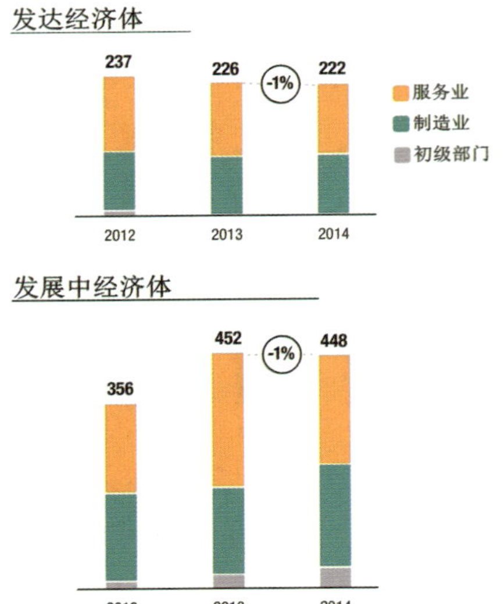

图 1.12　2012—2014 年按经济体组别和部门划分的已披露的绿地项目投资额(十亿美元)

资料来源：UNCTAD，金融时报有限公司，绿地项目 FDI 市场（www.fDimarkets.com）。

（三）按部门和行业划分的 FDI

按部门划分的 FDI 存量数据凸显了服务业在 FDI 中的重要作用。2012 年（迄今为止按部门划分的最新数据）服务业 FDI 存量占全球 FDI 存量的 63%，是制造业占比（26%）的两倍多。而初级部门 FDI 存量占比依然维持在不到 10%的水平（见图 1.13）。

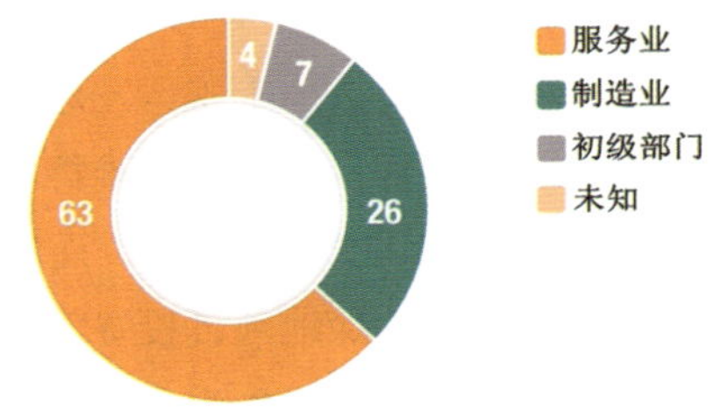

图 1.13　2012 年按部门划分的全球 FDI 流入存量占比(占全球百分比)

资料来源：UNCTAD，FDI/MNE 数据库（www.unctad.org/fdistatistics）。

服务业在国际投资领域地位的不断提升是长期经济结构调整的结果。2001 年至 2012 年，伴随着制造业在全球 FDI 占比的显著下降，服务业 FDI 在全球 FDI 占比上涨了 5%（至 63%）。1990 年以来，服务业在全球 FDI 存量占比累计增加了 14%（从 49%上涨到 63%），而制造业占比则相应降低（从 41%降低至 26%），初级部门占比基本稳定（在 7%左右）。FDI 从制造业向服务业的转移趋势与全球 GDP 分布的变化趋势相类似，这一变化也是投资自由化不断深化的结果。投资自由化促进了大规模的 FDI 流入，尤其是在金融和电信等传统行业。这一转变在发达国家与发展中国家同时发生。发展中国家中，亚洲与大洋洲作为服务业 FDI 的增长引擎，存量从 2001 年的 8000 亿美元跃升至 2012 年的 3.5 万亿美元，贡献了所有发展中国家服务业 FDI 存量增长的 80%。服务业也是非洲最大的产业（见第二章第一节相关内容）。但在不同地区的发展中国家之间，服务业 FDI 的行业分布有显著不同。

部门和行业 FDI 近期趋势。最新已披露的绿地项目投资额以及跨境并购交易数据揭示了不同行业 FDI 的趋势（见图 1.14）。2014 年，全球范围内初级部门绿地项目投资额高速增长（较 2013 年增长了 42%），而涉及该部门的跨境并购交易额则轻微下降（-2%）。与初级部门相反，服务业绿地投资额有所下降（-15%），而跨境并购交易额显著上升（37%）。制造业方面，绿地项目投资额与跨境并购交易额都有所上升，分别增加了 14%和 25%。

初级部门 FDI 的增长主要受发展中国家采掘业的驱动。2014 年，发展中经济体的采矿、采石、石油等行业的绿地项目投资额从 250 亿美元增长至 400 亿美元，增长了 60%。其中，非洲贡献了增长的绝大部分，其绿地项目投资总值超过上年的 5 倍（从 40 亿美元到 220 亿美元）。与绿地项目投资的快速增长相反，采掘业跨境并购交易额从 2013 年的-20 亿美元轻微增长至 2014 年的 30 亿美元。

制造业 FDI 绿地项目额从 2013 年的 2750 亿美元上升至 2014 年的 3120 亿美元（增长 14%）。增长最快的行业分别是：焦炭、石化产品以及核燃料（增长 60%）、机械设备（增长 29%）、机动车与其他运输设备（增长 32%）。

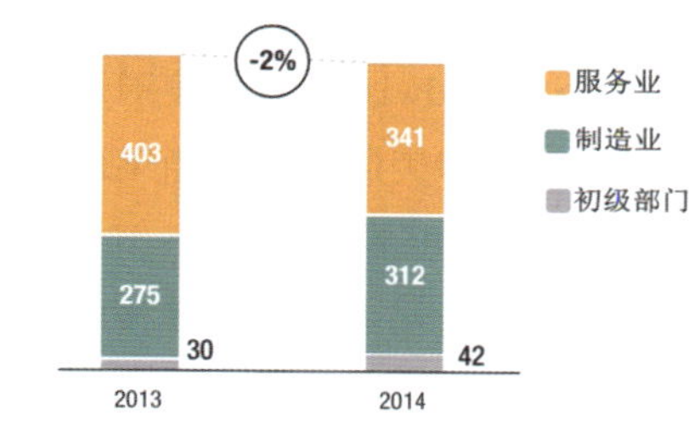

跨境并购交易额，2013—2014

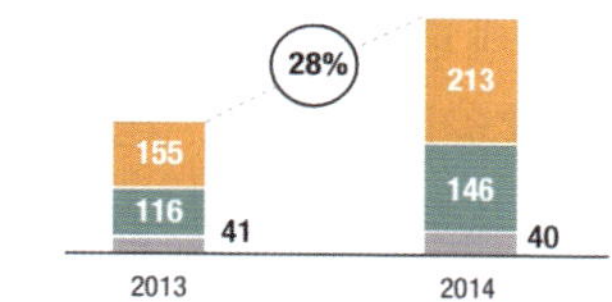

图 1.14　2013—2014 年按部门划分的 FDI 项目（十亿美元）

资料来源：UNCTAD，跨境 M&A 数据库；金融时报有限公司，绿地项目 FDI 市场（www.fDimarkets.com）。

与发展中经济体不同（绿地项目投资额增长 18%），发达国家绿地 FDI 投资额保持稳定，连续三年维持在 900 亿美元到 1000 亿美元之间，且制造业中各行业的增减无明显趋势。

发达国家与发展中国家在跨境并购方面也表现出相反的趋势。2014 年，发达国家跨境并购交易显著增加，交易净值从 850 亿美元上升至 1520 亿美元（增幅 79%）。增长主要来自于电气与电子设备（增长 125%）以及食品、饮料与烟草业（55%）的贡献。发展中经济体的跨境并购交易额在 2014 年急剧下降(从 450 亿美元降至 160 亿美元)；所有行业的跨境并购均有所减少，尤其是在食品、饮料与烟草业，其交易净值从 2013 的历史最高位 320 亿美元骤减至 2014 年的 40 亿美元。

服务业方面，绿地 FDI 项目和跨境并购交易呈现出相反的趋势。绿地投资项目额降低（比 2013 年降低了 15%），而跨境并购交易额显著上升，从 1550 亿美元上升至 2130 亿美元（增长 37%）。

发展中经济体的绿地项目总额有所下降（从 2013 年的 2590 亿美元降至 2014 年的 2110 亿美元），不同的行业间也有较大差异。建筑业绿地项目额从 220 亿美元大幅上涨至 420 亿美元，已成为发展中经济体服务业中的第二大产业，超过传统的大型服务产业如金融业与商业服务业。与建筑业相反，商业服务业和电力、燃气、水公用行业在经历了 2013 年的大幅扩张以后(分别为 760 亿美元和 630 亿美元)，绿地项目额分别下降了 52%和 27%。商业服务业的收缩在拉丁美洲以及加勒比地区尤为明显（下降 88%），电力、燃气、水公用行业绿地项目额在拉丁美洲以及加勒比地区减少了（22%），在西亚地区也减少了（77%）。

在发展中国家，服务业跨境并购交易的增长引擎主要是金融业（从 180 亿美元增长至 610 亿美元），尤其对东亚和东南亚地区的并购。在发达国家，服务业跨境并购交易情形较为复杂。传统的大型服务产业如商业服务业、金融业的跨境并购额显著上升，分别从 360 亿美元增长至 660 亿美元、从 90 亿美元增长至 300 亿美元。而信息与通信业并购交易额呈急剧下降趋势，且由于沃达丰的撤资使交易额为负(从 2013 年的 290 亿美元到 2014 年的-730 亿美元)。

（四）按特殊投资者类型划分的 FDI

1. 私募股权公司

私募股权基金的跨国并购有所增长。2014 年私募股权基金主导的跨国并购总价值增至 2000 亿美元（见表 1.3），约占全球总价值的 17%。该比例较 2013 年下降了 6 个百分点，并且低于 2007 年和 2008 年各 13 个百分点。仅 2014 年，全球私募股权基金就从之前的海外并购中赚取了 1150 亿美元，为跨国并购创造了 850 亿美元的净值。由于投资者的现金持有量和承诺的项目数量很高（预估 3600 亿美元）并且发达国家利率仍然很低，私募股权基金的国际交易杠杆融资前景乐观。此外，越发活跃的全球金融市场也预示了越来越多的跨境投资机会。

表 1.3　1996—2014 年私募股权公司跨境并购（交易量和交易额）

年份	交易量		跨国并购		并购净值	
	数量	占比（%）	并购额（十亿美元）	占比（%）	并购额（十亿美元）	占比（%）
1996	970	16	43	16	18	12
1997	1057	15	58	15	18	10
1998	1228	15	62	9	28	8
1999	1451	15	80	9	27	5
2000	1457	14	82	6	30	3
2001	1435	17	82	11	34	8
2002	1281	19	71	14	13	5
2003	1555	23	91	23	31	19
2004	1675	22	134	25	62	31
2005	1842	20	202	22	103	19
2006	1859	18	259	23	115	18
2007	2046	17	528	30	279	27
2008	1946	18	437	31	103	17
2009	2083	24	105	17	62	22
2010	2195	22	144	19	66	19
2011	1953	19	155	15	66	12
2012	2209	23	188	23	63	19
2013	1964	23	169	23	82	26
2014	2358	24	200	17	85	21

资料来源：UNCTAD，跨境并购数据库（www.unctad.org/fdistatistics）。

注：按净额基准计算的交易额包含了私募股权基金的撤资。它的计算方式如下：（私募股权基金境外公司的并购额）-（私募股权公司持有的海外子公司的销售额）。表中包括对冲基金和其他基金（不包括主权财富基金）的跨国并购。私募股权公司和对冲基金是指作为“未分类投资者”的并购方。这种分类方法基于汤姆森金融 Thomson Finance 并购数据库。

最大的基金对全球私募股权市场发挥了越来越重要的作用。在融资方面，九个大型基金各自均吸引了超过 50 亿美元，几乎占到了 2013 年私募股权基金筹资总量的一半。这为全球股权基金筹集贡献了 21%的增量。[7] 由于这些大型基金倾向投资大型并购交易，因此在跨国并购的全球布局中，私募股权基金的重要性反映在来自大规模东道国经济体的大型企业并购交易中。例如，2014 年 Tim Hortons 连锁（总部加拿大）和全球汉堡王 Burger King Worldwise（总部美国）联合并购的 3G 资本（巴西和美国）成为当年最大的国际收购案，收购额达 125 亿美元。

截止到 2014 年，北美和欧洲继续成为私募股权基金跨国并购的主要目的地。例如，在加拿大，黑石集团 Blackstone（美国）并购了盖茨公司 Gates Corporation——一家生产电力传输带和液压传动产品的制造商，并购额达 54 亿美元，德太投资有限公司 TPG Capital（美国）并购了美延保修集团 Warranty Group——从当地供应商奥奈克斯集团 Onex Corp 手中以 15 亿美元收购了这家以提供延长保修合同为主的供应商。这两个大型私募股权基金不仅在北美的并购市场，而且在其他的发达地区和发展中地区都已经发挥了重要作用。例如，德太投资自 20 世纪 90 年代中期以来，已经在亚洲和欧洲建立了重要的运营基地，管理着 670 亿美元的资产。

亚洲正变得更具吸引力。2014 年，该地区交易量和占全球私募股权交易的比重达到了历史最高水平（见图 1.15）。在东亚，中国和韩国发生了越来越多的并购交易活动。在中国，大量的大型并购交易实现了，包括国家领先的电子商务公司阿里巴巴 Alibaba 和京东 JD.com 的上市前交易。在韩国，凯雷集团 Carlyle Group 将 20 亿美元从泰科 Tyco（总部瑞士）持股的安达泰 ADT 韩国子公司分拆出来上市。在东南亚，国外私募股权基金的强劲流入抬高了交易价值，也导致了基金之间的激烈竞争。

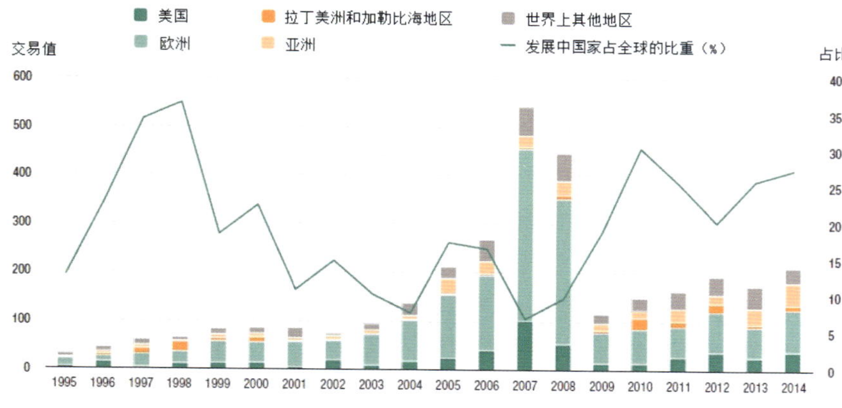

图 1.15　1995—2014 年主要东道地区私募股权基金 FDI（十亿美元，%）

资料来源：UNCTAD，跨境并购数据库（www.unctad.org/fdistatistics）。

注：数据是指私募股权公司并购的总价值；并未做排除主权财富基金 FDI 的调整。

2. 主权财富基金

2014 年主权财富基金 FDI 增长了一倍之多。2014 年超过 100 家主权财富基金（SWFs）项下资产超过 7 万亿美元，约占全球项下总资产的 1/10。这些基金凭借其有利地位影响全球金融和资本市场，但不及 FDI 活跃。相比项下资产价值，主权财富基金 FDI 的价值一直处于边缘地位。在 2011—2013 年间，SWFs 的 FDI 价值持续下降，但下降的趋势有所逆转（见图 1.16）。2014 年，主权财富基金 FDI 数量增长一倍之多，达 160 亿美元，是近五年来的最高水平。这是由于为数不多的国家 SWFs 主导的大型跨境并购的推动，尤其是新加坡。淡马锡控股公司 Temasek Holdings 以 57 亿美元的价格并购了当沃森控股 AS Watson Holdings（总部中国香港）25%的股份，然而，新加坡政府投资有限公司 GIC Pte 以 3.9 亿美元的价格并购了菲律宾皇胜酒厂 Emperador Inc.（总部菲律宾）11%的股份。

许多依赖于石油收入（约占全部 SWFs 的 60%）的 SWFs 融资不得不面对 2014 年中期以来的低油价问题。这可能在不久的将来影响到其资金来源，以及投资规模。对于许多亚洲 SWFs 而言，出口增长减速可能也会带来类似的影响。

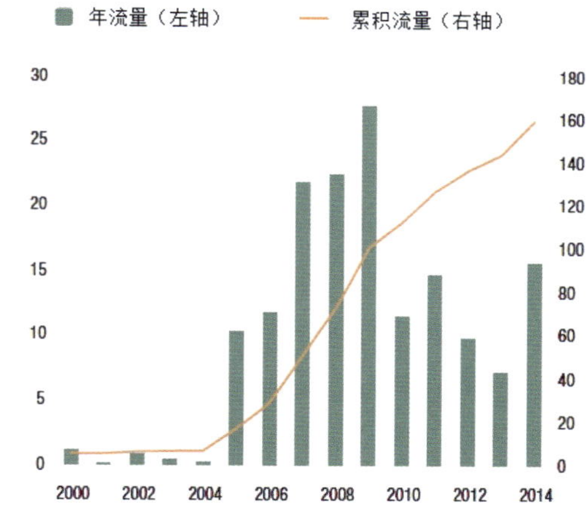

图 1.16　2000—2014 年主权财富基金年度和累积 FDI 额（十亿美元）

资料来源：UNCTAD，跨境并购数据库（www.unctad.org/fdistatistics），金融时报有限公司旗下 FDI Markets（www.fDimarkets.com）的绿地项目信息。

注：数据为估值，这是因为数据包括跨境并购和已披露的绿地 FDI 项目（已披露的绿地 FDI 项目数据存在缺陷，参看“进入模式”章节的注释）以及 SWFs 作为单独且直接投资者的投资项目。数据不包括由 SWF 设立或与其他投资者合资成立的实体公司进行的投资。2003—2014 年，跨境并购占全球总量约 60%。

一些 SWFs 参与了长期投资；他们越来越多地参与 FDI 项目，包括跨境并购和购买海外不动产。例如，在项下资产方面全球最大的挪威主权财富基金，将增加投资公司的数量，其持股比例从 5%到 100%；风险资本、私募股权基金和房地产资产的长期投资正在上升。

作为一类日益重要的资产类别，基础设施建设为 SWFs 的投资组合管理提供了一些特定优势，例如包括大规模投资机遇和相对稳定的回报。因此，超过一半的 SWFs 开始投资于基础设施建设。例如，新加坡政府投资有限公司 GIC 已经成为发达国家和新兴市场的重要部门投资者，目标锁定基础设施建设资本运作。[8] 中国投资公司 CIC 在其总体长期资产投资战略中已经涵盖了基础设施项目投资策略，其占到全球资产的比重达 28%。在 2014 年末，GIC 计划以 16 亿美元的价格参与英国三个机场的联合投资。该公司已经与其他一些 SWFs 一起拥有了希思罗机场控股有限公司 Heathrow Airport Holding 的部分资产，包括 CIC、卡塔尔控股公司 Qatar Holding、魁北克储蓄投资集团 CDPQ。

3. 国有跨国公司

2014 年国有跨国公司 SO-MNEs 国际化进程持续扩张但速度有所放缓。2014 年跨境并购下跌了 39%，至 690 亿美元，绿地项目下跌了 18%，至 490 亿美元，均为全球金融危机爆发以来的最低水平。尤其是，国有跨国公司已披露的绿地投资额连续四年下降——降至 2008 年最高水平的 1/3（见图 1.17）。

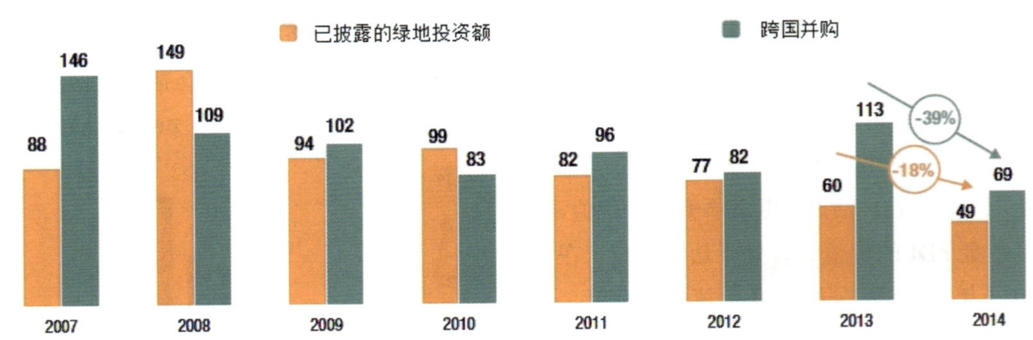

图 1.17 2007—2014 年 SO-MNEs 跨境并购额和已披露的绿地投资额（十亿美元）

资料来源：UNCTAD，跨境并购数据库（www.unctad.org/fdistatistics），金融时报有限公司旗下 FDI Markets（www.fDimarkets.com）的绿地项目信息。

一些 SO-MNEs 继续巩固自己的全球活动。例如，在对外活动方面（对外销售、资产和就业，见表 1.4），第五大国有跨国公司法国燃气苏伊士集团 GDF Suez（总部法国）于 2012 年发起了一项为期 3 年，金额为 110 亿美元的撤资项目，导致比利时、意大利和其他国家的重大资产出售。一些来自发达国家的其他大型国有跨国公司发生了类似的撤资项目。政策因素也对国有跨国公司的国际化产生了负面影响。例如，在采掘业严格控制外国所有权已经减少了 SO-MNEs 对一些国家矿产资源的投资，例如拉丁美洲。从母国视角看，一些政府政策措施也已经影响了 SO-MNEs 的国际化投资水平。

表 1.4　2013 年按外国资产排序的前 10 位非金融国有跨国公司（百万美元，雇员数）

国有跨国公司	母国	所属行业	资产		销售额		雇员		跨国化指数[a]
			境外	总量	境外	总量	境外	总量	
大众汽车集团	德国	汽车	176656	446555	72133	118561	73000	147199	50
埃尼石油公司	意大利	石油天然气	141021	190125	211488	261560	317800	572800	70
意大利国家电力公司	意大利	公用事业	140396	226006	109886	152313	56509	83887	67
法国电力公司	法国	公用事业	130161	353574	61687	106924	37125	71394	49
法国燃气苏伊士集团	法国	公用事业	121402	219759	46978	100364	28975	158467	40
德国电信	德国	通信	120350	162671	50049	79835	111953	228596	62
中国国际信托投资公司	中国	多元经营	97739	703666	11127	60586	25285	125215	17
挪威国家石油公司	挪威	石油	78185	144741	23953	105446	3077	23413	30
空中客车集团	法国	飞机	77614	128474	72525	78672	89551	144061	72
通用汽车	美国	汽车	70074	166344	56900	155427	104000	219000	42

资料来源：UNCTAD，跨境并购数据库（www.unctad.org/fdistatistics），金融时报有限公司旗下 FDI Markets（www.fDimarkets.com）的绿地项目信息。

a：跨国化指数由以下三个比率的均值计算得出：境外资产/总资产，境外销售额/总销售额，境外雇员人数/总雇员人数。

注：这些跨国公司至少 10%由国家或公共实体所有，或者国家/公共实体是其最大股东。

二、国际生产趋势

尽管全球经济复苏仍有不确定性，国际生产趋势在 2014 年继续加强，外国附属子公司的所有经营活动指标均有所上升。国际生产指标——跨国公司外国附属子公司的生产（见表 1.5）——销售额上升了 7.6%，而外国附属子公司的雇员数达到了 7500 万人；外国附属子公司的出口保持相对稳定状态，登记在册的增长了 1.5%；增加值增长了 4.2%；过去一年资产增长了 7.2%。东道国的外国子公司财务状况得到改善，FDI 流入收益率从 2013 年的 6.1%增加到 2014 年的 6.4%。然而，这一水平仍低于金融危机前的平均水平（2005—2007 年）。

表 1.5　2014 年及特定年份的 FDI 和国际生产的若干指标

项目	以当前价格计算（十亿美元）				
	1990	2005—2007（危机前平均）	2012	2013	2014
FDI 流入	205	1 397	1 403	1 467	1228
FDI 流出	244	1 423	1 284	1 306	1354
内向型 FDI 存量	2 198	13 894	22 073	26 035	26 039
外向型 FDI 存量	2 254	14 883	22 527	25 975	25 875
内向型 FDI 收入[a]	82	1 024	1 467	1 517	1 575

续表

项目	以当前价格计算（十亿美元）				
	1990	2005—2007（危机前平均）	2012	2013	2014
内向型 FDI 收益率[b]	4.4	7.6	7.0	6.1	6.4
外向型 FDI 收入[a]	128	1 105	1 445	1 453	1 486
外向型 FDI 收益率[b]	5.9	7.6	6.6	5.8	5.9
跨境并购	98	729	328	313	399
国外子公司销售额	4 723	21 469	31 687	33 775[c]	36 356[c]
国外子公司（产品）增值	881	4 878	7 105	7 562[c]	7 882[c]
国外子公司总资产	3 893	42 179	88 536	95 230[c]	102 040[c]
国外子公司出口额	1 444	4 976	7 469	7 688[d]	7 803[d]
国外子公司员工数（千）	20 625	53 306	69 359	71 297[c]	75 075[c]
备忘					
GDP[e]	22 327	51 799	73 457	75 453	77 283
固定资本形成总额[e]	5 592	12 219	17 650	18 279	18 784
版税和执照费收入	31	172	277	298	310
商品与服务出口[e]	4 332	14 927	22 407	23 063	23 409

资料来源：UNCTAD。

a：基于 2014 年 174 个国家内向型 FDI 的收入数据和 143 个国家外向型 FDI 的收入数据，在两种情况下都分别代表了超过 90%的全球内向型和外向型 FDI 存量。

b：只计算同时具有 FDI 收入和存量数据的国家的指标。

c：2013 和 2014 年的预测基于各变量对 1980—2012 年外向型 FDI 存量和滞后因变量的固定效应面板回归的估算结果。

d：1995—1997 的数据基于国外子公司的出口对 1982—1994 年内向型 FDI 存量的线性回归。计算 1998—2014 年的国外子公司出口额时，将国外子公司出口占全球出口的份额设定为 1998 年的取值（33.3%）。

e：数据来自 IMF（2015）。

注：表中未包括与母公司有关的国外子公司通过非股权关系实现的全球销售额以及这些母公司自身的销售额。国外子公司的全球销售、生产总值、总资产、出口和就业数据通过下述国家的 MNEs 的国外子公司全球数据推算得出。销售额数据包括：澳大利亚、奥地利、比利时、加拿大、捷克、芬兰、法国、德国、希腊、以色列、意大利、日本、拉脱维亚、立陶宛、卢森堡、葡萄牙、斯洛文尼亚、瑞典和美国；增值（产品）数据包括：捷克、法国、以色列、日本、葡萄牙、斯洛文尼亚、瑞典和美国；总资产数据由以下国家计算得出：奥地利、德国、日本、美国；出口数据包括：捷克、日本、葡萄牙、斯洛文尼亚、瑞典和美国；就业数据包括：澳大利亚、奥地利、比利时、加拿大、捷克、芬兰、法国、德国、意大利、日本、拉脱维亚、立陶宛、卢森堡、中国澳门、葡萄牙、斯洛文尼亚、瑞典、瑞士和美国，基于这些国家在全球外向型 FDI 存量中的三年平均占比。

2014 年，前 100 强跨国公司仍继续加强其国际化程度（见表 1.6），尽管前些年有所下降。近一年里已经完成的一系列大额交易和并购推动了国外资产的增长，而国内出售非核心资产导致了总资产的下降（例如，德国电信公司以约 20 亿美元的价格出售其德国电子商务公司 24Scout）。类似的情况也出现在销售和就业方面，也证实了跨国公司的海外扩张行为。对于发展中国家和转型经济体的 MNEs，国内和国外的资产增长率、销售增长率、就业增长率，均超过了发达国家的同类 MNEs。

表 1.6 全球以及来自发展中和转型经济体的前 100 强非金融 MNEs 的国际化统计（十亿美元，千人，%）

变量	全球前 100 强跨国公司					发展中与转型经济体前 100 强跨国公司		
	2012	2013 [a]	2012—2013 变化%	2014 [b]	2013—2014 变化%	2012	2013	变化%
资产								
国外	7 942	8 249	3.9	8 266	0.2	1 506	1 632	8.4
国内	5 421	5 759	6.2	5 581	-3.1	4 025	4 403	9.4
合计	13 363	14 008	4.8	13 847	-1.1	5 531	6 034	9.1
国外比重	59	59	-0.5[c]	60	0.8[c]	27	27	-0.2[c]
销售额								
国外	5 885	6 053	2.9	6 132	1.3	1 690	1 806	6.8
国内	3 072	3 263	6.2	3 101	-5.0	2 172	2 415	11.1
合计	8 957	9 316	4.0	9 233	-0.9	3 863	4 221	9.3
国外比重	66	65	-0.7[c]	66	1.4[c]	44	43	-1.0[c]
就业								
国外	9 831	9 562	-2.7	9 599	0.4	4 103	4 226	3.0
国内	7 106	7 135	0.4	7 211	1.1	6 493	6 688	3.0
合计	16 937	16 697	-1.4	16 810	0.7	10 596	10 914	3.0
国外比重	58	57	-0.8[c]	57	-0.2[c]	39	39	0.0[c]

资料来源：UNCTAD。

a：修正结果。

b：初始结果。

c：以百分点表示。

注：数据为基年 4 月 1 日到转年的 3 月 31 日的财年数据。2014 年发展中和转型经济体前 100 强 MNEs 的数据尚不完整。

最大 MNEs 的现金持有量仍然很高。由于前 100 强 MNEs 开始进行新投资，尤其是通过跨国并购、回购自有股票以及股息支付方式，导致 2014 年登记的现金持有价值有所下降（见图 1.18）。例如，福特汽车公司（美国）减少了其大约 25%的现金储备，用以增加 13%的资本支出，重要股份回购融资，以及增加股息支付。但是，前 100 强跨国公司的现金持有量作为 MNEs 总资产的一部分仍然很高，尽管也经历了包括剥离非核心资产的重组行为。

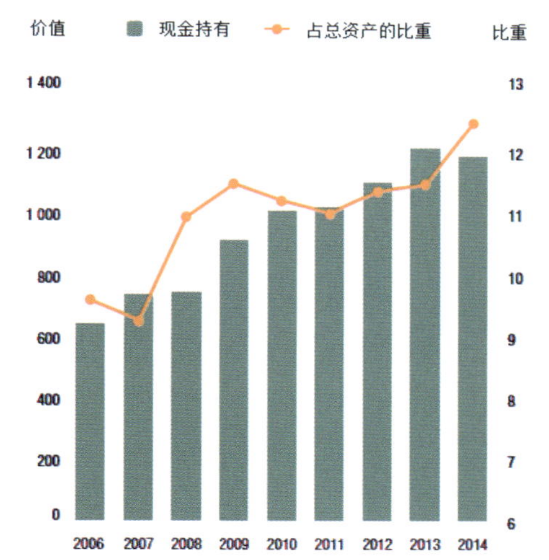

图 1.18 2006—2014 年前 100 强 MNEs 的现金持有量及其在总资产中的比重年（十亿美元，%）

资料来源：UNCTAD，基于 Thomson ONE 的数据。

参照样本量更大的 5000 家 MNEs，其现金储备情形也是一致的。2014 年末，这些 MNEs 估计持有 4.4 万亿美元的现金，几乎是金融危机前水平的一倍。这部分持有量一直在不断积累以减轻对债务的依赖，获得低利率的再融资，创建一个金融动荡缓冲器。

然而，在过去的两年间，一些行业的 MNEs 已开始使用这些现金储备量进行资本支出和并购。例如，以 2008 和 2012 年的年均支出为基准，石油天然气行业和公用事业行业的资本支出比 2014 年超出了一倍多，分别高达 5820 亿美元和 1380 亿美元（见图 1.19）（尽管石油天然气行业的资本支出预计会再度减少以应对低油价）。在电信行业也出现了重要支出的增加，其中运营商大量投资于网络、食品生产和运输设备行业。

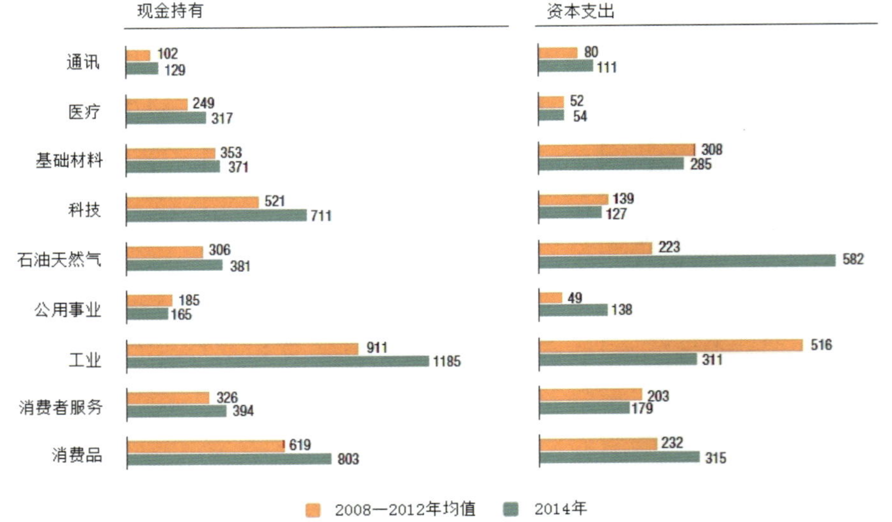

图 1.19 2008—2012 年均值和 2014 年，按行业划分，前 5000 家 MNEs 现金持有及资本支出（十亿美元）

资料来源：UNCTAD，基于 Thomson ONE 的数据。

由于现金持有量可以被用作回购企业自有股权以及给股东支付股息，因此，现金持有量的低水平并不一定意味着资本支出的高水平。此外，观察到的资本支出增加仅限于特定组别的 MNEs，且这一增长并不具有广泛基础。但是，根据 UNCTAD 企业调查显示，跨国公司对 2015 年及以后的资本支出仍持乐观态度（见下一章节）。

企业层面的影响因素支持了资本支出的增长预期。2014 年 MNEs 年度利润仍维持在较高水平（见图 1.20），以资本支出增长率相同的比率存入现有的现金储备，这意味着扩张空间进一步加大。

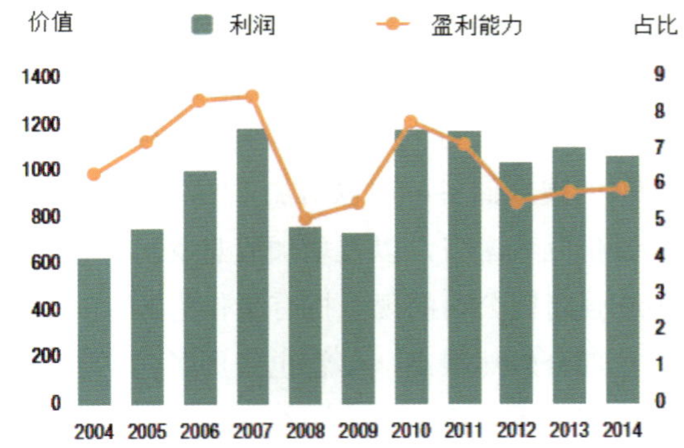

图 1.20 2004—2014 年 MNEs 盈利能力和利润水平（十亿美元，%）

来源：UNCTAD，基于 Thomson ONE 的数据。

三、前景

全球FDI流量在2015年预期将达到1.4万亿美元，增长11%。2016年和2017年预期将分别增至1.5万亿美元和1.7万亿美元。这一预期基于当前的一些宏观经济指标预测，包括UNCTAD联合麦肯锡公司进行的一项企业调查，联合国贸发会FDI流入的计量经济预测模型，以及2015年前四个月跨国并购和绿地投资项目数据。

宏观经济影响因素和企业层面影响因素预期将对流量产生积极影响。实际上，宏观经济环境的逐步改善，尤其北美洲，宽松的货币政策，以及投资自由化和促进措施的增加，都有可能促进2015年及未来的跨国公司投资需求。预计2015和2016年的全球经济增量和固定资本形成总额较2014年增长更快（见表1.7）。但是，由于大量经济和政治风险，包括欧元区持续的不确定性，地缘政治紧张局势的潜在溢出效应，以及新兴经济体的固有缺陷，FDI增长预期可能会出现逆转。

表1.7 2014—2016年GDP和固定资本形成总额（GFCF）的实际增长率（%）

变量	地区	2014	2015	2016
GDP增长率	全球	2.6	2.8	3.1
	发达经济体	1.6	2.2	2.2
	发展中经济体	4.4	4.9	4.8
	转型经济体	0.7	-2.0	0.9
GFCF增长率	全球	2.9	3.0	4.7
	发达经济体[a]	2.7	3.3	3.9
	发展中和新兴经济体[a]	3.2	2.9	5.3

资料来源：UNCTAD，基于IMF（2015）的GFCF数据，基于United Nations（2015）的数据。

a：IMF关于发达经济体、发展中和新兴经济体的分类不同于United Nations的发达和发展中经济体分类。

（一）UNCTAD的计量经济预测模型

UNCTAD的计量经济模型预测2015年FDI流量将增长11%（见表1.8）。发达国家于2015年会出现大幅度的流量增加（增长超20%），反映出更强劲的经济活动。

表1.8 按经济体组别划分的FDI流量预期（百万美元，%）

	平均				预测		
	2005—2007	2009—2011	2013	2014	2015	2016	2017
全球FDI流量	**1 397**	**1 359**	**1 467**	**1 228**	**1 368**	**1 484**	**1 724**
发达经济体	917	718	697	499	634	722	843
发展中经济体	421	561	671	681	707	734	850
转型经济体	60	81	100	48	45	47	53
备忘	平均增长率		增长率		增长率预测		
	2005—2007	2009—2011	2013	2014	2015	2016	2017
全球FDI流量	**40.1**	**3.1**	**4.6**	**-16.3**	**11.4**	**8.4**	**16.2**
发达经济体	48.2	3.0	2.7	-28.4	23.8	13.9	16.7
发展中经济体	26.1	4.8	5.0	1.6	3.3	3.9	15.8
转型经济体	48.0	-1.1	17.0	-51.7	-2.3	5.3	12.3

资料来源：UNCTAD。

注：不包括加勒比地区离岸金融中心。

发展中国家 FDI 流入将持续增加，接下来两年的年均增长率达 3%。将继续成为 FDI 流量的主要东道国。由于经济持续衰退、国际制裁和低油价，转型经济体 GDP 增长率为负，这意味着 2015 年以后流向这些经济体的 FDI 可能会下降。

2015 年初跨国并购活动跃升。FDI 流入增加以及发达国家作为 FDI 东道国的增加，都影响了 2015 年初跨国并购的价值。在 2015 年 1—4 月之间，跨国并购（净值）几乎比 2014 年同期增长了 3 倍，为 2007 年以来的历史最高水平（见图 1.21）。发展中和转型经济体跨国公司继续并购发达经济体的资产，巩固其在跨国并购中投资者的地位。

（二）UNCTAD 企业调查

全球 FDI 活动展望。根据 UNCTAD 与麦肯锡公司的联合调查，在 89 个国家的前 1000 强公司管理者中，大多数高管预期未来全球 FDI 活动将有所增加。这一积极预期主要基于北美、金砖国家和其他新兴经济体相对良好的经济前景，以及区域一体化进程和企业因素的驱动，比如制造业和服务业的离岸外包。

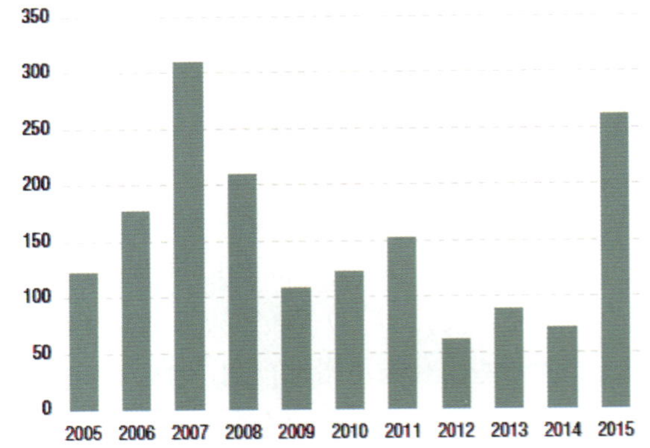

图 1.21　2005—2015 年每年 1-4 月跨国并购（百万美元）

资料来源：UNCTAD，跨国并购数据库（www.unctad.org/fdistatistics）。

除了总体乐观的预期，受访者还列出了潜在的风险因素，包括主权债务违约风险，紧缩政策和欧盟经济现状（见图 1.22）。还包括逆向外包促进 FDI 增加，以企业功能重组的形式增加预期。

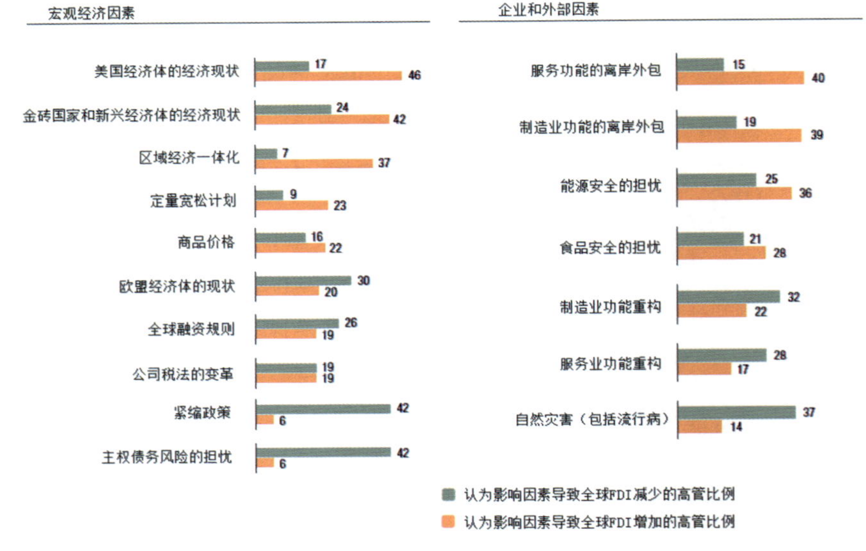

图 1.22　影响因素影响未来全球 FDI 活动（所有高管百分比）

资料来源：UNCTAD 商业调查。

注：BRICS——巴西、俄罗斯、印度、中国和南非。

CEO 对投资前景预期存在地域差异。非洲和中东的高管对 FDI 预期最为乐观：预期未来几年 FDI 活动将增加 67%（见图 1.23）；紧随其后的是亚洲发展中国家的受访者。

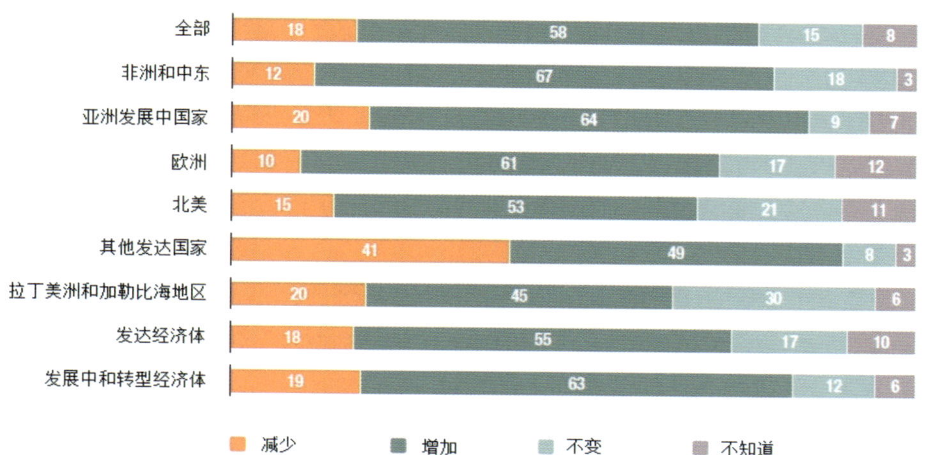

图 1.23　2015—2017 年全球 FDI 活动预期水平（各地区高管百分比）

资料来源：UNCTAD 商业调查。

发达经济体中，尽管对欧盟地区经济仍存担忧，欧洲跨国公司对全球 FDI 前景仍然最为乐观（见图 1.24）。这些预期的增加来自于例如欧洲中央银行发起的定量宽松计划；这些地区主要 MNEs 积累的可用现金量；企业对外国投资者的吸引力，尤其是总部位于欧盟较弱经济体的中小企业；[10] 以及例如医药和电信行业的 MNEs 产业整合战略。相反，来自拉丁美洲、北美洲和其他发达经济体（澳大利亚、日本、新西兰等）的高管则对全球 FDI 前景并不乐观。

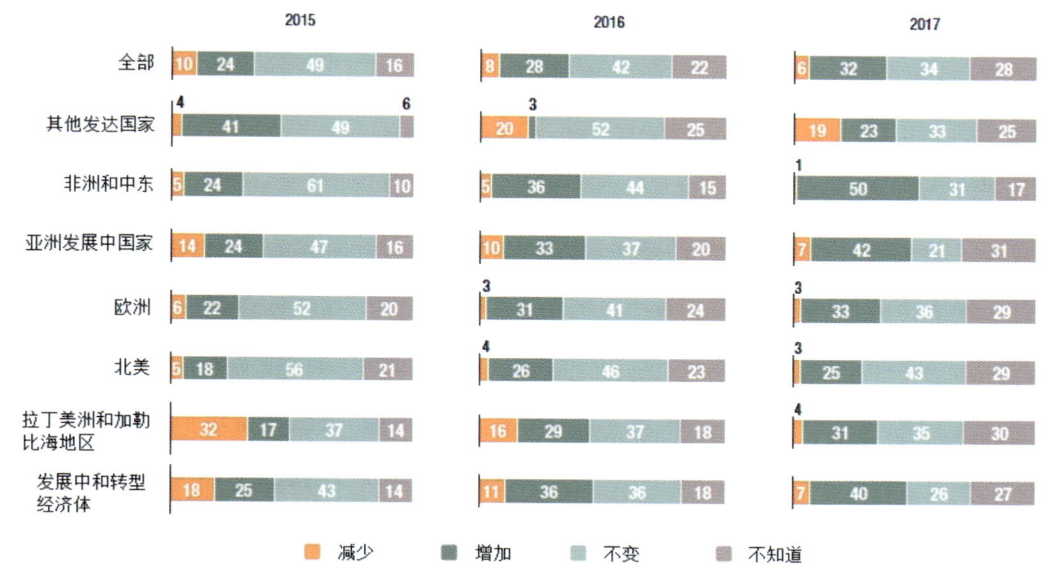

图 1.24　按地区总部划分，与 2014 年相比 2015—2017 年全球 FDI 支出意图（各地区高管百分比）

资料来源：UNCTAD 商业调查。

FDI 支出意愿。MNEs 对全球 FDI 总体乐观的预期，仅能反映其投资计划的一部分。大约 1/4 的高管计划 2015 年增加 FDI 支出；这一比例预计将在 2017 年提高至 1/3（见图 1.24）。不难推断，高管预期未来几年维持预算不变或减少的比例将分别从 2015 年的 49%，降至 2017 年的 34% 以及从 2015 年的 10%，降至 2017 年的 6%。

从行业来看，金融和商业服务业的企业对 2015 年 FDI 扩张预期最高（见图 1.25）。而高技术、电信、医药和其他制造业行业中预期 2016 和 2017 年增加 FDI 的企业占比更高。

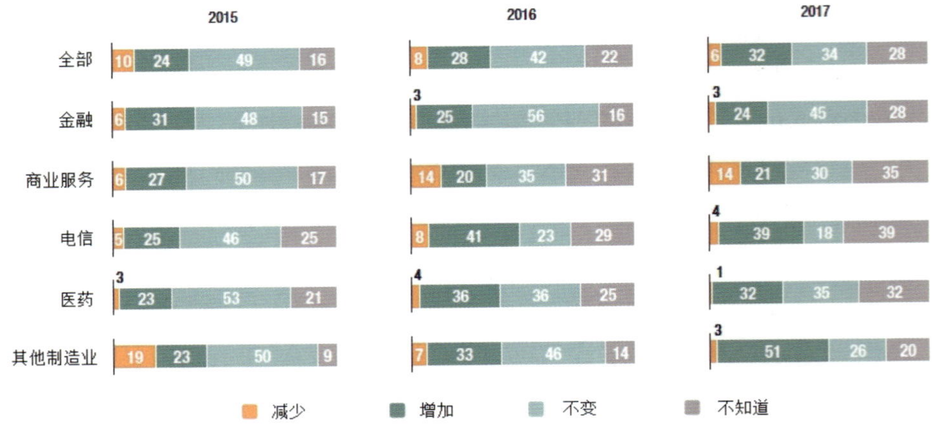

图 1.25 按特定行业划分，与 2014 年相比 2015—2017 年 FDI 支出意愿（所有高管百分比）

资料来源：UNCTAD 商业调查。

大型 MNEs（收入超过 10 亿美元）和国际化程度较高的 MNEs（公司母国市场以外的投资地点超过 21 个或者收入超过 50%）拥有最积极的支出计划：其中约 45% 有意于 2017 年增加 FDI 支出。

UNCTAD 对投资促进机构（IPAs）的调查揭示了何种行业更有可能增加 FDI。发达国家 IPAs 预计外资将流入商业服务业、机械制造业、交通运输和电信业、住宿餐饮业和其他服务行业。发展中和转型经济体的投资促进机构认为 FDI 最有可能流入农业和农业综合类行业，以及交通和电信业、住宿餐饮业、建筑和采掘业（见图 1.26）。

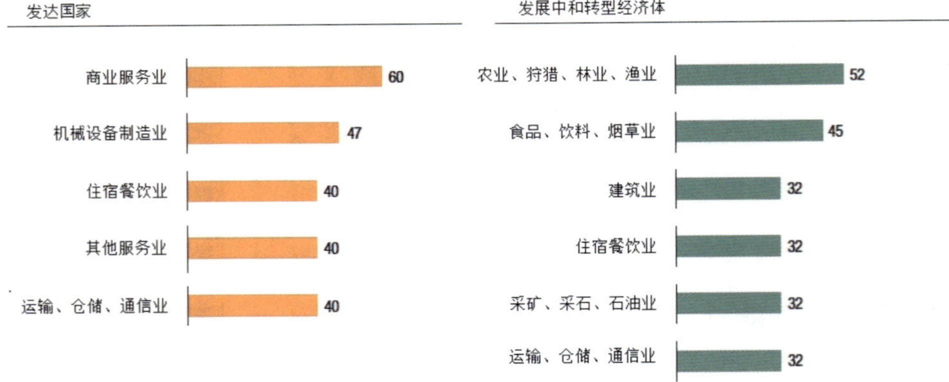

图 1.26 为吸引 FDI 流入国内，IPA 最有前景的行业选择（全部 IPA 受访者百分比）

资料来源：UNCTAD 投资促进机构调查。

预期最佳投资母国。今年的 IPAs 调查结果指出发达国家是全球最理想的投资者；发展中经济体仅有中国、印度、阿拉伯联合酋长国、韩国位列前 12 最佳投资国（见图 1.27）。国内经济危机可能会影响一些新兴经济体的预期，例如巴西（2013 年排名第 10）和俄罗斯（排名第 13）没有出现在今年的排名中。英国与中国一起位列第 2，意大利和西班牙获得了一席之地。

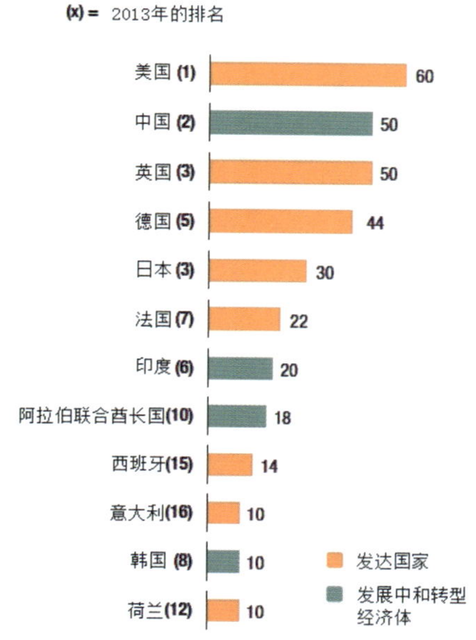

图 1.27 2014—2016 年 IPA 最有前景 FDI 投资母国经济体选择（FDI 最大来源地经济体 IPA 受访者百分比）

资料来源：UNCTAD 投资促进机构调查。

预期最佳投资目的地。全球公司高管认为中国和美国是最佳的投资目的地：28%选择中国，24%选择美国（见图 1.28）。印度、巴西和新加坡是五大最佳投资地的另外三个；令人欣喜的是，发展中国家占了前十大投资地的其中六个。其余四个为美国、英国、德国和澳大利亚。

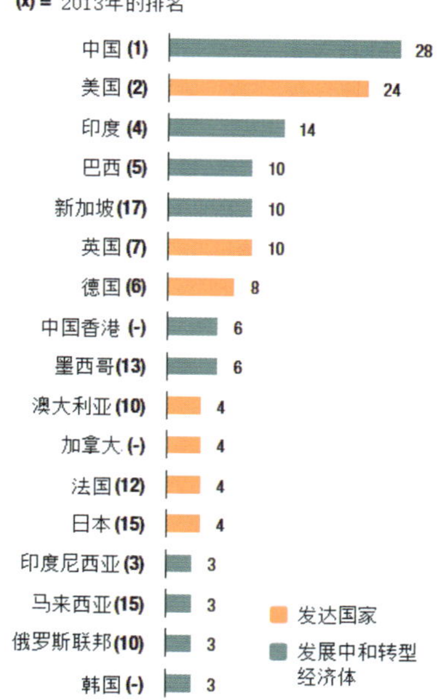

图 1.28 MNEs 选出的 2015—2017 年最具前景的东道国经济体（%）

资料来源：UNCTAD 商业调查。

注：括号中为先前的调查排名。括号中缺少的数字表明经济体不在前 20 名。

这一排名受到了不同行业高管的影响。例如，与信息技术行业相关的企业更倾向于对美国或印度进行投资。同时，美国在高新技术和电信行业的排名上仍占领先优势。

总体而言，2014 年 FDI 呈负增长趋势。跨国投资流量仍显著低于 2007 年最高水平（约 1/3）。然而，地区趋势各有差异，发展中国家集团显示边际正增长。此外，2017 年全球 FDI 流量前景更加乐观。2015 年 7 月中旬举行的第三次发展筹资国际会议讨论的主题为 FDI 在发展融资中的重要作用，鉴于当前对这一趋势的关注有所减弱，政策制定者可能希望考虑采取一致行动为可持续发展增加生产性投资。

注 释

[1] 由于母国和东道国对 FDI 数据的统计方法和统计时间不同，全球 FDI 流入与流出之间存在一定的差异，两者也不必完全相同。今年的一个变化就是从基于流向原则的 FDI 统计数据变更为基于资产/负债原则的统计数据。如前文中 FDI 流入部分的专栏部分所述，尽管 UNCTAD 努力通过流向原则统计数据，许多国家仍使用资产/负债统计原则并据此上报。这并不是全球 FDI 流入与流出首次出现差异，最近的两次分别是 2005 年和 2003 年。

[2] 特殊目的实体（SPEs）是一类特殊的法人实体，它们仅有少量甚至没有雇员和业务。这类实体通常由其母公司在另一经济体设立，通常作为融资以及持有资产和负债的载体，一般不参与生产（BD4）。

[3] UNCTAD，“Regional integration and FDI in developing and transition economies”, Multi-Year Expert Meeting on Investment, Innovation and Entrepreneurship for Productive Capacity-building and Sustainable Development, Geneva, 28-30 January 2013。

[4] 绿地投资项目数据仅限已披露的绿地投资项目。项目投资额为投资者披露该项目时所声明的计划资本支出。这一数据会随着项目的推移以及投资金额的追加而显著变化。此外，项目可能会延期开展或取消。

[5] 跨境并购净值由并购交易总额（所有跨境并购）减去撤资总额（出售给其他跨国公司或当地企业）计算得出。该指标反映了并购活动中的 FDI 流动。

[6] 文中“撤资”仅指出售给其他跨国公司或当地企业。不包括清算和资本减值。

[7] 数据来源于贝恩资本 Bain Capital。

[8] 新加坡政府投资年度报告 2013/2014。

[9]由于来自非洲和中东的受访者数量较少，将这两个地区合并来增强数据的可信度。这一做法掩盖了非洲之间的次区域差异，以及非洲和西亚之间的地区差异。

[10]例如，参见“Chinese go on spending spree and double investment in Europe”, Financial Times, 10 February 2015.

[11]这项调查包含来自 51 个国家的 54 个投资促进机构受访者。

参考文献

[1] IMF (2015). World Economic Outlook April 2015: Uneven Growth: Short- and Long-Term Factors. Washington, D.C.: International Monetary Fund.

[2] United Nations (2015). World Economic Situation and Prospects 2015. Update as of mid-2015. New York: United Nations.

[3] WIR06. World Investment Report 2006: FDI from Developing and Transition Economies: Implications for Development. New York and Geneva: United Nations.

[4] WIR14. World Investment Report 2014: Investing in the SDGs: An Action Plan. New York and Geneva: United Nations.

FDI 地区趋势

第二章

引　言

2014 年，全球 FDI 流入量从 2013 年的 1.47 万亿美元减少至 1.23 万亿美元，整体下降 16%，但各个国家和地区间的情况却差别迥异。

2014 年，发展中经济体 FDI 流入量增长 2%，达到 6810 亿美元的历史最高水平，占全球总流入量的 55%（见表 2.1）。在全球排名前十的 FDI 流入国中，发展中经济体现已占据一半的席位。但总体来看，发展中国家 FDI 流入量的增加主要是源于亚洲的发展。2014 年，亚洲 FDI 流入量增长 9%，达到 4650 亿美元，在发展中经济体总流入量中占有最大比例。非洲 FDI 流入量以 540 亿美元与去年基本持平，而拉丁美洲及加勒比地区却遭遇四年连续增长后的首次下降，流入量仅为 1590 亿美元，降幅达到 14%。转型经济体 FDI 流入量下降超过 50%，仅为 480 亿美元。发达经济体 FDI 流入量总体下降 28%，至 4990 亿美元，欧洲和北美地区均有所降低。其中，欧洲 FDI 流入量下降 11%，至 2890 亿美元，仅为 2007 年最高水平的 1/3，北美的流入量则下降 51%，至 1460 亿美元。

2014 年，发展中经济体外向型 FDI 增长了 23%，至 4680 亿美元。相比之下，发达国家的对外净投资却保持不变，主要原因是部分发达国家跨国公司的跨国并购行为被其他主体的大规模撤资所抵消。转型经济体 FDI 流出量下降 31%，至 630 亿美元，原因在于自然资源型跨国公司（主要来自俄罗斯）海外投资的减少。发展中经济体 FDI 流出量现已占据全球总流出量的 1/3，较 2000 年的 1/10 有明显上升。

表 2.1　2012—2014 年按地区划分的 FDI 流量（十亿美元、%）

地区	FDI 流入量			FDI 流出量		
	2012 年	2013 年	2014 年	2012 年	2013 年	2014 年
世界	**1403**	**1467**	**1228**	**1284**	**1306**	**1354**
发达经济体	679	697	499	873	834	823
欧盟	401	326	289	376	317	316
北美	209	301	146	365	379	390
发展中经济体	639	671	681	357	381	468
非洲	56	54	54	12	16	13
亚洲	401	428	465	299	335	432
东亚及东南亚	321	348	381	266	292	383
南亚	32	36	41	10	2	11
西亚	48	45	43	23	41	38
拉丁美洲及加勒比地区	178	186	159	44	28	23
大洋洲	4	3	3	2	1	0
转型经济体	85	100	48	54	91	63
结构脆弱、易受冲击的小型经济体 [a]	**58**	**51**	**52**	**10**	**13**	**10**
最不发达国家	24	22	23	5	7	3

续表

地区	FDI 流入量			FDI 流出量		
	2012 年	2013 年	2014 年	2012 年	2013 年	2014 年
内陆型发展中国家	34	30	29	2	4	6
小岛屿发展中国家	7	6	7	2	1	1
备忘录：全球 FDI 流量占比						
发达经济体	48.4	47.5	40.6	68.0	63.8	60.8
欧盟	28.6	22.2	23.5	29.3	24.3	23.3
北美	14.9	20.5	11.9	28.5	29.0	28.8
发展中经济体	45.6	45.7	55.5	27.8	29.2	34.6
非洲	4.0	3.7	4.4	1.0	1.2	1.0
亚洲	28.6	29.2	37.9	23.3	25.7	31.9
东亚及东南亚	22.9	23.7	31.0	20.7	22.4	28.3
南亚	2.3	2.4	3.4	0.8	0.2	0.8
西亚	3.4	3.0	3.5	1.8	3.1	2.8
拉丁美洲及加勒比地区	12.7	12.7	13.0	3.4	2.2	1.7
大洋洲	0.3	0.2	0.2	0.1	0.1	0.0
转型经济体	6.1	6.8	3.9	4.2	7.0	4.7
结构脆弱、易受冲击的小型经济体[a]	**4.1**	**3.5**	**4.3**	**0.7**	**1.0**	**0.8**
最不发达国家	1.7	1.5	1.9	0.4	0.6	0.2
内陆型发展中国家	2.5	2.0	2.4	0.2	0.3	0.4
小岛屿发展中国家	0.5	0.4	0.6	0.2	0.1	0.1

资料来源：UNCTAD，FDI/MNE 数据库（www.unctad.org/fdistatistics）。

a：不包含重复计算。

注：LDCs=最不发达国家；LLDCs=内陆发展中国家；SIDS 小岛屿发展中国家

流入结构脆弱、易受冲击的小型经济体的 FDI 增长了 3%，至 520 亿美元，但流向的变化趋势却有所差异：流入最不发达国家（LDCs）和小岛屿发展中国家（SIDS）的 FDI 分别增长 4.1% 和 22%；而流入内陆型发展中国家（LLDCs）的 FDI 却减少 2.8%。

在第一届联合国发展筹资大会的会议成果——《蒙特雷共识》（2002）中，各成员国承诺在六大领域对发展中经济体给予财政援助，其中便包括调动国际性金融资源（例如 FDI）。[1] 自此，国际社会便尤其关注对结构脆弱、易受冲击的小型经济体进行投资、融资，以确保其实现健康、强劲的经济增长和可持续性发展。在过去 10 年间（2004—2014 年），最不发达国家和小岛屿发展中国家的 FDI 存量增长了 2 倍，内陆型发展中国家增长了 3 倍。在国际投资发展共同体的协力合作下，2030 年，上述经济体的 FDI 存量或将在现有水平上再翻两番。更重要的是，国际社会需进一步利用融资的方式实现上述国家的经济多元化，从而促进其经济发展更具弹性和可持续性。

在即将举行的第三届联合国发展筹资大会（于 2015 年 7 月 13—16 日，亚的斯亚贝巴举行）和可持续发展目标全球峰会（于 2015 年 9 月 25—27 日，纽约举行）上，外部融资发展继蒙特雷会议后将再度成为焦点问题。考虑到这一现实背景，本章第二部分在对去年地区趋势进行分析的同时，还将对 2002 年以来 LDCs、LLDCs 和 SIDS 的 FDI 趋势进行盘点和评估。

一、地区趋势

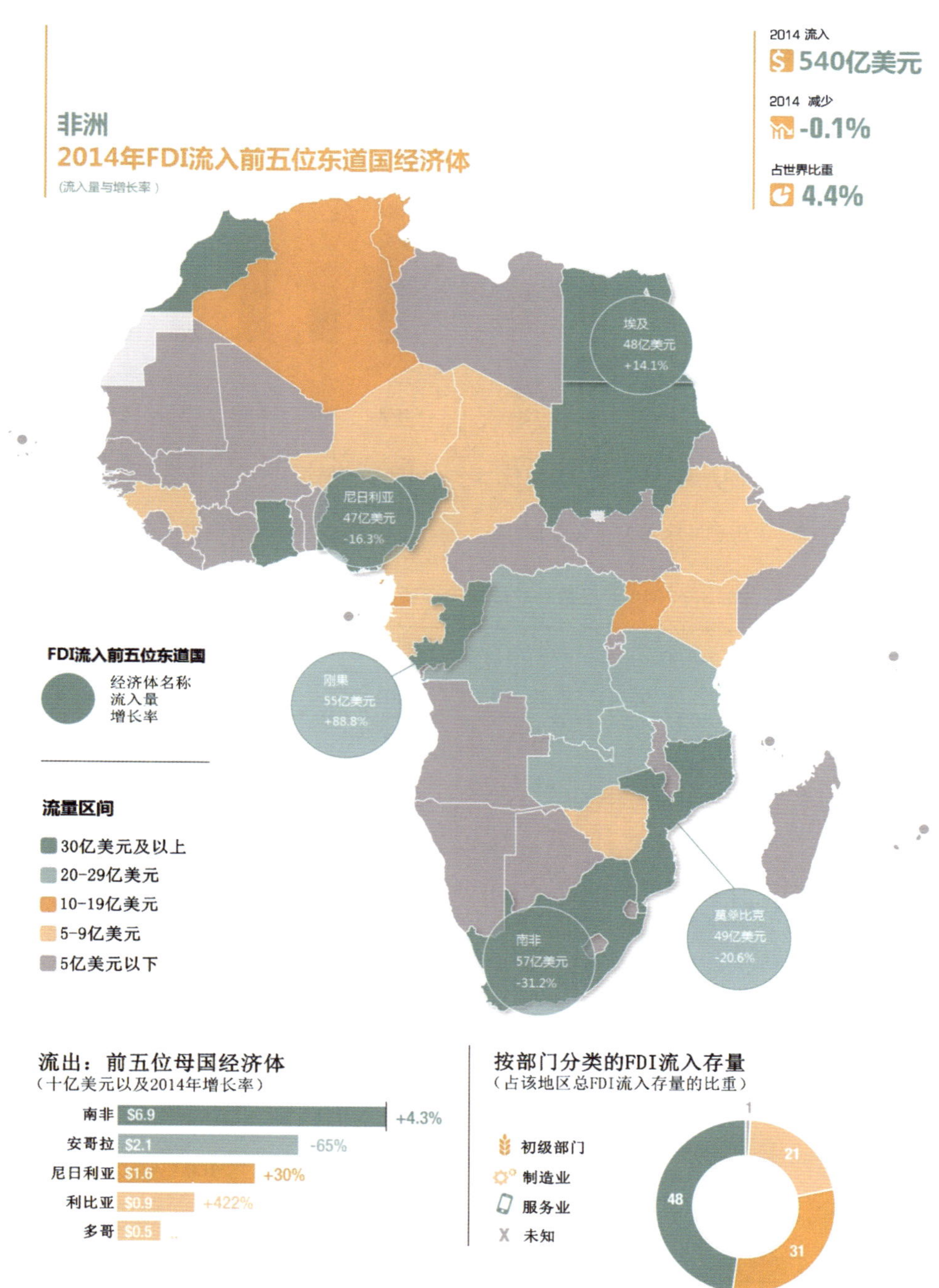

资料来源：UNCTAD。

注：图中所示各区域的边界、名称以及所使用的命名方式并未受到联合国的官方认可和接受。苏丹共和国和南苏丹共和国的最终边界尚未确定。阿卜耶伊地区的最终地位也尚未确定。

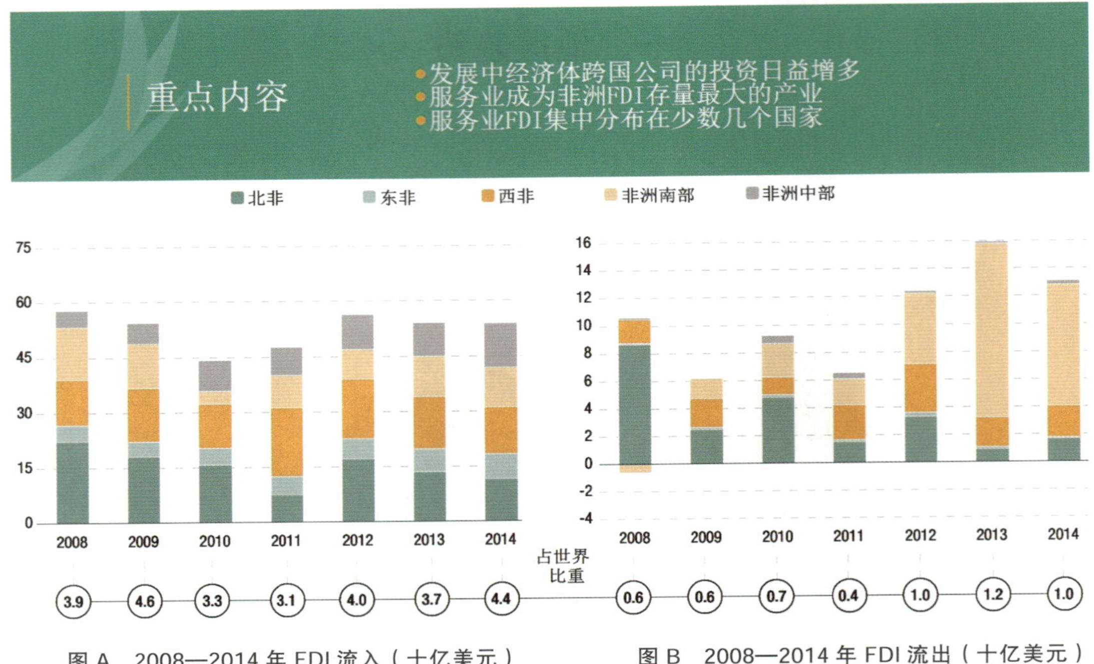

图 A　2008—2014 年 FDI 流入（十亿美元）

图 B　2008—2014 年 FDI 流出（十亿美元）

表 A　2013—2014 年已披露的绿地投资项目的行业分布（百万美元）

产业/行业	非洲作为投资目的地		非洲作为投资者	
	2013 年	2014 年	2013 年	2014 年
总量	**55124**	**88295**	**17402**	**13386**
第一产业	**6114**	**21974**	**7**	**48**
采掘业与石油业	3750	21974	7	48
制造业	**14722**	**28787**	**8013**	**3848**
食品、饮料与烟草业	1437	2099	535	1214
纺织品、服装和皮革	1744	2091	126	23
非金属矿物制品	3921	2213	2805	1918
机动车与其他运输设备	1642	1585	98	15
服务业	**34287**	**37534**	**9382**	**9490**
电力、燃气与水	11537	10648	—	125
建筑业	3536	9229	1005	462
运输、仓储与通信产业	7774	5909	2919	2305
商业服务业	7099	6323	2656	4949

表 B　2013—2014 年已披露的绿地投资项目的地区/国家分布（百万美元）

伙伴地区/经济体	非洲作为投资目的地		非洲作为投资者	
	2013 年	2014 年	2013 年	2014 年
世界	**55124**	**88295**	**17402**	**13386**
发达经济体	**28010**	**63024**	**2742**	**1112**
欧盟	16939	46957	1575	939
法国	2070	18931	297	127
美国	2559	8014	1121	39
发展中经济体	**27013**	**25180**	**14587**	**12274**
非洲	13082	10209	13082	10209
尼日利亚	2260	545	2784	1321
南非	5379	4789	343	176
亚洲	13735	14886	1421	1769
中国	289	6132	454	92
印度	5311	1122	83	107
转型经济体	**101**	**90**	**74**	—

表 C　2013—2014 年跨国并购的行业分布（百万美元）

产业/行业	出售额		购买额	
	2013 年	2014 年	2013 年	2014 年
总量	**3829**	**5058**	**3019**	**5446**
第一产业	**135**	**2566**	**289**	**1595**
采掘业与石油业	135	2556	289	1595
制造业	**3326**	**326**	**1632**	**209**
食品、饮料与烟草业	1023	22	244	35
造纸与纸制品业	-5	-101	—	-101
药品、药用化学和植物制品	567	51	1310	-51
碱性金属与金属制品业	—	301	—	—
服务业	**368**	**2166**	**1098**	**3642**
电力、燃气、水与废弃物管理业	250	58	—	1176
运输与仓储业	27	425	27	74
金融与保险业	222	1419	653	228
商业服务业	104	12	135	129

表 D 2013—2014 年跨国并购的地区/国家分布（百万美元）

地区/国家	出售额		购买额	
	2013 年	2014 年	2013 年	2014 年
世界	**3829**	**5058**	**3019**	**5446**
发达经济体	**-8953**	**-8317**	**2288**	**1670**
欧盟	-4831	-6886	1641	154
法国	-2310	-5648	147	246
美国	-4751	-1801	-15	21
发展中经济体	**12769**	**13331**	**731**	**3783**
非洲	130	2424	130	2424
拉丁美洲及加勒比地区	-430	400	—	1094
亚洲	13069	10507	596	265
印度	419	2730	233	137
卡塔尔	2529	729	—	—
阿联酋	538	5677	29	—
转型经济体	—	—	—	**-6**

2014年，非洲FDI流入量与上一年基本持平，达到540亿美元，其中北非呈下降趋势，撒哈拉以南地区呈上升趋势。

北非地区的FDI流入量减少15%至115亿美元，而撒哈拉以南非洲地区的流入量增加5%，至424亿美元。非洲地区FDI流入量在全球总流入量的占比，从2013年的3.7%上升至2014年的4.4%。对投资者（尤其是新兴市场投资者）来说，在全球经济缓慢复苏的形势下，处于加速增长的非洲经济体相对更具吸引力；与此同时，由于商品价格下降，尼日利亚和赞比亚等主要市场的增长前景趋弱。推动非洲地区FDI流入量不断增长的主要因素有：日益增多的非洲区域内FDI、新兴市场跨国公司的扩张（西亚公司的数量渐增），非传统型投资者的加入（私募股权）和日益增长的消费品市场（2014年非洲的食品和饮料行业表现突出）。

在北非，埃及和摩洛哥FDI流入量的增加并不足以弥补阿尔及利亚、利比亚、苏丹、南苏丹和突尼斯等国FDI流入量的减少。在石油和建筑项目的投资驱动下，埃及的FDI流入量增长14%，至48亿美元。摩洛哥的FDI流入量也增长8.6%，至36亿美元。2014年，阿尔及利亚的FDI流入量较上一年几乎减半，主要原因在于该国所吸引的绿地投资骤降87%。利比亚局势的持续动荡使投资者并不看好其作为FDI东道国的投资前景。

西非的FDI流入量减少10%，至128亿美元，主要由于该地区多国受到了埃博拉病毒、地区冲突和商品价格下跌的不利影响。在遭受埃博拉病毒侵袭的地区中，一些公司停止或暂停了其扩张行为。例如，位于塞拉利昂的非洲矿业有限公司（中国控股25%），关闭了在通科利利的旗舰矿项目；ArcelorMittal公司（总部卢森堡）也暂停了其设于利比亚的铁矿石扩建工程，并在此之前该工程的承包商已将员工移出该国。作为非洲最大的东道国国家，尼日利亚正在进行部门结构的多元化转移（即从过度依赖的石油部门转向非石油部门），这一转移导致其 FDI 流入量下降了 16%。

东非的 FDI 流入量增加 11%，至 68 亿美元。尽管未来可能面临政治角力，但坦桑尼亚的燃气产业仍凭借其巨大潜力吸引了 FDI 的流入。埃塞俄比亚的纺织行业则继续利用劳动力和能源的廉价优势吸引着 FDI 的流入，以实现其产业扩张。[2]

中非在 2014 年吸收了 121 亿美元的 FDI，同比增长 33%。尽管存在商品价格下跌的风险，刚果共和国的 FDI 流入量仍旧翻了近一番，达到 55 亿美元，这一增长源于外国投资者对其炼油厂项目的持续投资。例如，拜尔文国际发展集团 Berven Group International Development（总部美国）已与刚果共和国政府签订了合作协议，以 16 亿美元建造该国境内第二座炼油厂。此外，刚果民主共和国也依旧保持着较高的引资水平，受国际铜价下跌的影响并不明显。嘉能可集团 Glencore 投入了大量资金用于建设和完善刚果（金）的主要水电站，旨在帮助当地矿业企业突破电力供应瓶颈。

南部非洲的 FDI 流入量下降 2%，至 108 亿美元。莫桑比克的 FDI 流入量下降 21%，至 49 亿美元，但该国石油和燃气行业的跨国并购数量却显著提升。例如，印度石油天然气公司下属的维德希有限公司 ONGC Videsh Ltd（总部印度）以 26 亿美元收购了鲁伍马海上 1 号区项目 10% 的股份。作为南部非洲最大的东道国，2014 年南非吸引了 57 亿美元的 FDI，较 2013 年下降 31%。

来自发展中经济体的跨国公司继续保持着对非洲地区的投资力度，其目标是获取被发达国家跨国公司剥离的当地资产。虽然发达国家仍在非洲地区 FDI 存量中保持着最大占比，但从跨国并购和已披露的绿地投资项目的情况来看，发展中国家跨国公司的投资额正在逐渐上升。来自发达经济体的跨国公司（尤其是法国和英国）持续从非洲地区撤离资金，发展中经济体的投资者十分觊觎这些被剥离的当地资产。例如，阿联酋电信公司以 57 亿美元收购了 Itissalat Al Maghrib SA 公司（法国 Vivendi 集团的海外附属公司）53% 的股份。

中国公司和印度公司在非洲地区的投资表现依旧抢眼。2014 年，印度 Tata 集团对阿尔及利亚进行投资，中国企业则投资于南非的太阳能电池板产业。近年来，不断增多的非传统型投资者（大多来自阿联酋，尤其是迪拜）已经成为支撑非洲地区 FDI 流入的新兴要素。2014 年非洲地区绿地 FDI 项目总资本支出中，有 6%的资本支出来自阿联酋，其投资目标涉及基础设施建设、消费和服务行业。[3] 此外，来自阿联酋的另一主要项目是 Gulf 的第一债权人卡塔尔国家银行以 5 亿美元的投资成为 pan-African lender Ecobank 的最大股东。

2014 年，私募股权推动了非洲许多大规模投资项目。私募股权投资集团 KKR（总部美国）于 2014 年对非洲地区进行了首轮直接投资，该集团以 2 亿美元投资了一家埃塞俄比亚的玫瑰生产商 Afriflora。2014 年年初，Carlyle 集团募集了近 7 亿美元作为其首笔撒哈拉以南非洲基金，该笔基金已开始用于投资南非的汽车零售商 TiAuto 和购买 Nigerian lender Diamond Bank 18%的股份（0.5 亿美元）。私募股权公司 Blackstone 已与尼日利亚富商 Aliko Dangote 达成合作协议，将对整个撒哈拉以南非洲地区进行投资。Edmond de Rothschild 公司则建立了其第一支针对非洲地区的私募股权基金。

从 2014 年的非洲产业投资趋势可以看出，服务业和制造业投资依旧处于重要地位。2014 年，约 38%的已披露绿地投资项目和 33%的相关资本支出分布于制造业，服务业在总绿地项目数量和总资本支出中的占比则分别为 60%和 43%。已披露的绿地投资项目数显著增加，导致服务业 FDI 的计划资本支出如此之高。非洲制造业的重大投资主要集中在电子设备、机动车和食品产业。在尼日利亚，Nissan，Peugeot 和 Hyundai 等汽车公司均已于 2014 年启用自动装配技术。尼日利亚的汽车工业计划（于 2012 年提出）已在其产业扩张过程中发挥了重要作用，它明确了本国汽车行业在新兴汽车行业区域价值链中的定位。而非洲日益增长的消费者市场则有利于吸引食品和饮料业 FDI 的流入，2014 年的一些重大交易正是发生于这一行业。例如，Danone 集团（法国）收购了 Brookside 乳业公司（东非最大的乳品加工厂商，总部设于肯尼亚）40%的股份。

2014 年，非洲地区 FDI 流出量减少 18%，从 2013 年的 160 亿美元降至 130 亿美元。非洲企业进行的对外 FDI 仍然集中于服务行业。在跨国并购方面，南非的 Woolworths 公司宣布计划以 21.4 亿美元收购澳大利亚的 David Jones 百货公司。

2014 年，非洲内部地区间 FDI 仍占有较大比例。在已披露的非洲地区绿地投资中，由非洲企业进行的区域内投资分别占投资总额和项目总数的 76%和 68%，与 2013 年基本持平。非洲内部并购额占非洲籍企业跨国并购总购买额的 45%，其中尼日利亚在购买额和出售额中均占据较大比例。南非的企业投资依旧不可小觑：Nedbank 公司（南非）目前已同意出资 5 亿美元购买 Ecobank 多哥分行 20%的股份，Shoprite 公司（南非）也将于 2015 年 6 月之前在非洲新开设 30 家商店。

非洲服务行业 FDI 流入的潜在趋势

服务业 FDI 在非洲地区 FDI 总存量中的占比最大。现有数据显示，2001 年至 2012 年间，非洲服务业 FDI 存量已增至 4 倍。尽管如此，非洲服务业 FDI 存量的占比仍低于全球和发展中国家的平均水平。非洲服务业 FDI 虽然只集中于少数的几个国家，但截至 2012 年（最新可用数据的截止年限），其存量却占到区域内总存量的 48%，是制造业占比（21%）的 2 倍之多，并远远超过第一产业的占比（31%）（见图 2.1）。

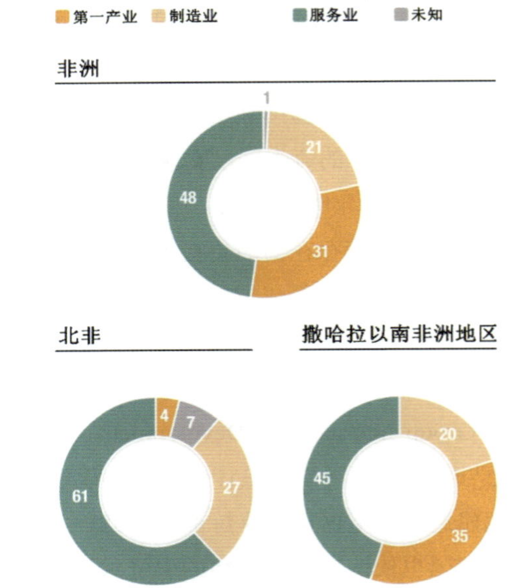

图 2.1　2012 年按部门和次区域划分的非洲 FDI 流入存量（占区域或次区域百分比）

资料来源：UNCTAD，FDI/MNE 数据库（www.unctad.org/fdistatistics）。

注：2012 年数据缺失时则用 2011 年数据代替。此处使用的数据样本分别占北非、撒哈拉以南非洲地区数据总量的 20%和 68%。

已披露的绿地投资数据结果凸显了服务业 FDI 的重要地位：[4] 2014 年，服务业在非洲地区引进的绿地投资项目中占据了很大比例，同时也是相关计划资本支出最多的行业。在 2003 年至 2014 年间，包括商品全面繁荣时期，有 38%的计划资本支出和 55%的项目数隶属于服务业绿地 FDI 项目，两项占比均高于制造业和第一产业。

非洲服务业 FDI 存量的分布具有集中性。在北非，服务业 FDI 存量已占到该区域总存量的逾 60%。摩洛哥在努力追求其“非洲门户”定位的同时，正逐渐发展为北非地区的服务中心。位于摩洛哥卡萨布兰卡市的“金融中心”现已颁布一系列的激励政策并吸引了大批跨国公司入驻，包括法国巴黎银行、AIG 集团、波士顿咨询公司、微软、福特等在内的各大知名公司纷纷将其地区总部设置于此。摩洛哥具备着吸引服务行业 FDI 的诸多有利因素，其中包括：在基础设施建设方面的大量投资（特别是信息通信技术领域）、坚实的技术基础、稳定的政治环境和毗邻欧洲的优越地理位置等。

在摩洛哥，服务业的 FDI 存量已占到该国吸引 FDI 总存量的 61%（450 亿美元），在过去 10 年中始终是 FDI 存量的最大组成部分。2012 年，摩洛哥国内约有 29%的服务业 FDI 存量分布在交通运输、仓储及邮电通信业（其中电信业占了 50%以上的比例），紧随其后的是房地产业（27%）和金融业（15%）。

在撒哈拉以南的非洲地区中，南非的服务业发展最为突出。在过去的 10 年里，南非制造业的 FDI 存量较服务业已有所下降。截至 2012 年，仅金融业和商业服务业 FDI 就已占到南非 FDI 流入总存量的 36%。若再纳入其他服务业部门，如交通运输业和零售业，其服务业的总体存量占比可达 51%，而第一产业（采矿业）和制造业却分别只占到 31%和 18%。两大金融业投资事件曾对南非乃至整个非洲的服务业 FDI 存量产生过巨大影响：一是 2005 年 Barclays 银行（英国）以 330 亿兰特（现价 27 亿美元）购买了南非联合银行超过 50%的股份；二是 2007 年中国工商银行（中国规模最大的银行）以 367 亿兰特（现价 30 亿美元）购买了南非标准银行 20%的股份。[5]

非洲其他地区的经济增长是南非服务业 FDI 流入势头强劲的重要原因，各国公司都寄希望于南非作为其区域扩张的基地。除金融业之外，跨国公司也对南非的其他服务业部门进行了投资，例如在南非建立面向非洲地区的信息技术服务和呼叫中心（2014 年印度 Wipro 公司便在此设立了 1 家软件公司）及酒店业投资（如 Marriott 公司于 2014 年完成了对 Protea Hotel 集团旗下 116 家酒店的收购）等。

与南非不同的是，尼日利亚所吸引的服务业 FDI 大多针对其当地市场。截至 2012 年，服务业 FDI 以 300 亿美元的存量占到该国吸引 FDI 总存量的 39%。其中，金融业存量的占比最大，达到 63%（这意味着外资银行尤其是非洲籍银行进入尼日利亚银行业零售市场的重要性），紧随其后的是交通运输、仓储及邮电通信业（26%）和建筑业（9%）。

金融业在非洲服务业 FDI 存量中占有重要比例。截至 2012 年，非洲有超过 50%的服务业 FDI 存量分布在金融行业，紧随其后的是交通运输、仓储及邮电通信业（21%）和商业服务业（9%）（见图 2.2）。旅游业 FDI 的占比虽然较大，但却分散于其他各个服务产业部门之中。服务业 FDI 的地位正愈发凸显，数据显示，2010—2012 年间，非洲金融行业 FDI 流入量占区域 FDI 总流入量的 11%。按绝对价值计算，非洲金融业 FDI 流入量在其服务业总流入量中的占比已从 2001—2003 年的 30%（9 亿美元）上升至 2010—2012 年的 35%（34 亿美元）。

基础设施建设和服务业其他部门（包括通信业）均表现出愈发显著的 FDI 增长。2001—2012 年间，交通运输、仓储及邮电通信业的 FDI 存量已增至最初的 4 倍，从 80 亿美元提高到 340 亿美元。目前跨国公司普遍采取非股权的经营模式（NEMs），因此在非洲基础设施的融资与发展中，FDI 仅占一小部分。尽管如此，FDI 在这一领域的地位依旧愈发重要，例如在信息通信技术网络产业中，投资者便期望借助 FDI 的方式获取不断增长的消费者市场。

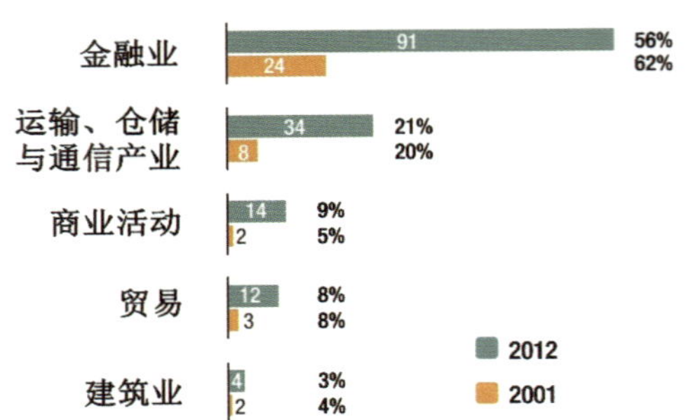

图 2.2　2001 年和 2012 年按产业划分的非洲服务业 FDI 存量（十亿美元以及占非洲服务业 FDI 流入存量比重）

资料来源：UNCTAD，FDI/MNE 数据库（www.unctad.org/fdistatistics）。

注：2012 年数据缺失时则用 2011 年数据代替。

流入非洲电信业市场的 FDI 正逐渐增多，这一事实反映出了该领域消费支出的增加、不饱和市场的先发优势、居民对智能手机购买力的增强。同时反映出宽带、4G 以及光纤等配套技术的推广。电信公司对其手机信号塔资产的剥离出售是电信业 FDI 流入非洲的另一主要因素（见专栏 2.1）。

专栏 2.1　非洲地区手机信号塔资产的出售的交易

近年来，MNT、Bharti Airtel 和 Orange SA 公司先后变卖了其在非洲的大部分信号塔网络设施，以降低持有和维护的费用支出。在非洲，由信号塔和相关基础设施所引发的费用支出可占到移动通信网络建设总支出的逾 60%。[6] 信号塔运营成本高昂的主要原因在于电力的短缺，运营商为此必须配备足够的备用发电机和安保人员。此外，非洲电信运营商可赚取的人均用户收益也普遍较低。当信号塔被售予第三方公司之后，一座信号塔便可同时托管给包括移动运营商和网络供应商在内的多个承租人。HIS 公司（高盛领衔的财团对其部分控股）是非洲目前最大的移动通信基础设施供应商，自 2012 年起已收购 MTN 公司在卢旺达、赞比亚、喀麦隆和科特迪瓦的近 3000 座信号塔。与此同时，Airtel 公司也与 HIS 公司签订了 10 年的可续合约，同意将其在赞比亚和卢旺达的 1100 多座信号塔售后回租。至此，HIS 公司已掌管非洲地区超过 21000 座的信号塔资产。

资料来源：UNCTAD，基于媒体资源。

作为推进网络互联建设的典型企业，仅 2014 年 Bharti 集团（印度）在尼日利亚和乌干达两个国家就开展了 11 个绿地投资项目，加之其在另外 13 个非洲国家的已有投资项目（包括布基纳法索、乍得、刚果民主共和国、加纳、肯尼亚、马达加斯加、马拉维、刚果共和国、塞舌尔、塞拉利昂、坦桑尼亚联合共和国、赞比亚和乌干达），该集团希望借此建立覆盖整个非洲地区的 Wi-Fi 网络。

在 2014 年非洲地区已披露的新建 FDI 项目中，非洲籍投资者的计划资本支出占全球总计划支出的 31%，且约有 21%的交通运输、仓储及邮电通信业项目是由非洲投资者开展的。作为主要投资者，南非的 MTN 公司于 2013 年在科特迪瓦、加纳、斯威士兰和乌干达等国建立了数据中心、销售办事处和 4G 网络工程。毛里求斯电信公司的投资表现同样十分抢眼：2013 年，Smile Telecoms 和 Liquid Telecom 在撒哈拉以南非洲地区设立了诸多新建 FDI 项目，旨在打造一个跨国性 4G 和光纤网络。

近年来，非洲电力、燃气和自来水行业吸引了大量的 FDI 流入，虽然该行业的 FDI 存量尚不突出，但其流入量在 2010—2012 年已占到非洲服务业 FDI 总流入量的 9%。这反映了非洲政府希望以公私合营的模式（PPPs）提供公共服务。与此同时，发展金融机构也更愿意通过混合融资和杠杆融资的方式资助这些行业的 FDI 项目。

非洲服务业跨国公司正在加大区域内投资。由附属公司的分布情况可以看出，非洲服务业跨国公司在许多产业（包括金融、基础设施和贸易等）进行了区域内的布局。UNCTAD[7] 对 500 多家非洲服务业跨国公司的约 2700 家海外附属公司进行了统计，其中的 50%均设立于其他的非洲国家。目前已有 60 多家基础设施和贸易类的跨国公司拓展至海外，足见市场对相关服务的需求之大。在贸易领域的 265 家附属公司中，有 3/4 设立于非洲内部，在基础设施产业中则有 2/5 位于非洲区域。金融服务业的跨国公司也同样会注重自身在本国和区域内的投资布局。日益增长的非洲消费者市场、金融管制的放松以及金融企业的区域化发展定位，都是导致非洲内部地区间投资流量增加的重要因素（见专栏 2.2）。

专栏 2.2 非洲内部地区间服务业 FDI 对当地金融产业发展的贡献

非洲内部地区间 FDI 已成为推动当地金融产业，特别是银行零售服务业迅速发展的重要因素（Krüger and Strauss, 2015）。2003—2014 年初，金融服务业在非洲区域内的绿地投资项目中约占 50%，其中有 38%属于银行零售业，5%属于保险业。

肯尼亚的 Kenya Commercial Bank、Guaranty Trust Bank 和 Fina Bank，尼日利亚的 United Bank for Africa 以及南非的 FirstRand and Standard Bank，都是在非洲内部金融业 FDI 的重要投资者。目前，这些银行已显著扩张了自身的服务区域：Standard Bank（总部南非）现已辐射非洲 20 个国家，Ecobank（总部设于多哥的一家泛非洲银行）的服务范围更是高达 39 个国家，而 United Bank for Africa（总部尼日利亚）也已覆盖了 19 个国家。以 Banque Marocaine du Commerce Extérieur 和 Libya Foreign Arab Bank 为代表的北非银行也同样进行着强劲的区域性扩张。非洲银行业的扩张行为大多开始于 2008 年金融危机之后。例如，Standard Bank（总部南非）已将自身的全球业务售出以便集中开展非洲业务，其目标是成为一家非洲的区域性银行。

UNCTAD 数据库中有关海外附属公司的数据（参考 Bureau van Dijk's Orbis 数据库）显示，总部设于非洲的 114 家金融业跨国公司共建立了 465 家海外附属公司，其中的 3/4 均位于非洲内部。

资料来源：UNCTAD。

服务业 FDI 极有可能成为非洲未来经济发展的巨大动力。作为服务性贸易中提升附加值的组成部分，服务业 FDI 已成为帮助非洲经济体参与全球价值链的重要途径。同时，服务业 FDI 融资对实现可持续发展的目标也尤为重要。《世界投资报告 2014》中指出，非洲地区的主要投资缺口存在于基础设施和基本公共服务两大产业。因此对于非洲的政策制定者来说，吸引服务业 FDI 能力的增强将是一个很好的机遇。与此同时，非洲各国还应确保其所提供服务的持续可负担性和可及性。

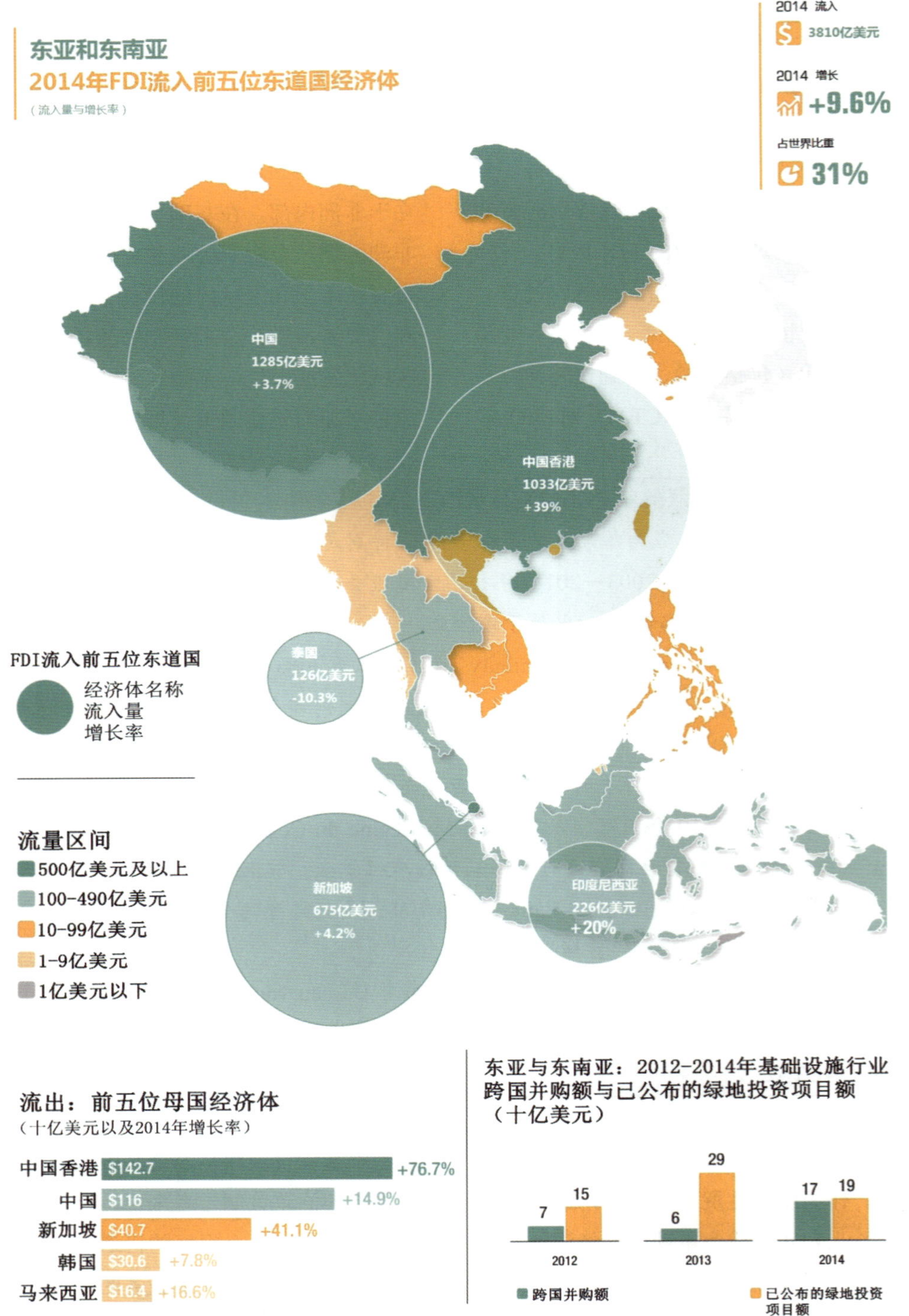

资料来源：UNCTAD。

注：图中所示各区域的边界、名称以及所使用的命名方式并未受到联合国的官方认可和接受。

重点内容

- 东亚和东南亚：接受FDI最多的次级区域
- 中国：最大的FDI接受国
- 基础设施互联互通得到加强

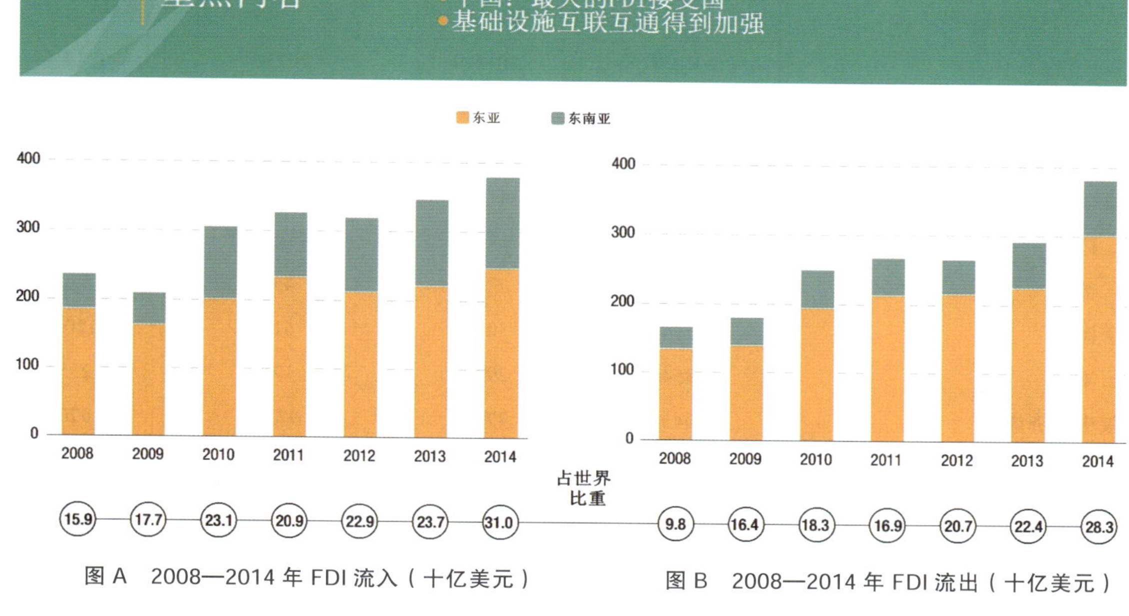

图 A 2008—2014 年 FDI 流入（十亿美元）

图 B 2008—2014 年 FDI 流出（十亿美元）

表 A 2013—2014 年绿地投资项目的行业分布（百万美元）

产业/行业	东亚和东南亚国家作为投资目的地		东亚与东南亚国家作为投资者	
	2013 年	2014 年	2013 年	2014 年
总量	**158851**	**192612**	**117002**	**145108**
第一产业	**1045**	**4056**	**2180**	**5513**
采掘业与石油业	823	4056	2180	5491
制造业	**81779**	**106402**	**24241**	**69877**
纺织、服装与皮革业	5591	6519	1367	4276
化学品与化工产品业	13903	13097	3719	5209
电子与电气设备制造业	9132	20158	6612	17654
汽车与其他运输设备	18155	28896	3157	19098
服务业	**76028**	**82154**	**90581**	**69718**
电力、燃气与水	17946	10521	8375	14289
建筑业	11317	24593	13569	26231
金融业	11466	11149	6322	5418
商业服务业	10148	15494	42912	9462

表 B　2013—2014 年绿地投资项目的地区/国家分布（百万美元）

伙伴地区/经济体	东亚和东南亚国家作为投资目的地		东亚与东南亚国家作为投资者	
	2013 年	2014 年	2013 年	2014 年
世界	**158851**	**192612**	**117002**	**145108**
发达经济体	**107844**	**114729**	**17999**	**28369**
欧盟	42975	41227	9150	9938
德国	13340	14982	398	388
英国	8668	6286	4503	5503
美国	25142	30794	5133	12024
日本	29540	29201	1785	2553
发展中经济体	**50457**	**77093**	**97361**	**107058**
非洲	483	111	2411	7587
亚洲与大洋洲	49107	76530	43651	88413
中国	3724	14073	20541	28499
拉丁美洲及加勒比地区	867	451	51299	11058
转型经济体	**550**	**789**	**1643**	**9681**

表 C　2013—2014 年跨国并购的行业分布（百万美元）

产业/行业	出售额		购买额	
	2013 年	2014 年	2013 年	2014 年
总量	**33344**	**80653**	**91009**	**125250**
第一产业	**-3489**	**496**	**10902**	**7361**
采掘业与石油业	-3492	172	10845	7657
制造业	**11679**	**7497**	**6427**	**47954**
食品、饮料与烟草业	6070	1969	5701	-1879
化学品与化工产品业	637	1843	892	1057
碱性金属与金属制品业	919	480	-2339	42161
计算机、电子、光学产品与电气设备制造业	1269	1323	1696	4021
服务业	**25154**	**72660**	**73680**	**69935**
电力、燃气、水及废弃物管理业	1216	899	4873	5955
贸易	-4630	6213	792	2373
金融与保险业	15010	53781	59246	54103
商业服务业	10149	7453	3714	5418

表 D 2013—2014 年跨国并购的地区/国家分布（百万美元）

地区/国家	出售额		购买额	
	2013 年	2014 年	2013 年	2014 年
世界	**33344**	**80653**	**91009**	**125250**
发达经济体	**6065**	**8720**	**50834**	**44887**
欧盟	-5814	9682	8927	18063
英国	721	1767	3033	5673
美国	5038	-3269	11279	12597
澳大利亚	-270	-1065	6861	7737
日本	9005	4894	1676	2801
发展中经济体	**24836**	**70896**	**38015**	**79225**
非洲	334	119	9456	1358
亚洲与大洋洲	23723	70750	25713	72855
中国	2330	10148	19018	49601
拉丁美洲及加勒比地区	779	—	2846	5012
转型经济体	**597**	**447**	**2160**	**1138**

尽管东亚和东南亚的经济增速已有所放缓，但其 FDI 流入量却依旧保持迅猛增长的态势。2014 年，区域内 FDI 总流入量上升 10%，达到 3810 亿美元的历史高位。东亚和东南亚地区再度成为世界最大的 FDI 接受地。从次区域来看，流入东亚的 FDI 上涨了 12%，达到 2480 亿美元；流入东南亚的 FDI 增长了 5%，达到 1330 亿美元。基础设施的互联互通建设正在逐步加强，跨国公司在这一领域提供了大量投资，其中以网络设备制造商的投资最为突出。

中国已超过美国成为世界最大的 FDI 接受国。2014 年中国 FDI 流入量增长了约 4%，达到 1290 亿美元。这主要得益于服务业 FDI 流入量的增加，突出体现在零售业、交通运输业和金融服务业。然而制造业的 FDI 流入量却有所减少，尤其是那些容易受劳动力成本上升影响的制造业部门。中国服务业的 FDI 流入量于 2011 年首次超过制造业。2014 年，服务业 FDI 流入量在总流入量中的占比攀升至 55%，制造业则下降至 33%。纵观投资于中国的几大重要经济体，2014 年韩国的投资额增长了 30%，欧盟也略有增加。相比之下，日本和美国的投资额却分别下降了 39% 和 21%。

2014 年，中国 FDI 流出量创造了 1160 亿美元的新高，同比增长 15%，增速依旧快于 FDI 流入量。海外收购已越来越成为中国金融机构进行国际扩张的重要手段。例如在 2014 年 10 月至 2015 年 2 月的短短几个月内，中国安邦保险集团便进行了 6 项跨国并购，先后接管了美国纽约的 Waldorf Astoria Hotel（19.5 亿美元），比利时的 FIDEA Assurances（收购价格尚未公开）和 Delta Lloyd Bank（2.19 亿欧元），荷兰的 Vivant Verzekeringen（1.71 亿美元），韩国的 Tong Yang Life（10 亿美元）以及 Blackstone 集团位于纽约的一座 26 层办公大楼。由于“一带一路”战略政策（包括丝绸之路经济带和 21 世纪海上丝绸之路）的实施，中国对外 FDI——尤其是服务业和基础设施产业的 FDI，将会继续保持高速增长。

中国香港和新加坡的 FDI 流入增速差异较大。2014 年，中国香港的 FDI 流入量增加了 39%，至 1030 亿美元。这一强势增长得益于以股权投资方式进行的大型跨国并购的激增，例如 Temasek Holdings（新加坡）以 57 亿美元收购了屈臣氏集团（香港）25%的股份，OCBC Bank（新加坡）以 48 亿美元收购了香港永亨银行等。中国大陆投资者是此次增长的另一重要推动力。2014 年，来自中国大陆的跨国公司在香港并购市场上扮演了重要角色。举例来说，中粮集团有限公司以 40 亿美元收购了 Novel 集团旗下 Noble Agri 公司的 51%股份，母公司 Novel 集团的总部位于香港，主要从事农、矿业产品的全球供应链管理业务。在绿地投资方面，2014 年 InvestHK 的数据显示，中国公司的新建 FDI 项目已占到香港地区此类项目总数的 1/5。[8] 与香港相比，同为金融中心的新加坡却只吸引了 680 亿美元的 FDI，增长比率低至 4%。

东南亚各经济体的 FDI 表现大有不同。新加坡仍是东南亚地区最大的 FDI 接受国。除新加坡之外，东南亚其他一些经济体的 FDI 流入量也都有所增加。2014 年，印尼吸引了 230 亿美元的 FDI，同比增长 20%。股权投资的增加（尤其在 2014 年第 3 季度）大大推动了印尼 FDI 流入量的上升。印尼投资协调委员会的最新数据显示，其外来资金大多流入以下目标产业：采矿业、食品业、交通和电信业、金属、机械和电子产业及化工制药业。此外，印尼的前 5 大投资来源国依次为新加坡、日本、马来西亚、荷兰和英国。

2014 年越南的 FDI 流入量增长了 3%。2014 年 11 月，越南政府决定将于 2015 年提升本国的最低工资限额，提升幅度为 15%。与 15 年前相比，其全国范围内的名义最低工资已增长了 17 倍。虽然越南较之中国仍具有劳动力的成本优势，但其迅速提升的工资水平已大大削弱了这一优势，许多小型投资者或将减少对越南劳动密集型产业的投资。[9]

与越南邻近的东南亚低收入国家，均在劳动力成本上比越南更具优势。因此，效率寻求型的制造业 FDI 纷纷流入此类国家，其中不乏一些大型的投资项目。例如 2014 年 11 月，Taekwang and Huchems 集团（韩国）宣布在缅甸迪拉瓦经济特区投资 6 亿美元以制造化学及相关产品。然而事实也表明，劳动力成本并不是影响 FDI 流向的唯一因素——具有廉价劳动力优势的老挝和缅甸，两者的人均 FDI 流入量均远低于越南（见图 2.3）。

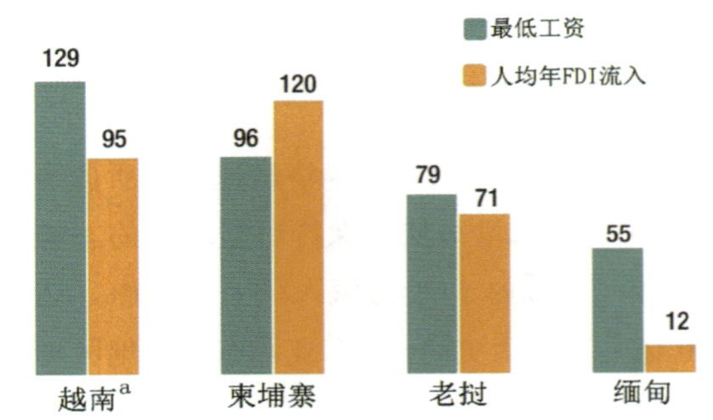

图 2.3 2012—2014 年新东盟四国（越、柬、老、缅）最低月工资水平及人均年 FDI 流入

资料来源：UNCTAD、越南政府和 Aisa Briefing 公司相关信息。

a：越南工资数据仅包含城镇及周边地区。

注：CLVM=柬埔寨、老挝、缅甸、越南。

利用国际投资的方式增进东亚、东南亚的区域性互联互通

东亚、东南亚各国和各经济体正在加强基础设施、商业合作和制度领域的互联互通建设。这一建设不仅有利于区域内外交易成本的降低，还为货物、服务、信息和人员的流动提供了便利。区域内互联互通的实现将在很大程度上取决于国

际投资水平，两者联系十分密切。

基础设施互联互通已得到加强，但仍需要更多投资的注入。区域一体化政策的实施以及融合区域价值链的商业和经济需求，都推动了基础设施互联互通的不断加强。基础设施行业投资的增加不仅有助于投资环境的改善，还将提高整个区域的引资能力，尤其是对效率寻求型制造业 FDI 的吸引。

作为另一重要推动因素，区域合作对东亚和东南亚地区的影响十分明显。如大湄公河次区域经济合作机制的设立，便大大加强了柬埔寨、老挝、缅甸、泰国、越南和中国云南省共 6 个国家与地区的经济联系。该合作机制还促进了 CLMV（柬埔寨、老挝、缅甸、越南）4 国与区域内其他国家间的基础设施互联互通。在区域一体化举措的推动下，跨国基础设施项目可进一步加强电力、公路和铁路行业的区域性互联互通。例如在区域合作的推动下，CLMV 国家已实现对中国国内和新加坡—昆明铁路建设的供电传输。

东盟国家以建设“增长三角”（如印尼、马来西亚和泰国）、经济走廊和增长区的方式实现其区域内的经济合作，并借此加强了邻近地区的互联互通。而近期提出的诸多合作机制也将进一步推动区域一体化及互联互通建设。这些机制既有国家层面的（如中国的“一带一路”设想，韩国的“欧亚倡议”），也有区域和国际层面的（如亚洲基础设施投资银行的建立）。日本政府则承诺将在未来五年内向亚洲基础设施建设提供 1100 亿美元的投资。AIIB（亚洲基础设施投资银行）将由其 50 多个成员国共同出资，拟设置约 1000 亿美元的初始资本金。亚投行的成立宗旨是促进亚洲地区的基础设施投资及互联互通建设。

然而在基础设施互联互通的建设过程中，却存在着国家、次区域和产业部门间的失衡。以交通运输业为例，区域间道路网络的发展水平便远不及工业化经济体，而东亚、东南亚区域的总体道路密度也大大低于 OECD 的平均水准（世界银行，2014）。导致这一现象的原因之一是该区域内各国基础设施水平存在显著差异。例如，许多东南亚国家已在基础设施质量上位居世界前列——新加坡排名世界第二——而其他国家排名较低越南和菲律宾分别排在第 82 和第 96 名（世界经济论坛，2013）。对于东亚、东南亚地区的低收入国家来说，基础设施互联互通方面的不足已成为其吸引效率寻求型 FDI 和参与全球价值链分工的重要障碍。

因此，加强区域内的基础设施投资便成为当务之急。据亚洲开发银行估计，2010—2020 年间，亚洲的基础设施产业总投资（包括互联互通建设）将超过 8 万亿美元（亚洲开发银行和亚洲开发银行研究所，2009）。在缺少必要资本或生产力的情况下，各个国家和地区都必须广泛调用资金来源，充分发挥国内外私人投资者的重要作用（WIR2014）。

跨国公司正在逐步增加对基础设施建设的国际投资。如第一太平有限公司（在中国香港上市）旗下的 Metro Pacific Investments Corporation 现已成为菲律宾基础设施产业的主要投资公司，业务涉及电力、铁路、公路和自来水等多个领域，2013 年总资产额达到 45 亿美元。GDF Suez（法国）旗下的 Glow Energy 公司则大力投资于泰国的电力产业，其总资产额和销售额已分别达到 38 亿和 21 亿美元。在东南亚国家（如印尼和泰国）的移动通信产业中，来自区域内外的国际运营商子公司已占据了很高的市场份额，亚洲籍国际运营商——如中国移动和新加坡电信公司均是区域内重要的投资者。

截至 2012 年，中国香港（位于东亚地区）在交通运输、仓储及邮电通信业的 FDI 存量已达 330 亿美元。同年，这一产业在新加坡和泰国（位于东南亚）的 FDI 存量分别为 370 亿和 150 亿美元。近年来，某些基础设施产业部门的 FDI 流入量出现了迅猛增长。2013 年，东盟地区的电力和燃气设施产业吸引了 12 亿美元的 FDI，增至上一年的 5 倍之多。中国在交通运输、仓储及邮政服务业的 FDI 流入量已从 2012 年的 34 亿美元上升至 2013 年的 42 亿美元，且这一增长还在持续。

在东亚和东南亚地区，基础设施产业的跨国并购额已接近 170 亿美元（2014 年），是上一年的 3 倍。然而已披露的绿地投资额却下降了 37%，仅为 190 亿美元（见图 2.4）。

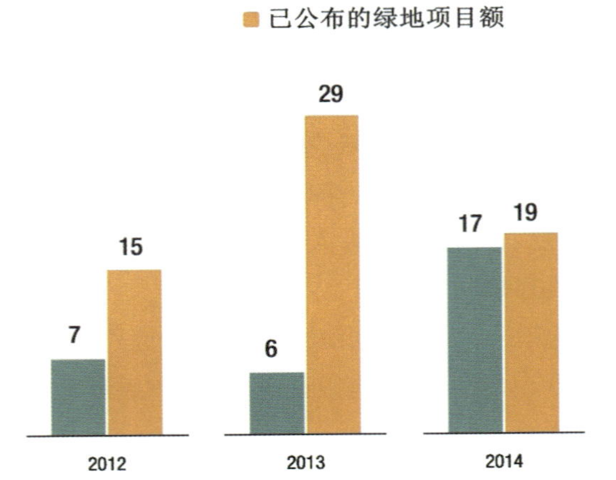

图 2.4　2012—2014 年东亚与东南亚基础设施行业跨国并购额与已披露的绿地项目额（十亿美元）

资料来源：UNCTAD 跨国并购数据库、金融时报公司 FDI 市场（www.fDimarkets.com）绿地投资项目数据。

2014 年发生的主要跨境并购中，被收购的公司大多位于中国、中国香港、韩国（东亚）、菲律宾、新加坡和泰国（东南亚），且发电业和移动通信业是东南亚地区跨国并购的重要投资领域。例如 2014 年 10 月，韩国水资源公社旗下的 Angat 水电公司以 4.4 亿美元接管了位于菲律宾布拉干省的一座水电站。2014 年 6 月，世界用户量最大的移动运营商——中国移动以 8.8 亿美元收购了 True Corp.（世界第三大移动运营商，泰国）18% 的股份。

此外，部分跨国公司还通过新建项目的方式对东南亚的基础设施产业进行投资。在该地区的电力产业投资中，日本跨国公司表现得尤为积极：继 2013 年缅甸、越南的大型发电项目投资之后，2014 年又接连宣布了马来西亚、菲律宾和泰国的大规模投资计划。例如，日本的三井物产综合商社将联手 Gulf Energy Development 有限公司（阿联酋），对泰国的一系列热电厂进行投资，计划投资额约为 24 亿美元。此项投资旨在建设、持有和运营泰国几个工业园区内的 12 座燃气发电站，发电总容量可达 1470 兆瓦。

区域内 FDI 已成为基础设施投资的主要推动因素。当前，越来越多的基础设施投资来自区域内部，中国香港、中国、日本、马来西亚和新加坡均为东亚、东南亚地区最重要的投资来源经济体和业务来源经济体。然而，各国在投资过程中所侧重的产业部门却明显不同。

2014 年，东亚、东南亚跨国公司对本地区基础设施产业进行的跨国并购有所增多，涨幅和投资总额分别达到 200% 和 201 亿美元，而绿地投资却只有小幅度的提升（见图 2.5）。能源、通信、交通运输和自来水行业的大规模交易是导致跨国并购额迅速增长的主要原因。2014 年规模最大的 10 笔并购交易的主要并购方分别来自中国、中国香港和新加坡。

据估计，在亚洲籍跨国公司对基础设施产业所进行的对外投资中，投向东亚和东南亚地区的已占到 45%。区域内投资项目在跨国并购项目中的占比远高于其在绿地投资项目中的占比（见图 2.5）。中国香港和新加坡的跨国公司一直都是基础设施行业的重要投资者。而在过去几年中，中国公司也在交通运输和能源领域（发电、输电和管道设施等）进行了大规模投资，其投资对象包括印尼、缅甸、菲律宾和越南等国家。在交通运输领域，中国有望加大对老挝和缅甸的铁路建设投资。近期，中国又与泰国签订了合作协议，预计将投资 230 亿美元用于泰国一条高铁的建设，这条高铁属于区域性高铁网络规划的一部分，连接着新加坡和中国的云南省。在 2014 年该地区的基础设施产业投资中，规模较大的跨国并购多半源自区域内部投资，其中包括全年规模最大的一笔跨国并购交易——中国南方电网有限公司和香港中华电力有限公司以 30 亿美元从美国 Exxon-Mobil Energy 公司手中购买了 Castle Peak Power 有限公司（中国香港的一家电力公司）。

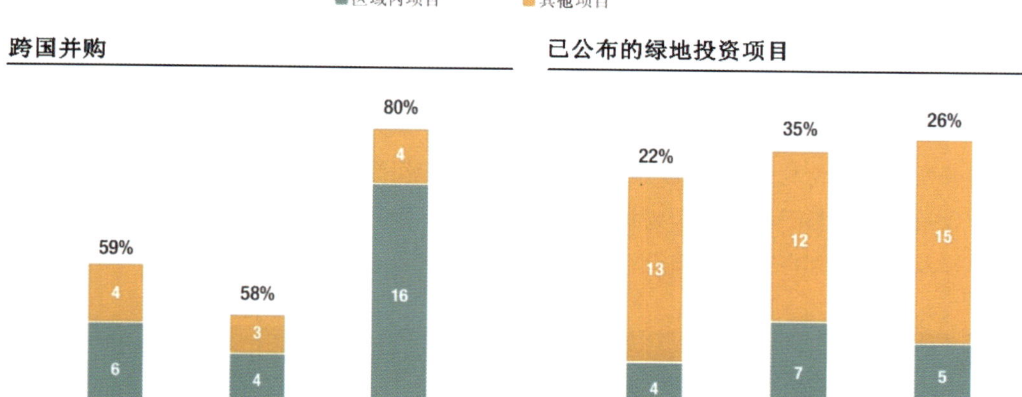

图 2.5　2012—2014 年东亚和东南亚地区基础设施投资项目总值及区域内项目的占比（十亿美元、%）

资料来源：UNCTAD 跨国并购数据库、金融时报公司 FDI 市场（www.fDimarkets.com）绿地投资项目数据。
注：百分数为区域内项目占所有项目的比重。

在东亚、东南亚地区，区域内 FDI 占据了低收入国家 FDI 总流入量的主要比例，并提升了这些国家的生产能力和基础设施水平。以缅甸为例，随着其国内交通运输业和能源产业的基础设施不断完善，该国已愈发成为劳动密集型产业（如纺织、服装和鞋业）投资的优选区位。

越来越多的跨国公司采取非股权和混合性的投资方式参与投资。在东亚和东南亚地区，已有不少的跨国公司以非股权和混合性（如建设－经营－转让模式，简称 BOT）的投资方式参与投资。此外，还有很多投资项目采取了公私合营模式，在这一模式中，政府部门负责提供资金补贴，私人部门负责建设、融资和运营。世界银行 PPI 数据库的数据显示，在东亚和东南亚地区吸引的基础设施产业投资中，通过特许经营和签订租赁经营合同等方式进行的投资已累计达到约 500 亿美元。跨国公司主要针对基础设施产业中的自来水和交通运输两大行业进行非股权及混合模式投资，两者在非股权和混合性投资总额中的占比分别为 46%和 31%。

一些以 BOT 或其他特许经营方式开展的投资项目吸引了大量外国资本的流入，并推进了电力、交通运输等产业的基础设施建设。例如，AES 公司（美国）已联手 POSCO 电力公司（韩国）和中国投资有限公司（中国的一家大型主权财富基金公司），共同投资建设越南的 Mong Duong II 号发电站。通过与越南政府签订 BOT 协议，该项目的投资总额有望达到 14 亿美元，并极有可能成为其国内公私合营电力投资项目的典范。

在交通运输业方面，许多大型投资项目已经完成或正在计划签署公私合营及特许经营协议。印尼政府已对交通基础设施领域的诸多此类项目进行了记录，总投资额超过 10 亿美元。West Coast Expressway 的特许经营协议和 Soekarno-Hatta 铁路建设项目均是此类投资项目中的代表。[10]

区域性基础设施和互联互通建设的前景与未来。基础设施的进一步扩建是促进区域性互联互通的重要因素，而区域性互联互通的实现也将有利于价值链的开发、贸易便利化和偏远地区的经济进步。新的以及现有的基于国家、区域和国际层面的各类举措及倡议，都将提振基础设施投资和区域性互联互通建设的前景。亚洲开发银行早年便已提出向东亚、东南亚地区提供基础设施项目贷款，而其他的区域性举措也巩固了区域一体化以及互联互通的基础。

东盟的部分成员国已经开始允许外国投资者对其交通运输行业的指定部门进行投资，这也将进一步促进东亚、东南亚地区区域内 FDI 的增长。例如，印尼政府于近期放开了部分服务业（如港口管理）的外国投资管制，并希望通过这一方式促使本国发展成为海上强国。此外，随着越来越多的东南亚国家为本国制订了宏伟的长期战略计划，东南亚地区的基础设施投资总量有望取得进一步增长。

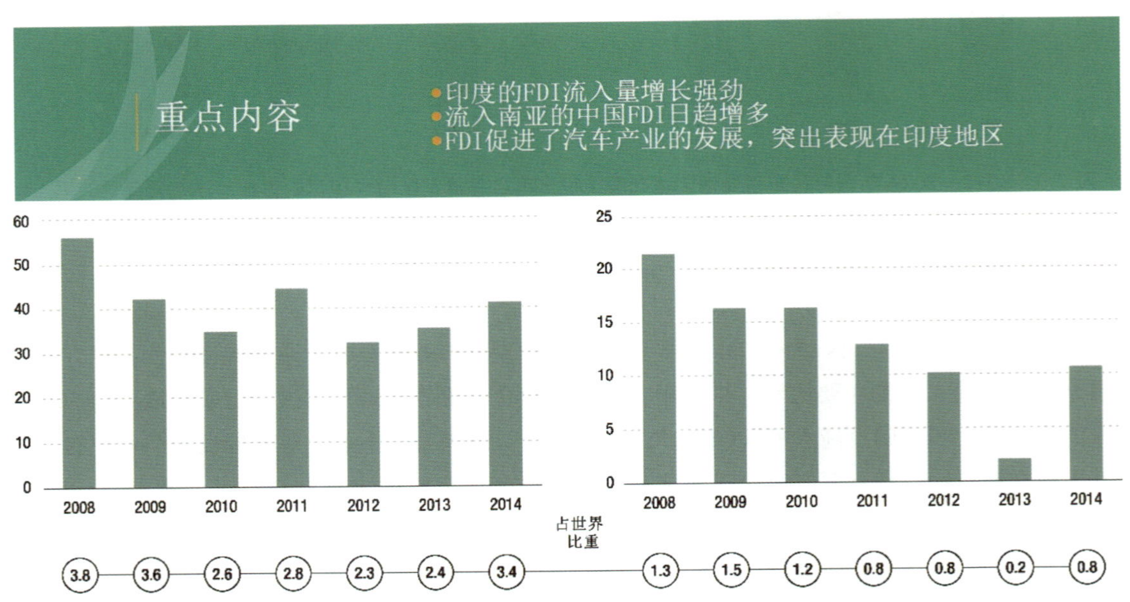

图 A 2008—2014 年 FDI 流入（十亿美元）

图 B 2008—2014 年 FDI 流出（十亿美元）

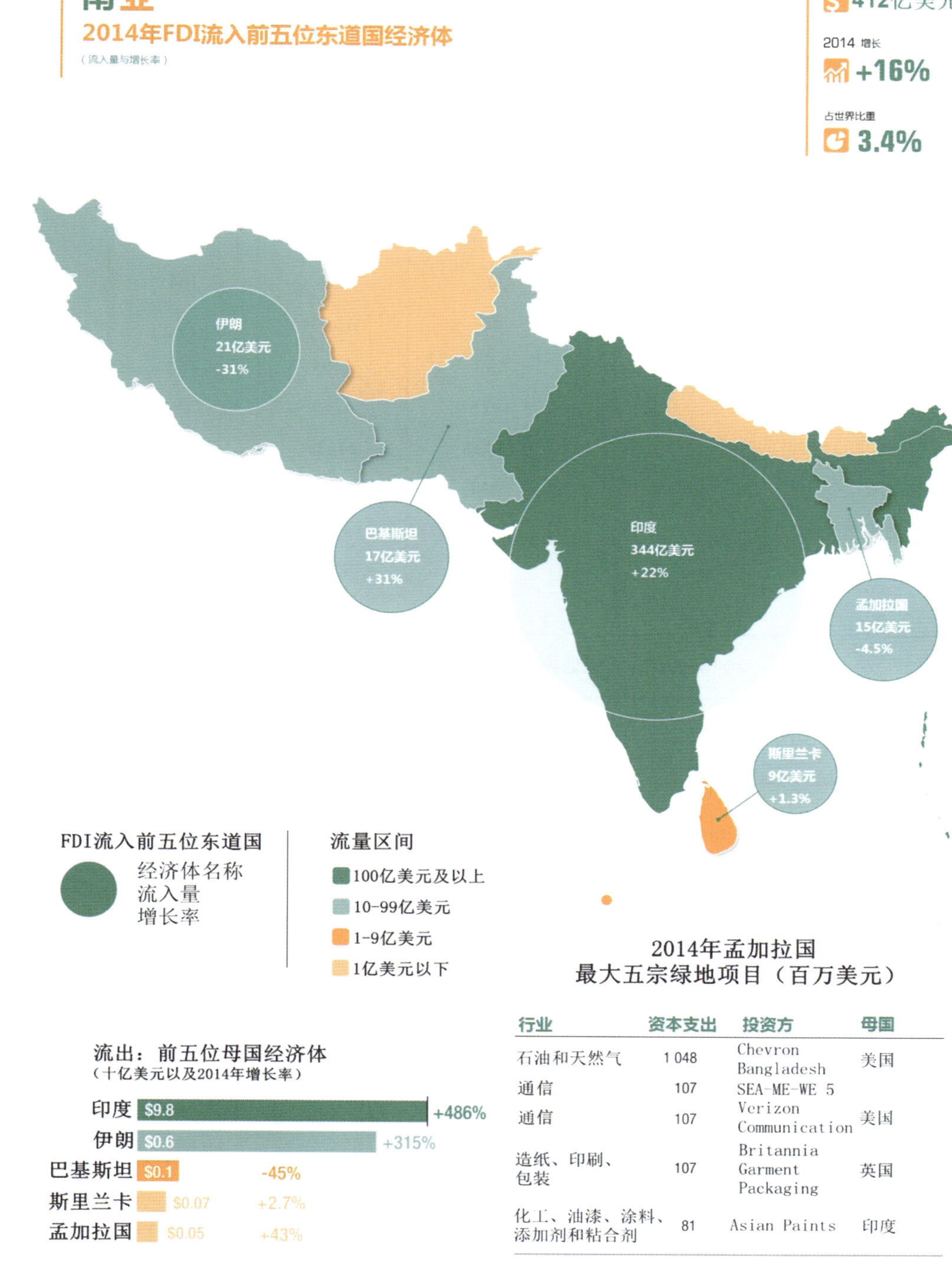

2014年孟加拉国
最大五宗绿地项目（百万美元）

行业	资本支出	投资方	母国
石油和天然气	1 048	Chevron Bangladesh	美国
通信	107	SEA-ME-WE 5	
通信	107	Verizon Communication	美国
造纸、印刷、包装	107	Britannia Garment Packaging	英国
化工、油漆、涂料、添加剂和粘合剂	81	Asian Paints	印度

资料来源：UNCTAD。

注：图中所示各区域的边界、名称以及所使用的命名方式并未受到联合国的官方认可和接受。虚线代表由印度和巴基斯坦协定的位于查谟和喀什米尔地区的控制线大致位置。查谟和喀什米尔地区的最终状态尚未达成各方统一。

表 A　2013—2014 年绿地投资项目的行业分布（百万美元）

产业/行业	南亚作为投资目的地		南亚作为投资者	
	2013 年	2014 年	2013 年	2014 年
总量	**26368**	**38957**	**15955**	**14220**
第一产业	**22**	**311**	**43**	**11**
采掘业与石油业	22	311	43	11
制造业	**10919**	**14223**	**7085**	**6879**
纺织、服装与皮革业	397	431	104	1037
焦炭、石油产品与核燃料	44	1057	81	2645
金属与金属制品业	589	1364	885	369
机动车及其他运输设备	1971	4270	2791	933
服务业	**15427**	**24423**	**8827**	**7331**
电力、燃气与水	2044	6701	2756	250
运输、仓储与通信产业	3644	5936	2185	784
金融业	3378	5216	861	793
商业服务业	2710	3389	2079	1179

表 B　2013—2014 年绿地投资项目的地区/国家分布（百万美元）

伙伴地区/国家	南亚作为投资目的地		南亚作为投资者	
	2013 年	2014 年	2013 年	2014 年
世界	**26368**	**38957**	**15955**	**14220**
发达经济体	**19282**	**23129**	**4134**	**2856**
欧盟	7384	7358	2587	1503
德国	2061	2074	491	31
英国	2470	1146	1718	530
美国	5405	8489	1314	744
日本	2997	3129	45	13
发展中经济体	**7011**	**15724**	**10952**	**11079**
非洲	637	107	5482	1366
亚洲与大洋洲	6355	15586	4755	9202
中国	884	6079	506	137
拉丁美洲及加勒比地区	20	30	715	510
转型经济体	**74**	**104**	**870**	**285**

表 C 2013—2014 年跨国并购的行业分布（百万美元）

产业/行业	出售额		购买额	
	2013 年	2014 年	2013 年	2014 年
总量	**4784**	**5955**	**1621**	**1105**
第一产业	**28**	**-40**	**1482**	**2934**
采掘业与石油业	2	-40	1482	2924
制造业	**4608**	**4170**	**920**	**-3670**
食品、饮料与烟草业	1173	2026	-34	-727
化学品与化工产品业	3620	28	246	19
药品、医药化学品与植物药制品业	3148	1757	551	55
碱性金属与金属制品业	-4068	-1	65	-586
服务业	**148**	**1824**	**-781**	**1841**
贸易	42	240	-80	—
信息与通信业	-209	546	85	49
金融与保险业	-298	89	-691	2469
商业	621	314	350	-533

表 D 2013—2014 年跨国并购的地区/国家分布（百万美元）

地区/国家	出售额		购买额	
	2013 年	2014 年	2013 年	2014 年
世界	**4784**	**5955**	**1621**	**1105**
发达经济体	**3367**	**5361**	**1883**	**-880**
欧盟	1518	3324	1734	-551
英国	1110	3346	510	-657
美国	1368	1591	387	-422
日本	382	250	—	—
发展中经济体	**1212**	**556**	**-262**	**1900**
非洲	233	147	419	2730
亚洲与大洋洲	979	409	-1240	-771
印度	—	24	—	32
新加坡	540	265	-771	-808
拉丁美洲及加勒比地区	—	—	559	-59
转型经济体	—	—	—	**85**

2014 年南亚地区 FDI 流入量增至 410 亿美元，作为区域内最主要的 FDI 接受国，印度的 FDI 增长直接推动了整个南亚地区的增长水平。其中，已披露的绿地投资额和跨国并购额均有所提升：前者增长 48%，至 390 亿美元，后者增长约 25%，至 60 亿美元。从区域层面来看，南亚制造业 FDI 有所增加，突出表现在汽车行业。印度政府于近期提出了“印度制造”倡议，将汽车行业作为本国未来发展的重点产业，并认为其有潜力发展成为世界领先的汽车生产国。

2014 年，印度 FDI 流入量增长 22%，达到 340 亿美元。随着越来越多的投资者接受了经济复苏的预期，2015 年印度的 FDI 流入量仍将保持上涨态势。从产业部门来看，制造业 FDI 增长强劲，这主要得益于国家持续性的产业扶持政策，如在 2014 年中期提出的“印度制造”倡议。

南亚地区的外向型 FDI 主要来源于印度。在经历了 2013 年的大幅下跌之后，印度的 FDI 流出量于 2014 年迅速回升至 100 亿美元，是上一年流出量的 5 倍之多。随着国内经济形势的好转，印度大型跨国公司已停止其大规模撤资行为，一些公司甚至开始恢复自身的海外扩张，主要体现在针对周边国家进行的区域内制造业投资（如汽车和化工产品）。

流入南亚国家的中国 FDI 正在不断增长。由于来自中国的服务业 FDI 不断增多（特别是中国移动公司在通信产业进行了一项巨额投资），2014 年巴基斯坦的 FDI 流入量增长了 31%，至 17 亿美元。此外，中巴经济走廊的提出（WIR2014，专栏 2.3）以及在“一带一路”战略推动下不断增长的中国对外投资（主要集中在制造业和基础设施领域），都将对巴基斯坦产生显著而积极的影响。根据 2015 年 4 月中巴政府签署的有关协议，中国政府将在未来几年内向巴基斯坦投资约 456 亿美元，其中的 338 亿美元投资于电力产业，另外 118 亿美元投资于交通基础设施产业。

在斯里兰卡，来自中国的 FDI 也在不断增多。近年来，中国已逐渐成为斯里兰卡最大的 FDI 来源国。[11] 例如，中国招商局国际有限公司联合两家当地企业对科伦坡国际集装箱码头的建设进行了投资，投资金额高达 5 亿美元，这也是该国接受的最大一笔国际投资项目。经过两年的建设，该码头已于 2014 年 8 月投入运营。此外，中国—斯里兰卡自由贸易协定也将于 2015 年 6 月签署。如果 21 世纪“海上丝绸之路”计划可以顺利推行，那么将有越来越多的中国 FDI 流入斯里兰卡，尤其是在大型基础设施项目投资中（其中包括汉班托特港的建设计划以及高速公路和一座机场的建设）。2014 年，斯里兰卡政府也对来自印度和美国的大型投资项目进行了记录。[12]

孟加拉国的绿地投资流入量有所增加。2014 年，孟加拉国在许多行业吸引了大规模的绿地投资（见表 2.2），其 FDI 流入量也因此维持在 15 亿美元的较高水平。作为该国最重要的外国投资者之一和当地最大的燃气生产商，雪弗龙公司（总部美国）已投资 5 亿美元用于 Bibiyana 气田的扩建项目，该公司还计划于 2015 年对当地的一家国有石油企业 Petrobangla 进行规模为 6.5 亿美元的投资。Bibiyana 气田扩建项目是孟加拉国迄今为止引进的投资额度最大的外国投资项目，其将于 2015 年全面投入运营。2014 年公布的其他重要投资项目大多分布在制造业（如化学制品、建筑材料和医疗器械）和服务业（如电信业和交通运输业）。2014 年 4 月，Azbil Telstar 公司（日本）与其当地合作伙伴 SAKA International 在孟加拉国的达卡市成立了一家合资子公司，以应对孟加拉国迅速增长的医药行业需求。

表 2.2 2014 年孟加拉国已披露的最大十宗绿地投资项目

行业	资本支出（百万美元）	投资方	母国
石油与燃气	1 048	Chevron Bangladesh	美国
通信	107	SEA-ME-WE 5	新加坡
通信	107	Verizon Communications	美国
造纸、印刷、包装和改良纸制品	107	Britannia Garment Packaging	英国
化工、油漆、涂料、添加剂和粘合剂	81	Asian Paints	印度
运输、货运/配送服务	70	Pacific International Lines	新加坡
运输、空运	70	Emirates SkyCargo	阿联酋
建筑材料	64	Holcim	瑞士
医疗设备	63	Telstar	日本
运输、货运/配送服务	61	TNT Express	荷兰

资料来源：UNCTAD，基于金融时报公司 FDI 市场（www.fDimarkets.com）数据。

跨国公司已开始关注对尼泊尔的投资。尼泊尔正在逐渐吸引制造业、服务业和基础设施产业 FDI 的流入。例如，韩国 Global Auto Tech 公司已与一家当地企业达成协议，将共同投资于尼泊尔的一座卡车生产厂。2014 年，尼泊尔公布的投资额达到约 2 亿美元，是年度 FDI 流入量的两倍。预计未来几年内，来自中国和印度的海外投资将有助于促进尼泊尔 FDI 流入量的增长。近年来，水力资源已成为尼泊尔吸引外国投资者的主要优势，尤其是对于那些来自缺乏电力资源邻国的投资者。[13]然而，尼泊尔于 2015 年 4 月发生的地震灾害又再次给该国的经济发展和外来投资增长带来了巨大挑战。

FDI 有助于南亚地区汽车行业的发展

由于受到生产能力和基础设施水平的约束，在吸引制造业 FDI 方面，南亚国家普遍落后于东亚和东南亚国家。然而，南亚的各国、各产业和各地区均已涌现出成功的投资案例，这一现象部分归因于近年来南亚地区经济增速的加快，以及基础设施和通信系统的完善。FDI 的流入对南亚地区的产业发展产生了重要影响，汽车行业便是其中的典型。

印度是南亚地区最大的汽车行业 FDI 接受国。2013—2014 年间，在全球汽车制造商和一级配件供应商公布的南亚绿地投资项目中，有很大一部分位于印度地区——其中包括了 12 笔投资额超过 1 亿美元的项目（见表 2.3）。

汽车行业增加值占印度制造业总增加值的约 20%。凭借 1800 万的汽车年产量，印度现已成为世界第 7 大汽车生产国，而在庞大的人口基数和经济增长的推动下，印度的排名很有可能继续攀升。[14]

表 2.3　2013 年印度汽车行业已公布的超过 1 亿美元的绿地投资项目

行业	资本支出（百万美元）	投资方	母国
汽车	456	Fiat	意大利
汽车	320	Renault-Nissan Motor	日本
汽车	249	Volkswagen	德国
重型卡车	235	Scania	德国
重型卡车	235	VE Commercial Vehicles	瑞典
汽车	233	Renault-Nissan Motor	日本
重型卡车	233	Wrightbus	英国
汽车部件	220	Bosch	德国
汽车	207	Ford India	美国
汽车	206	Fiat-Tata	意大利
汽车	164	Honda Cars India	日本
汽车	127	Mercedes-Benz	德国

资料来源：UNCTAD，基于金融时报公司 FDI 市场（www.fDimarkets.com）数据。

在“印度制造”倡议中，印度政府为本国确定了 25 个具有发展潜力的产业，其中包括汽车制造业、化工制造业、制药业和纺织业等。印度政府还将优先发展环保汽车行业，并已为此颁布了一个新计划——即为混合动力和电动汽车的制造提供财政激励。

印度国内的努力，加之外国投资者和技术领域的补充与支持，共同促进了印度汽车制造产业的发展。自 90 年代初印度汽车行业正式对外开放以来，相关领域 FDI 便开始流入该国并对其各个产业、产品和价值链环节（从初始的设备制造到汽车零部件和服务环节）产生了影响。[15] 印度产业政策促进部的数据显示，2000 年 4 月到 2014 年 11 月，印度汽车行业累计 FDI 流入量总计 114 亿美元。随着各国跨国公司正逐步进入印度市场，印度本国汽车公司（如 Tata Motors 和 Mahindra & Mahindra）也开始与其进行合作以实现自身产品的升级。[16]

印度汽车行业 FDI 的主要来源国包括日本、美国和韩国。这些国家的跨国公司以建立合资或全资子公司的方式进入印度市场。例如，日本的 Suzuki 公司是最早以合资方式进入印度汽车行业市场的投资者之一，其合资对象是一家印度的本土公司 Maruti。这一投资主要针对于印度的当地市场，其建立的合资公司也始终保持并受益于先发优势。2010 年以来，Maruti Suzuki 公司已占据印度客车市场近 40%的份额。其他主要的全球汽车制造商，如现代汽车（总部韩国）和通用汽车（总部美国），也都对印度进行了大规模投资。

一项有关印度国内汽车生产区域分布的检验结果显示，FDI 的流入已使印度国内涌现出多个产业集群，并主要分布在国家首都地区（德里—古尔冈—法里达巴德），马哈拉施特拉邦（孟买—纳西克—奥兰加巴德）和泰米尔纳德邦（钦奈—班加罗尔—霍苏尔）（见图 2.6）。尽管这些产业集群的构建形式存在巨大差异，[17] 但可以确定的是，FDI 始终发挥着重要的促进作用。例如 Suzuki 公司的较早进入便大大推动了该国首都地区产业集群的发展。现有的 6 家外国公司，2 家国内公司和 100 多家当地供应商已在泰米尔纳德邦形成了一个强大的汽车产业集群（Bapat et al., 2012）。

印度汽车行业的外溢效应或可影响至南亚的

其他国家。2013—2014 年间，孟加拉国、尼泊尔、巴基斯坦和斯里兰卡各吸引了一项汽车行业的外国公司绿地投资项目（见表 2.4）。由于投资规模相对较大，这些项目均为东道国创造了大量就业机会。2013 年，Mahindra & Mahindra 公司（印度）对孟加拉国的一家汽车生产厂（主要生产轻型卡车和多用途车辆）投资 2 亿美元。由此可见，印度不断发展的汽车产业对外进行投资将会对整个南亚地区生产力建设产生正向溢出效应。

图 2.6 印度：汽车行业的主要产业集群

来源：UNCTAD，基于印度汽车零部件制造协会数据。

注：方框内所列公司均为每一集群的主要制造厂商；标注*的公司为印度本国公司；标注**的公司为印度本国公司与外国公司建立的合资公司。

图中所示各区域的边界、名称以及所使用的命名方式并未受到联合国的官方认可和接受。

表 2.4 2013—2014 年南亚国家（印度除外）汽车行业已披露的绿地投资项目

东道国	行业	资本支出（百万美元）	投资方	母国	年份
孟加拉国	轻型卡车和多用途运载车	227	Mahindra & Mahindra	印度	2013
尼泊尔	重型卡车	200	Global Autotech	韩国	2014
巴基斯坦	汽车	200	Honda Atlas Cars Pakistan	日本	2013
斯里兰卡	汽车	3	Toyota Lanka	日本	2013

资料来源：UNCTAD，基于金融时报公司 FDI 市场（www.fDimarkets.com）数据。

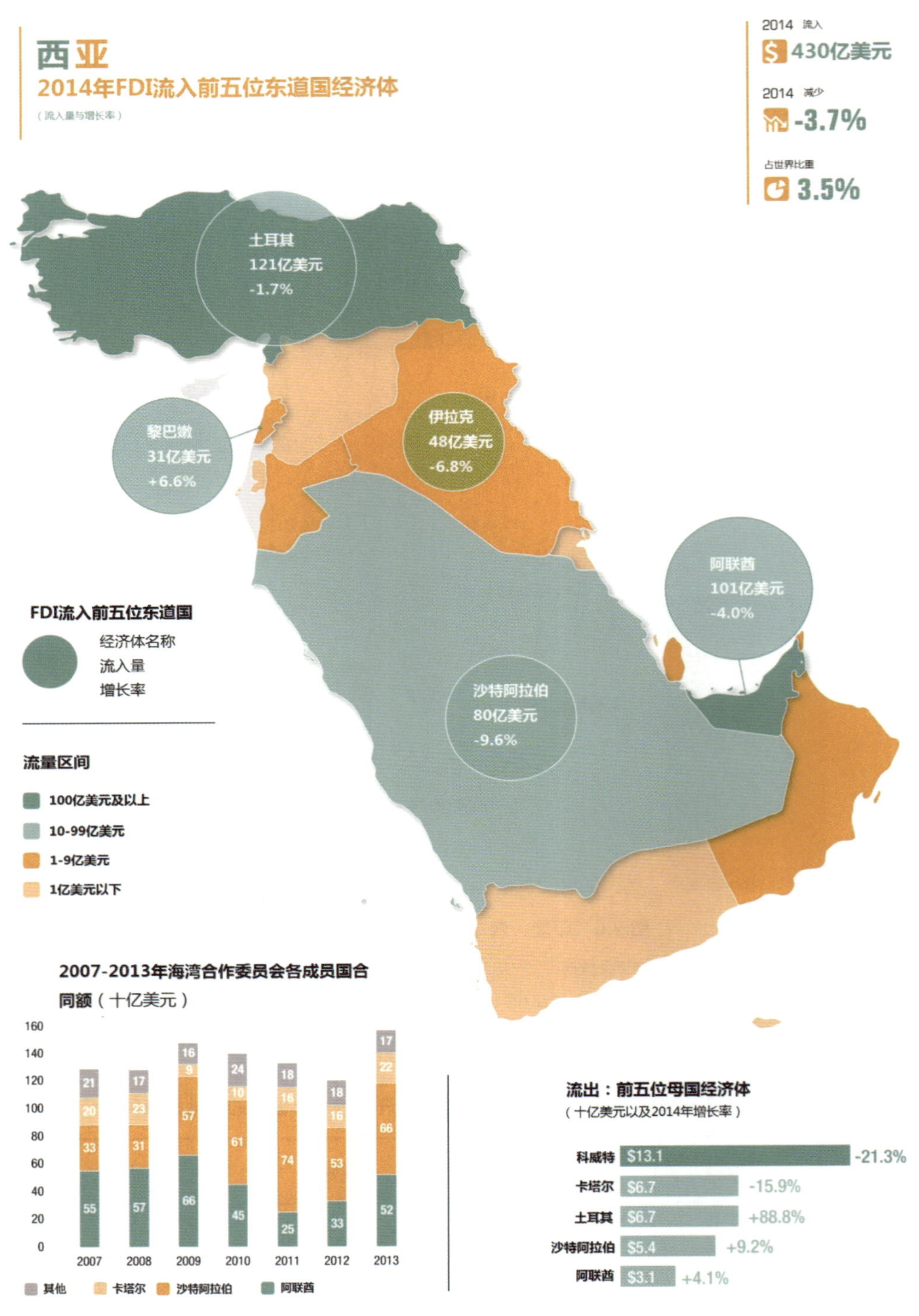

来源：UNCTAD。

注：图中所示各区域的边界、名称以及所使用的命名方式并未受到联合国的官方认可和接受。

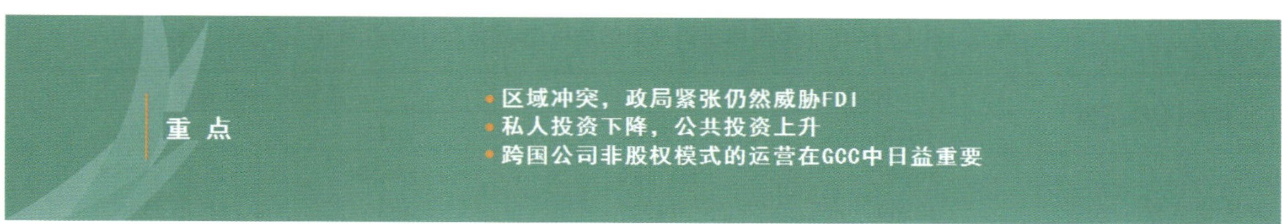

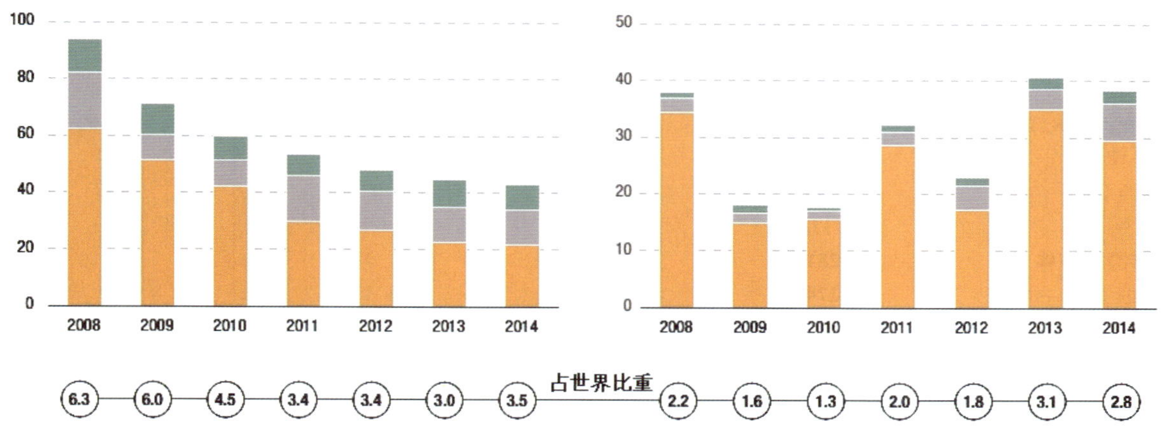

图 A　2008—2014 年 FDI 流入（十亿美元）

图 B　2008—2014 年 FDI 流出（十亿美元）

表 A　2013—2014 绿地投资项目的行业分布（百万美元）

产业/行业	西亚作为投资目的地		西亚作为投资者	
	2013	2014	2013	2014
总量	**56047**	**37316**	**38638**	**26929**
第一产业	**5989**	**2620**	**1677**	**322**
制造业	**18976**	**14739**	**18067**	**8062**
焦炭、石油和核燃料	3754	5277	9655	2088
化工和化学制品	4503	1623	209	1660
机械和设备	756	634	254	18
机动车及其他运输设备	5770	3790	97	145
服务业	**31082**	**19957**	**18895**	**18545**
电力、燃气与水	13759	3210	1725	1020
建筑业	2239	5215	3281	7150
宾馆和餐馆	3605	2871	3246	1631
金融业	1791	1871	2499	4751
商务服务业	6131	4770	3961	1230

表 B　2013—2014 年绿地投资项目的地区/国家分布（百万美元）

伙伴地区/经济体	西亚作为投资目的地		西亚作为投资者	
	2013	2014	2013	2014
世界	**56047**	**37316**	**38638**	**26929**
发达经济体	**27560**	**14907**	**4539**	**5567**
欧洲	15903	8366	2392	4782
美国	9894	2683	1954	381
发展中经济体	**15671**	**21329**	**30397**	**20490**
非洲	301	1551	5842	5932
埃及	86	1307	1588	4048
亚洲和大洋洲	15326	19778	24318	14336
印度	1209	7899	2088	4407
西亚	11701	5323	11701	5323
阿联酋	9178	4035	833	655
转型经济体	**12816**	**1081**	**3703**	**872**
俄罗斯	12748	974	1345	289

表 C　2013—2014 年跨国并购的行业分布（百万美元）

产业/行业	出售额		购买额	
	2013	2014	2013	2014
总量	**2055**	**2729**	**8077**	**10705**
第一产业	**357**	**-283**	**476**	**3455**
采掘业与石油业	344	-286	466	3455
原油和燃气提取	344	-311	—	3305
制造业	**451**	**988**	**61**	**130**
计算机、电子、光学产品和电子设备制造业	46	283	—	—
非金属矿物制品业	14	624	—	—
服务业	**1248**	**2024**	**7540**	**7120**
电力、燃气、水与废品物管理业	140	226	1908	—
膳宿和餐饮服务业	—	75	-99	-1429
信息与通信业	21	27	1137	4794
金融与保险业	456	201	3972	3020
商务服务业	371	533	184	-7

表 D　2013—2014 年按国家/地区划分的跨国并购（百万美元）

国家/地区	出售额		购买额	
	2013	2014	2013	2014
世界	2055	2729	8077	10705
发达经济体	181	1738	2739	3944
欧盟	714	783	1312	1609
北美	-573	530	69	2335
发展中经济体	1375	377	4913	6614

续表

国家/地区	出售额		购买额	
	2013	2014	2013	2014
非洲	29	—	3194	6420
北非	—	—	3150	5708
埃及	—	—	3150	29
摩洛哥	—	—	—	5659
拉美和加勒比地区	54	160	266	1000
亚洲和大洋洲	1293	217	1454	-806
西亚	1039	-321	1039	-321
转型经济体	3	-191	425	146

2014 年西非的 FDI 流入量为 430 亿美元，比上年下降 4%，连续六年呈下行趋势。此地区投资量低迷正是全球经济危机的影响，地区政局动荡升级所致。危机和动荡不仅影响那些直接受害国，如伊拉克、叙利亚和也门，也同时波及其邻国以及整个地区。

土耳其的 FDI 流入量比上年减少了 2%，至 120 亿美元，但仍是此地区最大的 FDI 流入国。增长是不均衡的：房地产并购连续三年增长且增速加快（29%），并购量达到 40 亿美元，占 2014 年该国总 FDI 流入量的 25%。服务业的 FDI 流入量为 50 亿美元，下降了 28%，这主要是因为公共设施领域（10 亿美元，比上年下降 44%）以及金融服务业的投资下降（20 亿美元，比上年下降 55%）。而制造业部门的 FDI 流入量则在经历了 2013 年的陡降后反弹 30%，达到 30 亿美元，但仍低于 2011—2012 年的水平。

相比之下，石油资源丰富的海湾合作委员会（GCC）国家受政局动荡影响较小，近年来经济增长较为显著，但这些国家 FDI 仍持续低迷（220 亿美元，比上年下降 4%）。作为该地区主要的 FDI 目的地（2009—2014 年占该地区 FDI 的 61%），这些国家的 FDI 流量在 2009 年后并未恢复至之前水平。阿拉伯联合酋长国和沙特阿拉伯分别是该地区第二、第三大 FDI 流入国，2014 年 FDI 流入量也略有下降，分别为 100 亿美元和 80 亿美元。

约旦和黎巴嫩的 FDI 流入量保持稳定，近期伊拉克的 FDI 有所回升，其中很大一部分集中在石油领域，但这种回升趋势被持续恶化的安全形势中断。尽管多数大规模油田位于该国相对安全的南部，但北部地区的交通遭到破坏，供应链因此受到影响。这一危机和 2014 年走低的油价很可能造成油田发展的迟滞，并会令新投资者对此地区望而却步。

2014 年西亚地区的 FDI 流出量也下降 6%，这主要由大量资金从巴林撤离（负向的公司内部贷款）导致。科威特曾是此地区最大的海外投资者，其 FDI 流出量为 130 亿美元，比去年下降 21%。土耳其的外向型 FDI 增长了 89%，达到 67 亿美元，这主要由于该国的股本流出增长了 61%，达到 50 亿美元。

2008 年以后，相对于 GDP 的私人投资下降是西亚地区 FDI 流入量走低的重要原因（见图 2.7）。在除黎巴嫩和阿拉伯联合酋长国之外的所有西亚国家中，2009—2014 五年中年均私人投资占 GDP 的比重较 2003—2008 年有所下降（见表 2.5）。近年来，在巴林、黎巴嫩和土耳其，甚至私人部门的固定资本形成总值（GFCF）绝对量也出现下降趋势。[18] 西亚国家私人投资的 GDP 占比下降而公共投资占比上升，在其他发展中国家情况刚好相反。

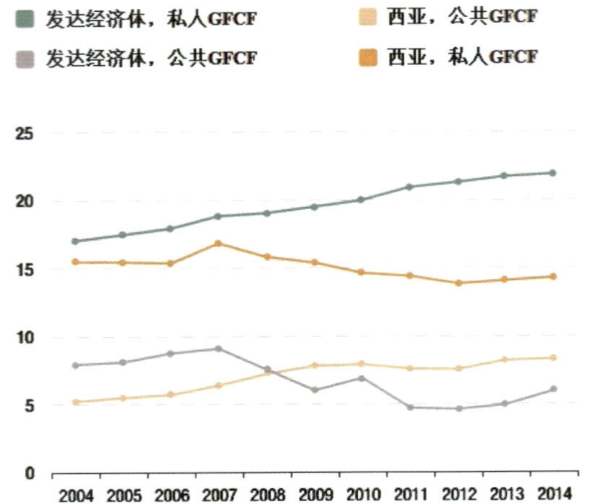

图 2.7　2004—2014 年西亚和发展中经济体：公共/私人 CFGF 占 GDP 比重，当前价格（%）

来源：UNCTAD，基于 IMF2015 年数据。

注：巴勒斯坦和叙利亚的数据未包括在内。

GFCF 表示固定资产形成总值。

在地区层面，西亚地区公共投资比重的提高无法弥补私人投资占 GDP 比重的下降，年平均 GFCF 占 GDP 比重从 2003—2008 年的 21.9%上升到 2009—2014 年的 22.3%。然而，不同国家和次区域的情况有所不同，公共投资增加主要发生在依靠石油收入的 GCC 国家，尤其是沙特阿拉伯和科威特（见表 2.5）。

表 2.5　2003—2008 及 2009—2014 按当前价格计算的公共/私人 GFCF 占 GDP 比重及其占总 GFCF 比重（%）

区域/经济体	私人 GFCF 占 GDP 的比重		公共 GFCF 占 GDP 的比重		公共部门在 GFCF 的比重	
	2003—2008	2009—2014	2003—2008	2009—2014	2003—2008	2009—2014
世界	**17.8**	**17.7**	**5.0**	**5.8**	**21.6**	**24.5**
发达经济体	18.0	21.0	8.9	9.7	32.8	31.4
西亚[a]	15.7	14.4	6.2	7.9	28.1	35.6
伊拉克[b]	8.4	7.5	14.4	14.7	63.1	66.2
约旦	20.3	17.2	7.1	5.1	26.0	22.9
黎巴嫩	20.7	22.3	2.4	1.8	10.2	7.5
叙利亚[c]	11.0	9.9	9.5	9.5	46.3	49.2
土耳其	17.1	15.9	3.4	3.9	16.7	19.8
也门	10.2	5.7	7.4	3.5	41.8	38.3
GCC	15.2	14.4	7.4	9.5	32.6	39.7
巴林	23.7	13.9	5.8	6.0	19.6	30.0
科威特	13.3	11.3	3.8	5.9	22.3	34.1
阿曼	14.4	11.0	14.1	14.8	49.5	57.3
卡塔尔	31.6	22.1	8.3	8.5	20.9	27.7
沙特	13.8	12.6	7.6	11.4	35.4	47.4
阿联酋	13.3	16.3	7.3	7.5	35.5	31.5

资料来源：UNCTAD，基于 IMF2015。

a：巴勒斯坦缺乏相应数据，未包含其中。

b：未包含 2003 年数据。

c：2011 年后的数据未包含。

公共投资比重的上升在 GCC 国家最为显著，并且已经演变为由国家主导的基础设施、石油和燃气等方面建设。2009—2014 年间，所有 GCC 国家资本支出占 GDP 的比重都有所提高，并且在除了阿联酋之外的 GCC 国家中，总投资中的公共份额显著增加，几乎达到了 40%（见表 2.5）。投资的增长推动了新一轮的建设浪潮，上个十年中早些时候沙特阿拉伯是建设势头最猛烈的国家，而此次情况则有所不同（见图 2.8）。上次繁荣是由大型住宅和商业项目为主导（主要在阿联酋），而此次则以政府主导的基础设施建设以及石油燃气项目为主（主要发生在卡塔尔和沙特阿拉伯）。宏大的基础设施升级和发展计划已开始实施，其中尤其着重于发展轨道交通项目。例如，在 2013 年仅利雅得和多哈的地铁项目合同额就超过了 300 亿美元。相比之下，私营部门较为集中的住宅和商业建筑领域则遭到危机重创，直至 2013 年仍未恢复（见图 2.9）。石油和燃气项目则得益于 2008 年全球经济危机带来的石油价格、建筑材料费用降低以及工程、采购及建设等服务成本的下降，使得一些国有石油公司（例如沙特阿拉伯国家石油公司、阿布扎比国家石油公司和卡塔尔燃气）有能力去落实其项目计划。

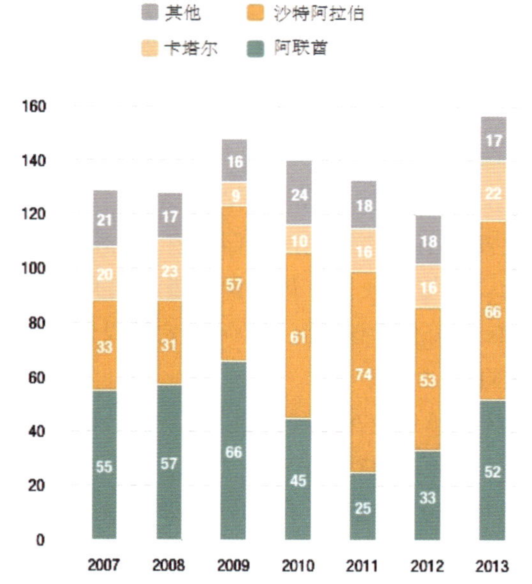

图 2.8　2007—2013 年 GCC：各国合同金额（十亿美元）

资料来源：UNTCAD，基于深度 MEED，“2015GCC 项目建设市场”，2014 年 8 月。

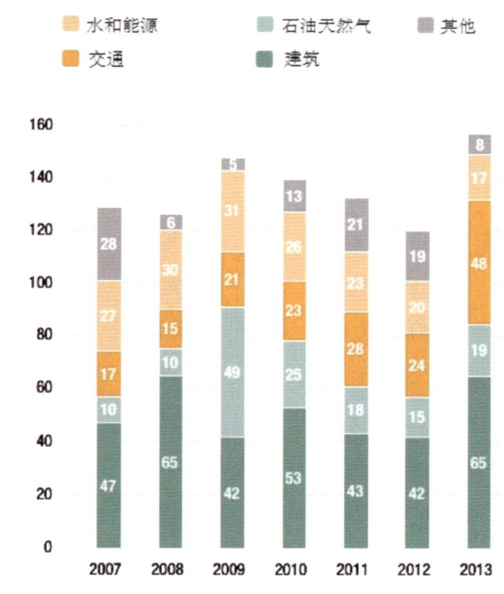

图 2.9　2007—2013 年 GCC：各行业合同金额（十亿美元）

资料来源：UNTCAD，基于深度 MEED，“2015GCC 项目建设市场”，2014 年 8 月。

国家主导的建设增长对外国投资者的进入模式产生一定影响。建筑业受国家主导的石油、燃气、交通等投资增长的影响最大，而这些领域通常涉及许多外国承包商，这与住宅和商业建筑领域多由当地承包商主导的情况显著不同。这一建筑业投资主体的转变使外国投资者有机会通过 NEMs 参与新项目。从外国投资者的角度看，NEMs 也降低了该地区局势不稳定给投资者带来的风险。

本国承包商在合同获取上有优势，而外国承包商则在项目执行上占优。当地承包公司拿下了 2013 年 880 亿美元授予合同的 62%（最近的可得数据）。[20] 然而，外国承包商在项目建设中占据主导。例如，2013 年在 GCC 国家中最大的市场沙特阿拉伯，外国公司签订的合同价值占 10 家最大承包商所获得的授予合同价值的 48%，但却占据当年六月十大在建项目价值的 53%。这种差距在该区域的第二大市场阿联酋更为明显，在阿联酋，外国公司在 2013 年授予十大承包商的合同价值中仅占 31%，但却在当年 4 月的十大在建项目价值中占据了 88%。[21] 这种差异源于多种原因，比如当地私营企业可能出于融资困难而推迟或解除合同。

沙特阿拉伯和阿拉伯联合酋长国数据显示，这两个国家的外国企业中，尤其是来自韩国的企业（见表 2.6，专题 2.3），在十大在建工程中占据多数。然而，沙特阿拉伯当地企业也扮演着重要角色：最大的四家承包商中有三家来自沙特阿拉伯（见表 2.6），其中沙特本拉登集团是该国承包商中的领头羊，占据了几大承包商总计 800 亿美元在建工程的四分之一。

表 2.6　沙特阿拉伯和阿联酋：在建工程量最大的十大承包商（十亿美元）

沙特阿拉伯，2013 年 6 月			阿联酋，2013 年 5 月		
企业	母国	合同金额	企业	母国	合同金额
沙特本拉登集团	当地	23.1	三星工程	韩国	7.7
大林工业公司	韩国	10.2	现代集团	韩国	6.9
Al-Shoula 财团	当地	7.7	Habtoor Leighton Group	当地	6.2
Saudi Oger	当地	7.2	Petrofac	英国	5.5
SKE&C	韩国	6.7	GS E&C	韩国	5.3
三星工程	韩国	6.7	Daewoo E&C	韩国	4.1
Tecnicas Reunidas	西班牙	5.2	Samsung C&T	韩国	4
Doosan Heavy I&C	韩国	5.1	Doosan Heavy I&C	韩国	4
Samsung C&T	韩国	4.6	Eni Saipem	意大利	3.5
Eni Saipem	意大利	3.7	中国建筑工程总公司	中国	3.1

资料来源：MEEDinsight，“2013 年 UAE 项目市场”，2013 年 7 月；MEED 深度，“2014 年 MENA 项目市场前瞻与回顾”，2014 年 7 月。

但是，授予合同项目和在建项目的数据可能会低估外国公司的参与度，因为数据统计不包括在 GCC 国家日益增长的建设项目分包合同。这种情况在需要土建工作、机电工作及其他基建工作的数十亿美元的大型项目中尤为突出（新加坡人力资源署，2012）。

石油价格在 2014 年中期后尤其是 10 月 OPEC 会议召开后剧烈下降，这给 GCC 国家建筑市场尤其是石油、燃气项目带来显著的直接和间接影响。2015 年 1 月已经有两个项目受到低油价的影响：卡塔尔石油和荷兰皇家壳牌取消了其 650 亿美元资金的 Al Karaana 石化合资计划，沙特阿拉伯国家石油公司也搁置了在拉斯坦努拉最大的炼油厂建造价值 20 亿美元的清洁能源装置的计划。油价下跌引发的财政紧缩也可能影响政府支出，而政府支出正是近年来建筑市场主要的驱动因素。阿曼和沙特阿拉伯分别将其 2015 年资本预算削减 11%和 25%；[23] 而阿布扎比也因修改其预算而不得不推迟一些新项目，例如阿提哈德铁路网络、扎耶德国家博物馆和古根海姆博物馆等。

但是，巨额财政储备尚可支撑未来的政府支出。未来几年内政府将优先考虑正在进行中的项目和战略性项目，包括一系列与 2022 年卡塔尔世界杯、2020 年迪拜世博会相关的基础设施建设项目、660 亿美元的沙特阿拉伯保障房建设项目和卡塔尔基建管道项目，这些都会带来中期商业机遇。如果石油价格继续疲软，GCC 国家试图通过政府支出拉动 GDP 增长的计划在长期内则将落空。实现真正意义上的经济多元化是 GCC 国家经济摆脱石油依赖的关键。[24]

专栏 2.3 韩国在 GCC 国家机械、采购及建设合同量增长

韩国建筑企业在 GCC 国家参与建设的历史可以追溯到上世纪 70 年代，那时石油业的繁荣带来了一场史无前例的建设项目激增，包括 Daelim、LG 集团、现代集团等在内的一些韩国先驱企业正是在那次浪潮中获益。从 1965 年到 2014 年 6 月，韩国企业签订的海外建设项目承包合同累计超过了 5000 亿美元。其中，中东的项目占到了六成，在中东又以沙特阿拉伯最多：总共 8638 个项目，价值 500 亿美元。总的来说，由于韩国企业在 GCC 国家的长期大规模建设，韩国承包商在建设合同的签订和执行上已经积累了不可小觑的实力。

不过尽管 GCC 国家的建设项目占韩国所有对外建设项目的很大比重，但是韩国对 GCC 国家的 FDI 量却很小。在 GCC 国家中，韩国对阿拉伯联合酋长国的投资量最大（2012 年总共 7.21 亿美元），其次是沙特阿拉伯（4.68 亿美元）。

2009 年韩国承包商取得了惊人的成绩，这源于 2008 年的油价上升使 GCC 产油国赚取了大量石油美元，而全球金融危机又使得建筑材料价格下降。因而 GCC 国家决定通过推动国家主导的关键领域建设项目投资来扭转经济形势，使 GCC 国家成为世界上最活跃的建设项目市场之一。同时，这种战略转变使建筑领域由承包商主导变为由项目所有者（国家）主导。韩国的机械、采购和建筑企业可在上述转变中获益，因为它们可以通过有效的竞标和富有竞争力的成本结构在众多竞争者中胜出。

资料来源：UNCTAD。

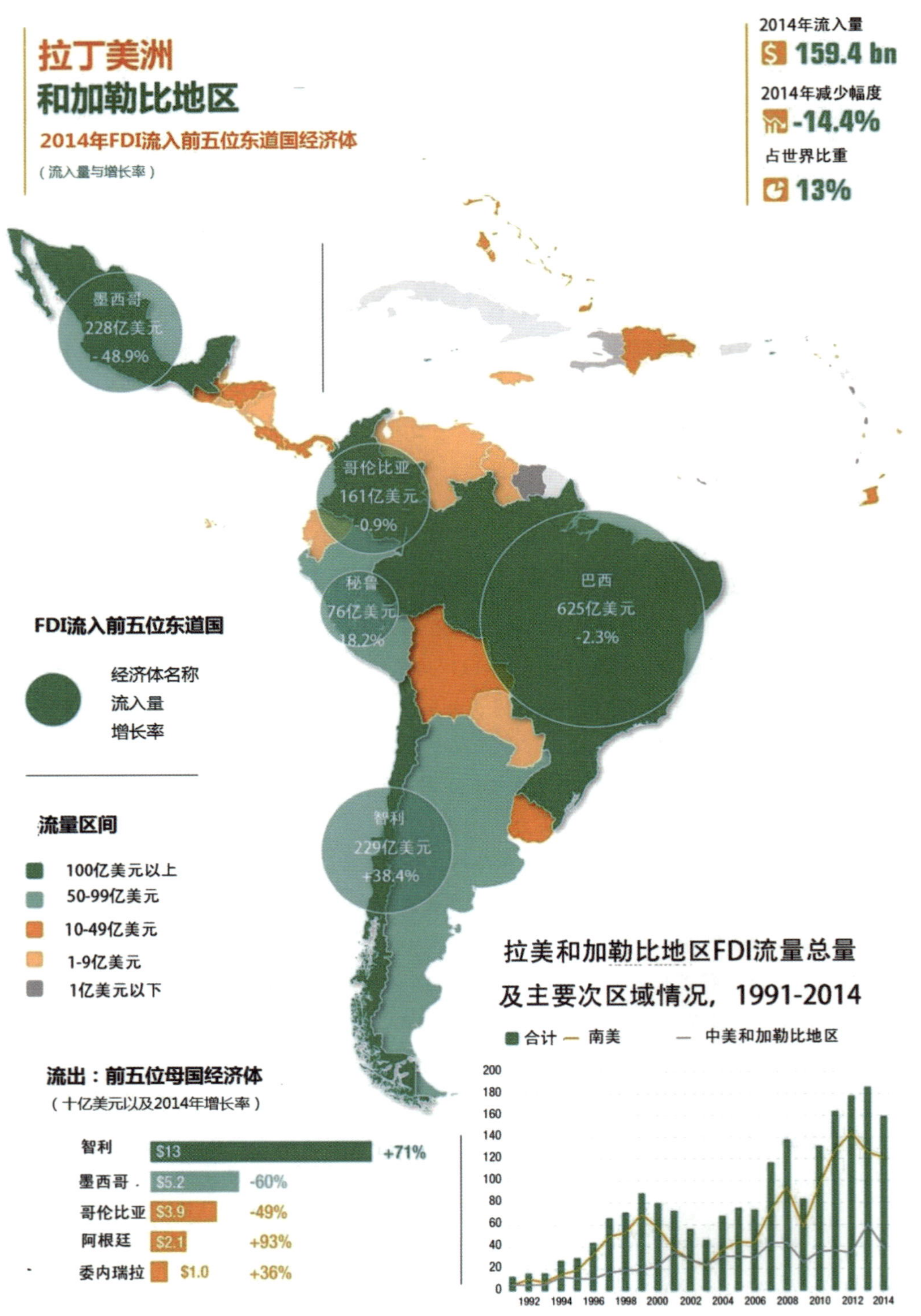

资料来源：UNCTAD。

注：图中所示各区域的边界、名称以及所使用的命名方式并未受到联合国的官方认可和接受。

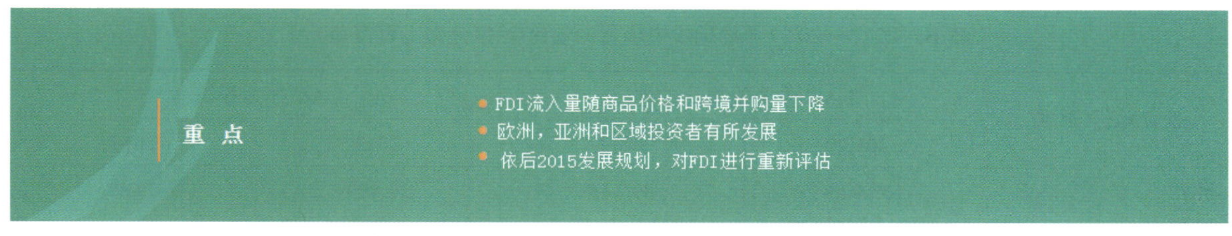

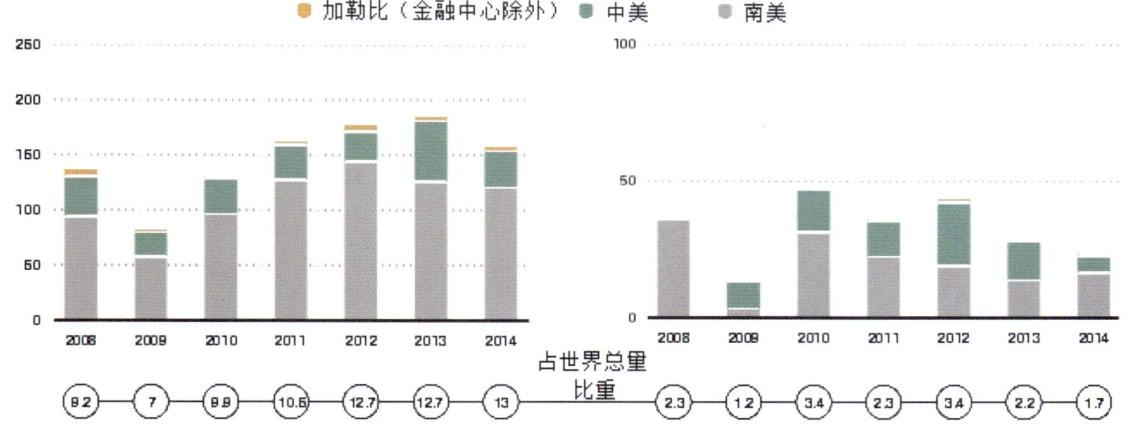

图 A　2008—2014 年 FDI 流入（十亿美元）　　图 B　2008—2014 年 FDI 流出（十亿美元）

表 A　2013—2014 年绿地投资项目的行业分布（百万美元）

产业/行业	LAC 作为投资目的地		LAC 作为投资者	
	2013	2014	2013	2014
总量	153 023	89 446	20 499	8 689
第一产业	12 568	11 097	4 000	22
制造业	38 427	32 127	6 937	3 652
食品，饮料与烟草业	3 956	2 726	1 741	1 579
金属与金属制品业	4 197	2 638	89	207
电力与电子设备制造业	2687	3029	406	86
机动车及其他运输设备制造业	13517	16229	128	263
服务业	102028	46222	9562	5015
电力、燃气与水	17067	13363	809	453
贸易	3652	2446	1255	1012
交通运输、仓储和通信业	19380	18018	4403	2215
金融业	5090	4135	805	994
商业	49701	6152	1493	186

表 B　2013—2014 年绿地投资项目的地区/国家分布（百万美元）

伙伴地区/国家	LAC 作为投资目的地		LAC 作为投资者	
	2013	2014	2013	2014
世界	**153 023**	**89 446**	**20 499**	**8 689**
发达经济体	**81 987**	**71 167**	**1 539**	**1 760**
欧洲	39 167	30 526	684	551
加拿大	4 553	10 358	10	—
美国	26 304	26 190	805	1 151
发展中经济体	**70 071**	**18 170**	**18 864**	**6 651**
亚洲和大洋洲	52 250	11 790	931	481
中国	3 258	8 154	377	282
中国香港	44 424	175	143	29
拉美和加勒比	17 737	6 084	17 737	6 084
南美	12 341	3 229	14 447	4 201
中美	5 152	2 576	2 477	1 120
转型经济体	**965**	**109**	**96**	**278**

表 C　2013—2014 年跨国并购的行业分布（百万美元）

产业/行业	出售额		购买额	
	2013	2014	2013	2014
总量	**34 797**	**25 457**	**16 239**	**8 440**
第一产业	**1 287**	**391**	**288**	**-2 759**
原油采掘和燃气	345	184	207	-2 600
金属矿采掘	928	-1	74	26
制造业	**25138**	**2929**	**7117**	**3830**
食品、饮料和烟草业	23848	-42	4644	1953
焦炭和精炼石油制品	—	-5317	—	—
化工和化学制品	-116	3796	156	923
制药、医用化学和生物制品业	317	3603	25	11
服务业	**8372**	**22137**	**8834**	**7369**
电力、燃气水的供应和废品管理业	3720	4805	85	840
交通运输和仓储业	1488	5510	628	400
金融和保险业	2371	5994	7953	5071

表 D 2013—2014 年跨国并购的地区/国家分布（百万美元）

地区/国家	出售额		购买额	
	2013	2014	2013	2014
世界	**34797**	**25457**	**16239**	**8440**
发达经济体	**19678**	**17949**	**5118**	**8131**
欧洲	11870	-1269	2913	4214
北美	6792	10899	2092	3916
其他发达国家	1016	8319	113	—
发展中经济体	**14401**	**6797**	**11134**	**309**
非洲	—	1094	-430	400
拉美和加勒比	10731	-251	10731	-251
南美	7928	248	6177	-1091
中美	2803	-499	3927	840
亚洲和大洋洲	3670	5954	833	160
南亚、东亚和东南亚	3404	4954	779	—
转型经济体	**—**	**596**	**-13**	**—**

流向拉丁美洲和加勒比地区（加勒比地区的离岸金融中心除外）的 FDI 在 2014 年为 1590 亿美元，比上年下降了 14%，结束了此前连续四年的增长。

中美和加勒比地区商品价格走低，以及该地区跨境并购量 72%的降低，引发了南美采掘业投资的下降，进而造成了上述 FDI 流入量的下滑。该地区的两个次区域中美和加勒比地区的 FDI 下降较为严重（390 亿美元，比上年下降 36%），该区域的 FDI 流入量由 2013 年墨西哥跨境并购带来的高点，回到原有正常水平。而在另一个次区域南美，2014 年 FDI 流入量在连续两年下降后为 1210 亿美元，比上年下降了 4%，且除智利外的所有国家 FDI 流入量均呈现负增长。

巴西仍是该地区最大的 FDI 目的地，尽管跨境并购量显著增加（140 亿美元，上升了 42%），2014 年巴西 FDI 流入量仍下降了 2%，为 620 亿美元。FDI 下降的主因在于第一产业（2014 年第一产业 FDI 流入量仅为 70 亿美元，下降了 58%），制造业和服务业的 FDI 流入量分别达到 220 亿美元和 330 亿美元，比上年各自上升了 5%和 18%。流向机动车产业的 FDI 增幅最大（14 亿美元）总量达到 40 亿美元，该产业也成为 2014 年继商业（68 亿美元）、通信业（42 亿美元）和石油燃气采掘业（41 亿美元）之后第四大 FDI 接收部门。

智利再次成为该地区第二大 FDI 接收国。由于跨境并购额的大规模增长（增长了 2 倍多，至 90 亿美元），2014 年智利的 FDI 流入量上升了 38%，达到 230 亿美元。墨西哥 FDI 流入量下降将近一半（230 亿美元），降为该区域 FDI 第三大接收国，是绝对量上降幅最大的国家。这主要由于 2014 年该国跨境并购交易的显著降低（2013 年因莫德罗啤酒厂 180 亿美元的跨境并购使得智利跨境并购额达到了空前的水平），以及 AT&T

（美国）50 亿美元的撤资行为（WIR2014）。与整体走低的大趋势相反，汽车制造业吸引的 FDI 较 2013 年增长 21%，达到 43 亿美元，占到该国总 FDI 流入量的 19%，且高于其他任一行业的 FDI 流入。

采掘业投资的下降影响了阿根廷（下降 41%）、哥伦比亚（下降 1%），秘鲁（下降 18%）和委内瑞拉（下降 88%）的 FDI 流入量。在阿根廷，由于 2012 年国家石油公司将西班牙石油公司雷普索尔的 51%的股权（其中部分收入算作 FDI 流入量）国有化，并为此向其支付 53 亿美元的补偿，这一交易加剧了 FDI 流入的下降趋势。在哥伦比亚，金融业（25 亿美元，上升 54%）、交通和通信业（19 亿美元，上升 39%）以及制造业（29 亿美元，上升 13%）FDI 流入量的增长弥补了采掘业的巨大降幅。在委内瑞拉，巨额反向的公司内部贷款（子公司向母公司偿还贷款）也导致 FDI 流入量的下降。

在巴拿马，继 2013 年的大幅增长（上涨 56%）后，2014 年 FDI 流入量上涨幅度微小（仅上涨 1.4%），继续保持在 50 亿美元左右的峰值位置，这源于运河扩建带来大规模外国投资的延续。在哥斯达黎加，受因特尔工厂[25]和美国银行重建项目关闭的影响，流入量下降了 21%，仅为 21 亿美元。因特尔将其业务（除 R&D 外）转移到马来西亚、越南和中国，削减了哥斯达黎加 1500 个就业岗位，与此同时，美国银行解雇了 1400 个雇员，作为其全球调整的一部分。在特立尼达和多巴哥，因 12 亿美元的并购交易，FDI 流入量上升了 22%。在多米尼加，受自贸区投资上升的影响，FDI 流入量为 22 亿美元，上涨了 11%。

2014 年，来自拉丁美洲和加勒比地区（离岸金融中心除外）的外向型 FDI 为 230 亿美元，下降了 18%。但由于公司内部贷款发生率高、离岸金融中心投资量大等原因，外向型 FDI 数据可能无法反应真实情况。巴西是这一地区对外投资最少的国家，连续四年对外投资流量为负（2014 年为负 35 亿美元），但从股权投资的角度看，巴西仍是该地区最大的对外投资国，2014 年其对外投资额为 200 亿美元，比上年增长了 32%（其中一般流向离岸金融中心）。外国分支机构向其巴西母公司提供的贷款量超过巴西母公司给分支机构的贷款量共计 230 亿美元，这或可解释巴西对外股权投资量上涨的原因。智利和墨西哥同巴西一样，内部贷款发生率较高。智利是 2014 年该地区主要的对外直接投资国，尽管对外股权投资量下降了 26%，但 FDI 流量仍达到 130 亿美元，增长了 71%。墨西哥是智利之后这一地区第二大对外投资国，受公司内部贷款量下降的影响，其对 FDI 流量为 52 亿美元，下降了 60%。

跨国并购是跨国公司海外经营活动的重要部分。对拉美国家的跨国公司来讲，此类并购在 2014 年并购额为 84 亿美元，下降了近一半，其中巴西的降幅最大（从 2013 年的 30 亿美元下降到 2014 年的-24 亿美元）。2014 年巴西跨境购买额小，而巴西国家石油公司又将其在秘鲁的石油燃气资产以 26 亿美元的金额转让给中国石油，这些是该国跨境并购额下降的主要原因。智利（7.5 亿美元，下降了 73%）和哥伦比亚（16 亿美元，下降了 75%）跨国公司的跨境购买量也大幅下降。墨西哥跨国公司的海外并购额则增长了 40%。其中最重要的几起交易包括宾堡集团以 17 亿美元收购加拿大面包公司，以及美洲电信公司以 15 亿美元收购奥地利电信 34.7%的股份。

流入拉美和加勒比地区的 FDI：从历史视角考量当前下降

从历史的角度看，为了保障国内市场的供给，拉美国家的 FDI 主要集中于制造业。90 年代该地区经济政策的剧变改变了其 FDI 流入格局。此后的二十多年间，上述政策变化带来了两次 FDI 流入大潮（见图 2.10）。

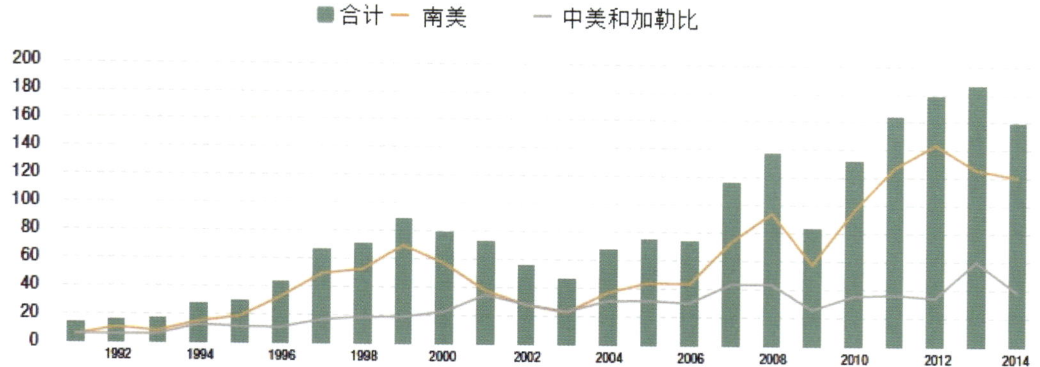

图 2.10　1991—2004 年拉丁美洲和加勒比海地区 FDI 总流量及各次区域情况（十亿美元）

资料来源：UNCTAD, FDI/MNE 数据库（www.unctad.org/fdistatistics）。

注：除加勒比地区离岸金融中心。

第一次大潮始于 20 世纪 90 年代中期。自由化和私有化政策引导 FDI 流入一些原先禁止私人和/或外国资本进入的领域，如服务业和采掘业等。大量市场导向的 FDI 流入非贸易服务行业，例如通信业、发电和输电业、运输业以及银行业，其主要投资方式为跨境并购。[27] 与此同时，由于墨西哥始终不允许私人资本投资石油和天燃气行业，大规模的资源导向型 FDI 瞄准南美国家的采掘业。最后，多家跨国公司效率导向型 FDI 扩张至墨西哥，建立了汽车以及汽车零部件工厂、电子和电子设备工厂、服装和家具生产车间。诸多中美国家和一些加勒比国家效仿墨西哥的出口导向模式建立出口加工区，也吸引了效率导向型 FDI 流入。但受诸如区域和全球经济停滞等多重因素的影响，这股浪潮在 2000—2003 年告终。

第二次浪潮始于 2000 年中期。商品价格上涨引发该区域（尤其是南美地区）采掘业 FDI 上升是这次浪潮的原因。这种效应既直接又间接，由于商品出口价格上涨、贸易条件改善以及消费水平提高吸引了更多的市场导向型 FDI，其中主要是流入服务业和制造业（WIR12）。[28] 然而，随着近几年商品价格的大幅走低，2012 年后第一产业和第二产业的 FDI 流入开始下降，2013 年第三产业的 FDI 流入也开始下降，但是第二次浪潮是否已经结束尚无定论（图 2.11）。与南美的情况相比，中美和加勒比地区的 FDI 在 2000 年以后开始缓慢上升，但更易受全球经济危机的影响。

图 2.11　2006—2013 年南美：按行业划分的 FDI 流量（十亿美元）

资料来源：UNCTAD, FDI/MNE 数据库（www.unctad.org/fdistatistics）。

注：图中数据未包括以下国家：阿根廷、玻利维亚、巴西、智利、哥伦比亚、厄瓜多尔、巴拉圭和乌拉圭，这些国家吸引了 2006—2013 年南美国家总 FDI 流入量的 89%。

尽管 2000 年后区域内 FDI 有所扩张，但发达国家仍是拉美和加勒比地区除离岸金融中心外（2013 年占该地区内向型 FDI 总存量的 82%）最大的 FDI 来源国。2013 年有一半的 FDI 存量来自欧洲，27%的 FDI 存量来自北美。后者是中美和加勒比海区域的主要投资者，而欧洲则在南美占据更大比重。发展中经济体和转型经济体仅占到该地区内向型 FDI 的 13%，其中大部分属于区域内 FDI（见表 2.7），两次 FDI 浪潮间也存在一些变化。美国和西班牙在各国对该地区的总投资额中所占的比重大幅降低，从 1996—2003 年两国合计占比 50%下降到 2004—2013 年间的 32%。区域内 FDI 的规模在第二次浪潮中急剧扩大，其占总 FDI 流入的比重从之前的 12%上升到 16%，但是其中有重要一部分是来源于该区域的离岸金融中心。其他发展中经济体和转型经济体的投资量仍然较低，但是来自中国的 FDI 近期持续攀升。

表 2.7 拉丁美洲和加勒比海地区的 FDI 按主要母国统计，按国家和地区划分（占地区百分比）

母国/地区	拉美和加勒比地区			南美			中美和加勒比地区		
	流量 1996—2003	流量 2004—2013	存量 2013	流量 1996—2003	流量 2004—2013	存量 2013	流量 1996—2003	流量 2004—2013	存量 2013
美国	33.3	23.9	23.8	19.2	14.8	15.2	59.9	40.7	44.9
荷兰	8.2	13.9	16.7	8.5	14.6	19.8	7.6	12.6	9.0
西班牙	17.1	8.5	10.6	20.7	7.3	10.7	10.5	10.7	10.2
比利时/卢森堡	1.4	7.3	6.9	1.9	7.8	6.3	0.5	6.2	8.3
加拿大	2.1	5.1	3.6	1.4	2.9	2.8	3.4	9.0	5.3
英国	3.3	4.2	3.7	2.8	5.0	3.3	4.2	2.8	4.5
瑞士	1.3	3.7	2.4	0.8	4.9	2.4	2.2	1.6	2.5
法国	4.1	3.2	3.1	6.3	4.4	4.0	-0.1	0.9	1.0
日本	1.5	3.0	2.8	1.4	3.7	3.2	1.8	1.7	1.9
墨西哥	0.2	3.0	2.0	0.1	3.9	2.4	0.3	1.3	1.1
智利	0.6	2.6	1.4	0.9	3.9	1.8	0.2	0.2	0.2
发达经济体	**81.2**	**80.6**	**81.8**	**74.3**	**75.2**	**77.4**	**94.3**	**90.5**	**92.4**
欧洲	42.8	46.4	49.8	50.2	50.6	53.9	29.0	38.7	39.9
南美洲	35.7	28.9	27.4	21.2	17.7	18.0	63.2	49.7	50.2
发展中经济体	**12.5**	**17.8**	**12.6**	**16.7**	**22.8**	**14.9**	**4.6**	**8.5**	**7.1**
拉美和加勒比地区	11.8	15.9	10.7	16.3	20.5	13.0	3.4	7.3	5.3
金融中心	7.4	6.4	3.3	10.4	8.6	4.2	1.7	2.5	1.2
南美	2.4	5.8	4.8	3.3	7.8	6.0	0.6	2.0	1.9
中美和加勒比地区	2.1	3.7	2.4	2.6	4.1	2.5	1.1	2.8	2.2
亚洲和大洋洲	0.7	1.9	1.8	0.4	2.3	1.7	1.2	1.2	1.8
东南欧及独联体国家	**0.0**	**0.1**	**0.1**	**0.0**	**0.2**	**0.1**	**0.0**	**0.0**	**0.0**
其他	6.3	1.5	5.5	9.0	1.8	7.6	1.1	1.0	0.5

资料来源：UNCTAD, FDI/MNE 数据库（www.unctad.org/fdistatistics）。

注：南美国家东道国：阿根廷、玻利维亚、巴西、智利（仅股权）、哥伦比亚（仅流量）、厄瓜多尔（仅流量）、巴拉圭、秘鲁、乌拉圭（仅股权，2012）、委内瑞拉（流量数据仅包括 1996—2012）。中美和加勒比海地区包括：哥斯达黎加、多米尼加（仅流量）、萨尔瓦多（流量数据仅包括 1998—2012）、洪都拉斯、墨西哥和特立尼达和多巴哥（流量数据仅包括 1996—2012；股权数据为 2012 年数据）。

例如，中国对拉美和加勒比地区企业（离岸金融中心除外）的并购量在 2010 年之前的二十年间总共仅有 70 亿美元，而在 2010 年这一数目上升到 140 亿美元，之后则稳定在每年 90 亿美元到 100 亿美元之间（ECLAC，2015）。中国的四大重要石油企业已进入除墨西哥和玻利维亚外的拉美每个石油出口国市场；而且，2014 年，五矿公司在秘鲁以 58.5 亿美元的价格买下了 Las Bambas 矿，扩大了其投资。此外，促进大西洋和拉美加勒比地区太平洋沿岸经贸往来行动（例如修建中美新运河和联通亚马逊等工程）还会进一步吸引一些亚洲投资者。

FDI 收益的上升提高了利润再投资在 FDI 总量中的比重。内向型 FDI 收益从 2003—2004 年开始稳定增长（主要因为商品价格高以及目前采掘业的高利润），目前已达到 21 世纪后半期的 FDI 流入规模（见图 2.12）。因而，利润再投资（或留存）成为 21 世纪初 FDI 的主要组成部分，而在上世纪 90 年代，FDI 组成中则是股权资本占主导，利润再投资（或留存）仅占很小一部分（见图 2.13）。

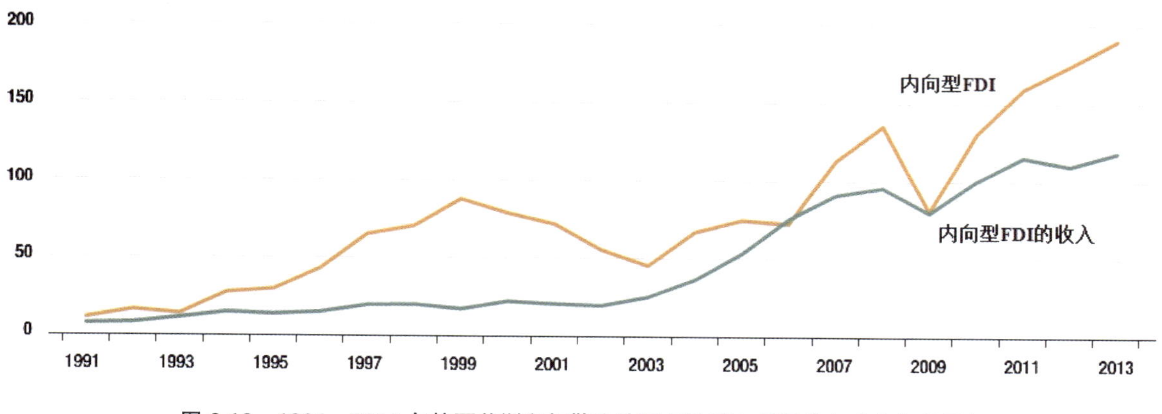

图 2.12　1991—2013 年拉丁美洲和加勒比地区 FDI 流入量及收入（十亿美元）

资料来源：UNCTAD, FDI/MNE 数据库(www.unctad.org/fdistatistics)。

注：数据未包括离岸金融中心。

注：南美地区的东道国：阿根廷、玻利维亚、巴西、智利、哥伦比亚、厄瓜多尔、圭亚那、巴拉圭、秘鲁、苏里南、乌拉圭和委内瑞拉。中美国家包括：伯利兹、哥斯达黎加、萨尔瓦多、危地马拉、洪都拉斯、墨西哥、尼加拉瓜和巴拿马。加勒比地区包括：多米尼加、牙买加、特立尼达和多巴哥。

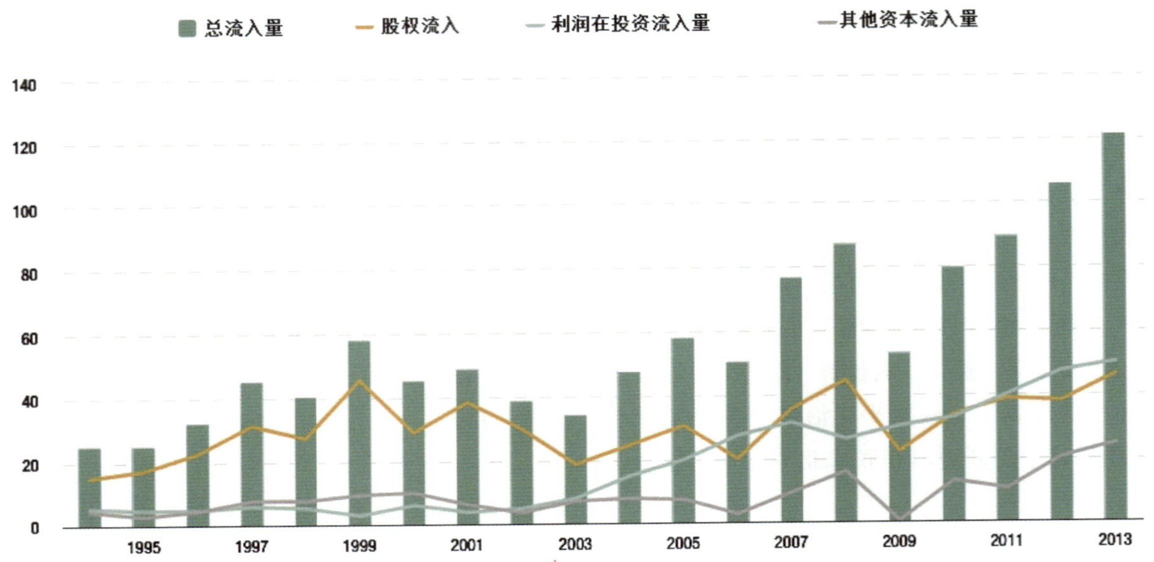

图 2.13　1994—2013 年拉丁美洲和加勒比地区：FDI 流入量，总量和按组成部分统计数据（十亿美元）

来源：UNCTAD, FDI/MNE 数据库(www.unctad.org/fdistatistics)。

注：离岸金融中心除外。巴西因缺少利润再投资数据，为包括在上图中。南美国家包括：阿根廷、玻利维亚、智利、哥伦比亚、厄瓜多尔、圭亚那、巴拉圭、秘鲁、苏里南、乌拉圭和委内瑞拉。中美和加勒比海地区包括：哥斯达黎加、萨尔瓦多、危地马拉、洪都拉斯、墨西哥、多米尼加和特立尼达和多巴哥。

该区域当前 FDI 流量下降正是此前两次 FDI 浪潮过后的经验反思所致。在 2015 年以后的发展日程中，政策制定者可能会依据 FDI 对该区域发展路径的影响考虑潜在的政策选项。以往的经验包括以下几点：

● 此前，商品带来的“大机遇”使政策制定者疏于制定详细的发展战略并利用 FDI 的作用帮助拉美和加勒比经济体参与全球价值链，并与之一同发展（WIR13）。因此，需要重新评估当前的产业政策。其中包括：对 FDI 溢出作用的审慎评估、国内企业能够从 FDI 中获益所需要具备的能力、跨国公司与当地企业建立联系的方式途径等。

● FDI 进入对国际收支的影响绝不意味着仅仅对 FDI 流量及其带来的收入的评估。结果依赖于 FDI 的流入动机，例如：资源导向、市场导向、效率导向或仅仅转移资产。就跨国公司在该地区的高利润留存率来讲，政策制定者亟需引导这些留存利润，使其转化为再投资从而促进该区域的长期发展。

● 在整个拉美和加勒比地区，跨国公司备受商品价格疲软、经济下行以及国内需求短缺的影响。政策制定者应在更广的范围内考虑 FDI 对当地发展路径的影响。与商品相关的 FDI 相对比重的下降，可促进该地区 FDI 流入结构调整，使未来 FDI 流入更加多元化，并有可能进入可持续发展的关键领域。

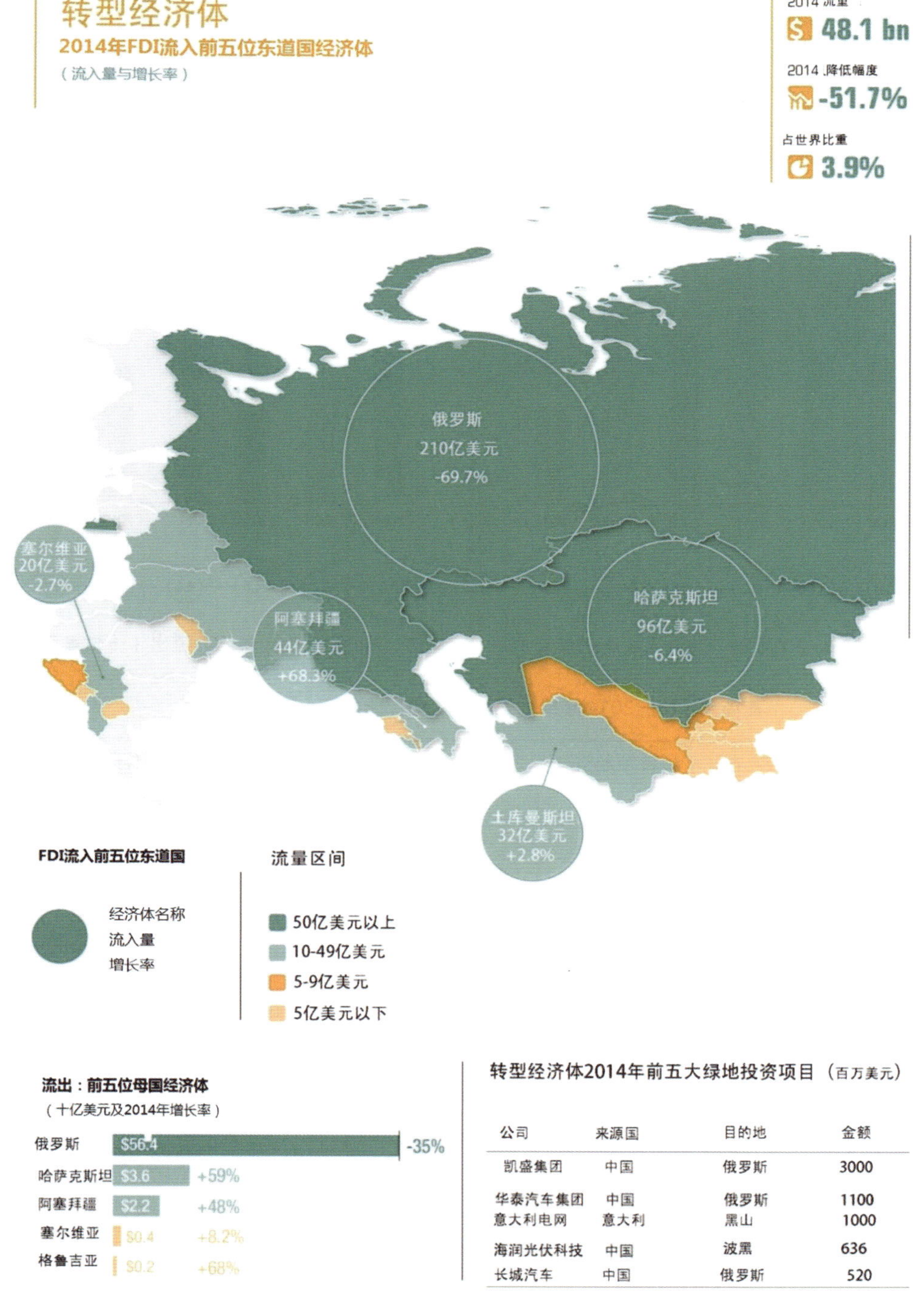

转型经济体2014年前五大绿地投资项目（百万美元）

公司	来源国	目的地	金额
凯盛集团	中国	俄罗斯	3000
华泰汽车集团	中国	俄罗斯	1100
意大利电网	意大利	黑山	1000
海润光伏科技	中国	波黑	636
长城汽车	中国	俄罗斯	520

资料来源：UNCTAD。

注：图中所示各区域的边界、名称以及所使用的命名方式并未受到联合国的官方认可和接受。

重 点

- 地缘政治风险、地区冲突拉低独联体国家FDI流量
- 发展中经济体跨国公司成为重要投资者
- 受经济衰退和油价走低影响，2015年FDI流量面临下降

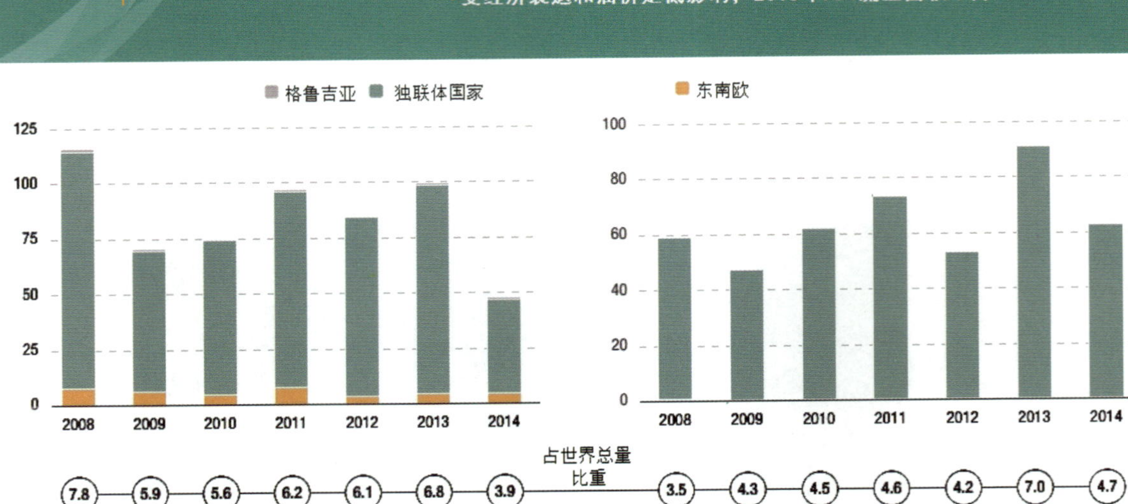

图 A　2008—2014 年 FDI 流入（十亿美元）

图 B　2008—2014 年 FDI 流出（十亿美元）

表 A　2013—2014 年绿地投资项目的行业分布（百万美元）

产业/行业	转型经济体作为投资目的地		转型经济体作为投资者	
	2013	**2014**	**2013**	**2014**
总量	**29345**	**25650**	**18818**	**5801**
第一产业	**551**	**391**	**3135**	**931**
采掘业和石油业	551	391	3135	931
制造业	**10920**	**15682**	**2559**	**1701**
食品，饮料和烟酒	890	1938	248	376
非金属矿物制品	834	1194	—	402
机械和设备	655	3373	174	87
机动车及其他运输设备	2065	4278	696	319
服务业	**17874**	**9578**	**13123**	**3169**
电力、燃气与水	5468	3172	10335	355
建筑	3045	1458	—	97
交通运输、仓储和通信业	2727	1335	734	989
金融业	5090	4135	805	994

表 B　2013—2014 年绿地投资项目的地区/国家分布（百万美元）

伙伴地区/国家	转型经济体作为投资目的地		转型经济体作为投资者	
	2013	2014	2013	2014
世界	**29345**	**25650**	**18818**	**5801**
发达经济体	**20914**	**12537**	**2266**	**1630**
欧盟	15679	9842	2126	1465
德国	2773	1942	158	116
意大利	972	1900	—	—
美国	2775	1747	40	34
发展中经济体	**6385**	**11116**	**14506**	**2173**
非洲	74	—	101	90
东亚和东南亚	1643	9681	550	789
中国	757	8332	89	665
西亚	3703	872	12816	1081
拉美和加勒比地区	96	278	965	109
转型经济体	**2046**	**1998**	**2046**	**1998**

表 C　2013—2014 年跨国并购的行业分布（百万美元）

产业/行业	出售额		购买额	
	2013	2014	2013	2014
总量	**-3820**	**4220**	**3054**	**1831**
第一产业	**-3726**	**3011**	**1771**	**2526**
采矿、采掘和石油业	-3726	3011	1771	2526
制造业	**2813**	**1309**	**-24**	**-2491**
化工和化学制品	2000	—	30	—
制药、化学和生物制品业	-34	379	—	—
基本金属和金属制品	425	24	-59	-2406
机动车和其他运输设备	60	750	—	—
服务业	**-2907**	**-100**	**1307**	**1797**
电力、燃气、水的供应与废弃物管理业	857	-1267	597	—
通信业	-2326	5	—	—
金融和保险业	-164	-305	-17	1757
商业活动	-73	1361	72	—

表 D　2013—2014 年跨国并购的地区/国家分布（百万美元）

地区/国家	出售额		购买额	
	2013	2014	2013	2014
世界	**-3820**	**4220**	**3054**	**1831**
发达经济体	**-7191**	**1536**	**1682**	**-251**
欧盟	-3987	200	243	2184
塞浦路斯	-234	5085	—	20
意大利	-1905	-2803	357	1588
英国	-487	-1013	5	—
美国	-3580	487	30	-2414
发展中国家	**2572**	**1363**	**600**	**852**
亚洲	2585	1369	600	256
南亚、东亚和东南亚	2160	1233	597	447
中国	2000	1642	—	—
转型经济体	**771**	**1231**	**771**	**1231**

与之前相比，东南欧转型经济体、独联体国家以及格鲁吉亚的FDI流入量在2014年仅为480亿美元，降幅超过一半，与2005年水平相近。在独联体国家，地区冲突、油价下跌和国际制裁等因素都在削弱外国投资者对该地区经济的信心。在东南欧，FDI流量基本稳定，仅为47亿美元。

在东南欧，外国投资者主要投资于制造业。前几年，FDI主要流向金融、建筑和房地产等部门，而2014年，由于具有成本优势以及进入欧洲市场的便利，外国投资者更倾向于制造业。塞尔维亚和阿尔巴尼亚都是欧盟候选成员国，它们是所在次区域FDI流入量最大的国家，分别吸引了20亿美元和10亿美元的外商投资额。

地缘政治危机以及地区冲突极大地影响了独联体国家的FDI流入。由于俄罗斯以及塞浦路斯投资者的撤资活动（与在俄罗斯和乌克兰的借贷套利行为有一定联系），流入乌克兰的FDI减少了91%，至4.1亿美元，是十五年以来的最低水平。该地区最大的母国——俄罗斯——2014年FDI流入降低了70%，至210亿美元，这主要由于投资者对该国经济增长的负面预期以及没有像2013年Rosenft和BP之间的大额交易（WIR14）。尽管在哈撒克斯坦的股权投资有所增加，但受公司内部贷款的影响，2014年流入哈萨克斯坦的FDI下降了6%。境外投资者对该地区持续的地质勘探投资贡献了其FDI存量的一半以上。其他独联体国家的FDI流入量在2014年有所增加。例如，阿塞拜疆2014年的FDI流入翻了一番，达到44亿美元，其中对油气产业的投资占到了3/4以上（主要投资者是BP和Shahdeniz）。

在2014年，按已披露的绿地投资额统计，发展中经济体与转型经济体成为该地区最大的投资者。中国在该地区的项目金额高达80亿美元，是该地区最大的投资来源国。该地区前十大绿地投资项目中，七个来自中国（见表2.8）。在2014年，中国成为俄罗斯第五大投资国，较2007年相比上升了 13 位。在石油燃气行业，中国石油燃气集团公司以 11 亿美元的价格收购了 Yamal SPG 公司 20%的股权。在汽车制造业，长城汽车公司在图拉地区建立了价值 5 亿美元的厂房。尽管来自印度的投资额依然很小，但这一数目将持续增长。例如，俄罗斯直接投资基金和印度金融服务公司 IDFC 达成协议联合投资 10 亿美元的基础设施建设项目。

表 2.8 2014 年转型经济体前十大绿地投资项目

序号	公司	来源国	目的地	行业	主要商业模式	资本支出（百万美元）	创造就业
1	China Triumph International Engineering	中国	俄罗斯	工业机械、设备和工具、其他工业机械	制造业	3000	3000
2	Hawtai Motor Group	中国	俄罗斯	汽车原始设备制造、机动车	制造业	1100	3000
3	TERNA	意大利	黑山	煤、石油和燃气及发电	电力	1000	292
4	Hareon Solar Technology	中国	波黑	可替代/再生能源、太阳能	电力	636	306
5	Great Wall Motors（GWM）	中国	俄罗斯	汽车原始设备制造、机动车	制造业	520	2500
6	New Hope Group（NHG）	中国	俄罗斯	食品、烟草和动物饲料	制造业	500	1267
6	Dongfeng Motor	中国	俄罗斯	汽车原始设备制造、机动车	制造业	500	2931
7	Weibo	中国	前南斯拉夫	纺织业、纺织品和纺织厂	制造业	400	4500
8	IKEA	瑞典	塞尔维亚	消费品、家具、家居和相关产品	零售业	373	2789
9	EVN	奥地利	俄罗斯	化学制品、基本化学品	制造业	343	785
10	Valorem	法国	乌克兰	可替代/再生能源、风电	电力	335	161

资料来源：UNCTAD，基于纽约时报，FDI 市场数据（www.fdimarkets.com）。

发达国家跨国公司在 2014 年继续从该地区撤资，将其资产卖给当地或其他外国投资者。例如，ENISpa（意大利）将其所持石油燃气发掘生产企业 Artic Russia BV 股份的 60%以 30 亿美元的价格卖给了 OOO Yamal Razvitiye（俄罗斯）；哈萨克斯坦国有公司 AO Fond Natsionalnogo Blagosostoyaniya Samruk-Kazyna 的全资子公司 AO Samruk-Energo 以 12.5 亿美元的价格从 Kazakhmys PLC（英国）接手了 TOO Ekibastuzskaya GRES-1 的剩余 50%的股权。

2014 年该地区 FDI 流出量为 630 亿美元，下降了 31%。面对国际金融市场约束、商品价格走低以及卢布大幅贬值，资源型跨国公司（主要是来自俄罗斯）削减了他们的海外投资量。俄罗斯对外投资量的约 60%都投向了塞浦路斯、瑞士、荷兰和百慕大。

受经济衰退和油价走低的影响，来自和流入转型经济体的 FDI 在 2015 年继续下滑。根据最新估算，俄罗斯的 GDP 增长率预期为负的 3%（联合国，2015）。

经济制裁对独联体转型经济体 FDI 的影响

从 2014 年三月起，许多国家开始对俄罗斯实施一系列经济制裁。加之卢布大幅度贬值和其他宏观经济因素，此次经济制裁对俄罗斯 2014 年下半年的内向和外向型 FDI 都造成影响，而且这种影响预期将会持续到 2015 年。

对 FDI 流入量的直接影响。在过去的 10 年间，俄罗斯的年 FDI 流入量增长了近五倍，从 2004 年的 150 亿美元，上升到 2013 年的 690 亿美元，而在 2014 年，这一数目则急剧下降。受高利润的驱动，国外跨国公司加大了对能源和自然资源相关项目的投资力度。外国投资者进入俄罗斯能源市场主要通过以下两种途径：资产交易和技术条款。俄罗斯石油和燃气企业可进入发达国家下游市场，而作为交换，俄罗斯则允许来自这些国家的跨国公司参与俄罗斯的勘探和采掘项目。例如，Wintershall（德国）获得了西伯利亚 Yuzhno-Russkoye 燃气田少量股份，Eni（意大利）获准进入俄罗斯勘探和生产设备市场。而与之相对，Gazprom（俄罗斯）获得了这些企业在欧洲的部分资产，可进行碳氧化合物的运输、仓储及输送。在一些涉及高科技的油气项目中，例如 Shtokman 油田的开发，发达国家跨国公司如 StatoilHydro（挪威）and Total（法国）则因掌握核心经验技术而不可或缺。

经过一段时间的增长，资源相关行业的 FDI 增长陷入停滞。经济制裁对上述两种进入模式都造成了影响。例如，2014 年 11 月，BASF（德国）德国巴斯夫公司和 Gazprom（俄罗斯）协议废除 147 亿美元的财产交易，此交易可能使 Gazprom 能够完全控制目前联合经营的欧洲燃气贸易、仓储业务，包括欧洲最大的地下燃气存储设备。相应地，BASF 的温特豪斯附属公司会获得两个西伯利亚燃气田的股份。[29] 对俄罗斯石油项目所需商品、服务及技术的出口限制也影响了石油工业的发展，尤其是北极圈、深水和页岩区域的开发。始于前苏联时期的西伯利亚大型油田（范围包括北极圈到西伯利亚）日趋老化且缺乏后续发展资源，因此俄罗斯的石油产量面临下降。一些外国分支结构已经开始从北极圈项目撤资。例如，埃克森美孚国际公司（美国）已经冻结了其在该区域与俄罗斯石油公司的所有 10 起合资项目包括喀拉海项目。相似地，壳牌（美国）为开发巴热诺夫油田而展开的与西伯利亚石油公司的合作也被迫推迟，道达尔（法国）与卢克石油的项目也面临同样的命运。

对 FDI 流入量的间接影响。俄罗斯经济在三个方面受到经济制裁影响：（1）巨额资本外流，这将导致外汇交易市场强烈波动进而导致卢布严重贬值；（2）俄罗斯银行和企业进入国际金融市场受到严重限制，使得外部融资成本极高；（3）对未来经济前景的不良预期会降低该国的消费和投资（世界银行，2015）。

在过去的 10 年间，外国投资者对俄罗斯消费市场的扩张以及一些行业的开放政策反应积极。日益增长的市场机遇和不断改善的经营环境大幅提高了外国对该国制造业企业的跨境并购量。尽管外国分支机构的出现不会左右俄罗斯经济，但是在一些核心行业（如汽车，烟酒和发电）这些外国机构已占据重要地位。[30]

近年来，在汽车制造业，以法国雷诺、大众汽车、丰田汽车和通用汽车为代表的国际知名汽车制造商均在俄罗斯建立了生产车间。这得益于该国对组装工业的优惠政策，其对诸多汽车零部件的进口实施零关税。然而，由于消费者信心下降、卢布贬值等因素的影响，2014 年前八个月该国进口产品及零部件价格上涨，进而导致俄罗斯汽车销售量下跌。

因而，一些外国汽车制造商将降低其在俄罗斯的产量（例如，大众汽车在卡卢加州将减产），还有一些公司即将撤资。通用汽车宣布将在2015年12月从俄罗斯撤资，而其在圣彼得堡的生产已在2015年中停止。俄罗斯汽车制造商嘎斯与美国制造商雪佛兰的合同也将告吹。尽管销量下降，但仍有一些公司对该国保持信心，例如美国福特汽车接管了其与俄罗斯的合资企业Ford-Sollers，并为其提供额外资金支持。[31]

外国公司在重新评估它们在该国市场的地位。饮品烟草工业中，占据俄罗斯主要饮料市场的大型软饮料跨国公司百事可乐（美国）和可口可乐Hellenic（希腊）停止主要车间的生产。百事可乐将关停其位于Ramenskoye的果汁工厂。可口可乐Hellenic已经关闭了Nizhny Novgorod的车间。[32]世界第四大啤酒商Carlsberg（丹麦）将关闭其在俄罗斯的10家啤酒厂中的两家。[33]同时，作为市场导向型产业疲软的例证，德国零售商麦德龙推迟了其俄罗斯机构在伦敦股票交易所的上市，2014年12月，蓝筹医疗公司Fresenius（德国）取消了其与俄罗斯合作方的医药合资计划。

对FDI流出的影响。俄罗斯国有和私营的公司积极对外投资，确保它们的资源（金属、石油和燃气）和服务（通信、银行业）等产品在价值链中的地位。主要的对外投资目的地是欧洲（占据俄罗斯总对外投资量的四分之一）和美国。此外，俄罗斯跨国公司的利益可能会受到跨境并购的影响。

此外，由于参与大型国际交易需要借助银行或其他金融机构，经济制裁对于刚刚经历了金融危机后的俄罗斯企业而言可谓雪上加霜。对于VTB, Sberbank, Gazprombank and Vnesheeconobank等国有银行以及其他为俄罗斯企业对外投资提供融资的大型金融机构的制裁行动是俄罗斯对外投资最大的障碍。制裁行动使银行难以募集股权以及从发达国家借款。

由于受经济制裁的影响，该地区最大的投资国俄罗斯削减了自身的对外投资量，中亚其他转型经济体也间接受到影响（图2.14）。例如，在吉尔吉斯斯坦，俄罗斯能源大鳄Inter RAO的Kambarata-1 hydro项目正面临融资困难，国家石油公司Rosneft无力接管Manas国际机场及其附属设施。由于中亚转型经济体在经济上与俄罗斯联系密切，制裁行动同样影响到这些国家的经济。塔吉克斯坦经济受俄罗斯经济下滑的影响最为直接，因为该国GDP的47%是在俄务工人员的侨汇，此轮经济下滑或将间接影响FDI流入。

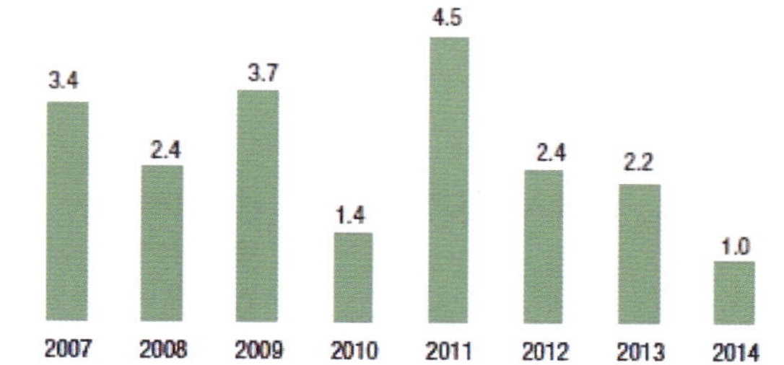

图2.14 2007—2014年俄罗斯对独联体国家的FDI流出量（十亿美元）

资料来源：UNTCAD，FDI/MNE database (www.unctad.org/fdistatistics)。

注：2014年的数据是根据前三个季度估测的。

发达国家

2014年FDI流入前五位东道国经济体

（流入量增长率）

2014 流量

498.8 bn

2014 降低幅度

-28.4%

占世界比重

40.6%

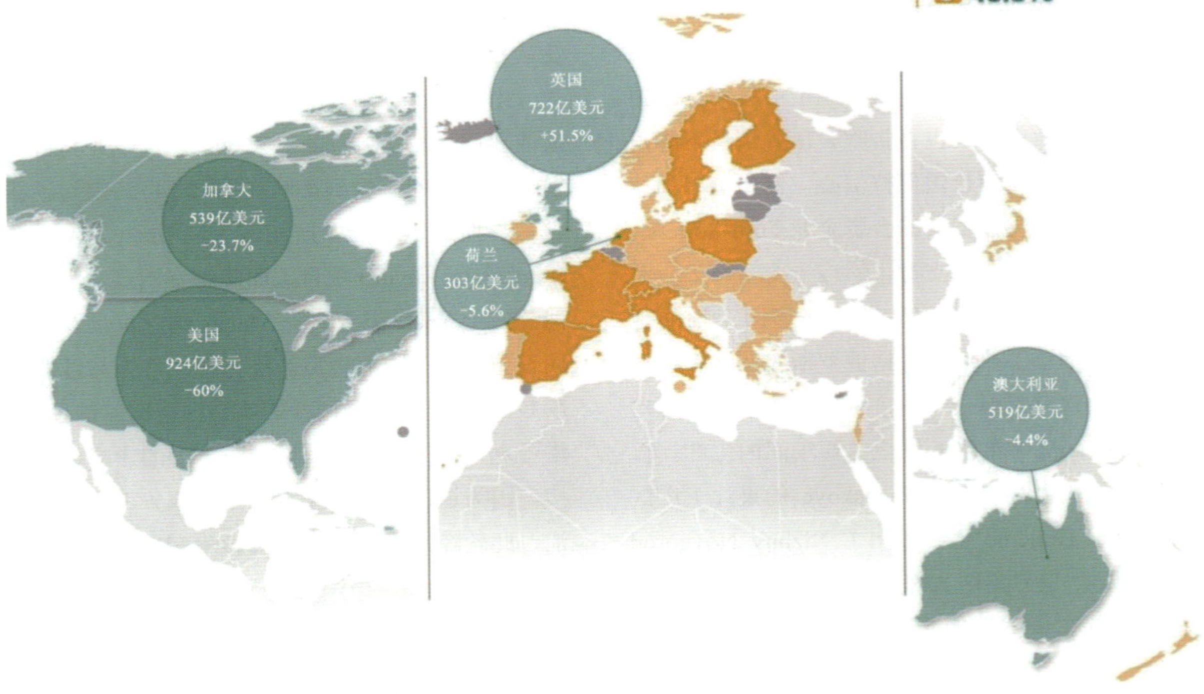

FDI流入前五位东道国

经济体名称
流入量
增长率

流量 区间

- 1000亿美元以上
- 500-999亿美元
- 100-499亿美元
- 10-99亿美元
- 10亿美元以下

流出：前五位母国经济体

（十亿美元以及2014年增长率）

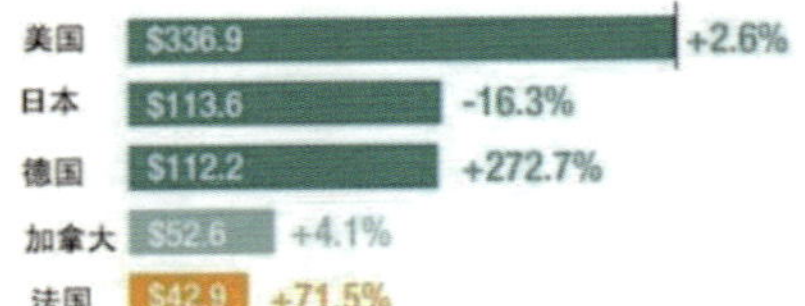

美国和日本：经常账户收支，2006年和2013年

（10亿美元）

经常项目	美国		日本	
	2006	2013	2006	2013
货物	-837	-702	95	-90
服务	76	231	-32	-36
收入	43	200	122	176
主营业务收入	693	780	172	233
投资收益	333	467	41	79
主营业务支出	650	580	50	57
投资收益	159	176	11	17
经常账户余额	**-807**	**-400**	**175**	**40**

资料来源：UNCTAD。

注：图中所示各区域的边界、名称以及所使用的命名方式并未受到联合国的官方认可和接受。

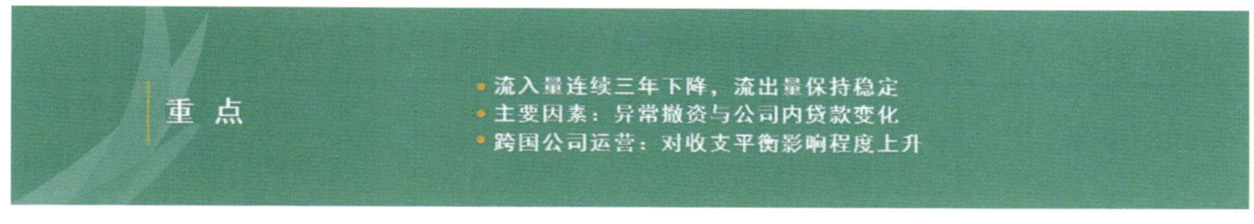

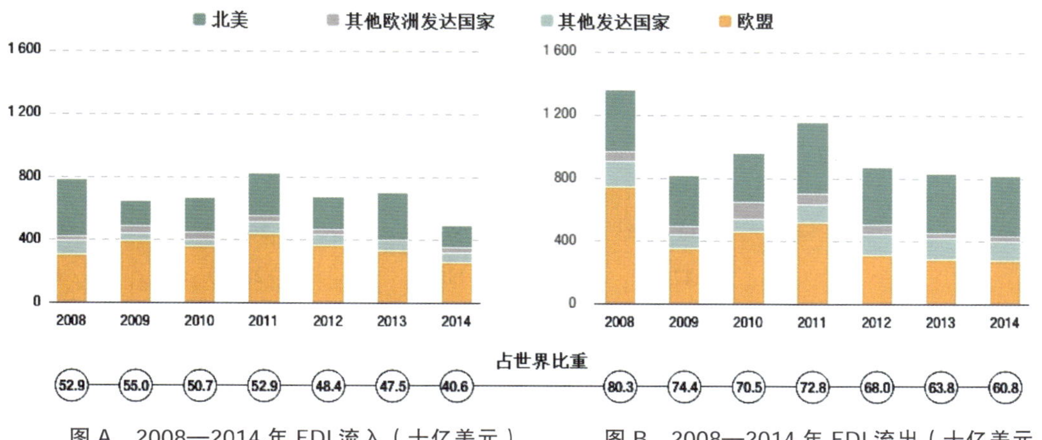

图 A　2008—2014 年 FDI 流入（十亿美元）　　图 B　2008—2014 年 FDI 流出（十亿美元）

表 A　2013—2014 年绿地投资项目的行业分布（百万美元）

产业/行业	发达国家作为投资目的地		发达国家作为投资者	
	2013	**2014**	**2013**	**2014**
总量	**225555**	**222378**	**479064**	**481443**
第一产业	**1700**	**1920**	**18848**	**35543**
采矿、采石和石油	1696	1920	16258	35543
制造业	**98034**	**100445**	**207972**	**218396**
纺织、服装和皮革	13785	17402	18835	22057
焦炭、石油制品和核燃料	2115	5311	6538	25767
化工与化学制品	16346	14818	33632	32207
机动车及其他运输设备	18319	21871	54474	60145
服务业	**125820**	**120013**	**252245**	**227505**
电力、燃气和水供应	25817	16660	69638	48563
建筑	13120	20225	20167	25233
交通运输、仓储和通信业	19039	17706	42703	44710
商务服务业	35489	35801	58921	55159

表 B　2013—2014 年绿地投资项目的地区/国家分布（百万美元）

伙伴地区/国家	发达国家作为投资目的地		发达国家作为投资者	
	2013	2014	2013	2014
世界	**225555**	**222378**	**479064**	**181085**
发达经济体	**192338**	**181085**	**192338**	**100049**
欧洲	116954	106572	110253	61161
北美	57182	54654	60107	19875
其他发达国家	18201	19859	21978	19875
日本	11472	12732	8296	5995
发展中经济体	**30952**	**39664**	**265812**	**287222**
非洲	2742	1112	28010	63024
亚洲和大洋洲	26671	36792	155815	153631
中国	10919	19655	53469	47051
印度	3557	2728	14511	17919
拉美和加勒比地区	1539	1760	81987	71167
转型经济体	**2266**	**1630**	**20914**	**12537**

表 C　2013—2014 年跨国并购的行业分布（百万美元）

产业/行业	出售额		购买额	
	2013	2014	2013	2014
总量	**237516**	**274549**	**178870**	**228389**
第一产业	**39337**	**27842**	**-14302**	**-920**
采矿、采掘和石油业	37897	25975	-14553	-1178
制造业	**84807**	**152185**	**80051**	**128229**
食品、饮料和烟草	19708	30534	25278	34340
化工和化学制品	19232	23611	4822	25172
制药、化学和生物制品业	742	44058	20443	45165
计算机、电子、光学制品和电子设备	10753	24247	11808	14877
服务业	**113373**	**94522**	**113121**	**101081**
贸易	7406	28483	-2067	23551
信息和通信	29273	-73170	22476	-87172
金融和保险业	9077	29728	64197	100908
商务服务业	35799	65929	22220	28260

表 D 2013—2014 年跨国并购的地区/国家分布（百万美元）

地区/国家	出售额		购买额	
	2013	2014	2013	2014
世界	**237516**	**274549**	**178870**	**228389**
发达经济体	**165726**	**201150**	**165726**	**201150**
欧洲	35455	24853	112622	169943
北美	84976	125234	40618	13485
其他发达国家	45296	51063	12487	17722
日本	44872	37906	2576	3947
发展中经济体	**62869**	**58789**	**20335**	**25703**
非洲	2288	1670	-8953	-8317
亚洲和大洋洲	55463	48988	9609	16072
中国	37405	24353	6201	2385
印度	1883	-880	3346	5327
拉美和加勒比地区	5118	8131	19678	17949
转型经济体	**1682**	**-251**	**-7191**	**1536**

发达国家的 FDI 流入量连续三年下降，2014 年仅为 4990 亿美元，下降了 28%，是 2004 年以来的最低水平。39 个发达国家中有 24 个 FDI 流入量下降。发达国家的 FDI 流出量仍稳定在 8230 亿美元。就单个经济体而言，由于跨国公司积极展开并购、收购以及处置资产等业务，不同年份 FDI 流量波动剧烈。与全球储蓄量（包括跨国公司的储蓄量）过剩的背景相反，公司内部贷款持续产生重大影响，加剧了 FDI 流量的波动。

2014 年欧洲国家的 FDI 流入量为 2890 亿美元（与 2013 年相比下降了 11%），占世界总额的 24%。18 个欧洲经济体的 FDI 流入量下降，其中包括比利时、法国、爱尔兰等 2013 年 FDI 主要接收国。相比之下，在 2014 年 FDI 流入最大的几个国家则是去年 FDI 流入为负的国家，例如芬兰和瑞士。英国的 FDI 流入量升至 720 亿美元，是欧洲最大的 FDI 东道国。由于受并购撤资的影响，北美的 FDI 流入量仅为去年的一半，该地区占全球 FDI 流入总量的比重也随之下降到 12%（2013 年为 21%）。受巨额撤资（Vodafone Verizon）的影响美国的 FDI 流入量下降到 924 亿美元。然而，美国依然是发达国家中最大的 FDI 东道国。在亚太地区，澳大利亚和日本的 FDI 流入量萎缩而新西兰的流入量则有所反弹。

欧洲地区的 FDI 流出量为 3160 亿美元，占全球总量的 23%，与之前相比并无显著变化。但具体到国家层面，波动则较为显著。2014 年，德国的 FDI 流出量几乎为此前的三倍，成为欧洲最大的 FDI 输出国。法国的 FDI 流出量为 430 亿美元，也呈现较大增幅。而形成鲜明对比的是，其他欧洲主要投资国的 FDI 输出量则一落千丈；荷兰（2013 年欧洲第一大对外投资国）下降 28%，卢森堡（2013 年第二大对外投资国）FDI 流出量下降为负值。英国的流出量下降为-600 亿美元

（主要受 Vodafone-Verizon 撤资的镜象效应影响）。在北美地区，加拿大和美国的 FDI 流出量均稳定增长。而日本的 FDI 流出量在 2014 年下降了 16%，结束了持续三年的扩张势头。

并购交易量有所回升，其中包括撤资。跨境并购量显示出全球并购交易的回暖。2014 年，跨境并购总额上升为 1.2 万亿，其中，9110 亿美元是针对位于发达国家的资产。健康产业（例如，制药、化学药品等）和通信业尤其活跃，其中，德国对健康产业的购买大幅提高，而法国通信业企业资产出售额增长较大。

然而，并购交易量上升的效益部分被巨额撤资抵消。2014 年，Vodafone-Verizon 交易迫使跨国公司将 1760 亿美元资金从美国撤离，这一金额已超过 2011—2013 年 680 亿美元平均水平的两倍。

公司内部贷款不稳定的影响。2014 年，一些显著的FDI波动主要是由于公司内部贷款量以及贷款方向变化引起的。例如德国 FDI 流入的下降就是公司内部贷款从 80 亿美元下降到-280 亿美元导致的（表 2.9）。类似的下降也严重影响了爱尔兰的 FDI 流入量，2014 年仅为 77 亿美元（2013 年为 370 亿美元）。而与上述情况相反，公司内部贷款量的上升提高了英国的 FDI 流入量。

表 2.9　2013 和 2014 年选取欧洲国家公司内部贷款数据（十亿美元）

	2013	2014
内向型		
德国	8.2	-28.1
爱尔兰	4.3	-24.9
英国	-3.9	32.6
外向型		
德国	-15.3	19.0
卢森堡	47.0	0.2
英国	1.9	44.4

资料来源：UNCTAD, FDI/MNE database (www.unctad.org/fdistatistics)。

德国 FDI 输出量的剧增也受公司内部贷款的变动的影响。2011—2013 年间，从德国跨国公司在国外的分支机构回流到其母公司的公司内部贷款年平均为 310 亿美元，这实际上限制了德国的外向型投资量。2014 年，公司内部贷款的回流量下降到 38 亿美元。尽管德国母公司对其分支机构的贷款量也在下降（从 2014 年的 220 亿美元下降到 150 亿美元），二者结合产生的影响使公司内部贷款总量上升为 190 亿美元（表 2.9）。相似的变化趋势在卢森堡和英国也有所体现。

自然资源相关的 FDI 有所恢复。尽管商品市场疲软对资源型国家的 FDI 造成一定影响，但是资源型跨国公司依然保持了其投资计划。例如，澳大利亚 2014 年的 FDI 流入量为 520 亿美元，连续三年下降。但是该国石油与燃气项目中的外资依然活跃，外资参与的 13 个油气项目中有 12 个项目已进入“承诺期”，金额合计 1770 亿美元（1970 亿澳元）。[34] 在加拿大，能源采矿业的 FDI 流入为 130 亿美元，尽管与 2013 年 210 亿美元的水平相比有所下降，但较之 2010—2012 年 110 亿美元的平均水平，其数额依旧可观。加拿大在该行业的 FDI 流出量从 2013 年的-250 亿美元回升到 65 亿美元。这一变化很大程度上是由于加拿大跨国公司的资产收购量上升；例如，加拿大能源公司出价 68 亿美元收购美国石油燃气生产勘探企业速龙能源。

发达国家对发展中国家的投资情况各有不同。[35] 美国对发展中国家的投资量上升了 8%，达到 1100 亿美元。如果排除主要发展中经济体，美国对发展中国家的 FDI 投资量为 520 亿美元，比上年上升了 5%。美国对非洲的 FDI 上涨了近一倍，达到 54 亿美元，是 2010 年以来的最高值。流向亚太发展中国家（除新加坡外）的 FDI 上涨了 32%，达到 250 亿美元。而与之相反，日本对发展中国家（离岸金融中心除外）的投资量则下降了 15%，共计 390 亿美元。[36] 与总体趋势相同，日本对亚洲发展中国家的投资量下降了 24%，仅为 280 亿美元。但其对非洲的投资额则有所上涨到 45 亿美元，达到历史高点。

并购交易趋势显示发达国家跨国公司正不断从非洲撤资（从 2013 年的-38 亿美元到 2014 年的-83 亿美元），而美国和日本 FDI 数据传递的信息则恰好与之相反。然而非洲的并购数据经常被一些大型交易所扭曲。2014 年的大规模撤资主要由以下三起交易造成：威望迪以 57 亿美元将其持有的电信服务商 Itissalat（总部摩洛哥）的大部分股权出售；康菲石油公司 17.9 亿美元出售了其在尼日利亚的资产；奥菲尔能源公司（总部英国）13 亿美元出售其在坦桑尼亚的燃气田；这些撤资并不代表着跨国公司在非洲利益的萎缩。已公开的数据显示发达国家跨国公司在非洲的新建投资仍在增长，2014 年新建项目的总投资额达到 630 亿美元，为历史最高。

跨国公司运营对美国和日本国际收支的影响

跨国公司经营活动带来的 FDI 和国际生产增速快于 GDP 和国际贸易增速。所以，跨国公司经营活动对国际收支的影响也在加强，这种影响既体现在 FDI 流量上（金融账户），也体现在贸易和投资收入（经常账户）上。美国和日本的数据显示，外向型 FDI 为知识密集型服务的出口创造了收益。外向型 FDI 带来的投资收入增长对贸易赤字的平衡也产生影响（见表 2.10）。

表 2.10 2006 年和 2013 年美国和日本：经常账户收支（十亿美元）

经常项目	美国		日本	
	2006	2013	2006	2013
货物	-837	-702	95	-90
服务	76	231	-32	-36
收入	43	200	122	176
主营业务收入	693	780	172	233
投资收益	333	467	41	79
主营业务收入	650	580	50	57
投资收益	159	176	11	17
经常账户余额	**-807**	**-400**	**175**	**40**

资料来源：UNCTAD，基于美国商务部、经济分析署和日本财政部数据。

美国

2000 年代初期，在货物贸易的驱动下，美国的经常账户赤字开始增加。2006 年，赤字高达 GDP 的 5.8%，并引起广泛关注。此后，服务贸易和主要收入[37] 顺差改善了经常账户赤字的情况；2014 年，赤字下降到 GDP 的 2.4%。

美国 MNEs 内部贸易（即母公司与国外子公司贸易）导致商品贸易逆差和服务贸易顺差（见表 2.11）。尽管近年来企业内部交易增加，但内部商品贸易只构成了总逆差中很小的部分。2012 年，公司内部服务贸易占美国总出口的 22%。公司内部服务出口的一半（730 亿美元）是知识产权使用费，如产业流程、软件，体现出企业内部服务贸易的知识密集型属性。

表 2.11　2012 年美国跨国公司公司内贸易（十亿美元）

	出口（母公司到分支机构）	进口（分支机构到母公司）	收支
商品	278	331	-53
服务	144	73	71

资料来源：UNCTAD，美国商务部、经济分析署数据。

美国 MNEs 母公司出口价值小于国外子公司提供的商品和服务价值（见图 2.15）。国外子公司的总销售额是美国出口总值的数倍。FDI 显然是美国开拓国外市场的一个重要方式。

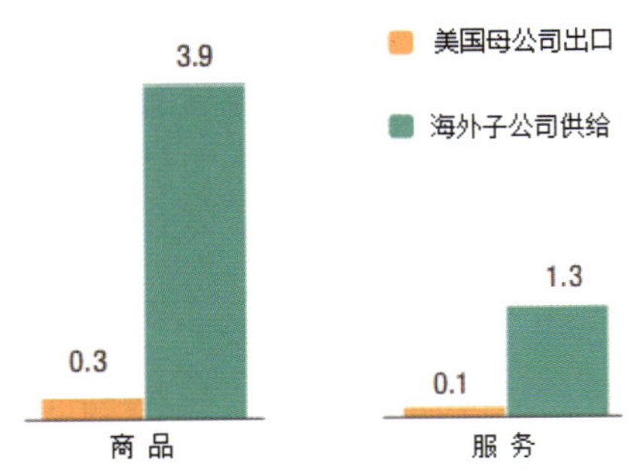

图 2.15　美国跨国公司：2012 年母公司及主要子公司的商品服务出口（单位：十亿美元）

资料来源：UNCTAD，基于美国商务部经济分析局数据。

注：母公司商品与服务出口仅指企业内贸易，占美国母公司 2012 年商品出口的 38%。海外子公司商品与服务供给不包括再次出口到美国的商品。

由于国外子公司会使用从美国进口的投入品，因此美国可以通过向本国跨国公司的国外子公司出口商品和服务的方式影响美国的国际收支。另一影响方式是投资收益。

2014 年，FDI 收入总计 4740 亿美元，是公司内部贸易额的数倍。投资收益支出（在美国的国外子公司收益）总计 1780 亿美元。因此，FDI 是抵消商品贸易逆差的重要方式。

美国投资收入平衡的另一个特殊情况是，虽然美国对外净投资为负但仍能保持正的投资收入盈余。2014 年底，国外对美国（美国债务）投资额（FDI 以及“其他”投资组合[38]）超出美国对外投资（美国资产）6.9 万亿美元。然而美国的投资收入依然超出支出 2270 亿美元。近期研究表明，FDI 是造成这一现象的主要原因，并明确指出无形资产和税收的重要地位（专栏 2.4）。

专栏 2.4　为何美国外向型 FDI 利润如此之高？

自 1989 年以来，尽管美国始终保持负的净国际投资，但美国从国外获得的投资收益一直高于国外投资者对美国投资获得的收益。美国的海外资产回报率（1999—2014 年，平均 3.8%）高于国外投资者对美国的投资收益（2.7%）。

近期研究表明，回报率差异是由 FDI 收入差异引起的。对于美国的海外资产和在美国的国外资产来说，两者在非 FDI 的其他类型的资产回报率十分相近，后者的回报率甚至更高。然而相比之下，美国外向型 FDI 的平均回报率为 7.0%，内向型 FDI 的平均回报率却仅为 3.1%。

对于这一现象常见的解释是美国对外投资的高风险性以及投资年限问题。近期研究发现，回报差异很大一部分是由于无形资产和国际收支税收政策的原因（Curcuru et al.，2013；Bridgman，2014）。

无形资产（例如研发活动）成为回报差异的原因，首先是由于美国内向型 FDI 的盈利能力较弱，其次是美国外向型 FDI 价值被低估。

美国以其基础设施、科学家网络以及会计规则（允许科研投资抵扣开支）等优势，成为科研活动的首选地。这导致科研活动减少了在美国海外子公司的账面收益。实际上，在美国外资公司的科研活动费用高于销售额（专栏表 2.4.1）。

表 2.4.1　美国跨国公司：外国子公司的研发支出、销售、净收入
2009—2012 年均值（十亿美元）

	美国境内的外国子公司	美国的境外子公司
研发支出	49	42
销售	3 665	6 396
净收入	113	1 098

资料来源：UNCTAD,美国商务部、经济分析署数据。

此外，2009—2012 年，美国 MNEs 母公司的科研费用占其总固定资产投资的 30%。[39] 美国 MNEs 海外业务很有可能受益于国内无形资产的投入。因此，美国外向型 FDI 低估了其资产的实际价值，导致美国公司的海外业务回报率看似较高。

另一个解释回报差异的因素是税收制度。美国母公司也要承担海外子公司的收入所得税，这项税收制度在全球范围实行。由海外子公司支付的税收从总税额中扣除。因为美国企业所得税率高于其他国家，所以当美国母公司收到国外子公司利润汇回后，需要支付其差额。并且，这部分税收不计算在国际收支内。美国对外直接投资收益在国际收支中以净国外税款出现，但美国母公司需要支付的税收不扣除。与此相反的是，在美国外资公司的美国税收是被扣除的。也就是说，美国对外直接投资收益是税前（或部分征税）收入，而美国内向型 FDI 投资收益是税后收入，这就使美国外向型 FDI 收益看似更高。

Curcuru et al.（2003）认为税收问题使美国外向型 FDI 的年回报率增加了 1.8%。Bridgeman（2014）提出从 1994—2010 年的数据来看，无形资产和汇回税减小了 FDI 回报差异，从 4.2%下降到 1.7%。

资料来源：UNCTAD。

日本

自 2011 年以来，日本的经常账户盈余迅速削减，主要原因是能源进口的增加。日本制造业基地的转移也使得日本出口的长期趋势放缓。80 年代以来，日本制造业 MNEs 已经在低成本出口地以及发达国家进行了广泛投资，主要集中于市场上的重点行业。

海外生产力的提升已经部分取代了日本出口。近年来，随着日本制造业 MNEs 国外子公司销售量的大幅上涨，日本本土商品出口处于停滞状态（见图 2.16）。2014 年，日本汽车制造商的海外产量较 2013 年增长 4.3%，日本的出口产品下降 4.5%。[40] 此外，日本制造业的海外生产基地同时服务于日本本土市场，这从海外生产基地对日本本土出口的逐渐增加中即可看出（见图 2.17）。因此，在某种程度上，日本 MNEs 生产的

国际化对日本的贸易平衡产生了负面影响。

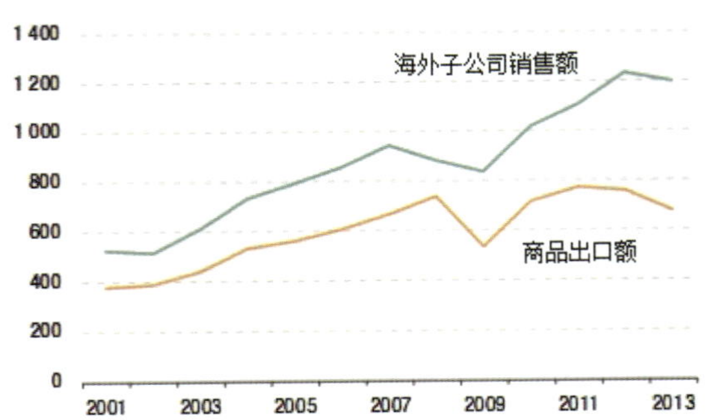

图 2.16　2001—2013 年日本制造业商品出口及海外子公司销售（百万美元）

资料来源：UNCTAD，基于日本银行与经济部门。

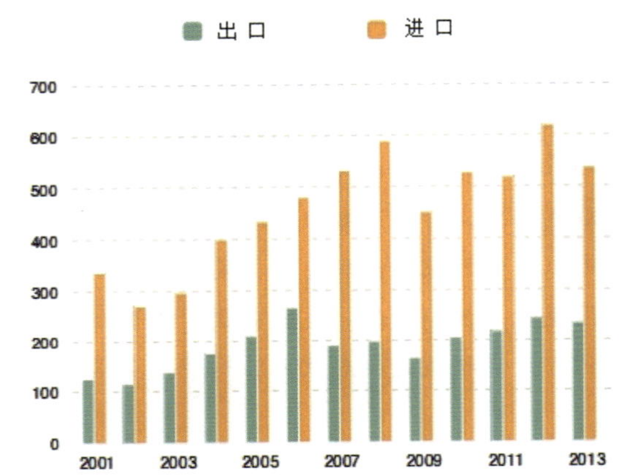

图 2.17　日本跨国公司：2001—2013 年与日本海外子公司的贸易（百万美元）

资料来源：UNCTAD，基于经济、贸易和工业部门数据。

然而，日本 MNEs 的国际化也对日本的经常账户有积极的贡献。首先，国外产品并不总是替代品，也可能作为国内产品的互补商品。全球价值链的扩散意味着增加国外产品生产通常需要母国的要素投入。日本研究数据显示，日本母公司出口的约 60% 去往其国外子公司（见图 2.17）。近年来，日本 MNEs 的国外子公司的本地采购比例逐渐增加，但其从日本的进口量仍然超出对日本的出口量。其次，尽管存在贸易逆差，但由于投资收入的增加，经常账户仍处于盈余状态。2013 年，投资收入总额达 2330 亿美元，占 FDI 投资回报的 34%。其中，虽然 FDI 收入比重相对较小，但近年来不断攀升。最后，知识产权使用费也增加了经常账户余额。2003 年以前，“知识产权使用费”始终为负。此后，“知识产权使用费”开始盈余，并于 2013 年增长至 140 亿美元。国外子公司的使用费用占总使用费用收入的 40%以上，达到 320 亿美元。

从美国和日本的经验来看，对外 FDI 可在长期促进经常账户盈余。因此，需要将短期影响如出口损失置于长期整体环境内考虑。

二、结构脆弱、易受冲击的小型经济体发展趋势

最不发达国家

2014年FDI流入前五位东道国经济体

（流入量与增长率）

2014 流入
232亿美元

2014 增长
+4%

占世界比重
1.9%

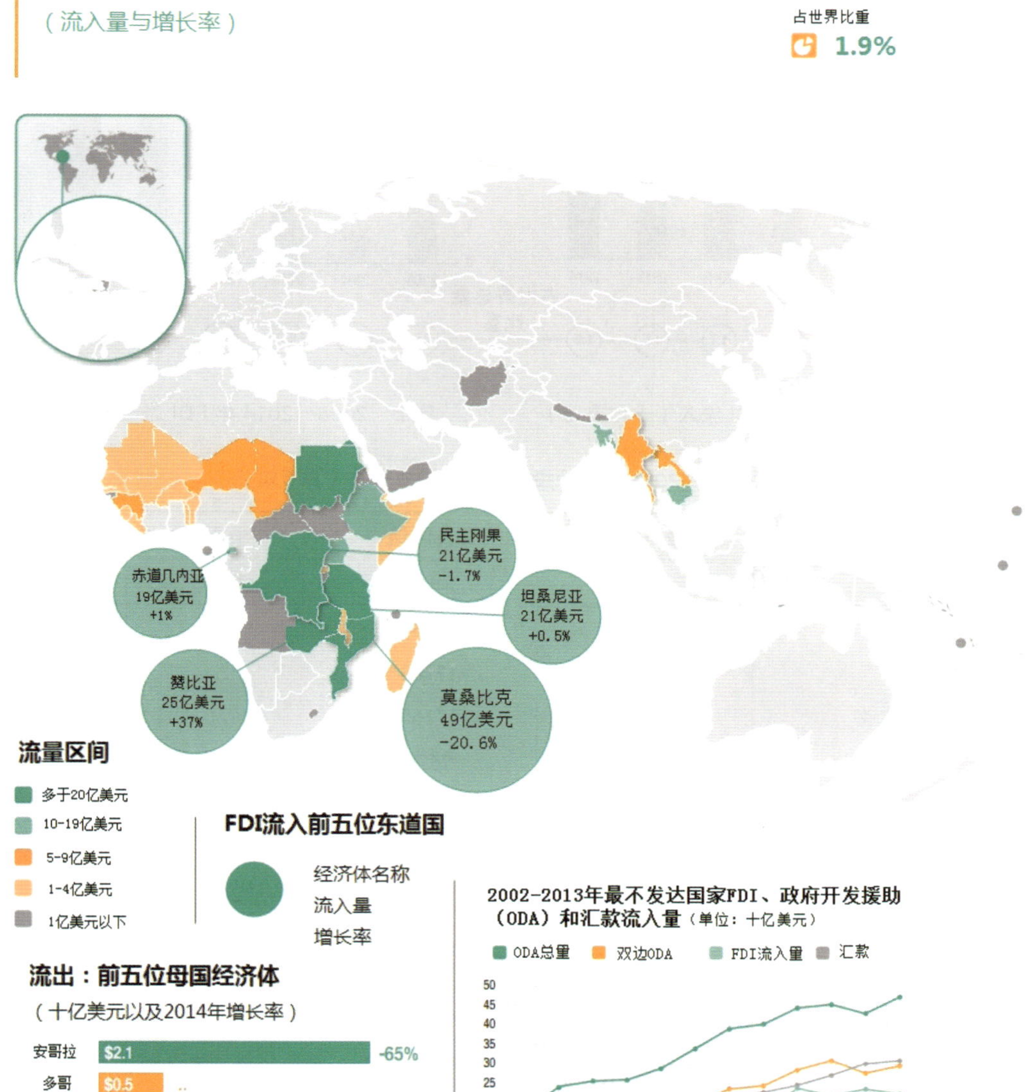

资料来源：UNCTAD。

注：图中所示各区域的边界、名称以及所使用的命名方式并未受到联合国的官方认可和接受。苏丹共和国和南苏丹共和国的最终边界尚未确定。阿卜耶伊地区的最终地位尚未确定。查莫和喀什米尔间虚线代表印巴控制线。查莫和喀什米尔的最终地位尚未明确。

重 点

- 2004-2014年FDI存量增至原来的3倍
- FDI流入量仅为全球流入量的2%，小于ODA和汇款所占比例
- 制造业、服务业FDI更倾向于流入规模较大、矿产丰富的最不发达国家

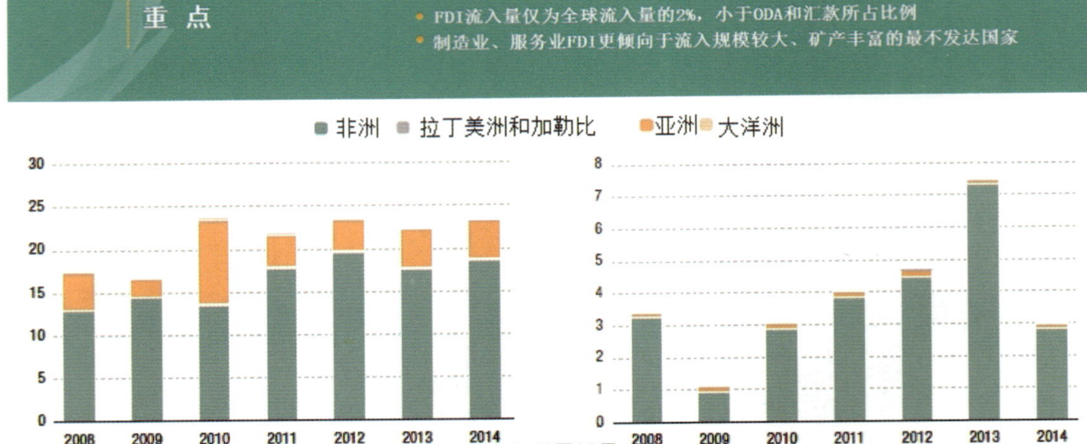

图 A　2008—2014 年 FDI 流入（十亿美元）　　图 B　2008—2014 年 FDI 流出（十亿美元）

表 A　2013—2014 年绿地投资项目的行业分布（百万美元）

产业/行业	最不发达国家作为投资目的地		最不发达国家作为投资者	
	2013	2014	2013	2014
总量	**40279**	**47680**	**1624**	**1604**
第一产业	**3884**	**17165**	**7**	**—**
采矿、采掘和石油业	1519	17165	7	—
制造业	**8407**	**9578**	**395**	**294**
纺织、服装和皮革业	519	2019	—	38
焦炭、石油产品和核燃料业	1764	1246	—	—
非金属矿物制品业	3234	1952	262	—
服务业	**27988**	**20937**	**1222**	**1311**
建筑业	590	6802	—	—
贸易	833	2138	—	4
交通运输、仓储及通信业	5092	3500	92	15
金融业	2086	2198	691	639
商务服务业	1213	4814	37	624

表 B 2013—2014 年绿地投资项目的地区/国家分布（百万美元）

伙伴地区/国家	最不发达国家作为投资目的地		最不发达国家作为投资者	
	2013	2014	2013	2014
世界	**40279**	**47680**	**1624**	**1604**
发达经济体	**25448**	**32429**	**123**	**76**
欧盟	7000	24435	82	66
荷兰	411	1701	—	—
美国	1205	4507	—	10
日本	11484	1269	—	—
发展中经济体	**14831**	**15251**	**1464**	**1508**
非洲	6073	6477	1049	1045
南非	2791	3564	—	11
拉美和加勒比地区	170	69	9	261
南亚、东亚和东南亚	8020	8162	354	168
西亚	568	544	52	14
转型经济体	—	—	**37**	**21**

表 C 2013—2014 年跨国并购的行业分布（百万美元）

产业/行业	出售额		购买额	
	2013	2014	2013	2014
总量	**26**	**3734**	**2**	**23**
第一产业	**16**	**2661**	**2**	**2**
采矿、采掘和石油业	16	2661	2	2
制造业	**37**	**120**	—	—
食品、饮料和烟草业	20	12	—	—
纺织、服装和皮革业	2	2	—	—
制药、化学和生物制品业	15	51	—	—
非金属矿物制品业	—	56	—	—
服务业	**-27**	**952**	—	**20**
电力、燃气、水的供应与废弃物管理业	—	-86	—	—
交通运输和仓储业	—	400	—	—
信息与通信业	3	112	—	—
金融和保险业	-42	516	—	25

表 D 2013—2014 年跨国并购的地区/国家分布（百万美元）

地区/国家	出售额		购买额	
	2013	2014	2013	2014
世界	**26**	**3734**	**2**	**23**
发达经济体	**-4020**	**-1201**	**2**	**25**
欧盟	-4409	-1361	2	25
北美	-338	10	—	—
其他发达国家	-33	114	—	—
发展中经济体	**4046**	**4869**	**—**	**-2**
非洲	5	-18	—	2
拉美和加勒比地区	-430	400	—	—
南亚、东亚和东南亚	4427	3975	—	-4
印度	15	2702	—	—
新加坡	9	1333	—	—
西亚	44	512	—	—
转型经济体	—	—	—	—

2014 年，最不发达国家（LDCs）的 FDI 流入量增长 4%，升至 230 亿美元，占全球流入量的 2%。其中，大规模采掘业项目推动了跨国并购额和绿地投资额的增长。虽然 LDCs 的 FDI 流入量小于政府开发援助（ODA）和侨汇，但 FDI 存量在过去 10 年间增长了 3 倍。FDI 在经济发展中充当着催化剂的角色，提高生产能力并创造就业机会和专业知识。一个促进投资并可得到国际社会内向型投资支持的政策体系，将有助于 LDCs 的 FDI 存量在 2030 年翻两番（包括 SDG 部分）。

2014 年，LDCs 的 FDI 流入量出现反弹。流入量最大的五个国家是莫桑比克（49 亿美元，减少 21%）、赞比亚（25 亿美元，增长 37%）、坦桑尼亚联合共和国（21 亿美元，增长 1%）、刚果民主共和国（21 亿美元，减少 2%）和赤道几内亚（19 亿美元，增长 1%）。以上五国占流入 LDCs 的 FDI 总量的 58%。

较 2013 年，LDCs 在全球流入量所占比重并无变动，仍然维持在 1.9%。在发展中经济体中所占比重为 3.4%，也与 2013 年相近。

从 2013 年到 2014 年，由于从安哥拉的撤资行为显著减少，非洲 LDCs 的 FDI 流入量增长了 6%。在 FDI 流入的这些国家中，只有两个 LDCs 经济体增长强劲：埃塞俄比亚（增长 26%至 12 亿美元）和赞比亚（增长 37%至 25 亿美元）。非洲西部 LDCs（参阅非洲部分）由于部分受埃博拉疫情的影响，LDCs 的 FDI 流入量下降了 15%。然而，另外两个受到埃博拉病毒影响的国家（几内亚和塞拉利昂）FDI 流入量增长达两倍以上。

亚洲 LDCs 的 FDI 流入量下降了 2%，出现了四年来首次负增长。这主要是由于除了老挝人民民主共和国（增长 69%）和缅甸（增长 62%）的增长强劲外，七个亚洲 LDCs 的 FDI 流入衰退，其中包括孟加拉国（15 亿美元，减少 5%）、柬埔寨（17 亿美元，减少 8%）和也门（撤资 10 亿美元）。海地的 FDI 流入量减少了 50%。在大洋洲，[41] FDI 流入量连续四年下降了 92%至 300 万美元以下。在瓦努阿图的持续撤资也进一步大大抑制了该地的 FDI 流入。

跨国并购净出售额。2014 年，由于亚洲投资者在非洲 LDCs 的跨国并购，该区域跨国并购净出售额增至 37 亿美元。发达国家 MNEs 出售给他国投资者的 LDCs 资产价值持续增长，并超出购买额。发生于非洲的两起石油和燃气交易推动了发展中国家对 LDCs 跨国并购交易额的增加，购买方涉及亚洲国有 MNEs。印度国有石油燃气有限公司以 26 亿美元收购莫桑比克石油燃气勘探区 10%的股份，占所有 LDCs 净出售额的 70%，是规模最大的一笔交易。

在金融业，卡塔尔国家银行收购经济银行跨国集团（多哥）23.5%的股份，为该行业在 LDCs 的净出售额创下 5 亿美元新高，并立志在 2017 年成为非洲和西亚最大的银行。[42] 由发展中经济体参与的金融与保险投资并购交易数量近乎翻倍（从 2013 年的 6 项到 2014 年的 13 项并购）。[43] 在利比里亚，一家巴哈马公司收购了某深海货运服务供应商 30%的股份，为 LDCs 运输和仓储行业贡献了 4 亿美元净出售额。

已披露的绿地投资创六年来新高。仅在安哥拉（见表 2.12）[44] 的一项高达 160 亿美元的石油燃气投资项目就占到 2014 年所有 LDCs 已披露的绿地投资总额的三分之一（480 亿美元，超出 FDI 流入量的两倍多）。由比利时投资者（见表 2.12）签订的第二大投资项目将 LDCs 建筑业绿地投资推向新高点。由南非 MNEs（见表 2.12）投资的第三大房地产项目使南非成为 2014 年在 LDCs 最大的绿地投资来源国。虽然服务业的已披露的绿地投资占比从 2013 年 [45] 的 69%降至 2014 年的 44%，但投资总额却达到有史以来第二个高峰。

表 2.12　最不发达国家：2014 年五项规模最大的合同绿地投资项目

东道国	细分行业	投资公司	母国	估计支付资金（百万美元）
安哥拉	石油和燃气开采业	Total	法国	16000[a]
莫桑比克	商用和公共设施建筑业	Pylos	比利时	5189[b]
莫桑比克	房地产业	Atterbury Property Developments	南非	2595[c]
赞比亚	建筑材料、园林设备和物资经销业	Enviro Board	美国	2078
孟加拉国	燃气、液化和压缩燃气业	Chevron Corporation	美国	1048

资料来源：UNCTAD，根据金融时报有限公司 fDi Markets (www.fDimarkets.com)资料整理。

a：很可能是产量分成合同。

b：六个相同数额的项目总和（六个投资额相同的项目并列）。

c：三个相同数额的项目总和（三个投资额相同的项目并列）。

在制造业的已披露的绿地投资中，有两个行业较为突出。2014 年，在纺织、服装和皮革业，总额超过 20 亿美元的 20 个已公布项目将该产业推向一个新的高度。超过 18 亿美元（包括 11 个项目）投向了“非洲增长与机会法案”（AGOA）受益国之一的埃塞俄比亚（AGOA 为受益国提供了服装出口到美国的优惠待遇)。特别地,来自亚洲的 MNEs 正提高其在埃塞俄比亚的投资份额。2014 年,以该国为投资目的地的两个主要项目是:一家印度公司拟投资 5.5 亿美元建立非洲最大的出口棉纱工厂;[46]一家中国 MNE 将建设一个 5 亿美元的纺织厂,并创造 2 万个工作岗位。[47]近 20 亿的绿地 FDI 投向了 13 个非金属和矿物产品项目,包括针对 LDCs 的水泥与混凝土制品。其中最大的项目(3.7 亿美元并创造 1500 个新工作岗位)由泰国投资,在老挝人民民主共和国建厂。

LDCs 的 FDI 主要集中于少数矿产资源丰富的国家。尽管关键初级商品的出口价格疲软,但是 LDCs 的采掘业对外资仍然具有吸引力。根据 2014 年公布的 FDI 绿地项目判断,在 LDCs 中 FDI 流入量的不均衡分布将会持续一段时间。制造业和服务业 FDI(包括基础设施)也促进了对采掘业的投资,并且通常会偏向于矿产资源丰富的 LDCs。预期延长 15 年的"非洲增长与机会法案"(AGOA)可能会支持更多样化的 FDI 流入 LDCs,但考虑到对美国石油出口在 2000 年"非洲增长与机会法案"(AGOA)中的重要性(美国国际贸易委员会 USITC,2014),[48]这可能不会在短期影响非洲近 30 个 LDCs 的 FDI 模式。

在亚洲 LDCs 中,缅甸 FDI 预计会随各产业已公布项目的开展进一步增长。随着缅甸第一个国家经济特区(SEZ)的发展,在一家缅甸—日本合资公司的牵头下,41 家注册公司(其中 21 家为日本跨国公司 MNEs)中的 8 家将于 2015 年开始运营[49]。日本投向缅甸的绿地项目表明配套的服务业项目的增加促进了日本制造业企业在缅甸的投资。[50]另外两个东盟(ASEAN)LDCs(柬埔寨和老挝人民民主共和国)也将受益于基础设施的连通(参阅东部和东南亚部分),并且较其他 LDCs 更有利于吸引出口导向型 FDI 和受资助的大型基础设施项目。[51]

现行非洲区域一体化的加速努力也将吸引更多针对基础设施建设的 FDI 和外部资金。从已披露的绿地投资趋势来看,一些自然资源丰富的 LDCs(例如未来几年可能成为液化燃气重要出口国的莫桑比克)在吸引采掘业和辅助基础设施建设的大规模项目(如电力、散装汽油站和码头)的同时,已经开始吸引服务业市场寻求型的 FDI 项目。

蒙特雷会议后 LDCs 的 FDI 趋势对于 LDCs 来说,FDI 是重要的外资来源。虽然迄今为止 ODA 仍是 LDCs 最大的外资来源,但自 2002 年以来 FDI 呈上升趋势并大于其他私人资本流入(见图 2.18 和图 2.19)。侨汇也是流入这些国家的私人资本的重要来源。

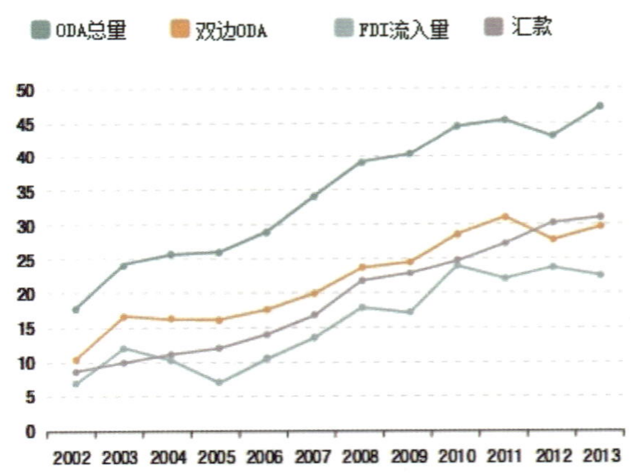

图 2.18 2002—2013 年 LDCs 的 FDI、ODA 与侨汇流入量(百万美元)

资料来源:UNCTAD,FDI/MNE 数据库(www..unctad.org/fdistatistics)(FDI 流入),OECD(ODA 流量)与世界银行(侨汇)。

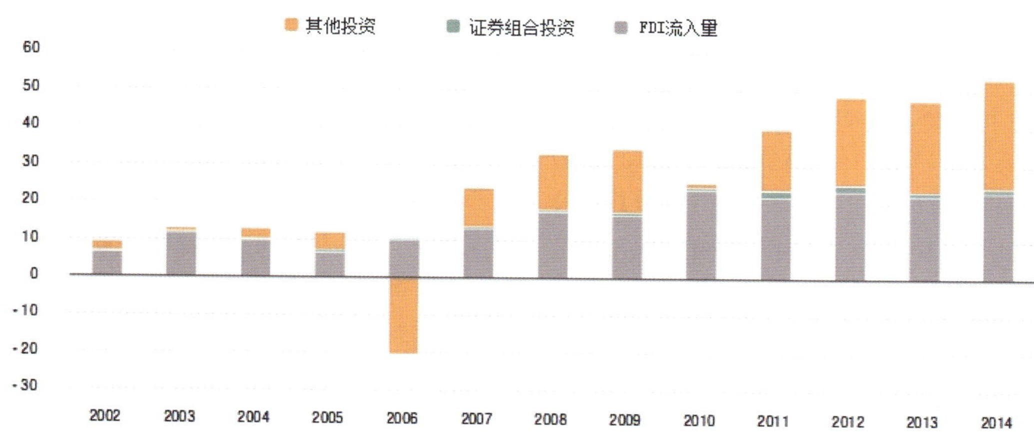

图 2.19 2002—2014 年最不发达国家按类型划分的私人资本流入量（百万美元）

来源：UNCTAD，FDI/MNE 数据库（www..unctad.org/fdistatistics）(FDI 流入)，IMF（投资组合与其他投资）。

2002—2014 年间，LDCs 的 FDI 流入量已经超过证券投资，并且比“其他投资”（主要指银行贷款）波动小（见图 2.19）。

LDCs 的 FDI 存量在过去十年中（2004—2014）增长了两倍。蒙特雷会议后，FDI 流入量的年平均增长率为 11%（见图 2.20）。该增长率与发展中经济体的 FDI 流入增长率相近，并远超过世界增长率（表 2.13）。从区域角度来说，大部分 FDI 第一选择是投向非洲 LDCs，其次是亚洲 LDCs。尽管与发展中国家和世界水平相比，LDCs 的 FDI 存量占 GDP 比例较小，但 FDI 流入对 LDCs 的 GFCF 来说是更大的潜在助力。

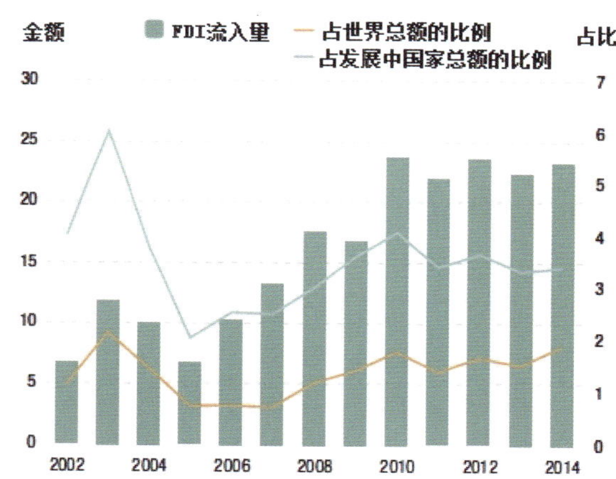

图 2.20 2002—2014 年最不发达国家 FDI 流入量与占世界和发展中国家比例（百万美元，%）

表 2.13 2002—2014 年 FDI 相关指标（百分比）

指标	最不发达国家	发展中经济体	世界
FDI 流入量年增长率	11	12	6
FDI 流入量占 GDP 比例，13 年均值	22	26	27
FDI 流入量占 GFCF 比例，13 年均值	13	10	9

资料来源：UNCTAD, FDI/MNE database (www.unctad.org/fdistatistics); 世界银行 GDP 和 GFCF 数据。

注：年增长率的计算为相关年份综合增长率。

内向型 FDI 存量达到 100 亿美元以上的 LDCs 数量从 2002 年的一个（安哥拉）上升到 2014 年的七个。五个最大的投资接受国有莫桑比克（260 亿美元），苏丹（230 亿美元），缅甸（180 亿美元）和赤道几内亚以及坦桑尼亚联合共和国（各 170 亿美元），共占 LDCs 内向型 FDI 存量总额的 45%。这些 LDCs 的出口专业化，又加剧了 FDI 流入的集中度。[52] 自 2002 年，矿产出口型 LDCs 保持着强劲的 FDI 流入。2010 年起，混合出口商（以两个矿产资源丰富的国家为主——缅甸和坦桑尼亚联合共和国）开始吸引更多的 FDI。近年来，流入燃油出口型 LDCs 的 FDI 有所减少（尤其在也门和安哥拉，流入量为负）。

政策建议。综合、系统的政策有利于确保 FDI 和其他资本来源（国内外）有效实现 LDCs 的发展目标。例如，FDI 可作为国内投资的补充，而不会替代其成为可持续发展和结构转换的主要驱动力（UNCTAD，2014）。因此，LDCs 必须通过资本积累、技术进步和创新建立本土生产力，才能有效利用 FDI 及与 MNEs 的联系，参与到全球价值链中（UNCTAD，2011）。

为有效利用 FDI 来提高生产力，UNCTAD 于 2011 年在土耳其召开的第四届联合国会议中，制定了针对 LDCs 的投资行动计划。该法案提倡在以下五个领域建立一套包含投资、生产力建设和企业发展的综合政策支持体系：

- 加强基础设施建设。薄弱的基础设施建设严重制约了 LDCs 国内外投资和全球经济一体化进程。为解决这一问题，LDCs 需要开创新型的基础设施发展方式。
- 争取国际发展援助以推进生产力发展。“软”基础设施的不足阻碍了 LDCs 吸引外国投资以及生产力发展。建立与生产力需求相匹配的技术是很有必要的。
- 为各种规模企业提供空白领域业务开发机会。由于 LDCs 的市场相对较小、营运条件较差，大型 MNEs 通常会忽略该地的投资机会。政府需加强鼓励中小型国际投资者与未开发业务的对接，并倡导与 LDCs 需求相匹配的 FDI 模式。
- 培育本地商业并放宽融资条件。外国投资者通常会被本地商业繁荣的国家吸引，且这样的国家通常能满足跨国公司运营所需的最低限度的服务与供给。推出支持本地商业发展并加强与 MNEs 联动机制的方案十分必要。
- 实施新一轮的监管和制度改革。投资制度改革虽然已经开始，但在 LDCs 仍有很多问题需要解决。新一轮的改革可以尝试将商业定位为发展的助力，强调规章条例中可明确 FDI 影响并完善国家制度和公共服务（如税收和政府治理）的方面。

这些政策需要国际社会的支持，其中包括制定促进内向型投资的可行规划。该项目的落实需要多部门的技术支持，以及 LDCs 的 IPAs 内向型投资促进与主要投资国的 IPAs 外向型投资促进相结合（WIR14）。该项目旨在深化并扩大 LDCs 内部及集团间投资，尤其是与可持续发展目标（SDGs）相关的部门。总体目标是在未来 15 年使 LDCs 的 FDI 存量翻两番。

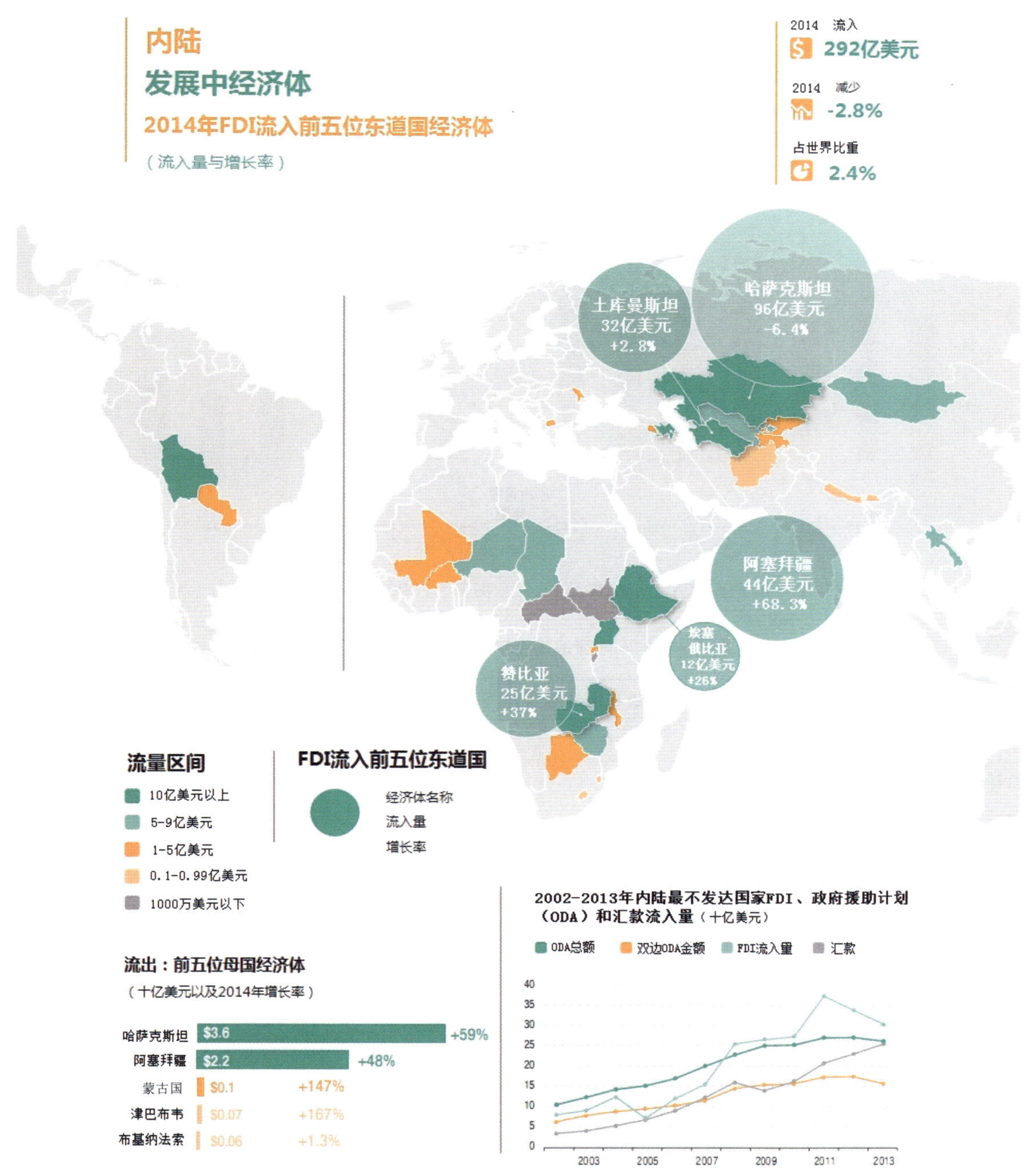

资料来源：UNCTAD。

注：图中所示各区域的边界、名称以及所使用的命名方式并未受到联合国的官方认可和接受。苏丹共和国和南苏丹共和国的最终边界尚未确定。阿卜耶伊地区的最终地位尚未确定。查莫和喀什米尔间虚线代表印巴控制线。查莫和喀什米尔的最终地位尚未明确。

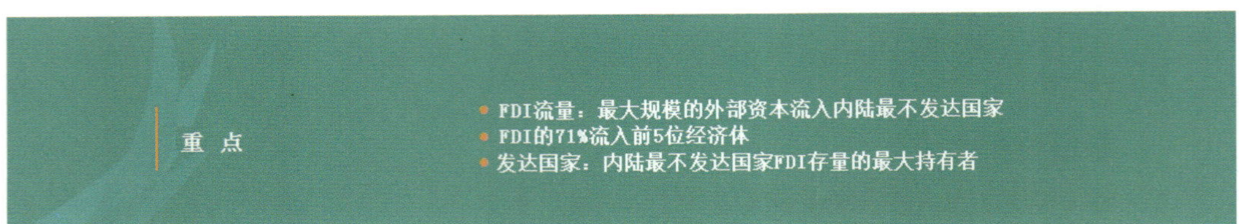

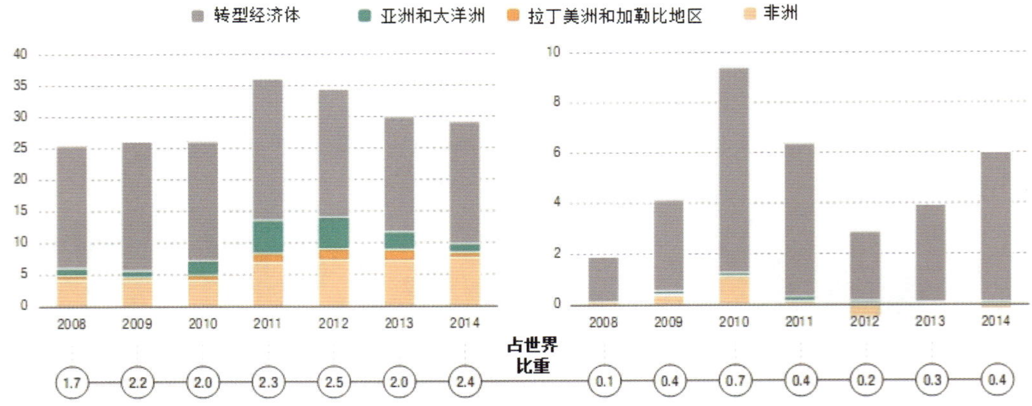

图 A　2008—2014 年 FDI 流入（十亿美元）　　图 B　2008—2014 年 FDI 流出（十亿美元）

表 A　2013—2014 年绿地投资项目的行业分布（百万美元）

产业/行业	内陆最不发达国家作为投资目的地		内陆最不发达国家作为投资者	
	2013	2014	2013	2014
总计	**17712**	**16398**	**1047**	**1220**
第一产业	**1201**	**402**	**—**	**—**
采矿、采掘和石油业	1201	402	—	—
制造业	**5410**	**8661**	**404**	**654**
纺织、服装和皮革业	308	2446	39	—
非金属矿物制品业	1634	2488	75	—
金属与金属制品业	279	738	69	—
机动车及其他运输设备制造业	613	773	—	—
服务业	**11102**	**7335**	**643**	**566**
电力、燃气和水的供应业	5213	982	—	—
贸易	524	2023	132	11
交通运输、仓储和通信业	2427	1238	138	399
金融业	1535	1481	354	149

表 B 2013—2014 年绿地投资项目的地区/国家分布（百万美元）

伙伴地区/国家	内陆最不发达国家作为投资目的地		内陆最不发达国家作为投资者	
	2013	2014	2013	2014
世界	**17712**	**16398**	**1047**	**1220**
发达经济体	**9943**	**6127**	**186**	**56**
法国	912	543	—	—
冰岛	4000	—	—	—
美国	513	2770	3	—
澳大利亚	560	—	35	—
发展中经济体	**6575**	**8723**	**525**	**1076**
南非	931	864	42	15
中国	380	1893	—	395
韩国	130	529	35	—
印度	742	810	52	—
转型经济体	**1194**	**1548**	**335**	**89**
俄罗斯	729	1414	34	—

表 C 2013—2014 年跨国并购的行业分布（百万美元）

产业/行业	出售额		购买额	
	2013	2014	2013	2014
总量	**258**	**-1062**	**6**	**270**
第一产业	**-22**	**44**	**2**	**-250**
采矿、采掘和石油业	-22	34	2	-250
制造业	**257**	**285**	**—**	**57**
食品、饮料和烟草业	177	12	—	—
造纸和纸制品业	—	-101	—	—
制药、医用化学和生物制品业	15	51	—	—
非金属矿物制品业	—	314	—	-1
服务业	**23**	**-1391**	**3**	**463**
电力、燃气和水的供应	—	-1279	—	—
管理业				
交通运输和仓储业	—	30	—	4
信息和通信业	20	1	—	—
金融和保险业	3	-158	3	459

表 D　2013—2014 年跨国并购的地区/国家分布（百万美元）

地区/国家	出售额		购买额	
	2013	2014	2013	2014
世界	**258**	**-1062**	**6**	**270**
发达经济体	**99**	**-2456**	**2**	**14**
卢森堡	20	-277	—	—
荷兰	359	-1374	—	—
英国	-448	-1152	2	—
瑞士	331	319	—	—
发展中经济体	**160**	**216**	**3**	**257**
南非	—	-125	—	—
秘鲁	—	307	—	—
中国	56	526	—	—
中国香港	-77	-507	—	—
转型经济体	**—**	**1177**	**—**	**-1**
俄罗斯	—	1147	—	-1

2014 年，内陆发展中国家（LLDCs）的 FDI 流入量减少 3%，降至 290 亿美元，连续三年下降。外界对 LLDCs 的投资越来越集中于 LLDCs 中的前五大经济体，其占总流量的比重从 62%增长到 71%。埃塞俄比亚首次晋升至流入量前五的国家，蒙古国则由于其流量急剧下降 76%而退出前五。去年，发展中国家对 LLDCs 的投资流入量从 44%增长至 63%，成为 LLDCs 的最大投资者。在过去的十年里，LLDCs 的 FDI 存量翻了两番。

LLDCs 占全球 FDI 流入量的 2.4%，总值虽有所下降，但所占比重略高于 2013 年。由于蒙古国流入量的持续下降（从 21 亿美元到 5.08 亿美元），亚洲 LLDCs（5 国）的 FDI 流入量进一步下降。转型经济 LLDCs（9 国）的流入量增长超 10 亿美元，但其中的最大经济体（哈萨克斯坦）的 FDI 流入量减少了 6%。转型经济体占 LLDCs 份额增至 66%。非洲 LLDCs（16 国）的 FDI 流入量增长 6%以上（其中赞比亚和埃塞俄比亚两国增长最多），增至 67 亿美元。拉丁美洲 LLDCs（2 国）FDI 流入量稳定增长了四年之后，由于玻利维亚内向型 FDI 的大幅下降，导致拉丁美洲 LLDCs 流入总量下降了一半多。

LLDCs 的外向型投资（主要投资国为哈萨克斯坦和阿塞拜疆）虽然仅占全球流出量的 0.4%，但其增长了近 50%至 58 亿美元。这一增长主要由哈萨克斯坦以及阿塞拜疆所贡献。

2014 年，LLDCs 已披露的绿地投资减少。LLDCs 已披露的绿地投资在 2008 年达到最高峰后，一直未能在交易数量或交易总额上有所超越，并处于不稳定状态。2014 年，LLDCs 绿地交易数量下降 5%至 315 个，仅占世界交易量的 2%。

近年来，尽管采掘业在 LLDCs 的一些国家盛行，但第一产业的已公布绿地投资交易数量持续下降，投资额（4.02 亿美元）占所有 LLDCs 已公布绿地投资的 2%。制造业绿地投资依旧强劲，尤其在纺织工业方面，其投资额从 2013 年的 3.08 亿美元增至 2014 年的 24.5 亿美元。[53] 非金属矿业表现也十分突出，其 2014 年已公布投资总额从 16.3 亿美元增至 24.5 亿美元。其中很大一部分是水泥制造业企业对非洲 LLDCs 的投资。

2014 年，几乎所有产业中服务业份额均呈下降态势，尤其在电、气、水产业方面的已公布绿地投资急剧下滑(从 52 亿美元降至 9.82 亿美元)。但在 2013 年时，这些产业均呈上升态势。运输、仓储和通信行业的 2014 年已公布绿地项目总额减半至 12 亿美元。贸易行业的绿地投资较为理想，由 5.24 亿美元增至 20 亿美元。

发展中国家和转型经济体对 LLDCs 的投资占所有 LLDCs 绿地投资比重由 2013 年的 44%增至 63%，该变化主要是由 2013 年雷克雅未克地热（冰岛）对埃塞俄比亚的一项投资所致。美国是 2014 年 LLDCs 的最大投资国，紧随其后的是中国和俄罗斯联邦。

2014 年，并购情况消极。投资者的购买额为 -10 亿美元，这意味着剥离的资产价值大于购买额。英国投资者撤资约 12 亿美元，主要原因是哈萨克斯坦国有主权财富基金子公司 AO Samruk-Energo 收购了 TOO Ekibastuzskaya GRES-1 公用电力事业公司剩余 50%的股份。Sappi 有限公司（南非）也从斯威士兰乌苏图森林制品有限公司转让给了当地投资者从而撤出了可观的 1 亿美元资金。Polymetal International PLC（俄罗斯联邦）以 11 亿美元收购阿尔泰阿尔马斯黄金公司(哈萨克斯坦）的全部股份，成为最大的国际并购投资。从行业发展趋势来看，服务业的状况最为低迷，尤其是电力、燃气和自来水行业。

发达国家仍然是 LLDCs 的 FDI 存量的最大持有者，然而中国日益强大，韩国也成为新兴力量。32 个 LLDCs 中 25 个国家的双边 FDI 存量数据显示，截至 2012 年发达国家持有 LLDCs 国家 FDI 存量的 67%。

在发展中国家和转型经济体投资者中，中国和俄罗斯联邦、土耳其、阿拉伯联合酋长国、韩国，已经成为中亚地区的重要投资国(见表 2.14)。土耳其投资者在阿塞拜疆持有最多的 FDI 存量，并已成为中亚地区第三大发展中国家投资者。显然，发展中国家在该地区的投资竞争愈演愈烈，这也在阿拉伯联合酋长国、韩国和伊朗伊斯兰共和国投资者所持有的 FDI 存量中有所体现（见表 2.15)。

表 2.14 中亚内陆最不发达国家：2012 年部分发展中国家和转型经济体 FDI 流入存量（百万美元）

母国	亚美尼亚	阿塞拜疆	哈萨克斯坦	吉尔吉斯斯坦	蒙古国	塔吉克斯坦	地区总额
中国	4	170	4512	334	3727	476	9224
俄罗斯	2450	478	1933	132	296	—	5289
土耳其	—	1933	549	68	7	2	2559
阿联酋	1	413	1203	9	1	—	1627
韩国	—	76	1068	71	365	—	1580
伊朗	17	910	40	4	1	—	972

资料来源：UNCTAD，FDI/MNE 数据库（www.unctad.org/fdistatistics）。

注：由于间接 FDI 存量，俄罗斯的位置可能被低估。

表 2.15　2002—2014 年相关 FDI 指标（百分比）

指标	内陆最不发达国家	发展中经济体	世界
FDI 流入量年增长率	12	12	6
FDI 流入量占 GDP 比重，13 年均值	33	26	27
FDI 流入量占 GFCF 比重，13 年均值	19	10	9

资料来源：UNCTAD，FDI/MNE 数据库（www.unctad.org/fdistatistics）。

注：年增长率计算为相关时间内的综合增长率。LLDCs=内陆发展中国家。

根据绿地数据可知，韩国是 2012 年 LLDCs 的最大投资国，并增加了对中亚 LLDCs 的投资。其在 2013 年提出的“欧亚倡议”旨在加强朝鲜半岛和欧洲的连通及经济联系（参阅 A.2 部分）。韩国连同中国、哈萨克斯坦[54]作为该地区最大的外国投资者与该地区建立了牢固的贸易关系，特别是乌兹别克斯坦。韩国对土库曼斯坦的商业投资达 50 亿美元。2014 年韩国总统访问乌兹别克斯坦时，宣称要进行下一个 50 亿美元的燃气和化学制品行业 FDI。[55]

蒙古国的 FDI 流入量连续四年呈下降态势。政治与政策的不稳定，加上经济放缓（2014 年 GDP 增长从 12%降至 6%）导致投资大幅减少。以加强俄中贸易和投资为目的的俄中燃气管道建设（途经蒙古国）成为蒙古国 FDI 增长的潜在动力。然而，总体上该国现期的 FDI 增长势头疲软。

蒙特雷会议后 LLDCs 的 FDI 趋势

蒙特雷会议后的 13 年来，LLDCs 的 FDI 发展可分为两个阶段：2007 年之前，为稳定发展阶段；2008 年之后，FDI 呈现增长态势，但其区域分布更为多样化（见图 2.21）。然而，流入 LLDCs 的 FDI 仍集中在少数国家，其中最大的 5 个流入国占总流入量的 70%。

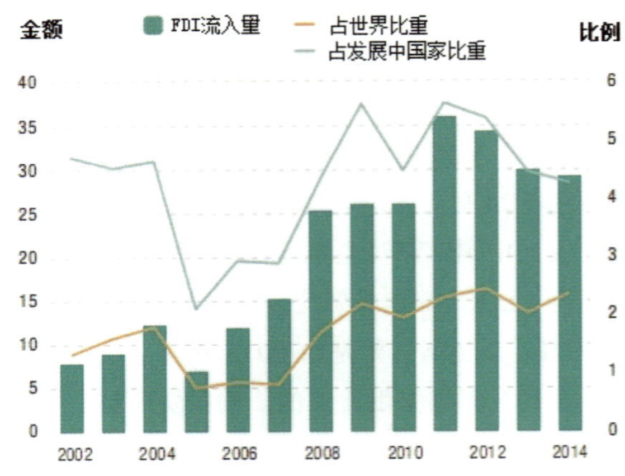

图 2.21　LLDCs：2002—2014 年 FDI 流入量及其占世界与发展中国家流量的比重（百万美元，占比）

资料来源：UNCTAD，FDI/MNE 数据库（www.unctad.org/fdistatistics）。

自 2002 年开始，LLDCs 的 FDI 流入量的增长速度与发展中国家整体速度相同，快于全球 FDI 增长率（见表 2.16）。据 WIR14 可知，FDI 已成为 LLDCs 的 FDI 存量占 GDP 比重和资本形成（GFCF）的主要融资来源。从以上两点来看，2002 年后 FDI 对 LLDCs 的重要性超过其对发展中国家乃至世界的贡献（见图 2.22）。

表 2.16 内陆最不发达国家：2002 年和 2014 年次区域 FDI 流入量（百万美元及占比）

	2002	2014	年增长率（%）
内陆最不发达国家	**7872**	**29151**	**12**
非洲	2501	7631	10
拉美和加勒比地区	682	884	2
亚洲和大洋洲	129	1317	21
转型经济体	4559	19319	13

资料来源：UNCTAD，FDI/MNE 数据库（www.unctad.org/fdistatistics）。

注：年增长率计算为 2004—2013 年的综合增长率。

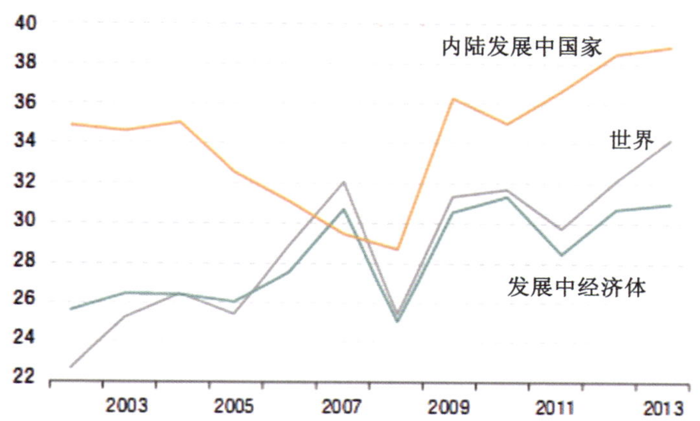

图 2.22 LLDCs：2002—2013 年 FDI 存量占 GDP 比重（百分比）以及与发展中国家和世界对比

来源：UNCTAD，FDI/MNE 数据库（www.unctad.org/fdistatistics）。

从区域角度来看，亚洲和转型经济体 LLDCs 的 FDI 增长最强劲，尽管该增长主要来源于对蒙古国矿业和对哈萨克斯坦偿债资金的流入。虽然两个拉丁美洲 LLDCs 的 FDI 呈正增长，但仍落后于其他区域（见表 2.16）。

“蒙特雷共识”旨在促进国际资本流动，包括私人资本流动，如 FDI、投资组合和其他投资（主要指银行贷款）。在 LLDCs，FDI 占私人资本流动的一大部分，投资组合相对较少且不稳定[56]（见图 2.23）。

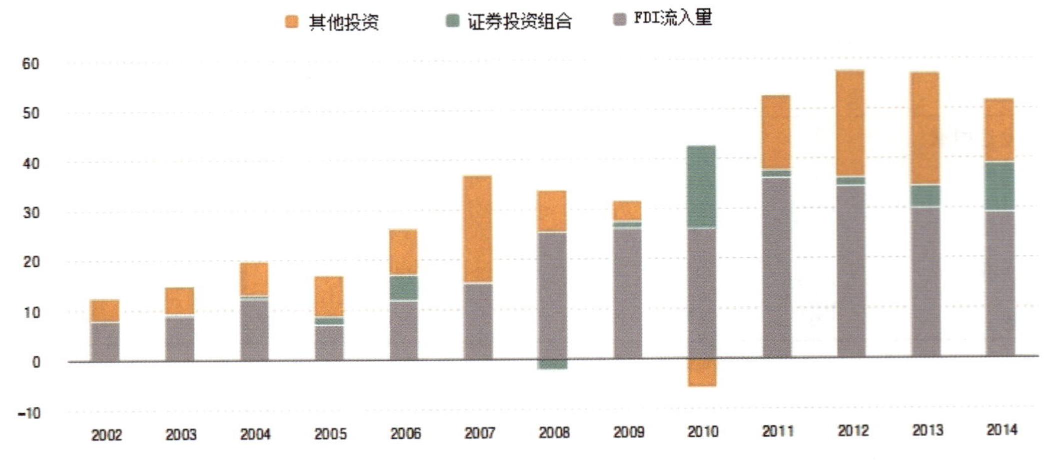

图 2.23 LLDCs：2002—2014 年按类别划分的私人资本流入量（十亿美元）

资料来源：UNCTAD，FDI/MNE 数据库（www.unctad.org/fdistatics）(FDI 流入)和 IMF（投资组合和其他投资）。

增强国际援助也是“蒙特雷共识”的重点。关于 FDI 流入量和援助资金的（ODA）对比研究表明，FDI 流量大大高于同期双边援助资金，并于 2008 年超出 ODA 总额，现在已经成为 LLDCs 的外部资本流入中的最大部分（见图 2.24）。然而，注意 LLDCs 各国间的变化十分必要：大量 LLDCs 的 FDI 集中在少数资源丰富的矿物出口国；ODA 在 LLDCs 的分布越发广泛，并在服务业和基础设施建设的政府预算支持中扮演着十分重要的角色。对于一些 LLDCs（尤其是塔吉克斯坦和吉尔吉斯斯坦）来说，侨汇已成为外部资本流入的重要来源，2012 年两国侨汇分别占其 GDP 总量的 47%到 31%。然而，FDI 可增强 LLDCs 地区的生产和出口能力，并可促进技术、技能以及管理实践经验的转移，并进一步增强 LLDCs 的竞争力。

政策建议。尽管 FDI 已经成为 LLDCs 最重要的外部资金来源，并对融资战略发展至关重要，FDI 应被视为整体融资策略的一部分，而这一策略包含国内、外以及公、私资金来源（WIR14）。此外，LLDCs 国家除了具有相近的地域特征之外，并不应被归为同一组。决策者和国际社会应该在制定政策时将区域和国家间的显著差异考虑在内，以便分散国外投资收益，而不使其局限于小范围国家和部门之间。

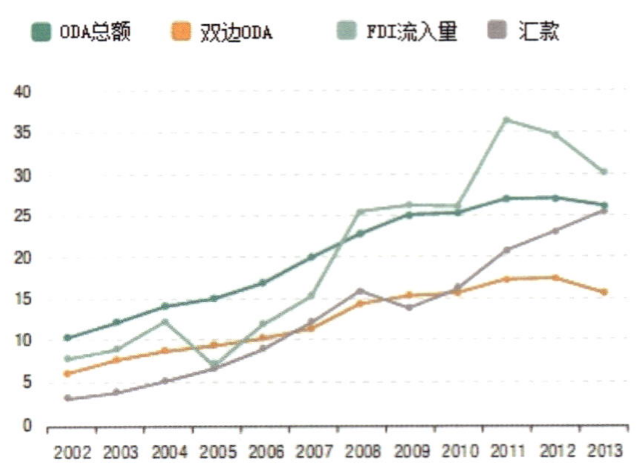

图 2.24 LLDCs：2002—2013 年 FDI、ODA 流量和侨汇流入量（十亿美元）

资料来源：UNCTAD，FDI/MNE 数据库（www..unctad.org/fdistatistics）(FDI 流入)，OECD（ODA 流量）与世界银行（侨汇）。

2014 年 11 月，关于内陆发展中国家的联合国会议的文件草案《维也纳行动纲领（POA）》重点指出了许多基础设施和互联互通的行动方案。

文件要求减少货物运输次数，这就需要对交通设施的投资和贸易便利化给予关注，包括海关协调和一条龙检查与认证制度。区域经济协定的发展也有助于节省时间和过境站点等附加成本（还将有助于创造更大的区域性市场，从而吸引市场寻求型 FDI）。

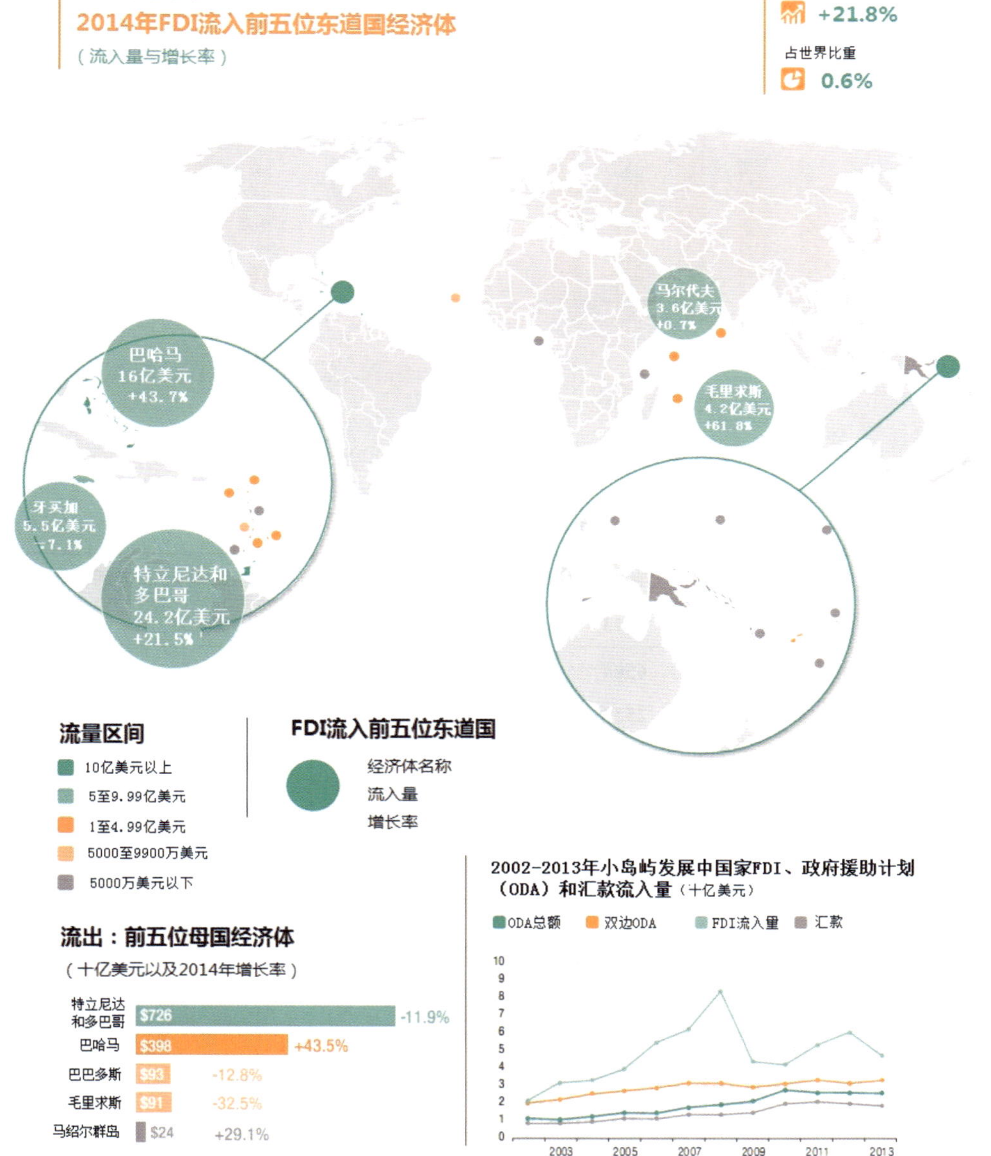

资料来源：UNCTAD。

注：图中所示各区域的边界、名称以及所使用的命名方式并未受到联合国的官方认可和接受。苏丹共和国和南苏丹共和国的最终边界尚未确定。阿卜耶伊地区的最终地位尚未确定。查莫和喀什米尔间虚线代表印巴控制线。查莫和喀什米尔的最终地位尚未明确。

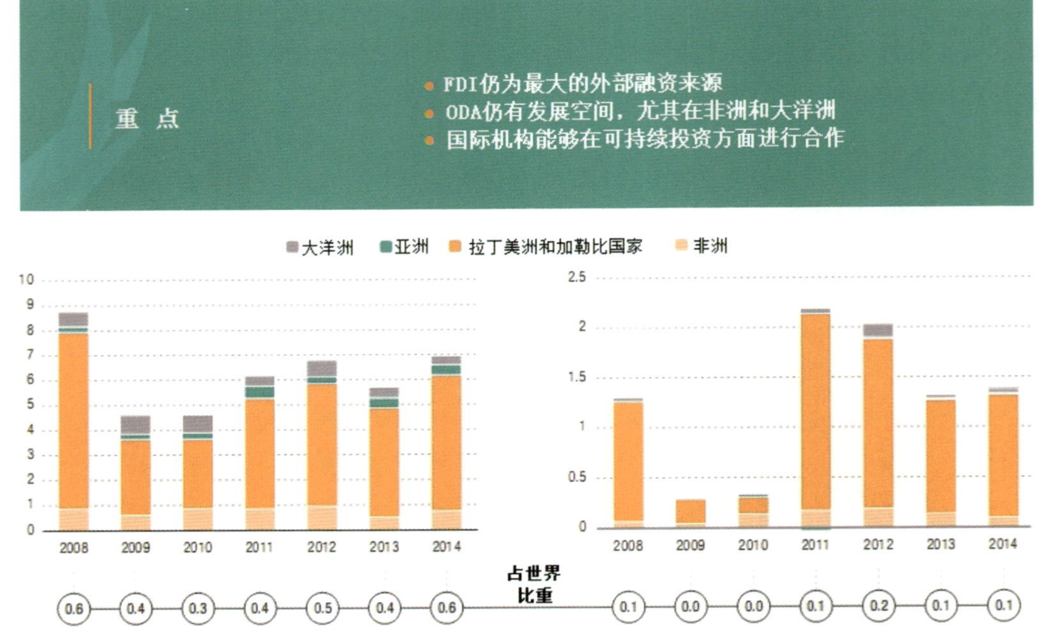

图 A　2008—2014 年 FDI 流入（十亿美元）　图 B　2008—2014 年 FDI 流出（十亿美元）

表 A　2013—2014 年绿地投资项目的行业分布（百万美元）

产业/行业	小岛屿发展中国家作为投资目的地		小岛屿发展中国家作为投资者	
	2013	**2014**	**2013**	**2014**
总量	**6504**	**4841**	**3605**	**2021**
第一产业	**2532**	**22**	**—**	**—**
制造业	**1984**	**223**	**—**	**262**
焦炭、石油制品及核燃料业	1048	—	—	—
化学和化学制品业	850	—	—	—
金属及其制品业	—	160	—	—
服务业	**1989**	**4569**	**3605**	**1760**
电力、燃气和水的供应业	—	1298	—	125
建筑业	1350	2000	—	—
酒店餐饮业	65	234	—	—
交通运输、仓储和通信业	477	588	1648	1369
金融业	22	186	210	67
商务服务业	47	190	1748	161

表 B 2013—2014 年绿地投资项目的地区/国家分布（百万美元）

伙伴地区/经济体	小岛屿发展中国家作为投资目的地		小岛屿发展中国家作为投资者	
	2013	2014	2013	2014
世界	**6504**	**4841**	**3605**	**2021**
发达经济体	**2812**	**1964**	**3**	**81**
欧洲	253	1707	3	2
美国	1380	211	—	7
澳大利亚	316	45	—	35
日本	863	—	—	—
发展中国家	**3692**	**2877**	**3602**	**1941**
非洲	56	59	3192	1720
肯尼亚	—	—	461	86
尼日利亚	—	—	2296	1148
亚洲和大洋洲	3624	2773	177	—
中国	3250	2429	162	—
拉美和加勒比地区	13	45	233	221

表 C 2013—2014 年跨国并购的行业分布（百万美元）

产业/行业	出售额		购买额	
	2013	2014	2013	2014
总量	**-596**	**1503**	**-294**	**2065**
第一产业	**-600**	**5**	**-14**	**—**
原油和燃气开采业	-600	-7	—	—
金属矿开采业	—	12	-14	—
制造业	**-5**	**1175**	**—**	**—**
化学品制造业	—	1175	—	—
服务业	**9**	**323**	**-280**	**2065**
电力、燃气、水的供应和废弃物管理业	—	-2	—	1175
交通运输和仓储业	—	258	—	-81
信息和通信业	4	—	7	—
金融和保险业	—	68	-286	-183
商务服务业	5	—	—	12
公共管理和国防	—	—	—	1116

表 D　2013—2014 年跨国并购的地区/国家分布（百万美元）

地区/国家	出售额		购买额	
	2013	2014	2013	2014
世界	**-596**	**1503**	**-294**	**2065**
发达经济体	**-604**	**74**	**-333**	**1149**
欧盟	280	3307	-367	-328
美国	-600	-142	2	194
澳大利亚	—	-2857	20	1098
发展中经济体	**3**	**1428**	**39**	**916**
非洲	5	1175	—	12
毛里求斯	5	1175	—	—
津巴布韦	—	—	—	12
拉美和加勒比地区	—	—	—	895
特立尼达和多巴哥	—	—	—	1175
亚洲和大洋洲	-2	253	39	9
新加坡	60	-1	9	—

小岛屿发展中国家（SIDS）的 FDI 流入量增长 22%至 69 亿美元，主要归因于跨国并购出售增长强劲。2004 年到 2014 年，SIDS 的 FDI 存量增长了两倍。第三次关于 SIDS 的国际会议（2014 年 9 月，萨摩亚）明确指出这些国家需要进一步发展融资，促进可持续发展的经济多样化。

加勒比 SIDS 的 FDI 流入量最多（占比为 78%），非洲 SIDS 次之（11%），其次是亚洲 SIDS（11%）和太平洋 SIDS（5%）。跨国并购从 2013 年的负值增至 2014 年的 15 亿美元。

特立尼达和多巴哥、牙买加、巴哈马群岛和毛里求斯是 2014 年 SIDS 的 FDI 主要流入国，占流入量总额的一半多。特立尼达和多巴哥（占比为 35%）增长 21%至 24 亿美元，其中 12 亿美元缘于 Consolidated Energy Company（毛里求斯）对 Methanol Holdings Trinidad Limited 剩余 57%股份的收购。毛里求斯 FDI 流入量增长也较为强劲，达 4.18 亿美元（增长 62%），由法国公司组成的投资集团以 0.68 亿美元对 CIEL Investment Limited（投资服务公司）的收购项目是这一增长的主要推动因素。2012 年以来，毛里求斯的总跨国收购（包括涉及非居民间所有权变化的交易）持续增长，2014 年达到 5.74 亿美元。另外，牙买加作为 SIDS 第二大 FDI 流入国，尽管有新资本流入基础设施和旅游项目，总额下降了 7%至 5.51 亿美元。

虽然巴布亚新几内亚和东帝汶开展了一系列大型采掘业项目，但其 FDI 流量依然不尽理想，部分原因是非股权投资（如产量分成）和数据缺失。由 2014 年大型跨国并购交易数量可知（总额达 40 亿美元），外国投资者已介入巴布亚新几内亚的石油燃气产业，并且均涉及 Interoil Corp（新加坡）上下游业务的出售，出售对象包括道达尔（法国）、石油勘探公司（澳大利亚）和新加坡彪马能源（荷兰）。

蒙特雷会议后 SIDs 的 FDI 趋势

SIDS 在经济危机爆发后遭受严重打击，其 FDI 流入量增长速度低于发展中国家整体水平。2002—2014 年，SIDS 的 FDI 年流入量增长率尽管数量可观且与世界平均水平持平，但远低于发展中国家整体增长率（见表 2.17）。另外，在金融危机爆发后，流入 SIDS 的 FDI 大幅下滑并且尚未恢复（见图 2.25）。尽管如此，在过去十年（2004—2014），SIDS 的 FDI 存量增长了两倍。

表 2.17 2002—2014 年 FDI 相关指数（比例）

指标	小岛屿发展中国家	发展中国家	世界
FDI 流入量年增长率	10	12	6
FDI 流入存量占 GDP 比例，13 年均值	70	26	27
FDI 流入占 GFCF 比例，13 年均值	32	10	9

资料来源：UNCTAD，FDI/MNE 数据库（www.unctad.org/fdistatistics）。

注：年增长率的计算为相关年份的复合年增长率。

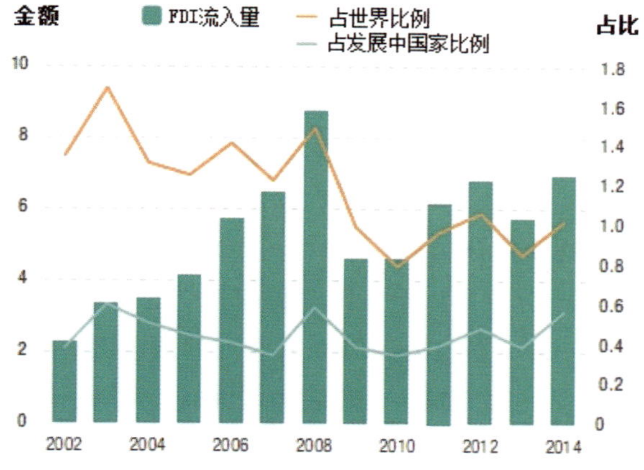

图 2.25 小岛屿发展中国家：2002—2014 年 FDI 流入量及其占世界和发展中国家比例（十亿美元，百分比）

29 个 SIDS 的 FDI 流入量绝对值很小，但与其经济总体规模相比相对较高。在过去十年，年平均流量为 60 亿美元（占全球总量的 0.4%），年平均存量为 620 亿美元（0.36%）。然而，以 SIDS 经济体规模与世界和发展中国家平均水平相比，其流量值相对较大（表 2.17）。这是由于很多 SIDS 为外国投资者提供大量财政支持，以及在自然资源方面的大规模投资所致。2002—2014 年 FDI 存量与 GDP 的比值和 FDI 在 GFCF 占比均为同期世界和发展中国家平均值的三倍。

SIDS 的大部分 FDI 流入量集中于少部分地区和国家。2002—2014 年流入加勒比 SIDS 的 FDI 流量占 SIDS 总流入量的比重最高（77%），其次是非洲（尤其近几年）和大洋洲。特立尼和多巴哥由于拥有大量的石油燃气资源，其 2014 年 FDI 流入占 SIDS 流入总量的 27%（接近于北美）。在 SIDS 中享有最高人均生产总值的巴哈马占总量的 19%。拥有丰富金属矿产并位列 SIDS 第二人口大国的牙买加（仅次于巴布亚新几内亚）占总量的 14%。在 SIDS 国家 FDI 存量最多的十大东道国中，有三个国家拥有丰富矿产资源（巴布亚新几内亚、特立尼达和多巴哥及牙买加），四个国家为 SIDS 大部分人口的聚集地（巴布亚新几内亚、牙买加、特立尼达和多巴哥及毛里求斯），还有一些国家提供大量财政支持（如巴哈马、巴巴多斯、毛里求斯和塞舌尔等）。

FDI 存量排名较低的八个国家[57]总共只占全部存量的不到 2%，其 FDI 存量为 21 亿美元或仅有 2.64 亿美元。在这些国家中，有三个国家属于 LDCs，且仅有三个国家的人口超过 20 万，所有国家均没有矿产资源（除东帝汶），其中六个国家是最小最偏远的太平洋 SIDS。

将 SIDS 看做一个整体，其外部资本来源的相对份额有所改变。尽管在金融危机之后 FDI 大幅下滑，但 FDI 仍然是 SIDS 的最大外部资本来源。自 2002 年以来，ODA 下滑相对较大，但依旧是外部资本的稳定来源（见图 2.26）。比较 FDI 与其他私人部门投融资方式可知，其他投资（主要指银行贷款）已经成为 SIDS 越来越重要的外部资本来源，但其远不如 FDI 稳定（见图 2.27）。[58]

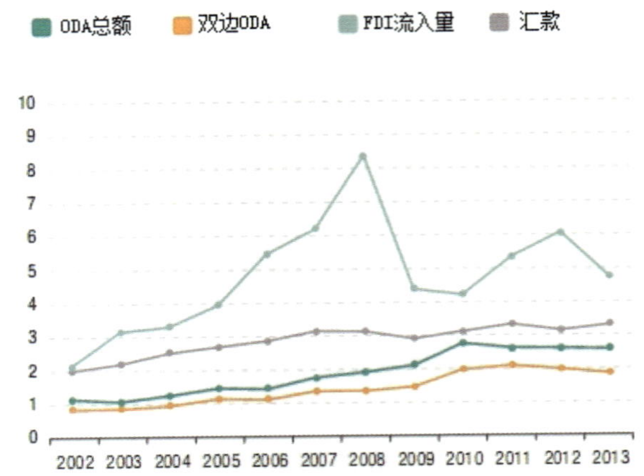

图 2.26 小岛屿发展中国家：2002—2013 年 FDI、ODA 和侨汇流入量（十亿美元）

资料来源：UNCTAD，FDI/MNE 数据库（www..unctad.org/fdistatistics）(FDI 流入)，OECD（ODA 流量）与世界银行（侨汇）。

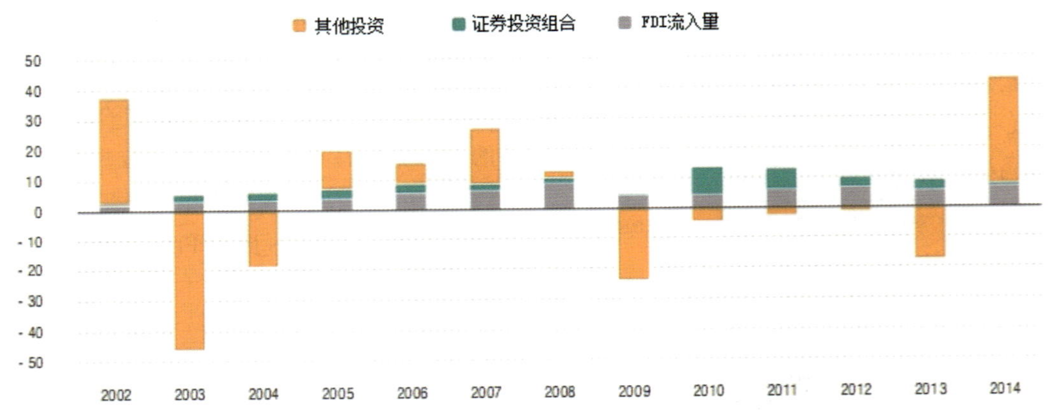

图 2.27 小岛屿发展中国家：2002—2014 年按类型划分的私人资本流入量（十亿美元）

资料来源：UNCTAD，FDI/MNE 数据库（www.unctad.org/fdistatics）（FDI 流入）和 IMF（投资组合和其他投资）。

在决策者制定多元化战略的时候，需要考虑 SIDS 的主要国家和其他国家在 FDI 流量构成中的差别。2002—2013 年，加勒比海 SIDS 吸引了四分之三以上的 FDI 流量（见图 2.28）。大洋洲 SIDS 吸引了 57%的 ODA 和 9%的 FDI。2002—2013 年间，超过一半的以 SIDS 国家为目标的 ODA 投向了四个国家，其中流入量最大的是巴布亚新几内亚，其次是东帝汶和所罗门群岛（这两个国家是 LDCs）以及佛得角。ODA 对许多 SIDS 来说十分重要，其中 13 个国家接受的 ODA 相当于其 GDP 的 10%以上，对于一些国家更相当于 50%以上的 GDP，如图瓦卢（70%）和马绍尔群岛（54%）。

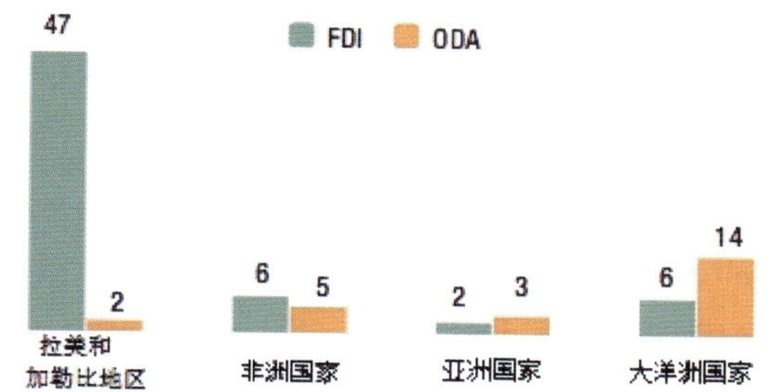

图 2.28 小岛屿发展中国家：2002—2013 年按区域划分的 FDI 和 ODA 流量（百万美元）

资料来源：UNCTAD，FDI/MNE 数据库（www..unctad.org/fdistatistics）（FDI 流入），OECD（ODA 流量）。

政策建议。大多数 SIDS 是资源不足、地处偏远区、易受自然灾害影响且经济脆弱的小型市场。

然而，为追求经济多样化和可持续发展，SIDS 必须有效地开辟一系列资本来源渠道，如 ODA、FDI、组合投资、银行信贷和侨汇，并且需要在以下三方面进行努力：

• 制订一个专注于可持续投资的长期工业战略计划。

• 严格评估当前以及潜在实际可用的资本来源，认识到不同国家流量的构成不同。

• 依据不同资本的特点匹配相应的具体发展目标，包括相应的能力建设以确保任何项目、计划或行业均可利用最合适的投融资渠道。在许多方面，例如缓解和适应气候变化的投资需要根据国内外融资渠道进行 PPPs 换算。

国际社会的协作努力，包括帮助 SIDS 缓解系统性困难和约束，是 SIDS 在实现以上目标过程中的必要条件。在未来的十五年中，要实现 FDI 存量翻两番，并确保其对 SDG 行业发挥积极贡献，是一项富有挑战性但却可实现的任务。

注释

[1] 其余五点为：调动国内财政资源；以贸易作为发展动力，增加国际资本援助（ODA）以及技术合作；提供债务减免；解决制度问题；平衡国际货币、资本和贸易体系。

[2] 参见 http://apparel.edgl.com/news/The-New-Kid-on-the-Block--Africa-Is-Vying-for-a-Larger-Share-of-the-Global-Textile-and-Apparel-Pie96802.

[3] 其中包括迪拜私人股本公司 Abraaj 集团向消费行业的几项投资和迪拜环球港务集团（DP World）在埃及和塞内加尔的项目，迪拜环球港务集团（DP World）目前在非洲六个国家的 12 码头进行营运。2014 年，迪拜投资公司（国家主权基金）在 Dangote Cement（尼日利亚）投资 3 亿美元。阿联酋投资局（阿拉伯联合酋长国）投资摩洛哥电信公司 Itissalat（法国）53%的股份。参见 http://web.dpworld.com/wpcontent/uploads/2014/05/22294_DP_World_RA14_Web_v2.pdf.

[4] 将 FDI 以公司类型进行简单分类而非以项目类型分类可能产生误导。例如，知名矿业咨询服务公司 SRK Consulting 近年来投资了非洲几个国家的采矿项目。尽管该公司投资在 UNCTAD 的绿地投资数据中被归为“商业服务”类（即服务业），但在 FDI 数据中却作为公司采矿投资的一部分出现。

[5] 中国工商银行是当时中国对外投资最多的银行。2012 年，南非内向型 FDI 存量的 10.5% 都集中在银行业。

[6] 参见 http://mg.co.za/article/2014-03-25-mtn-said-tostart-selling-mobile-tower-networks.

[7] 信息来自基于 Bureau van Dijk’s Orbis 的 UNCTAD 国外子公司数据库。

[8] “HK Foreign Direct Investment”，Invest HK Newsletter，2015 年 1 月。

[9] “Foreign investors worried Vietnamese minimum wages jump 17-fold over 15 years”,

NIKKEI Asian Review，2014 年 11 月 18 日。

[10]基础设施 PPP（www.infrapppworld.com）和印度尼西亚投资（www.indonesia-investments.com）。案例参见“Soekarno-Hatta Railway Project Indonesia: Tendered to Private Sector”（www.indonesia-investments.com/business/business-columns/soekarno-hatta-railway-project-fullytendered-to-private-sector/item2718）。

[11] Jack Goodman，“Sri Lanka’s Growing Links with China: Trade, investment and a strategic Indian Ocean location bring the two countries closer together”, The Diplomat，2014 年 3 月 6 日。

[12] 例如，2014 年 Asian Paints（印度）投资 0.81 亿美元建厂，以及 r-pac International Corporation（美国）计划在斯里兰卡投资 1.07 亿美元修建生产设施。

[13] 中国大型企业（如中国国际水电公司和三峡国际公司）在尼泊尔投资水电项目。2014 年与两家印度公司在同一行业领域签订了协议，各投资 10 亿美元。

[14] 印度汽车工业，印度品牌证券基金会（IBEF），2015 年 1 月。

[15] 案例参见，Bhasker（2013）。

[16]这些印度汽车制造商在汽车市场的运营从多用途载具着手，随后进军小型车市场（案例参见 Kumaraswamy 等，2012）。

[17] 案例参见，Okada and Siddharthan（2007）。

[18] 2009 年始于巴林，2012 年始于黎巴嫩和土耳其，2013 年始于伊拉克。

[19] 建筑行业（住宅和商业建筑）涉及水、能源、交通、石油和燃气等。由于官方数据缺乏，GCC 建筑市场趋势以及国外承包商在该市场的重要性主要依据所签订的合同和工作开展情况估算。

[20] 2013 年最大的承建商以 880 亿美元取得 GCC 总成交额的 56%（参见 MEED Insight，“GCC Construction Projects Market 2015”，2014 年 8 月；以及“Local firms dominate GCC construction”，MEED (Middle East Economic Digest)，2014 年 1 月 17 日，58（3））。

[21] 参见“Local firms dominate GCC construction”, MEED，2014 年 1 月 17 日，58（3）；MEED Insight，“MENA projects market and review 2014”，2014 年 7 月；MEED Insight，“The UAE projects market 2013，A comprehensive forecast and review of opportunities in the United Arab Emirates’ projects market”，www.meedinsight.com。

[22] 韩国公司已经通过一次性总承包合同所提供的优势价格以及沿革的项目管理（尽可能提前完成方案），并且通过高效的采购策略确保节约其项目的时间和成本。

[23] 经济学人信息部，“GCC companies face challenging 2015”，2015 年 1 月 22 日。

[24] 尽管从 20 世纪 20 年代早期开始，GCC 经济体已经为其多样化做出重大的努力，真正的多样化进程依然不容乐观。在 2001 到 2013 年期间，非石油产出平均增长 6.8%，非石油部门在总实际 GDP 中的占比从 12%升至 70%，这主要缘于沙特阿拉伯和阿联酋的驱动（Callen 等，2014）。然而，“非石油经济增长大多数集中于依赖石油收入的服务业；而且，在许多情况下，非石油经济的生产力一直在下降”（IMF，2014：25）。

[25] 英特尔在哥斯达黎加的业务量大约为一年达 20 亿美元，占哥斯达黎加出口的 20%。2000—2012 年，该公司占净 FDI 的 11%。（“Business in Costa Rica, Intel outside”，经济学人，2014 年 4 月 19 日）。

[26]“Dominican Rep. Investment in Free

Zones Up 6%"，CentralAmericaData.com，2015 年 4 月 21 日。

[27] 在 1996 到 2000 年期间，大约一半的 FDI 流量涉及国有部门和国内银行私有化的跨国并购（Elson，2006）。

[28] 2006—2013 年，巴西吸引南美制造业 FDI 的 69%，阿根廷达 18%。

[29] "BASF, Gazprom Fall Victim to Sanctions as Asset Swap Ends"，Bloomberg Business，2014 年 12 月 19 日。

[30] 2013 年，碱金属和金属制品是制造业 FDI 存量中最大的行业。然而，这些投资通常是俄罗斯投资者进行的 FDI 借贷套利。例如，俄罗斯第二大钢铁公司 Evraz 是属俄罗斯投资者获得主要利益的离岸公司所有（Kuznetsov，2012）。

[31] "Ford bullish on Russia as it takes control of local JV"，http://europe.autonews.com/article/20150410/ANE/150419998/ford-bullish-on-russia-as-it-takescontrol-of-local-jv.

[32] "PepsiCo and Coca-Cola close plants in Russia"，http://rbth.com/news/2015/03/04/pepsico_and_coca-cola_close_plants_in_russia_44207.html.

[33] "Carlsberg Forced to Close 2 Russian Breweries"，莫斯科时报，2015 年 1 月 29 日。

[34] 澳大利亚资源和能源经济局（Bureau of Resources and Energy Economics）www.industry.gov.au。"承诺期"的项目已经完成所有商业、工程和环境研究，并获得了所有审批，以及完成了项目融资。

[35] 在撰写本文时，除美国和日本，几乎没有国家统计出有效的 2014 年 FDI 地域分布数据。

[36] 在日本 FDI 地域分布评估中，2013 年采用方向原则（BPM5）数据，2014 年采用资产负债原则（BPM6）。在除离岸金融中心外的发展中地区，以上两种方法应得出相近的数据。

[37]营业收入是指投资收入和劳动者在国外的报酬所得（收入）或需支付国外子公司的劳动者报酬（支出）。2014 年，美国投资收入占营业收入的 99%，以及营业收入支出的 97%。

[38] "其他投资"包括存款、贷款和贸易信贷等。

[39]美国母公司的总固定资产投资包括资本支出和科研费用。

[40] 实测车辆数量。数据来自日本汽车制造商协会（www.jama.or.jp）。

[41] 鉴于图瓦卢数据不可用，本组由三个 LDCs（基里巴斯、所罗门群岛和瓦努阿图）代表。

[42] "Qatar National Bank increases stake in African lender Ecobank"，2014 年 9 月 15 日，金融时报。

[43] 对于这些交易来说，大多数交易价格无效。因此，LDCs 的跨国并购总额可能会更高。

[44] 一个超深海层海上石油开发项目，在该项目中，法国道达尔（30%）与另外两个当地公司（50%）、美国埃克森美孚（15%）和葡萄牙高浦能源公司（5%）成立了一家合资公司（"Angola: Total launches the development of Kaombo, an ultra-deep offshore project"，2014 年 4 月 14 日，新闻稿，www.total.com/en/media/news/press-releases/angolatotal-launches-development-kaombo-ultra-deep-offshoreproject?%FFbw=kludge1%FF）。这很有可能是一份产品分成合约，因此，不影响安哥拉 FDI 流入量的预期。

[45] 2013 年，电力和燃气行业的已公布绿地投资达 180 亿美元，而第一产业投资额为 40 亿美元。

[46] "Ethiopia: Indian firm to plant Africa's largest cotton mill here"，2014 年 5 月 3 日，allafrica.com。

[47] "Ethiopia: Chinese textile giant eyes U.S.

$500 million plant”，2014年9月6日，allafrica.com。

［48］在2000—2013年期间，AGOA出口至美国商品的近90%为原油。同期，成品油为AGOA出口至美国的非原油增长的主要部分（USITC，2014）。

［49］其中包括缅甸的私人和公共机构（51%）；日本MNEs包括一般贸易公司Mitsui、Marbeni和Sumitomo（约40%）；日本国际合作机构（约10%）。在完成2016年第一阶段的发展，该经济特区预计可设立100家公司，创造50000个工作岗位。

［50］“After decades of decay, Myanmar bets on Thilawa to lead industrial boom”，2015年5月7日，www.reuters.com；“Eight companies set to begin operations in Thilawa SEZ”，2015年4月29日，缅甸时报。

［51］例如，中国已为连接大湄公河次区域的泛亚铁路（途径哥伦比亚、中国、老挝人民民主共和国、缅甸、泰国和越南）的建设投入了110亿美元（“High-quality trains to speed up GMS connectivity”，2014年11月21日，news.xinhuanet.com）。并且将有额外的10亿美元投入基础设施建设领域，以加强次区域内部的互联互通（“Cambodia welcomes Chinese premier’s pledge of over 3 bln USD aid to GMS countries”，2014年12月20日，news.xinhuanet.com）。

［52］以2010年到2012年期间出口量占国家商品和服务总出口的45%为标准，LDCs的出口专业化特性被分为六类：食品和农产品出口型国家、燃料出口型国家、制成品出口型国家、矿产出口型国家、混合出口型国家和服务出口型国家（UNCTAD，2014，p. x2i）。

［53］江苏联发纺织（中国）在埃塞俄比亚，新浪微博（中国）在前南斯拉夫以及Shrivallabh Pittie Group（印度）在埃塞俄比亚进行的投资均属投资额前六的项目，总计14亿美元。埃塞俄比亚也吸引其他来自印度、土耳其、巴基斯坦和韩国的大型纺织业绿地投资（参见LDCs部分）。

［54］由于乌兹别克斯坦的双边FDI数据缺失，所以表2.15不包括乌兹别克斯坦；该分析仅基于已公布绿地投资和跨国并购。

［55］www.jamestown.org/single/?tx_ttnews%5Btt_news%5D=42623&no_cache=1#.VWMhPE-qpBc.

［56］其他投资比组合投资更为显著，但同样不稳定。近年来，其价值与占比均有所增长，但2014年呈下降态势。

［57］瓦努阿图、圣多美和普林西比、萨摩亚、东帝汶、汤加、科摩罗、帕劳、基里巴斯。

［58］另外，存在更加不稳定的“其他”投资，特别对于加勒比海SIDS国家来说。

参考文献

[1] ADB and ADBI (2009). Infrastructure for a Seamless Asia. Tokyo: Asian Development Bank Institute.

[2] Callen, T., R. Cherif, F. Hasanov, A. Hegazy and P. Khandelwal (2014). Economic Diversifiation in the GCC: Past, Present, and Future. IMF Staff Discussion Note, Institute for Capacity Development and Middle East and Central Asia Department, December. www.imf.org/external/pubs/ft/sdn/2014/sdn1412.pdf.

[3] ECLAC (2015). First Forum of China and the Community of Latin American and Caribbean States (CELAC): Exploring opportunities for cooperation on trade and investment, January. Santiago de Chile: United Nations.

[4] Bapat, S., A. Chaturvedi, W. Drewery, F. Fei and E. Hepfer (2012). Tamil Nadu Automotive

Cluster. Microeconomics of Competitiveness course, Harvard Business School, Spring. www.isc.hbs.edu/resources/courses/moc-course-at-harvard/Documents/pdf/student-projects/MOC%20Tamil%20Nadu%20Auto%20Cluster%20Final.pdf.

[5] Bhasker, V. V. (2013). Foreign Direct Investment (FDI) in Indian Automobile Industry: Impact on Employment Generation. Research Journal of Management Sciences, 2(2): 14–22.

[6] Bridgman, B. (2014). Do intangible assets explain high U.S. foreign direct investment returns?. Journal of Macroeconomics, 40: 159–171, June.

[7] Curcuru, S. E., C. P. Thomas and F. E. Warnock (2013). On returns differentials. Journal of International Money and Finance, 36: 1–25, September.

[8] Elson, A. (2006). What Happened?. Finance and Development, 43(2):37–40, June.

[9] IMF (2014). Regional Economic Outlook: Middle East and Central Asia. Washington, D.C.: International Monetary Fund.

[10] Krüger, R., and I. Strauss (2015). Africa rising out of itself: the growth of intra-African FDI. Columbia FDI Perspectives, 139(19), January. http://ccsi.columbia.edu/fies/2013/10/No-139.Kr%C3%BCger-and-Strauss-FINAL.pdf.

[11] Kumaraswamy A., R. Mudambi, H. Saranga and A. Tripathy (2012). Catch-up strategies in the Indian auto components industry: Domestic fims' responses to market liberalization. Journal of International Business Studies, 43(4): 368–395.

[12] Kuznetsov (2012). Inward FDI in Russia and its policy context, 2012. Columbia FDI Profies, Vale Columbia Center on Sustainable International Investment, July. http://ccsi.columbia.edu/fies/2014/03/Profie-_Russia_IFDI_5_August_2012_-_FINAL.pdf.

[13] Okada, A., N.S. Siddharthan (2007). Industrial Clusters in India: Evidence from Automobile Clusters in Chennai and the National Capital Region. IDE-JETRO Discussion Papers, No. 103, April.

[14] Singapore Human Resources Institute (2012). GCC Construction Sector Report, March.

[15] UNCTAD (2011). Foreign Direct Investment in LDCs: Lessons Learned from the Decade 2001—2010 and the Way Forward. New York and Geneva: United Nations.

[16] UNCTAD (2014). The Least Developed Countries Report 2014 - Growth with Structural Transformation: A Post-2015 Development Agenda. New York and Geneva: United Nations.

[17] United Nations (2015). World Economic Situation and Prospects 2015. Update as of mid-2015. New York: United Nations.

[18] USITC (2014). AGOA: Trade and Investment Performance Overview, April. Washington D.C.: United States International Trade Commission. www.usitc.gov/publications/332/pub4461. pdf.

[19] WEF (2013). Global Competitiveness Report 2013–2014. Geneva: World Economic Forum.

[20] WIR12. World Investment Report 2012: Towards a New Generation of Investment Policies. New York and Geneva: United Nations.

[21] WIR13. World Investment Report 2013: Global Value Chains: Investment and Trade for Development. New York and Geneva: United

Nations.

[22] WIR14. World Investment Report 2014: Investing in the SDGs: An Action Plan. New York and Geneva: United Nations.

[23] World Bank (2014). World Development Indicators, Washington, D.C.: World Bank.

[24] World Bank (2015). The Dawn of a New Economic Era?. Russia Economic Report, No. 33, April. Washington, D.C.: World Bank.

近期政策发展与核心议题

第三章

一、国别投资政策

国家投资政策措施继续以促进投资自由化和便利化为主导。对可持续发展至关重要的领域的投资措施仍然相对较少。

2014 年，据 UNCTAD 统计，37 个国家和经济体批准了 63 项影响外资的政策措施。其中，47 项措施与促进投资自由化和便利化相关，9 项措施引入了新的投资约束和监管（见表 3.1）。与投资自由化和投资促进相关的措施占比大幅增加，从 2013 年的 73%上升至 2014 年的 84%（见图 3.1）[1]。

表 3.1 国别投资政策变化，2000—2014 年（措施数量）

类目	2000	2001	2002	2003	2004	2005	2006	2007	2008	2009	2010	2011	2012	2013	2014
引入变化的国家数量	46	52	44	60	80	78	71	50	41	47	55	49	54	59	37
监管变化的数量	81	97	94	125	164	144	126	79	68	88	121	80	86	87	63
自由化/促进	75	85	79	113	142	118	104	58	51	61	80	59	61	61	47
约束/监管	5	2	12	12	20	25	22	19	15	23	37	20	20	23	9
中立/未明确 [a]	1	10	3	-	2	1	-	2	2	4	4	1	5	3	7

资料来源：UNCTAD，投资政策监控数据库。

a 在一些情形下，政策措施对投资的预期影响不确定。

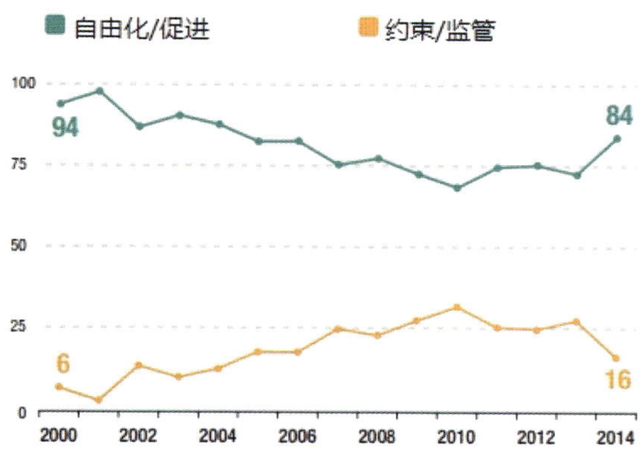

图 3.1 国别投资政策变化，2000—2014（%）

资料来源：UNCTAD，投资政策监控。

1. 投资促进和便利化占主导——聚焦法律和制度完善

一些国家引入或修订了投资法或准则以颁布新的投资激励或投资便利程序。阿尔及利亚重新整编了采矿业的制度框架。阿根廷通过修订联邦石油法改善了石油行业的投资条件。玻利维亚（多民族国）引入投资促进法，其中包括国家可以提供一般或特殊激励的条款。中国就外向直接投资管理引入新的规定。此后，只有被定义为“敏感性”的国家（地区）和行业的外向直接投资需要国家商务部（MOFCOM）批准。其他国家（地区）和行业的外向直接投资则只需向 MOFCOM 备案。古巴批准了一项新的外资法以向投资者提供保障和激励并简化投资审核程序。埃塞俄比亚建立了投资董事会和委员会。哈萨克斯坦引入“授予投资补贴规定”，详述了具体程序。南非批准了新的中型和重型商用汽车投资计划指导意见，向符合资质的经营性资产投资提供不同程度的免税现金抵免。阿联酋建立了迪拜投资发展机构，为吸引投资提供战略计划和激励。乌兹别克斯坦签署了一项法律以调整现有外资监管，主要变化包括涉外商务提供一站式服务，放松外国投资者的移民管制，保障投资者遣返资金的权力，以及向外国投资者承诺在企业注册后十年内维持稳定的税收法规和关税表。越南修改了投资法，对“外国投资者”和“外国投资企业”简化注册流程、缩短并购（M&A）交易期以及减少禁止类或限制类业务领域数量等作出详细规定。越南还修改了企业法，包括简化商业注册流程、缩短颁发企业登记投资许可证时限以及将出资期限制在 90 天内的规定。

一些国家引入经济特区（SEZs）或者修订了与现有 SEZs 相关的政策。埃塞俄比亚拓宽了对工业园区以及制造业和农业的各种投资激励。韩国将最低“外国投资额”减半，并对进入“各种类型外国投资区域”的投资者适用“工厂建筑面积比率”规定。莫桑比克在图盖拉地区批准设立莫库巴经济特区，该区将被特别用于促进农产品加工业。南非引入“经济特区法案”，为 SEZs 的选定、提升、发展、运营和管理提供依据。

虑及整体商业环境，一些国家对其税制进行改革。例如，俄罗斯联邦修订了税收准则，向社会经济发展优先领域提供更优惠的税收待遇，沙特阿拉伯则修订了所得税法，废除公司基于资本利得的税收连带债务。在公司所得税层面，针对 32 个国家的调查显示，6 个国家宣布特别降低 2014 年公司所得税率。

2. FDI 自由化继续——亚洲新兴经济体最为活跃

一些国家推进了外国投资者准入自由化。在大部分案例中，国家放松了外国所有权限制或者对外国投资开放了新的商业领域。此前几年，亚洲国家最为活跃，尤其是中国、印度和印度尼西亚这三大亚洲新兴经济体。印度放宽了对此前禁止 FDI 进入铁路基础设施建设的外国投资限制，并且将国防领域的 FDI 上限从 26%提升至 49%。印度尼西亚也上调了若干行业的外国投资上限，医药业从 75%上升至 85%，合资经营从 80%上升至 85%，公私合营的发电厂项目从 95%上升至 100%。科威特批准了允许外国银行在该国开设多个银行分支机构的新规定。缅甸从外商投资禁止类清单中移除 11 条名目，涉及玉石和珠宝勘探、挖掘和加工；中小规模的矿业加工；以及缅甸语和其他国内少数民族语言的报纸、杂志和期刊发行。

澳大利亚放松了对澳洲航空公司的外商所有权限制。埃塞俄比亚向私人投资者开放了电力生产和分配领域。基于与最终投资者母国的互惠待遇，墨西哥建立了针对 FDI 在电信和卫星通信业最高 100%参与度和在广播领域最高 49%参与度的监管框架。

2015 年，加拿大修改了其投资规则。这改变了 WTO 成员国的私人投资者对加拿大企业进行并购或出售时对并购额的评估；上述修订也逐渐提高了加拿大投资法案中外国私人投资者并购审查的门槛。中国调整了“外商投资产业指导目录”。该目录将外国对特定行业领域的投资分为“鼓励类”、“限制类”和“禁止类”。相较于前一个版本，修订后的目录通过对个别领域，尤其是制造业部门的重新划分放松了外资流入的限制。印度将外国对保险业的投资上限从 26%提高到 49%，并同意将外国投资在养老基金中的所有权上限提升至

49%。不超过26%的养老基金外国投资适用自动获批通道。而且，目前除了医疗设备领域的FDI规则不适用于医药行业FDI规则外，100%的外国直接投资都允许自动获批通道。

在投资自由化之外，许多国家改善了商业许可条件。例如，中国修订了公司法，适用于中国合资企业和外国投资者。上述修订废除了所有股东的现金出资额不得低于公司注册资本的30%的要求。科特迪瓦采用了新的开矿准则，将许可持有期从7年延长至10年，并且可能将此期限再延长2年。莫桑比克调整法律以允许政府发放新的油气开采许可证。缅甸最终将电信许可证授予挪威通信公司Telenor在缅甸的分支机构和卡塔尔电信公司。卢旺达修订法律提供更加多样化的采矿许可期限选择。越南允许外国独资企业依照正当许可在本国提供几乎全部种类的物流服务。

2014年投资自由化的另一个重要特征是私有化。塞浦路斯就半政府组织的私有化通过新的法律。塞尔维亚批准了私有化法案，为继续和完成重组及私有化建立了正式制度条件。土库曼斯坦将一项名为“国有资产非国有化和私有化”的法案纳入法律，概述了非国有化（即将国有企业转为国家为其中一方的股份制合资公司）和私有化（即将国有资产的产权转给私人个体并获取报酬）的基本原则。

3. 若干新的投资约束或监管——主要针对国家安全和战略性部门

一些国家引入新的投资约束或监管，主要涉及国家安全、战略部门和土地所有权。

法国将外资流入审查范围拓宽至6个新的领域：能源供给（电力、天然气、石油或其他能源），水供给，运输网络和服务，电子通信网络和服务，出于防御原因的建筑和设施运营，以及公共卫生防护。上述规定用以保障公共秩序、公共安全和国防领域方面的国家利益。意大利为政府行使与防御和国家安全领域投资相关的特别权力设置了程序，作为2012年设立的与安全有关的投资审查机制的一部分。印度尼西亚下调了数个行业的外国所有权上限。例如，原本外国投资者最高可持有95%所有权的陆上石油生产设施不再向外国投资开放，并且数据通信系统服务业的外国所有权上限也从95%降低至49%。俄罗斯联邦将审查范围拓展到运输领域和相关服务业。审查机制适用于对国防和国家安全具有重要战略意义的商业实体投资。该国还修订了对国防和国家安全具有重要战略意义的商业实体外国投资法案。如果生产性固定资产额占公司总资产额的比重超过25%，那么对该资产额的并购审查纳入“战略性公司”审查。

2015年，加拿大修订了投资监管的国家安全审查法，为政府延长对可能损害国家安全的投资审查期限提供了灵活性。

斐济修订了土地出售法案以避免城镇内土地被出售给外国人用于居住。该法案也要求已经拥有未开发土地许可的外国人在两年内建造房屋。塞舌尔终止向非本国人出售公地。

4. 以可持续发展为目的的投资进展

更多私人投资者进入与可持续发展相关的部门和行业对于达成可持续发展目标（SDGs）十分重要（WIR14）。私人投资可以在基础设施建设、医疗保健、教育和气候变化等领域发挥重要作用。

32个国家在2010—2014年间在上述一个或多个领域施行了45项投资政策措施。在该时间段内，这些政策措施占已披露的全部政策措施比重很小——仅约8%。自由化或促进措施约占3/4，即大部分国家致力于吸引更多私人投资进入SDG领域。

从地区看，与SDG领域相关的投资政策措施主要存在于亚洲国家，其次是拉丁美洲国家（见图3.2）。有趣的是，亚洲国家经披露的全部措施致力于改善准入条件以及为外国投资提供便利。例如，印度允许外资进入包括铁路、医疗保健和医药服务在内的不同行业。另一个例子是印度尼西亚，推进了建筑、医疗保健服务和电力生产部门的自由化。

从领域看，与基础设施建设发展（包括道路、港口、机场、能源生产和分配、水供给和公共卫生）有关的投资政策措施占主导（53%）。例如，大量国家推进了私人投资进入能源生产和分配以及水供应领域的自由化和便利化。随后是与教育有关的投资政策（17%），如图 3.3 所示。与医疗保健服务有关的投资措施不那么突出。例如，中国允许外国投资者在特定地区设立医院作为试

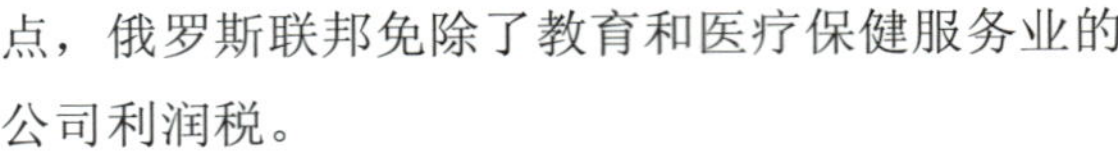

点，俄罗斯联邦免除了教育和医疗保健服务业的公司利润税。

总体上，各国迄今为止似乎对引导投资进入对可持续发展至关重要的领域关注不够，有待更多积极政策措施促进投资进入这些领域。同时，时刻谨记与可持续发展相关领域投资有关的自由化和促进政策本身并不必然会给投资带来积极效应。同样重要的是，东道国需要设定良好的监管框架以最大化投资的积极发展效应，并且最小化政治敏感领域内与公共利益保障相关的风险。这尤其意味着，需要平衡对投资者具有吸引力的风险回报率和服务的可获得性以及可负担性（参见 WIR14）。

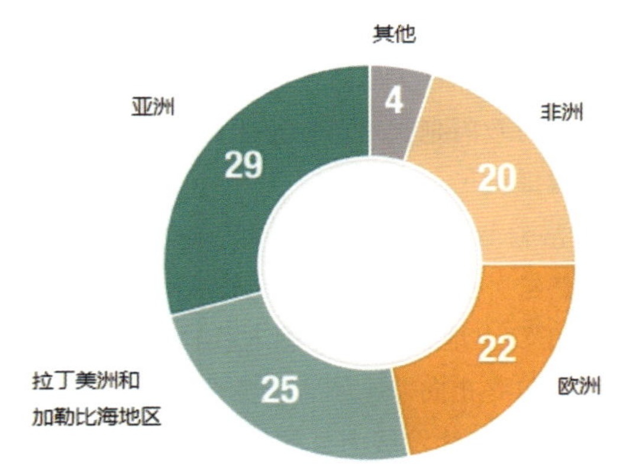

图 3.2 SDG 相关投资政策措施，按地区划分，2010—2014（%）

资料来源：UNCTAD，投资政策监控。

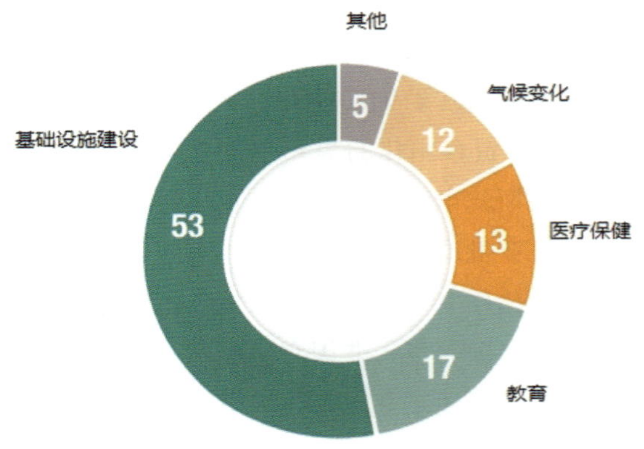

图 3.3 SDG 相关投资政策措施，按领域划分，2010—2014（%）

资料来源：UNCTAD，投资政策监控。

二、国际投资政策

（一）IIAs 签订趋势

全球范围内 IIAs 继续扩张，地区层面加紧努力。

1. 整体趋势

2014 年签订了 31 项国际投资协议（IIAs）——18 项双边投资协议（BITs）和 13 项“其他 IIAs”，[2]——使得 IIAs 总数在年末达到 3271

（2926 项 BITs 和 345 项“其他 IIAs”）项（见图3.4）。2015 年 1—4 月又签订 5 项（其中 3 项为 BITs）。在签订 IIAs 方面最活跃的是分别与 7 个国家签订协议的加拿大，哥伦比亚、科特迪瓦和欧盟（EU）也分别与 3 个国家签订协议。总体上，“其他 IIAs”的年度数量在过去几年保持稳定，而 BITs 的年度数量继续下降（参考附录）。

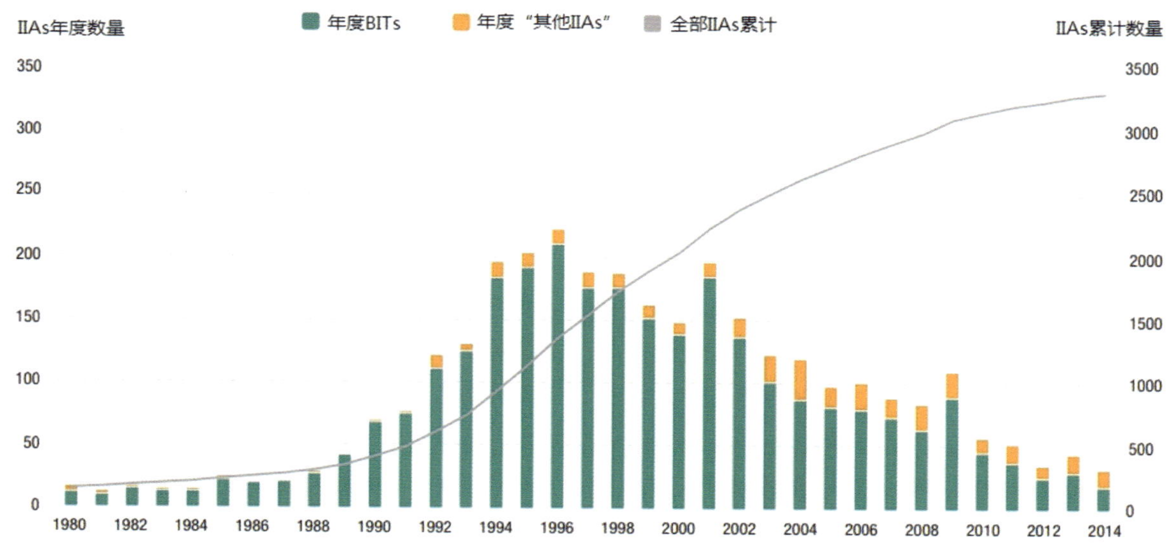

图 3.4 已签订 IIAs 的趋势，1980—2014

资料来源：UNCTAD，IIA 数据库。

2014 年 1 月至 2015 年 4 月签订的“其他 IIAs”可按照 2012 年《世界投资报告》的界定被分为三个类别：

- 八项包含 BIT 条款的协议。澳大利亚—日本 EPA、澳大利亚—韩国 FTA、加拿大—韩国 FTA、日本—蒙古国 EPA、墨西哥—巴拿马 FTA、太平洋联盟框架协议补充议定书（智利、哥伦比亚、墨西哥和秘鲁）、欧亚经济联盟协议（亚美尼亚、白俄罗斯、哈萨克斯坦和俄罗斯联邦），以及东盟和印度签订的全面经济合作框架协议下的投资协议均归入 IIAs。上述协议含有常常存在于 BITs 中的规定，如投资保护的实质标准和投资者—国家间争端解决机制（ISDS）。值得注意的是，澳大利亚—日本 EPA 并未规定 ISDS。

- 五项包含投资限制性条款的协议。欧盟—乔治亚联合协议、欧盟—摩尔多瓦联合协议以及欧盟—乌克兰联合协议可归为包含投资限制性相关条款的协议（例如，涉及商业存在的国民待遇或者与直接投资有关的资本自由流动）。此外，巴西与安哥拉和莫桑比克在 2015 年签订的投资促进协议（CFIAs）（基于巴西的新范本——见下文）也属于这一类别，因为上述协议强调投资促进和便利化，但也包含若干投资保护规定——尽管没有 ISDS 条款。

- 两项包含投资合作规定和（或）授权未来谈判的协议。西非国家经济共同体（ECOWAS）—美国贸易和投资框架协议（TIFA），以及马来西亚—土耳其 FTA 包含投资合作事宜和（或）授权未来就投资议题进行谈判的一般规定。

2014 年，84 项双重征税协议（DTTs）结束谈判。这些协议规定了东道国和母国间跨境投资运营的财税待遇。DTTs 和 BITs 的网络一同增长，世界范围内已有 3000 多项 DTTs 正式生效。[3] 事实上，三分之二的 BIT 所涉双方存在 DTT（一半的DTT所涉双方也存在BIT）。对于同时拥有BITs 和 DTTs 的国家而言，两项协议是在同年签订的占四分之一，而两项协议是在两年内先后签订的也超过了三分之一。DTTs 拥有相互分开的投资者和母国以及投资者和东道国争端解决机制（相互协商程序或 MAP），外界认为上述机制与 BITs 争端解决机制相比而言较弱。在一些与税收相关的争端中，投资者选择诉诸于 BITs（例如移动电话运营商沃达丰和印度的案例）。

2．2014—2015 年有关 IIAs 的发展

一些超越缔约的发展也给全球范围内的 IIA 留下了印记。

• 大型区域协议谈判仍在继续，囊括了近 90 个国家（WIR14）。TTIP 的第九轮谈判在纽约进行（2015 年 4 月 20—24 日）。对于跨太平洋伙伴关系协议（TPP）而言，首席谈判代表和贸易部长间的一系列会议可追踪至在文莱进行的第十九轮谈判（2013 年 8 月 22—30 日）。最近一次 TPP 首席谈判代表会议于 2015 年 4 月 23—26 日在美国的马里兰召开。至于区域全面经济伙伴关系协议（RECP），第七轮谈判于 2015 年 2 月在泰国进行，投资讨论聚焦于推进相关承诺的日程安排。虑及太平洋紧密经济关系协议（PACER），斐济已接受2014年5月太平洋岛国论坛领导人会议邀请并参与到 PACER—Plus 谈判中。第十轮会谈期间谈判会议在瓦努阿图的维拉港召开（2015 年 5 月 5—7 日），各方希望在 2016 年 7 月结束谈判。东部和南部非洲共同市场—东非共同体—南部非洲发展共同体（COMESA—EAC—SADC）三方商务人员流动技术委员会第三次会议在毛里求斯召开（2014 年 11 月 3—6 日）。计划在 2015 年下半年进行的第二阶段三方谈判将会聚焦投资、服务贸易、知识产权、竞争政策和消费者保护等议题。2015 年 6 月埃及举办的第三届三方峰会有望签署三边 FTA。

• 2015 年 1 月，意大利官方告知欲退出能源宪章条约（退出将在 2016 年 1 月生效，但该条约将继续适用于在退出当日或此前进行的投资，期限为 20 年）。

• 2014 年 10 月，非洲独立法律专家齐聚吉布提对非洲投资准则（PAIC）展开讨论和审查。这是对 2008 年非盟（AU）委员会授权“打造旨在提升私人部门参与的非洲全面投资准则”的响应。

• 联合国人权委员会于 2014 年 6 月 9—27 日在日内瓦召开的第 26 次会议上，由厄瓜多尔和南非起草，玻利维亚、古巴和委内瑞拉玻利瓦尔共和国参与签订以及受到 20 个国家[4] 支持的方案呼吁委员会“建立一个开放式的政府间工作小组，旨在详细制定跨国公司和其他商业企业有关人权保护的具有国际法律约束力的文件”。人权委员会在 2014 年 6 月 26 日通过了该方案（以绝大多数通过的形式）并决定工作小组在 2015 年召开第一次会议。

• 2014 年 5 月，厄瓜多尔、多米尼加共和国和委内瑞拉玻利瓦尔共和国提议设立一个南方监测站用于协助投资。监测活动包括定期报告国家面临的国际投资争端；拟定与投资相关的国际仲裁案的监测步骤；对此类仲裁进程的改革机制进行分析并提出建议；设定机制以推进拉美国家司法系统间的协调和磋商，确保对国家和跨国企业（MNEs）争端做出的国内决议的合法性。

3. 国家和地区寻求 IIA 改革

越来越多的国家正在根据国际投资法的新近

发展审查自身 IIAs 范本。至少 50 个国家或地区目前正在审查或者最近已经审查了自身 IIAs 范本。这一趋势并不局限于特定组别的国家或地区，而是包括了 12 个非洲国家、10 个欧洲和北美国家、8 个拉丁美洲国家、7 个亚洲国家以及 6 个转型经济体。此外，至少有 4 个区域组织已经审查或正在审查自身范本。2015 年 2 月 UNCTAD 举办的 IIA 体制转型专家会议上，又有三个国家（巴西、印度和印度尼西亚）表示会采取类似做法。[5] 2015 年 5 月，欧盟委员会公布了名为“TTIP 及其以外的投资改革路径”的概念文本，德国经济事务和能源部也就发达国家投资保护协议范本提出建议，挪威则推出新的 BIT 草案范本以征询意见。

- 巴西的 CFIA 范本在国内激烈探讨的基础上有所发展，私人部门的意见、其他国家以及国际组织的经验均纳入其中。[6] 范本旨在促进各方合作以及鼓励和提升相互投资，对上述目标的追求体现出以下三个特点：①完善机构治理，建立联络站点和联合委员会；②确定正在进行中的投资保护和便利化议程；③建立风险缓释和冲突预防机制。联络站点（调查官）作为投资者和东道国之间的调解人，旨在解决与投资有关的问题以及就商业环境改善提出建议。并且，该做法也可以避免冲突并加快解决问题。联合委员会由双方政府代表组成，分享合同所涉双方关于投资机会的信息，监测协议执行情况以及通过更为平和的方式解决可能存在的争议。私人部门可以参与到联合委员会的听证会以及临时工作小组当中。CFIA 也关注特定主题的议程，包括商业签证合作、企业社会责任（CSR）、资金转移以及程序透明度等，作为鼓励和提升商业友好环境的一种途径。在这些新特征之外，范本也包括有关征收、国民待遇（基于适用的法律）、最惠国待遇（MFN）、损害赔偿以及透明度的实质条款。该范本还包括优先于国与国仲裁程序的强制性争端避免机制。

- 欧盟委员会在其 2015 年 5 月发布的“TTIP 及其以外的投资改革路径”概念文本中提出了处理与监管权利新方式和 ISDS 相关的 IIA 核心条款（欧盟委员会，2015）。作为 TTIP 公开征询的结果，该文本认可了加拿大和新加坡谈判所取得的成绩，同时也指出了可以进一步拓展的议题。以下四个领域被认为有待继续完善：①监管权的保护；②仲裁委员会的建立和运转；③上诉机构对 ISDS 决定的审查；④国内司法体系和 ISDS 的关系。具体来看，一些对东道国公共利益监管权的建议值得注意；该文本建议在协议中加入条款，确保国家可在合理水平上采取措施给予公共政策目标合法地位的权利。对于 ISDS，该委员会的文本详细阐述了仲裁员的选择和资质、第三方材料递交以及永久性双边上诉机制的建立。后者会就法律错误和事实评定中的明显错误展开裁定审查。该概念文本也提出要借鉴 WTO 上诉机构制度设置中好的一面。最后，该提议对永久性法庭及其可能的多边化进行了展望（欧盟委员会，2015）。

- 德国经济事务和能源部在 2015 年 5 月公布了发达国家 BIT 范本修订备忘录（BMWi，2015）。协议范本很重视 TTIP 征询过程中涌现的改革议题。其试图保障国家通过公共政策例外来行使监管的权利，并为那些享有不高于本国投资者权利的外国投资者提供选择。基于这样的理由，协议范本界定了公平与公正待遇（FET）以及征收标准的范围并阐明内容，相较于 CETA 草案而言更为精确。值得注意的是，范本建议引入新的投资保护机制：为每一个特定协议建立双边仲裁庭或法庭（例如欧盟—美国永久性投资仲裁庭），协议各方预选仲裁官并按照规定向仲裁官分派案件。争端所涉方将不会对仲裁官群体产生影响。初审机构将会拥有对协议项下产生的投资争端的专属管辖权。该仲裁机制受到常设上诉机构的称赞。该上诉机构将在二审中对一审裁定结果"全面审查法律并严格审查事实"。投资者提交申诉时需用尽当地救济方法，除非此类救济无法获得或者明显无效。一个替代前提是投资者起诉时放弃在当地法庭或仲裁庭的任何权利。

- 尽管审查进程尚未结束，印度已就其新版 BIT 范本公开征集建议。[7] 新版范本包括若干创新条款：明确阐述"企业"术语定义下的"真正的和实质性商业运营"；审慎定义协议范围；适用于"类似情境"下投资的国民待遇条款；该范本列出了包括杜绝司法不公、承担法定诉讼职责等国家义务，用以制止明显持续的、不公正的和反常的强迫手段的滥用（并未明确包括 FET 条款）；查验以判断是否存在间接征收；详细列出例外情形的资金自由转移条款。该范本并不包含最惠国待遇（MFN）条款，但包括有关投资者义务的条款。该范本也含有详细的投资者—国家间争端解决机制，其中规定了将争端提交仲裁的时限、仲裁员的选择以及如何避免利益冲突。该范本明确要求投资者在可能的情况下必须首先向国内相关法庭或行政机关申诉以寻求国内救济。如果三年内穷尽所有司法和行政救济后，投资者仍未获得满意的解决方案，其可依照 ISDS 条款通过向被申诉方递交争端告知书来提起诉讼。

- 印度尼西亚从 IIA 政策的多个层面着手改革。该国已着手停用其 BITs，并酝酿新的 BIT 范本以供（重新）谈判。新的 BIT 范本将会从投资定义中排除间接投资并会在投资条款中加入对经济发展的贡献这一要求。国民待遇将对涉及国内中小企业以及影响自然资源的投资措施做出特殊照顾的例外规定。新的范本也将更加细化 FET 标准的范围并且将列出包括杜绝刑事、民事和行政不公，以及确保治安保护不致造成人身伤害等国家义务。

- 挪威推出了新的 BIT 范本草案并在 2015 年 5 月开始咨询公众意见。[8] 该范本草案界定了可能在"极少情形"下会出现的间接征收的范围，通过列出需要纳入考虑的因素，如经济影响、措施持续时间以及是否干预了投资者"合理的基于投资的预期"等来判断是否存在征收。范本含有涉及基本安全利益、文化政策、审慎监管以及税收的例外条款。BIT 范本草案还提议建立联合委员会，其中任务包括监督协议的执行情况，致力于解决与协议解释有关的争议，努力去除投资障碍，在必要时对协议进行修订，以及可能为仲裁员制定行为准则。

这些新途径致力于推进 IIAs 现代化进而从可持续发展方面完善 IIAs。UNTAD 的投资政策框架代表了新一代投资政策，已经被上述实践作为主要参考而得以广泛使用。

与此同时，一些国家继续终止 BITs。南非终止了其与奥地利、丹麦和德国的 BITs，关于新的即将终止的 BITs 的讨论仍在进行。印度尼西亚终止了其 64 个 BITs 中的 18 个。[9] 两个国家均在就国际投资政策制定新的战略。博茨瓦纳和纳米比亚目前正在重新审视其推进 BITs 的方式。

（二）新 IIAs 的内容

少数但越来越多的 IIAs 包括了准入前承诺；新的协议包括为实现可持续发展目标而行使监管权利的保障条款。

1. 准入前 IIAs 正在增长

近年来，越来越多的 IIAs 纳入准入前承诺，将国民待遇和最惠国待遇延伸至投资"准入、兼并和扩张"。截止到 2014 年底，准入前 IIAs 合计达到 228 项（125 项"其他 IIAs"和 103 项 BITs）（见图 3.5），其中大部分涉及发达国家，尤其是美国、加拿大、芬兰、日本和欧盟（见图 3.6）。这些经济体在世界范围内全部准入前 IIAs 中的整体占比达到 70%。并且，一些亚洲和拉丁美洲发展中国家也在积极采纳准入前 IIAs，包括智利、哥斯达黎加、韩国、秘鲁和新加坡。

这些 IIAs 中的准入前承诺以正面或负面清单的形式体现。此外，一些协议包括“市场准入”条款，对可能损害准入权的非歧视性做法予以禁止。正面清单通过列出投资者可以享有准入前待遇的行业名录来体现有选择的自由化，即列出做出自由化承诺的行业和部门。负面清单则是通过特别列出例外的行业和部门来体现自由化，即未做出自由化承诺的行业和部门。迄今为止的协议实践中，负面清单已较为盛行，基于准入前维度的协议规定（即适用于投资“准入、兼并和扩张”）通常包括国民待遇、最惠国待遇、禁止业绩要求以及禁止对高级管理人员和董事会成员做出国籍要求等。

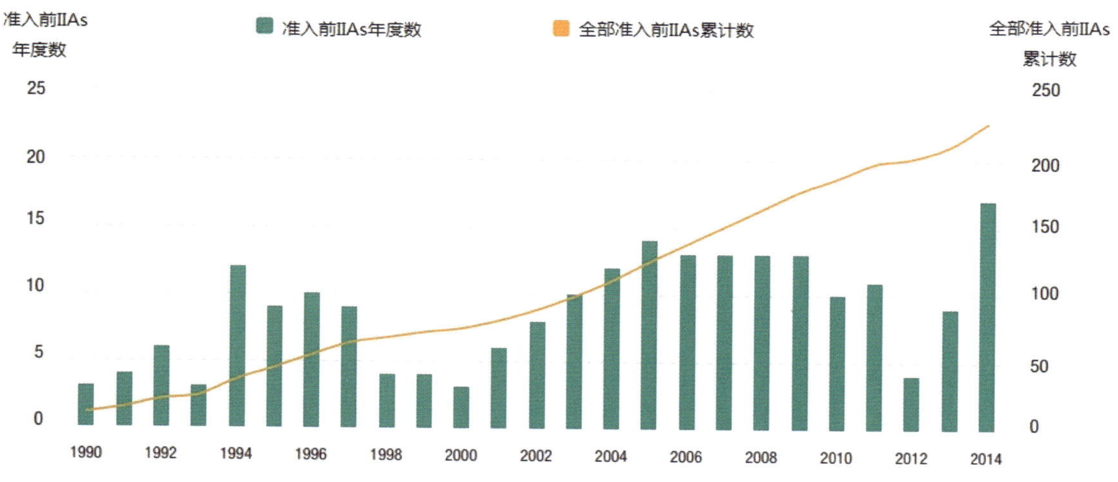

图 3.5 已签订的准入前 IIAs 趋势，1990—2014

资料来源：UNCTAD，IIA 数据库。

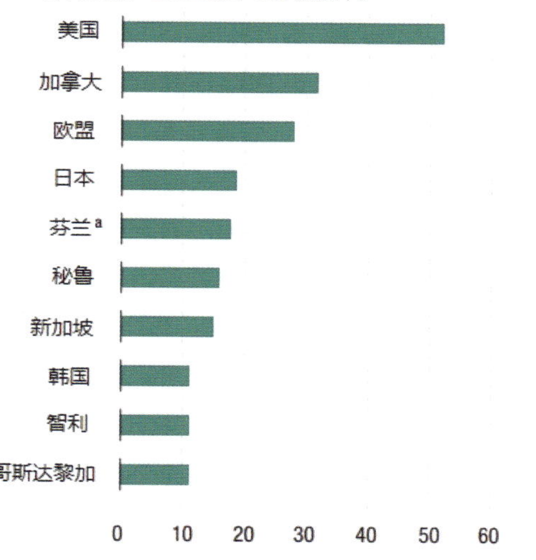

图 3.6 位居前列的准入前 IIAs 签订国（协议数）

资料来源：UNCTAD，IIA 数据库。

a 不包括欧盟的准入前 IIAs。

国家常常对这些规定有所保留以维护（维持）现有的不一致措施（“保持原样”）且/或保留未来采用新的不一致措施的权利。由于负面清单“非禁即入”的本质，在此基础上做出承诺时有所保留尤其重要。上述保留形式可以是部门的保留（经济部门、行业或活动）；政府层面的保留（某级政府采纳不一致措施，例如省级或市级）；政策领域的保留（例如，土地权、私有化、补贴以及其他特定政策领域）；以及政府程序保留（例如，对某些外国投资保留审查和批准程序）。

此外，一些协议包含“安全阀”条款，即允许各方在协议生效后（在一定条件下）就所做出的保留更改时间表。并且，协议有时会将准入前事宜排除在 ISDS 范围之外，因此基于这些议题的争端都仅能诉诸于国家与国家间争端解决机制。

准入前 IIAs 的兴起正在逐渐将与外资准入有关的政策从东道国国内监管框架领域推向国际层面。从东道国视角看，准入前承诺可能会提升该国作为投资目的地的吸引力，而从母国视角看，这些承诺有助于“锁定”已有开放度，使得监管环境更为透明，并且在一些情形下可能开放新的投资机会。同时，做出准入前承诺需要借助复杂的国内监管体制和充分的机构能力对现有国内政策展开全面彻底的审查并考虑到未来可能的监管需要。

2．为实现可持续发展目标而行使监管权的保障条款继续被纳入其中

对 2014 年签订的 18 项可获得文本的 IIAs（11 项 BITs 和 7 项“其他 IIAs”）的回顾表明，大部分协议包括为实现可持续发展目标而行使监管权的保障条款，正如 UNCTAD 可持续发展投资政策框架（IPFSD）所确定的那样（见表 3.2）。在这些协议中，14 项协议拥有一般例外条款——例如，出于人、动物或植物的生命健康，或可耗尽的自然资源保护考虑。另外 14 项协议包含明确阐述各方不得通过降低健康、安全或环境标准以吸引投资的条款。12 项协议在前言中论及健康安全保障、劳工权利以及环境或可持续发展。

旨在为东道国公共政策监管保留更大空间和/或降低投资仲裁可能性的协议要素对可持续发展条目做出补充。这些要素包括下列条款：①限制协议范围（例如，在投资定义中排除一些类型的资产）；②明确责任（例如，纳入更加具体的 FET 和/或间接征收条款）；③纳入资金转移例外规定或采取审慎措施；④谨慎运用 ISDS（例如，限制关于 ISDS 的协议条款，从 ISDS 中排除特定政策领域，对税收和审慎措施设定特别机制，以及/或限定提起申诉的期限）。需要注意的是，所回顾的 2014 年签订的所有协议中仅有一项省略了所谓的保护伞条款。

纳入为实现可持续发展目标而行使监管权的保障条款并不会导致投资保护水平降低。2014 年签订的大部分 IIAs 拥有高标准投资保护。

表 3.2　2014 年签订的 IIAs 的部分内容

	政策目标																						
IIAs 的部分内容	促进可持续发展	关注有利于发展的投资	保留公共利益监管权利	避免过度诉讼	鼓励负责任商业实践	墨西哥－巴拿马FTA	以色列－缅甸BIT	欧亚经济联盟协议	日本－哈萨克斯坦BIT	埃及－毛里求斯BIT	哥伦比亚－土耳其BIT	哥伦比亚－法国BIT	加拿大－塞尔维亚BIT	加拿大－塞内加尔BIT	加拿大－尼日利亚BIT	加拿大－马里BIT	加拿大－韩国FTA	加拿大－科特迪瓦BIT	加拿大－喀麦隆BIT	澳大利亚－韩国FTA	澳大利亚－日本FTA	东盟－印度投资协议	太平洋联盟框架协议补充议定书
协议前言涉及健康安全保障、劳工权利、环境或可持续发展	×	×	×		×				×	×	×		×	×	×	×	×	×	×	×			×
精炼投资定义（涉及投资特征；排除间接投资、主权债务合约或仅就商业合同产生的金钱进行申诉）		×		×		×	×			×	×	×	×	×	×	×	×	×	×	×	×	×	×
单独拟定金融服务领域的审慎措施			×	×		×			×		×	×	×	×	×	×	×	×	×	×	×	×	×
相当于通常国际法下外国人最低待遇标准的公平与公正待遇			×	×		×				×	×		×	×	×	×	×	×	×	×	×	×	×
阐明什么属于或不属于间接征收			×	×		×					×	×	×	×	×	×	×	×	×	×	×	×	×

续表

IIAs的部分内容	政策目标																						
	促进可持续发展	关注有利于发展的投资	保留公共利益监管权利	避免过度诉讼	鼓励负责任商业实践	墨西哥—巴拿马FTA	以色列—缅甸BIT	欧亚经济联盟协议	日本—哈萨克斯坦BIT	埃及—毛里求斯BIT	哥伦比亚—土耳其BIT	哥伦比亚—法国BIT	加拿大—塞尔维亚BIT	加拿大—塞内加尔BIT	加拿大—尼日利亚BIT	加拿大—马里BIT	加拿大—韩国FTA	加拿大—科特迪瓦BIT	加拿大—喀麦隆BIT	澳大利亚—韩国FTA	澳大利亚—日本FTA	东盟—印度投资协议	太平洋联盟框架协议补充议定书
资金自由转移的详细例外规定，包括国际收支困境和/或国内法实施			×	×		×	×	×	×	×	×	×	×	×	×	×	×	×	×	×	×	×	×
省略所谓的“保护伞”条款				×		×	×	×		×	×	×	×	×	×	×	×	×	×	×	×	×	×
一般例外，例如，出于人、动物和植物的生命健康，或者可耗尽自然资源保护考虑	×		×	×		×				×	×		×	×	×	×	×	×	×	×	×	×	×
明确指出各方不能通过减低健康、安全或环境标准来吸引投资	×	×			×	×		×	×		×	×	×	×	×	×	×	×	×	×			×
通过向IIAs引入单独条款以提升企业社会责任，或将此作为协议前言中的一般参考	×											×	×	×	×	×	×	×	×				×
限制运用ISDS（例如，限制关于ISDS的协议条款，从ISDS中排除特定政策领域，限定提起申诉的时限，无ISDS机制）			×	×		×			×	×	×	×	×	×	×	×	×	×	×	×	×	×	×

资料来源：UNCTAD。

注：基于2014年签订且可获得文本的IIAs，不包括未含实质性投资条款的“框架协议”。

三、投资争端解决

仅有为数不多的几项新ISDS案例，针对发达国家的案例占比继续上升。

1．ISDS的最新趋势

2014年，投资者依照IIAs发起42项公开的ISDS案件（UNCTAD，2015）。这低于2013年申诉案件的历史最高记录（59项）以及2012年的记录（54项），接近2003—2011年间的平均水平。由于大部分IIAs允许仲裁完全保密，因而实际数量可能更高。

公开的ISDS案件在去年积累达到608件（见图3.7）。全世界范围内99家政府成为一个或多个ISDS案件的被申诉方。

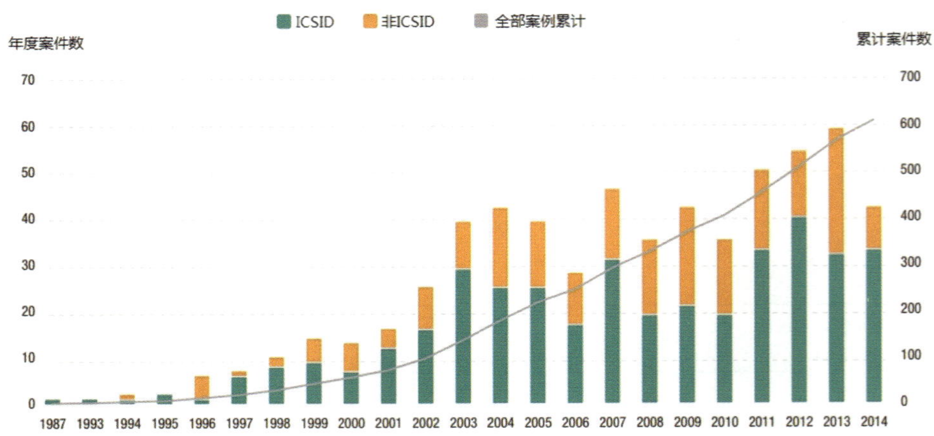

图 3.7 公开的 ISDS 案件，年度数和累计数，1987—2014

资料来源：UNCTAD，ISDS 数据库。

注：2014 年申诉信息基于专业的新闻报道服务等公开渠道汇编而成。这部分并不包括仅仅基于投资合同（国家合同）或国内投资法的案件，也不包括一方已表明会向 ISDS 申诉但尚未开始仲裁的案件。年度和累计案件数会根据核实情况进行调整，因而可能并不与此前几年公布的数据完全一致。

- 被申诉国。针对发达国家的案件相对比例在增长。2014 年，全部案件中 40%针对发达国家。合计 32 个国家去年面临申诉。最常被申诉的国家是西班牙（5 项案件），其次是哥斯达黎加、捷克共和国、印度、罗马尼亚、乌克兰以及委内瑞拉玻利瓦尔共和国（各涉及 2 项案件）。三个国家——意大利、莫桑比克和苏丹面临有史以来第一项（公开的）ISDS 申诉。总体上，阿根廷、委内瑞拉玻利瓦尔共和国和捷克共和国面临迄今为止最多的案件（见图 3.8）。

- 投资者母国。在 2014 年的 42 项公开案件中，35 项由发达国家投资者发起，5 项由发展中国家投资者发起。另有两项案件申诉方国籍未知。最常见的母国是荷兰（荷兰投资者发起 7 项案件），随后是英国和美国（各 5 项）、法国（4 项）、加拿大（3 项）以及比利时、塞浦路斯和西班牙（分别 2 项）。这与历史趋势一致，发达国家，尤其是美国、加拿大和一些欧盟国家投资者是 ISDS 的主要运用者，大概占到全部申诉的 80%（见图 3.9）。

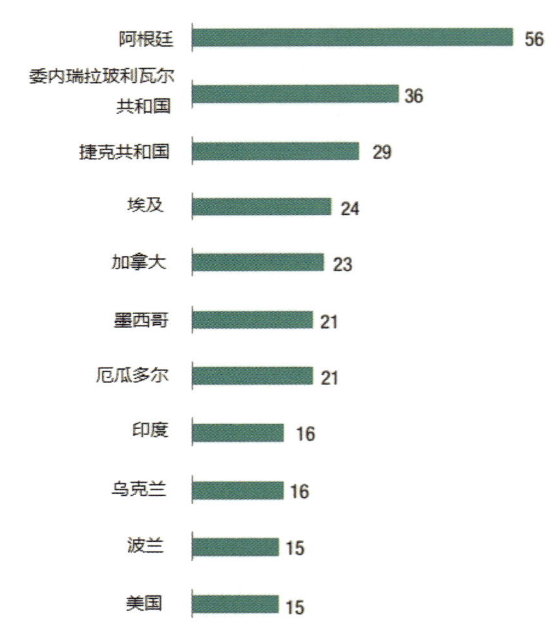

图 3.8 最常见的被申诉国，截至 2014 年底合计（公开案件数）

资料来源：UNCTAD，ISDS 数据库。

• 欧盟内部争端。公开的新争端（11 项）中，四分之一属于欧盟内部争端，这较上一年度有所减少（2013 年，42%的新申诉属欧盟内部争端）。一半申诉按照能源宪章条约发起，剩下的基于欧盟内部 BITs。该年度也将欧盟投资仲裁案总数推至 99 项，即全球总数的 16%。

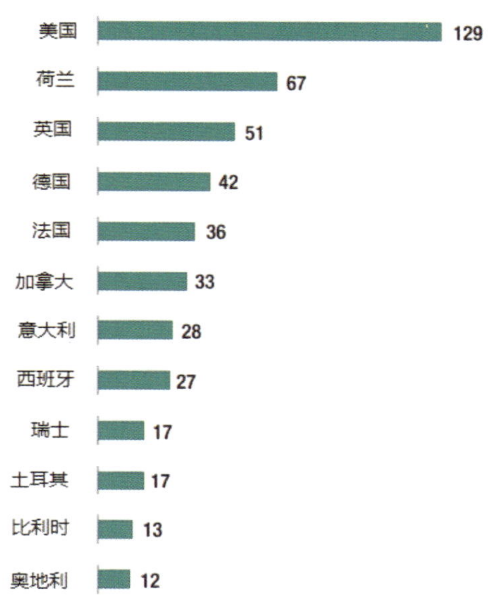

图 3.9 最常见的申诉方母国，截至 2014 年底合计（公开案件数）

资料来源：UNCTAD，ISDS 数据库。

• 仲裁法庭和仲裁规定。在 42 项公开的新争端中，33 项诉诸于国际投资争端解决中心（ICSID）（其中 3 项依照 ICSID 附加便利规则），6 项依照 UNCITRAL 仲裁规则，2 项依照斯德哥尔摩商会（SCC）仲裁规则，1 项依照国际商会仲裁规则。这些数字与整体历史数据大抵一致。

• 适用投资协议。大部分新案件（30 项）基于 BITs 发起。10 项依照能源宪章条约的相关条款（其中 2 项与 BIT 相结合），2 项基于中美-多米尼克共和国—美国自由贸易区协议（CAFTA），1 项基于北美自由贸易协议（NAFTA），1 项基于加拿大—秘鲁 FTA。历史数据显示，能源宪章条约如今已经超过 NAFTA，成为最常被援引的 IIAs（分别达到 60 项和 53 项）。在 BITs 中，最常用的是阿根廷—美国 BIT（20 项争端）。

• 所涉经济领域。2014 年发起的案件中约 61%与服务业部门相关。第一产业占新案件的 28%，而 11%与制造业投资相关。

• 可持续发展领域受到影响。一些 ISDS 申诉涉及基础设施建设和缓解气候变化等可持续发展关键领域，尤其包括电力、天然气和水的供应，港口现代化，以及可再生能源生产监管等。一些案件涉及政府基于环境考虑而采取的措施。

• 受到质疑的措施。2014 年最常被投资者质疑的两种国家做法是：废除合同或特许权或者所谓的宣称合同和特许权违例（至少 9 项案件），以及撤回执照或否定许可（至少 6 项案件）。其他被质疑的措施包括可再生能源领域的立法改革，所谓的外国投资者相较于国内投资者受到歧视，对投资的间接征收，东道国执法带来的损失或投资保护不力，以及与税收、出口、破产程序和水价等方面的监管措施。大量申诉案例信息不完整。另有些新增申诉涉及公共政策方面，包括环境问题、反洗钱以及税收等。

• 申诉金额。有关投资者申诉金额的信息有限。对于那些披露了信息的案件而言，申诉金额在 800 万美元和约 25 亿美元间。

2. ISDS 的结果

2014 年，ISDS 仲裁庭就投资者—国家间争端做出至少 43 项裁决，其中 34 项结果公开（截至写稿时）。在这些公开裁决中，11 项主要涉及管辖权议题，6 项裁决支持了原有管辖权（至少部分支持）而 5 项裁决否决了原有管辖权。2014 年依法做出的裁决中，10 项肯定了，至少部分肯定了投资者的申诉，而 5 项驳回了全部申诉。另外 8 项公开裁决显示判决无效或提出初步反对。

认定国家需要承担责任的 10 项裁决中，6 项认为其违反了 FET 条款，7 项认为其违反了征收条款。2014 年做出的裁决中至少 8 项认定应补偿投资者，包括裁定 3 项密切相关的案件涉及总计约 500 亿美元的补偿，这也是投资仲裁史上最高额的裁决。2014 年 ICSID 专门委员会就 5 项认定判决无效的申请做出裁决，全部结果均是拒绝认定。

2014 年，有 10 个案件据报道以和解告终，另外的 5 个案件因不明原因而中止程序。

截止到 2014 年末，结案总数达到 405 项。其中，36%（144 项）的裁决对国家有利（全部申诉基于管辖权或法律规定被驳回），27%（111 项）的结果支持投资者（给予货币补偿）。大约 26% 的案件（105 项）和解，而 9%的案件（37 项）因和解外的原因（或不明原因）而中止程序。剩下的 2%（8 项）裁定违例但无需向投资者给予货币补偿（见图 3.10）。

在裁决结果支持国家的 144 项案件中，大约一半（71 项）因仲裁庭无管辖权而遭到驳回。[10]

仅观察基于法律规定的裁决，60%支持投资者而 40%支持国家（见图 3.11）。

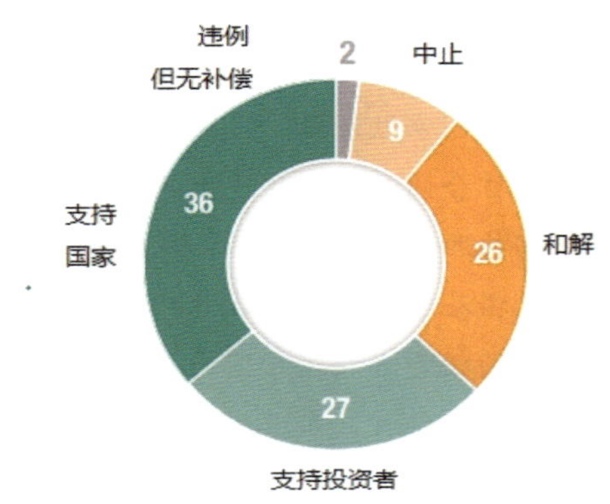

图 3.10 已结案件的裁决结果，截止到 2014 年底合计（%）

资料来源：UNCTAD，ISDS 数据库。

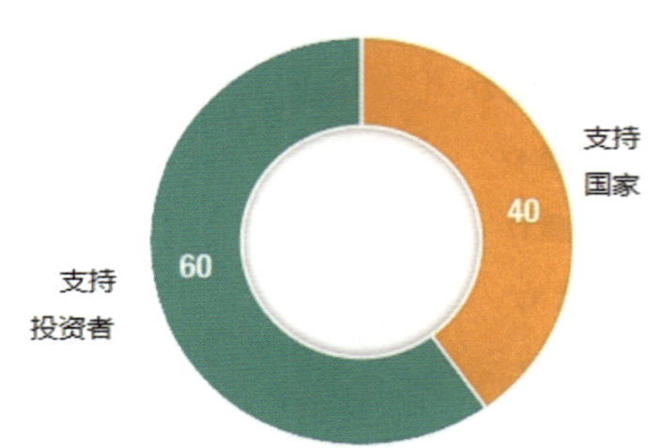

图 3.11 基于法律规定的裁决结果，截止到 2014 年底合计（%）

资料来源：UNCTAD，ISDS 数据库。

注：不包括以下类型案例：①因仲裁庭无管辖权而驳回；②和解告终；③因和解外的原因（或不明原因）而中止程序；④裁定违例但无需向投资者给予货币补偿。

3．ISDS 的其他发展

2014 年和 2015 年初，ISDS 呈现出一些多边发展：

- UNCITRAL 基于投资者—国家间仲裁的透明度规则在 2014 年 4 月 1 日生效。UNCITRAL 透明度规则认为 ISDS 案件应当公开开庭审理以及重要文件应当公开发布，包括仲裁通知、诉状、副本以及仲裁庭签发的裁定（满足秘密信息保护等安全条件）。在默认情况下（如未进一步采取措施），该规则仅适用于 2014 年 4 月 1 日以后签订的 IIAs 所产生的 UNCITRAL 仲裁，因此范围上并不包含此前已经存在的 IIAs。
- 2014 年 11 月 10 日联合国大会通过了投资者—国家间基于条约仲裁透明度规则。该规则旨在向那些希望将 UNCITRAL 透明度规则适用于现有 IIAs 的国家（以及区域经济一体化组织）提供一个落地机制。特别是，对于未做出保留的签约国而言，透明度规则将适用于以下争端：①

被申诉国和申诉投资者母国均属于缔约国；②仅被申诉国属于缔约国但申诉投资者同意适用该规则。签约仪式于2015年3月17日在毛里求斯路易港举行，以供各国签署。截止到2014年5月中旬，已有11个国家就该规则签字。[11]

• 2015年4月18日，圣马力诺共和国向世界银行提交了适用ICSID规则的批准书。圣马力诺在2014年4月11日就该规则签字。批准书标志着圣马力诺完成了加入ICSID缔约国的最后一步。

注 释

[1] 获取更多关于这些投资政策措施的信息，请访问UNCTAD的投资政策枢纽，http://investmentpolicyhub.unctad.org，百分数不包括"中立"措施。

[2] "其他IIAs"是指除BITs外的经济协议，包括与投资有关的条款，例如，经济伙伴协议（EPAs）、自由贸易区协议（FTAs）、区域经济一体化协议以及经济合作框架协议中的投资章节。

[3] 基于国际财政金融文献资料局（IBFD）数据库。www.ibfd.org.

[4] 阿尔及利亚、贝宁湾、布基纳法索、中国、刚果、科特迪瓦、古巴、埃塞俄比亚、印度、印度尼西亚、哈萨克斯坦、肯尼亚、摩洛哥、纳米比亚、巴基斯坦、菲律宾、俄罗斯联邦、南非、委内瑞拉玻利瓦尔共和国和越南。

[5] http://unctad-worldinvestmentforum.org/followup-events/media-center/.

[6] 巴西在20世纪90年代签订了14个BITs，但均未生效。

[7] 印度新的BIT范本可在此处获得，https://mygov.in/group-issue/draft-indian-model-bilateral-investment-treatytext/.

[8] 参见 https://www.regjeringen.no/nb/dokumenter/horing---modell-for-investeringsavtaler/id2411615/.

[9] 2014年1月至2015年5月间，印度尼西亚通知保加利亚、柬埔寨、中国、埃及、法国、匈牙利、印度、意大利、吉尔吉斯斯坦、老挝、马来西亚、罗马尼亚、新加坡、斯洛伐克、西班牙、土耳其和越南终止协议。

[10] 仲裁庭在这些案件中发现资产/交易并不构成"协议所界定的投资"，申诉人并不构成"协议所界定的投资人"，在协议生效前争端已经出现或者争端不属于ISDS条款范围，投资者并未遵守IIA设定的若干条件（如强制性地方诉讼要求）或者其他需要驳回的原因。

[11] 加拿大、芬兰、法国、德国、意大利、毛里求斯、瑞典、瑞士、叙利亚、英国和美国。

参考文献

[1] Bundesministerium für Wirtschaft und Energie (BMWi) (2015). Modell-Investitionsschutzvertrag mit Investor-Staat Schiedsverfahren für Industriestaaten unter Berücksichtigung der USA. www.bmwi.de/BMWi/Redaktion/PDF/M-O/modell-investitionsschutzvertrag-mit-investor-staat-schiedsverfahren-gutachten,property=pdf,bereich=bmwi2012,sprache=de,rwb=true.pdf.

[2] European Commission (2015). Investment in TTIP and beyond – the path for reform. Concept Paper, May. http://trade.ec.europa.eu/doclib/docs/2015/may/tradoc_153408.PDF

[3] UNCTAD (2015). Investor-State Dispute

Settlement: Review of Developments in 2014. IIA Issues Note, No. 2. New York and Geneva: United Nations. http://investmentpolicyhub.unctad.org/Publications.

[4] WIR12. World Investment Report 2012: Towards a New Generation of Investment Policies. New York and Geneva: United Nations.

[5] WIR14. World Investment Report 2014: Investing in the SDGs: An Action Plan. New York and Geneva: United Nations.

国际投资体制改革：一份行动清单

第四章

引　言

目前，对现行国际投资协定（IIA）体制日益增长的不安情绪、迫在眉睫的可持续发展需求、政府在经济中日渐强大的作用以及投资环境的发展变化等因素，共同引发了国际投资规则的改革行动，以使其更好地适应当前的政策挑战。因此，IIA 体制正处于反思、审查和修订阶段。

UNCTAD 于 2014 年 10 月主办的世界投资论坛（WIF）、众多国家国内的热烈公众讨论以及包括区域层面的各种议会听证会，都阐明了一个共同的观点：IIA 体制改革需要确保所有利益相关方的利益。问题的关键已不在于是否需要改革，而在于如何改革，改革什么以及改革的力度。

《世界投资报告 2015》（WIR15）回应了这一问题并为 IIA 改革提出了一份行动清单。该清单的制定是基于 UNCTAD 在该领域的一系列前期工作成果之上，包括联合国贸易发展会议投资政策框架（WIR12）、联合国贸易发展会议投资争端解决改革路径（WIR13）、联合国贸易发展会议 IIA 改革路径（WIR14）以及其他机构的研究贡献。

本章将解决五个主要改革挑战（保障国家为实现可持续发展目标而进行监管的权利，投资争端解决机制改革，投资促进与便利化，确保负责任投资以及加强系统一致性）。本章还对 IIA 改革关键领域（例如，实体性 IIA 条款，投资争端解决，系统性问题）以及不同层面改革的政策制定（国家、双边、区域以及多边层面）提供政策选择。

这些政策选择为基本 IIA 要素提供了改革导向的构想，既包括主流的 IIA 条款，也包括更多仅在少数国家应用或只存在于协议范本中的政策选择。

本报告对 IIA 改革进行全面的分析。本章涵盖 IIA 改革的所有关键方面（实体性的、程序性的、系统性的）。本章通过行动清单的形式，明确改革目标、改革领域以及改革方法，概括了改革进程的一般路径图，建议各国使用该行动清单并根据具体国情制定各自的 IIA 改革路径图。

本报告采用的方法侧重于政策连贯性，提出改革应在利用 IIA 实现可持续包容性增长的指导思想下进行。IIA 的投资促进与便利化功能应该与其投资保护功能齐头并进。同时，报告还强调，IIA 必须与国家整体可持续发展战略相结合。

最后，本报告强调多边方法在 IIA 改革中的重要性。鉴于现行 IIAs 的数量之多，使 IIA 体制为各国所适用的唯一方法是共同改革其各个组成部分。在当今的动态环境中，一个改变将影响整个系统的运转，因而努力构建共同的愿景和参与规则是十分重要的。只有通用的方法才能确保各方利益，而不会导致进一步的碎片化或不连贯。也只有一般性方法才能构建一个稳定、清晰、可预测的 IIA 体制，有助于实现所有利益相关方的目标，并有效利用国际投资关系实现可持续发展。

本章首先回顾近 60 年来的国际投资规则制定，从中总结经验教训并明确当今改革的需要和目标。随后，制定设计标准和战略选择，明确改革领域和工具，为五大明确的改革目标提出详细的改革政策选择。本章以 IIA 改革指导方针作为结束，并指出在国家、双边、区域以及多边层面上可能采取的行动及结果。

一、60 年来 IIA 规则制定及经验教训

（一）60 年来的 IIA 规则制定

国际投资协定（IIAs）和绝大多数条约一样，是长期谈判的结果。

IIAs 是在特定历史、经济和社会环境下缔结的，响应了当时所面临的需要和挑战。第一个双边投资条约（BIT）签订至今，已经过去半个多世纪，IIAs 经历了一个重要的发展过程是不足为奇的，其发展过程可以分为四个主要阶段（见图 4.1）。

图 4.1　IIA 体制的演变过程

资料来源：UNCTAD。

注：括号中年份是指被采用年份和/或签署年份

1. 初始阶段（二战后至 20 世纪 60 年代）

尽管缺乏相应的投资保护和争端解决机制（ISDS），BIT 是作为发展中国家和发达国家之间的一种新型纽带工具诞生的。《解决国家与他国民间投资争端公约（ICSID Convention）》签署后，成为 ISDS 基础框架的主要组成部分。

20 世纪上半叶，国际惯例法（CIL）是管理外国投资的国际法律法规的主要渊源。1945 年之后，外国投资者和东道国之间出现的大量投资争端[1]反映出 CIL 及母国外交保护制度对投资保护的严重不足，从而掀起了一场国际投资条约制定浪潮。

构建多边投资规则的第一次尝试发生在 1948 年，该尝试是在旨在建立国际贸易组织的《哈瓦那宪章》草案框架内进行的。在投资谈判方面，发达国家、发展中国家及社会主义国家在国际惯例法以及外国投资者国际最低待遇标准的解释方面无法达成共识。尽管《宪章》是对包括布雷顿森林体系（1944）和联合国（1945）（UNCTAD，2008）在内的其他战后国际经济秩序基石的补充，但它从未生效。IIA 的初始时代反映了市场经济体（私有财产得到认可）和社会主义国家（私有财产不被认可）之间的分歧。

这一阶段，涉及外国投资准入及待遇的区域或多边协议取得一定的进展。依《罗马条约》（1957 年签订）建立的欧洲共同体将准入自由与资本自由流动作为欧洲一体化的核心。其他早期成果包括 OECD 于 1961 年推出的《OECD 资本流动自由化准则》和《经常账户的无形交易自由化准则》。

在两次世界大战间，多国签订了友好通商航海条约，以此为鉴，德国和巴基斯坦于 1959 年签署了第一个双边投资条约（BIT）。自此，BITs 成为管理经济发展水平各异的国家之间投资关系的主要工具。在内容方面，由于发达国家投资者将征收与国有化视为投资发展中国家的主要政治风险，BITs（或者 IIAs）聚焦于针对征收和国有化的保护措施。很大程度上，这些第一代 BITs 类似于 1959 年《阿布斯—肖克罗斯公约》（草案）（非官方倡议）以及 1962 年《OECD 外国财产保护公约》（草案）（1967 年修订并得到通过，但从未开放签署）（Vandevelde, 2010）。[2]

另一标志性的发展是 1965 年国际投资争端解决中心（ICSID）的建立，从而为投资者与东道国之间的投资争端解决提供了专门的机构。1958 年，《承认及执行外国仲裁裁决公约》签署，为执行国际仲裁裁决提供了便利。

2. 分化阶段（20 世纪 60 年代中期到 80 年代末）

通过引入 ISDS 条款等方法，BITs 的投资保护功能得到加强。与此同时，制定投资者责任有关规则的多边尝试以失败告终。

一方面，尽管步伐缓慢且参与国家数量有限，20 世纪 60 年代中期到 80 年代末，IIAs 在数量和内容上均有所扩展。在此期间，IIAs 的主要缔结国是欧洲发达国家和非洲、亚洲及拉丁美洲的一些发展中国家，这些发展中国家将 FDI 视为本国经济发展战略的重要部分。然而，苏联、中东欧国家、中国、印度和巴西则置身于 IIA 体制之外或者在相对较晚的时期才加入。在 80 年代末，全球 IIA 体制仅有不到 400 个 BITs。

在内容方面，IIAs 的主要发展是 ISDS 条款的不断增加。已知最早引入 ISDS 条款的条约是于 1968 年由印度尼西亚和荷兰签订的 BIT。70 年代和 80 年代，一些国家效仿这个范例，90 年代以后，ISDS 条款成为 BITs 的标准条款。投资保护在其他实体性条款中也得到了加强。

另一方面，在此期间，加强国家主权并强调投资者责任的多边尝试也在进行。这些政策以两项联合国决议为支撑，一个是 1962 年的"关于自然资源永久主权的决议"，一个是 1974 年的"关于建立国际经济新秩序的决议"。

此外，在 20 世纪 70 年代初，联合国发起关于《跨国公司行为准则》和《技术转移行为准则》的谈判，意味着建立多边投资规则的第二次尝试。发达国家希望建立健全清晰的国际投资保护，发展中国家与社会主义国家则希望根据国内法律法规给予跨国公司相应待遇以最大限度维护国家主权，然而，仍未找到协调两者利益的方法。尽管这些谈判并不成功，但是《关于控制限制性商业惯例的公平原则和规则的多边协议》于 1980 年联合国大会上得到通过。

3. 扩张阶段（20 世纪 90 年代至 2007 年）

全球 IIA 体制快速扩张。尽管一些国家增加了投资自由化的有关规定，各国签署的 BITs 均大同小异。20 世纪 90 年代末，投资者“发现”了 ISDS。仲裁请求数量的不断增加展现了 IIAs 的真正“威力”，也揭示了其内在问题。

IIA 规则制定以及国际经济合作在 90 年代发展势头强劲。1989 年柏林墙的倒塌和苏联的解体引发了地缘政治的重大转变，政治对峙和经济分裂让位给政治合作和经济一体化。前共产主义国家转型，同时开始承认私有制。此前几年，中国采取了开放政策，该政策的目的十分明确，即吸引外资以促进经济发展。这些事件极大地促进了经济全球化，越来越多的发展中国家采取对外开放政策并为吸引外国投资而积极竞争，越来越多发达国家投资者为获得市场准入和降低成本在海外寻找生产基地。

BITs 以平均每周签署三个新协议的速度迅速扩张。尽管在 80 年代末仅有 381 个 BITs，这个数字在接下来的 10 年间翻了五倍，并在 2000 年底达到 2067 个。大多数国家，无论是发达国家还是发展中国家，都把加入 IIA 体制视为全球竞争下吸引外国投资的必然选择，因此，在本世纪初几乎每一个国家都至少签订数个 BITs。像中国、印度这样具有巨大 FDI 流入与流出潜力的国家，迅速地扩张其条约网络。巴西签订了一些 IIAs，但是从未批准它们。

与此同时，区域的和多边的 IIA 规则制定大幅增加。一个标志性事件是 1994 年 WTO 的建立，一些涉及外国投资规则（GATS、TRIMs 和 TRIPS）的 WTO 协定也随之生效。同年，《能源宪章条约》问世，至今已有来自欧洲、亚洲以及大洋洲的超过 50 个缔约方，其中，详细的投资条款是其重要组成部分。在区域层面上，1992 年有关国家签订北美自由贸易协定（NAFTA），1994 年《APEC 无约束力投资原则》得到通过。1995—1998 年，OECD 内部就多边投资协议（MAI）展开谈判。然而，在投资保护的核心原则方面出现了意想不到的分歧（例如，投资定义、投资自由化程度、间接征收、ISDS、文化例外、劳工和环境问题等），这最终导致了该谈判的终止。

在多边层面上，建立了世界银行集团成员之一——多边投资担保机构（MIGA）的《建立多边投资担保机构公约》于 1985 年通过，此外，世界银行于 1992 年制定了《世界银行关于外国直接投资待遇指南》（UNCTAD，2004）。WTO 1996 年新加坡部长级会议发起了一项关于国际贸易和投资关系的工作计划；由于在投资谈判和其他政策领域上的利益分歧，该计划在第五次部长级会议（2003 年于墨西哥坎昆举行）后被废止。

此阶段缔结的绝大多数 BITs 仅涵盖投资的准入后阶段，而许多自由贸易协定（FTAs）则走得更远，将对外国投资者准入的非歧视待遇承诺纳入协议的投资（和/或服务业）章节，以此作为市场准入便利化的一种方式。此外，90 年代出现了第一代 BITs 重新谈判的浪潮，以期通过引入迄今仍然缺失的保护要素来加强投资保护。1990 年，基于条约的投资争端案件的首个裁决发布。[3] 随后，90 年代出现了许多新案件，并且案件数量于 2000 年后迅速增长（见第三章）。

4. 重新定位阶段（2008 年至今）

20 世纪 90 年代的“IIA 高峰”逐渐放缓。许多国家转向完善条约的内容。国家被诉风险的上升、全球金融危机、向“可持续发展”转变的发展模式，以及区域层面上的重要变化，均标志着

IIA 改革一致行动的开始。

截至 2015 年 4 月，IIA 体制扩张至近 3300 个条约。2005—2010 年的一些发展将 IIA 规则制定带入了新的纪元，称之为“重新定位阶段”。

美国和加拿大凭借其作为 NAFTA 投资仲裁被申诉方的经验，于 2004 年便着手制定新的 BIT 范本，新范本旨在明确投资义务的范围与含义，包括最低待遇标准、间接征收等。除此之外，这些新的范本还明确阐述 IIAs 投资保护与自由化目标的实现，不能以牺牲健康、安全、环境保护以及国际公认的劳工权益为代价。美国和加拿大还采取了与 ISDS 程序有关的重要创新措施，例如，公开听证会，有关法律文书的公开以及非争端方向仲裁庭提交法庭之友意见书等。此外，借鉴 NAFTA 的经验，还引入了关于金融服务领域投资的实体性保护及争端解决的特殊机制，以及投资者因东道国税收措施而提起争端的专门机制。2012 年，美国对其 BIT 范本进行了小幅修订。

亚洲和阿根廷金融危机发生几年后，全球金融经济危机于 2008 年 9 月爆发，这突出了包括投资在内的健全经济监管框架的重要性。对现行 IIA 体制的日益不满，以及该体制对缔约方在追求公众利益与促进可持续发展方面的监管权利的限制，促使各国开始反思、审查并重新考虑与 IIAs 相关的政策。

ISDS 案件从 2008 年的 326 起增至 2014 年底的 608 起，被申诉方涉及发达国家和发展中国家，这些事实推动了各国进行反思（UNCTAD，2015）。除此之外，投资争端变得愈发复杂，引发了合法的国家监管活动与需要做出赔偿的对投资者权利的非法干涉两者之间界限何在的法律难题。与此同时，随着 ISDS 案件数量的迅猛增加，投资者主张的赔偿金额以及仲裁庭在一些知名案件中裁定的赔偿金额也不断增加。

相应地，各国开始进入评估 IIAs 的成本与收益，反思这些协定的未来目标和战略的阶段。越来越多来自公众的批评也发挥了作用。因此，一些国家开始着手 IIA 改革，修订其 BIT 范本，以期缔结“新一代”IIAs 并重新谈判现行 BITs。上述改革行动部分基于 UNCTAD 制定的《可持续发展投资政策框架》（IPFSD），该《框架》旨在为国家及国际层面上的投资政策改革提供指导，并获得发达国家和发展中国家越来越广泛的采用（见专栏 4.1 和第三章）。各国开始阐明并“收紧”单个 IIA 条款的含义，改善 ISDS 程序以使有关程序更详尽、可预测和透明，并使缔约方能够发挥更大的作用。透明度的提升还是近期采纳 UNCTAD《透明度规则》和联合国《透明度公约》（见第三章）的结果。

少数的国家宣布暂停未来 IIA 谈判，一些国家甚至终止现行 IIAs。此外，少数国家宣布退出 ICSID（UNCTAD，2010a）。

尽管双边条约的制定不再那么活跃，然而区域性 IIA 的制定正在加速（见第三章）。这一定程度上是由于多边投资规则建立失败，从而使区域路径成为“次优选择”。除此之外，2009 年 12 月《里斯本条约》的生效引发了加强与扩大区域性 IIA 条约制定的趋势。《里斯本条约》将欧盟成员国的 FDI 权能转移至欧盟，这对接近半数的 IIA 产生潜在影响；该《条约》使欧盟能够就包括准入后条款的 IIAs 进行谈判（此前欧盟条约仅涵盖准入前阶段）。这方面的例子包括，《加拿大—欧盟全面经济贸易协定》（CETA，2014 草案），《欧盟—新加坡自由贸易协定》以及美国和欧盟《跨大西洋贸易和投资伙伴关系协定》（TTIP）的谈判。欧盟之外，正在谈判的大型区域协定包括《跨太平洋伙伴关系协议》（TPP），《区域全面经济伙伴关系协定》（RCEP），《东部和南部非洲共同市场一东非共同体一南部非洲发展共同体（COMESA—EAC—SADC）三方协定》（见第三章）。对于 IIA 制定而言，区域性或大型区域性协定为巩固当今多层次、多方面的条约网络提供了契机。然而，如果缺少谨慎细致的起草，它们则可能因与现行条约重叠而引发新的不一致（WIR14）。

专栏 4.1 UNCTAD 可持续发展投资政策框架（IPFSD）

UNCTAD 可持续发展投资政策框架（IPFSD）（UNCTAD，2012a），作为 WIR12 的特别主题，是对——在持续危机和面临紧迫的社会和环境挑战时，鼓励投资并确保投资对可持续发展的促进作用是所有国家的当务之急——这一共识的响应。在此背景下，UNCTAD 框架以新一代投资政策为基础。

该框架首先详细介绍了投资政策环境变化的驱动因素和需要解决的挑战；然后，提出了投资政策制定的一套核心原则作为国家或国际投资政策的“评判标准”。在此基础上，为 IIAs 的制定和谈判提出了国家投资政策指导和政策选择。由此，IPFSD 成为国家投资政策制定与 IIAs 谈判的重要参考，成为投资政策能力建设的基础以及国际投资合作问题的融合点。

（二）经验总结

IIA 改革可以建立在过去 60 年 IIA 规则制定的经验总结之上。

过去 60 年的 IIA 规则制定历程，揭示了大量有关 IIA 在实践中如何运转以及未来 IIA 规则制定可以借鉴的经验与教训。

IIAs 的预期关键作用是，提高投资关系的可预测性、稳定性与透明度，并推动将投资争端解决方式从国与国之间的外交行动转变为基于法律的争端解决与审判。IIAs 所提供的国际视角、法规以及加强有效治理的方法，有助于完善一国的监管和制度框架。IIAs 能够降低外国投资者所面临的风险（例如，起到保险单的作用），而且它有助于改善投资环境。通过上述作用与方法，IIAs 有利于促进跨境投资，并逐渐成为经济一体化更广泛议程的一部分，该议程如果管理得当，将有助于实现可持续发展目标。与此同时，经验表明 IIAs 会产生副作用（例如，仲裁庭实施 IIAs 保护条款时，可能会裁决国家作出巨额赔偿，一些仲裁庭实践已有这方面的案例），并且如任何其他国际条约一样，IIAs 会限制缔约方的监管空间。这引发了许多担忧——对监管空间的限制过多，IIAs 缔结时未被充分理解，以及未能通过政府的保障措施或 MNEs 义务来平衡对监管空间的限制等。

经验 1：IIAs 有副作用并且可能存在不可预见的风险——采取保障措施。

IIAs 是具有法律约束力的文书，而非“无害”的政治声明。过去 15 年 ISDS 案件的激增表明，IIAs 会产生副作用。宽泛而模糊的 IIA 条款使投资者能够挑战核心的国内政策决定，如环境、能源和健康政策等领域的政策。过去，面临投资者仲裁请求的主要是发展中国家，而现在越来越多的发达国家作为被申诉方（见第三章）。

仲裁庭对 IIAs 中的用语曾有过与预期不一致的解读，这导致了国家不能正确预期 IIAs 对其真正要求。因此，当前一个广泛认同的观点是，条约条款必须清晰详细，另外，条约的草拟应建立在对条款的实际和潜在影响进行全面法律分析的基础之上。

IIAs 对监管空间的预期影响并非简单直接。

尽管 ISDS 案件揭示了 IIAs 对监管权的约束，但是仍没有评估具体影响和进行风险管理的明确方法。IIA 的影响将取决于实际的条约起草用语、IIA 的设计以及国家和地区有效实施条约的能力。

经验 2：IIAs 作为促进与便利化投资的工具，既有局限性，也存在未充分利用的潜力。

IIA 规则制定需要依据适当的成本效益分析。然而，确定 IIAs 对 FDI 流动的影响并不简单。通过降低外国投资者所面临的政治风险、投资流动自由化（取决于条约的规定）以及向国际投资者传递良好投资环境的信号（特别是不具备健全投资框架和执行力的国家）等方式，IIAs 有助于鼓励跨境投资流动。然而，IIAs 只是众多 FDI 决策的决定因素之一，而且 IIAs 的作用还取决于其他可变因素。IIAs 不能替代健全的国内政策、监管与制度框架。像其他条约一样，IIAs 本身并不能把疲弱的国内投资环境变得强大，也无法保证外国投资流入（UNCTAD，2014a）。

然而，IIAs 作为实现可持续发展目标的工具，其潜力并未得到充分利用。首先，它们可以在投资促进与便利化方面发挥更大的作用，并促进可持续发展目标的实现。当前，增加投资数量是不够的，起关键作用的是投资质量，例如，投资在多大程度上带来具体的可持续发展效益。考虑到实现可持续发展目标（SDGs）的资金缺口（发展中国家每年面临 2.5 万亿美元的缺口），需要将投资引导至特定的 SDG 部门（WIR14）。

第二，IIAs 在促进负责任投资方面可以发挥更大的作用。尽管（外国）投资有利于改善人们的生活，但也可能对环境、健康和人权造成负面影响。这些负面影响可能因国内监管漏洞而加剧。因此，重要的是，IIAs 继续提供坚实的投资保护的同时，也应着手处理投资者责任问题。

经验 3：IIAs 在政策、系统一致性和能力建设等方面具有广泛影响。

IIA 谈判不仅与投资政策本身有关，同时影响着国内其他政策领域各层面上的政策制定（国家、地区、市等各层面）。鉴于其宽泛的适用范围和外国投资运营的广泛范畴，IIA 规则与贸易、劳工和社会问题、税收、知识产权、土地权、具体行业政策、国家安全问题、文化政策、健康和环境保护以及许多其他方面的政策相互作用。这些协议宽泛的适用范围及其规定的义务均要求，在制定一国的 IIA 谈判策略时，或在谈判过程中，需注重国家层面以及地区层面上的内部政策协调。此外，还需确保 IIA 义务与国内政策的一致性，并保证缔约方在 IIAs 下的义务与其所承担的其他国际义务相一致。

确保上述协调一致是一个艰巨的挑战。IIA 谈判的复杂性及其对国内政策的可能影响呼吁发展中国家，尤其是最不发达国家（LDCs）加强能力建设。缺乏对国际投资法和有关仲裁决定的深入了解，国家可能会签订无法真实反映其利益和目标的 IIAs。再者，缺乏上述协调，国家还可能作出其在国家或地区层面均无法实现的承诺，或者无意中（并且不必要地）限制政府政策的制定。此外，缺乏相应能力及谈判技巧还可能削弱国家的议价能力。

二、战略方针与政策选择

（一）改革需要与目标

IIA 改革是对投资政策制定新背景的响应，并且改革应当解决五个主要挑战。

正如 UNCTAD 可持续发展投资政策框架（IPFSD）所述（WIR12），IIA 规则制定的重新定位，是对国别及国际投资政策制定新背景的响应。

1. 一个新的可持续发展范式

50 多年前，自然资源保护、环境保护和社会福利在国际政策议程中并不处于显要位置。然而，当前，这些目标得到广泛认可，成为发达国家和发展中国家制定政策（包括投资政策）的指导原则（Hindelang et al.，2015）。因此，不能孤立地制定投资政策（以及 IIAs），而需要与可持续发展的更广泛目标相协调，并使其促进有关目标的实现。考虑到国际投资对实现 SDGs 这一后 2015 发展议程的重要性，并为落实即将于亚的斯亚贝巴举行的第三届发展融资会议的承诺，上述做法更显必要。

随着全球发展观念的演进，社会对外国投资所发挥的作用有了更加苛刻的期望，已不满足于创造就业机会、促进经济增长以及创造外汇收入等。各国不断寻求对环境无害、增进社会效益、促进男女平等并助其提升所处全球价值链位置的投资。

此外，对外国投资者能力和行为的担忧，导致对外国投资更细致的国内、国际审查。国际社会期待投资者承担更多责任。越来越多的投资行为接受是否符合有关国际标准的评估，例如，《联合国商业和人权指导原则》、OECD《跨国公司行为准则》（修订版），以及粮农组织（FAO）/世界银行/UNCTAD/IFID 的《负责农业投资原则》（PRAI）。除了国际组织所制定的标准，各界还希望投资者制定其自身的企业社会责任（CSR）规范，并汇报其为遵守有关规范而采取的行动（WIR11）。

2. 一个新的投资者格局

当前，发展中国家和转型经济体吸引了过半的全球 FDI 流量，它们作为 FDI 流入国的重要性日益凸显。新兴经济体不仅是重要的 FDI 东道国，还是越来越重要的投资流出国，占全球对外投资流出总额的三分之一以上。此前，这些国家主要以东道国的视角看待 IIAs，现在它们同样以母国视角考虑其海外投资的利益。

3. 政府在经济中的作用增强

2008 年全球金融危机之后，各国政府在监管与调节本国经济上不再谨慎被动。尽管私营部门资本仍然是全球经济增长与创新的主要动力，越来越多的政府开始抛弃对经济增长与发展的放松管制政策，而这一政策自 90 年代起一直处于支配地位。产业政策和产业发展战略在发达国家和发展中国家均迅速发展（WIR11）。这些战略通常包含具体的投资促进或限制元素，尤为强调协调发展与投资政策的重要性。

政府在可持续发展方面的作为，同样体现了政府监管的更强大作用。随着可持续发展目标和需求得到越来越广泛的认可，政府采取新的社会与环境监管措施，并强化现有的规则——这些措施均会对投资政策产生影响。过去十年的投资政策措施中，监管和限制性政策比例上升，由此不难看出政策制定者干预经济及引导投资活动的扩张趋势（见第三章）。某种程度上，这一趋势反映出对不受监管市场力量的经济与社会成本的新现实主义态度，但同时也引起了对投资保护主义的担忧。

将这些经验教训置于当前发展模式下的投资背景中，可得出下列一些具体的改革需要和目标。

（1）保障监管权利。

尽管IIAs有利于构建良好的投资环境，但是也不可避免地限制缔约方在国内政策制定上的主权。鉴于对上述限制的担忧（特别是当这些限制得以有效实施时），IIA改革需要确保国家保留其为追求包括可持续发展目标（例如，环境保护、促进公共健康或其他社会目标）在内的公共政策利益而进行监管的权利（WIR12）。此外，保障监管权利对实施经济或金融政策也是十分必要的（WIR11）。然而，与此同时，政策制定者必须保持警惕，在向政府提供必要的政策空间以追求正当公共利益的同时，避免无意中为投资保护主义或不合理歧视提供法律掩护。

（2）改革投资争端解决机制。

ISDS 体制源于注重保密性的私人主体间临时性商事仲裁制度，当前，ISDS 体制正面临着合法性危机。一些担忧认为，当前的 ISDS 机制不必然增加FDI流量的同时，使东道国承担额外的法律和财政风险，这些风险在签订IIA时以及在没有明确侵犯私有财产的情况下常常是无法预见的；在争端解决方面，与国内投资者权利相比，该机制给予外国投资者更多的权利；它使合法政府决策面临"监管寒流"的风险；它还导致不一致的仲裁裁决；此外，该机制在确保透明度、任命独立仲裁员以及保证正当程序方面尚有不足。以上都是IIA改革需解决的问题。

（3）投资促进与便利化。

如上所述，鉴于发展中国家面临着每年 2.5 万亿美元的可持续发展融资缺口，促进与便利化投资对2015年后发展议程而言至关重要。然而，迄今为止大多数现行 IIAs 并未包含足够的投资促进与便利化条款，并将该问题留给国内政策制定解决。因此，第三个改革目标是，在丰富国内政策的同时扩充 IIAs 中的投资促进与便利化内容，以此增强外国投资对可持续发展的促进作用。

（4）确保负责任投资。

外国投资有利于促进发展，但同时也可能对环境、健康、劳工权益、人权或其他公共利益产生负面影响（WIR14）。一般地，IIAs没有或极少规定与投资者所获保护相对应的投资者责任。因此，IIA 改革目标之一是确保负责任的投资者行为。这包括两个维度：将投资者给社会带来的积极贡献最大化（"有益"）以及避免负面影响（"无害"）。

（5）加强系统一致性。

在缺乏多边投资规则的情况下，IIA 体制的分化、多方面和多层次等特点导致了IIAs之间、IIAs与其他国际法之间以及IIAs和国内政策之间的重叠、冲突和缺陷。因此，IIA 改革应该协调上述不同关系。

（二）设计未来的IIA体制

IIA 改革需在设计标准和战略选择的指导下进行，有关标准与政策选择必须明确改革领域、工具以及最佳政策选择。

设计能够应对上述五大挑战的未来 IIA 体制时，各国应以一系列设计标准和投资决策为指导。此外，各国还需进行战略选择，以明确改革领域、工具和最佳政策选择。

1. 设计标准与战略选择

UNCTAD 投资政策框架提出了投资政策制定的11个核心原则，以指导国家及国际层面上的政策制定。为此，将投资政策制定所面临的挑战转化为投资政策的一系列“设计标准”(见表 4.1)。因此,《框架》的原则也是 IIA 改革的重要指导。

表 4.1 可持续发展投资决策的核心原则

领域	核心原则
1.可持续发展投资	投资决策的首要目标是为实现包容性增长和可持续发展促进投资
2.政策协调	投资政策应以国家的总体发展战略为基础。在国家和国际层面上,所有影响投资的政策都应保持连贯性和协同性
3.公共治理与体制	投资政策应涵盖所有利益相关方,并嵌入到基于法治的制度框架中,遵循公共监管的高标准,以确保投资程序的可预测性、有效性及透明度
4.动态政策制定	投资政策应定期评估有效性和相关性,并适应不断变化的发展动态
5.平衡权利与义务	为了整体的发展利益,投资政策应保持国家和投资者在权利与义务上的平衡
6.监管权	根据国际承诺,为了公共利益及尽量减少潜在负面影响,各国都有权建立外国投资准入条件,并确定外国投资的运行条件
7.开放投资	依据每个国家的发展战略,投资政策应该设立公开、稳定以及可预测的准入条件
8.投资保护及待遇	投资政策应该对投资者提供适当的保护。投资者待遇应该遵循非歧视原则
9.投资促进与便利化	投资促进与便利化政策应该符合可持续发展目标,并旨在最大限度地减少恶性投资竞争的风险
10.公司治理及责任	投资政策应符合并采纳有关企业社会责任及公司治理的最佳国际惯例
11.国际合作	国际社会应相互合作,应对利用投资促进发展方面的政策挑战(特别是在最不发达国家)。同时,国际社会还应共同努力避免投资保护主义

资料来源:UNCTAD

开始 IIA 改革之前,国家需要进行一系列战略选择:

(1)是否要有 IIAs。

第一个战略选择即“是否要有”IIA。这需要对此类协定的利弊进行谨慎的评估(见表 4.2 的总结)。各国可能得出不同的结论,这取决于各国的发展战略、国内投资政策、其作为投资母国或东道国的不同角色,各国有关 IIAs/ISDS 的经验以及各国处理国际投资关系的方式。

表 4.2 支持和反对 IIAs 论点总结

支持 IIAs 的主要论点	反对 IIAs 的主要论点
有助于创造良好的投资环境	不能保证额外的投资流入
有助于在缔约方之间产生及扩大经济政治合作	可能会对东道国行使有关公共利益的主权带来消极影响
有助于形成稳健、可预测的政策框架,形成良好治理和法治体系	使东道国可能面临 ISDS 和相关金融风险
对独立于东道国国内立法(国际法高于国内法)的权利提供保护	外国投资者同国内投资者相比拥有特权
和国际惯例法相比,提高作为条约规定的权利保护的法律确定性	仅提出投资者权利,忽略投资者义务
降低境外投资的政治风险	谈判结果受谈判双方议价能力影响
促进母国对投资担保的批准	可能会导致缔约方义务的重叠和不一致
有助于避免投资争端政治化	不能随具体环境变化而灵活修订

资料来源:UNCTAD。

（2）是否解除 IIAs。

由于大多数国家在不同程度上已经是全球 IIA 体制的一员，“是否要有 IIAs”的问题不仅是签订新条约的问题，还是维持或终止现行协定的问题。对于一些国家而言，当其国内政策辩论对 IIA 担忧甚高或政策制定者不再将 IIAs 视为投资促进战略（无论是吸引外资还是对外投资战略）的重要元素时，解除现行 IIAs 可能非常有吸引力。

考虑这一路径的国家必须谨记，在 IIA 达到一定年限前，通过宣布条约无效以废除条约是不被允许的。此外，宣布条约无效并不能立即解除缔约方的条约义务，因为 IIAs 通常包含“存续条款”，该条款在条约终止后的一定时期内，通常为 10 到 20 年，保护东道国现有投资。最后，在未与另一缔约方协商的情况下单方面宣布条约无效，将可能对外交关系造成负面影响。

（3）是否参与 IIA 改革。

下一战略选择为是否参与 IIA 改革。避免国际投资政策制定的实质性改变会留下一个前后一致及投资者友好的形象。这对于对外投资活跃并且没有或几乎没有 ISDS 经历的国家而言尤其具有吸引力。然而，不参与改革，则无法解决当前全球 IIA 体制带来的任何挑战，并且国家将持续面临着传统 IIAs 所带来的风险。此外，现行条约的合作伙伴以及其他国家改革支持者施加的压力，使维持现状的难度不断加大。

（4）如何改革 IIAs。

如果一个国家决定进行 IIA 改革，则需要进行涉及实体性及程序性内容的进一步战略考虑。

改革应该到何种程度与深度？IIA 改革需要确定单个改革步骤的先后顺序。循序渐进的改革步骤可能比整体改革更容易实现。对各方最可能达成共识的领域（例如，特定 IIA 条款或 ISDS 改革要素）进行优先改革，可能是较为有利的。

对于那些希望继续参与投资体制并应对 IIAs 挑战的国家而言，就特定问题而采取有限的调整措施（例如，选择性调整措施）尤其具有吸引力。选择性调整措施，在保留条约核心不变的同时，使国家得以解决最容易着手、最相关、最紧迫的问题（例如，“可轻松实现的目标”）。此外，它还允许根据特定谈判方进行调整，以适应特定的经济关系。诚然，采取选择性调整措施有助于缓解 IIAs 所面临的日益增加的压力，因而是一个颇具吸引力的选择。

然而，与此同时，选择性调整措施不能全面解决现行条约带来的问题。除非它们能够处理好最惠国待遇（MFN）条款所面临的挑战，否则选择性调整措施无法彻底解决条约之间的相互作用问题。如果 MFN 的适用问题得不到解决，选择性调整可能导致“条约滥用”和“偏颇选择”，进而不利于条约条款的改进。通过上述分析可见，选择性调整措施可能引起所选条约进一步的变化，因而带来不确定性而非稳定性。

相比之下，系统全面的改革意味着对国际性承诺进行彻底的检查与修订，以确保其促进可持续发展；意味着在实体性及程序性问题、条约网络问题、ISDS、解决不一致性，弥补系统性差距以及消除漏洞等各个方面，全面解决 IIA 体制的关键挑战。就五大改革目标采取相应的改革措施，解决未来和现行条约所面临的问题，是改革当前 IIA 体制最全面的方法。

系统全面的改革面临着许多挑战。改革需要大量的时间及资源。改革的结果可能会被认为削弱协定的投资保护功能及投资环境的吸引力。改革也需要顾及大量现行 IIAs。另外，条约的修订或重新谈判可能需要许多条约缔约方的合作。然而，只有这一做法才能带来全面一致的 IIA 改革，而这也是国际社会公认的解决促进 SDGs 这一共同挑战的最佳方法。

如何平衡投资保护和保障监管权利的需要？IIA 改革步伐可以是稳健的或激进的。需要注意的是，单个改革步骤或整套改革方案的累积效应不会削弱 IIA 的投资保护功能，而是力求在为外国投资者提供充分保护和为东道国保留足够监管空间两者之间达到一个平衡。如何平衡两者是一个战略选择，取决于各国的偏好和政策。

此外，单个改革步骤可能造成保留监管空间的错觉（例如，强调监管权利的同时，指出任何措施都必须与 IIA 一致）。因此，追求全面的改革需要谨记上述两者之间的相互关系，从而进行谨慎选择。

如何反映投资母国和东道国的战略利益？国家在 IIA 改革中的战略位置取决于其是从母国还是东道国角度进行改革。作为东道国的国家更为关注确保监管空间以及降低其 ISDS 的被诉风险；而作为母国的国家，则对为其海外投资提供充分保护更感兴趣，此外，它们也可能对在 IIAs 中设立外国投资者准入权感兴趣。随着越来越多国家同时担任母国和东道国的双重角色，它们需要协调其在 IIA 改革争论中的战略利益。

如何使 IIA 改革与国内投资政策同步？IIA 改革需要考虑 IIAs 与国内投资政策之间的相互作用以及“分工”问题（IIAs 与国内投资政策两者之间的关键区别是，国内法可以单方面修改，而 IIAs 不可以）。因此，一个战略选择是，国内法和 IIA 分别为投资提供何种程度的保护。同样需要考虑的问题是，在国内层面还是国际层面进行改革，或在两个层面同时进行改革。在理想的情况下，上述两个层面的政策是互补的（例如，在投资保护、投资促进以及投资者责任等方面互补）。在其他方面（尤其是争端解决），需要决定的是，国内及国际争端解决程序应当是互补的还是互斥的。

是否整合 IIA 网络以改善当前的碎片化局面？随着各国 IIAs 的改革与更替，“新”“旧” IIAs 并存的情况将越来越常见。IIA 改革至少在一开始将可能造成 IIA 体制的进一步碎片化。同时，如果参与国家足够多，IIA 改革将为巩固 IIA 网络提供契机。区域 IIA 改革的努力包括区域内和区域间为巩固条约提供了特殊机遇。区域 IIAs 能够替代参与国早前签署的 BITs，除非有关国家希望保留“旧”协定。允许旧双边协定与新区域协定共存，提高了碎片化和系统不一致性风险，并且这一风险在不改革 MFN 条款的情况下将进一步加剧。

总体而言，各国对上述战略性考虑的回应，将取决于具体国情及偏好。有关因素包括：一国 IIA 网络的条约构成，一国的 ISDS 经验，IIAs 在一国总体发展战略中的地位，以及一国 IIA 改革的程度（包括其国内利益相关方希望改革的程度）。

2. 改革领域

IIA 改革的起点是过去积累的经验教训，前文将这些经验教训提炼为上述五大改革目标。这些改革目标可以通过解决有关“改革领域”中的问题来实现，有关“改革领域”大部分与 IIA 关键条款相对应。对于每个改革目标，本报告提供了若干以可持续发展为导向的政策选择。改革目标、对应的改革领域以及政策选择三者结合，为 IIA 改革提供了一份行动清单。

设计改革要素的方法

总体来说，政策选择针对 IIA 中的基本要素而提出。下文讨论的政策选择，既涵盖主流的 IIA 条款（例如，界定间接征收），也包括更多仅在少数国家应用或只存在于协议范本、政策声明或概念文件中的政策选择（例如，国际投资法庭）。其中，许多选择已在 UNCTAD 于 2012 年制定的投资政策框架中列出。

另一个可能性是，从零开始，制定新的国际

投资法和政策。对国内法律及政策中投资保护标准的审查，以及对有关标准的利弊与其在国际层面的适用性的分析，能够为此提供借鉴。类似地，新 IIA 要素的设计可以借鉴对外投资者所取得的成果，即考虑投资者认为对其有益的投资保护及支持举措。巴西在制定其《投资便利化与合作协定》(CFIAs) 时，部分地将这一方法付诸实践（见第三章）

选择改革要素组合的方法

当前，全面 IIA 改革面临着如何合理利用 IIAs（包括其投资保护要素）以实现可持续包容性发展这一具体挑战。在投资者保护以及保障监管权利两者之间寻求平衡尤为重要。一些政策组合的复合累积效应可能使条约承诺变得毫无意义，从而导致条约失去基本的投资保护功能而变得没有意义。最终，政策选择的组合使用决定了一个特定 IIA 的实际作用。因此，全面的改革需要注意不同政策选择之间的相互作用，并对有关选择进行仔细甄别。

上述需要已反映在《UNCTAD 政策框架》的原则之中，其中包括开放投资、投资保护及待遇的有关原则，以及监管权、平衡权利和义务等原则。

实现上述五大改革目标的方法有很多。表 4.3 提供了一份行动清单。各国可以利用该清单以确定最适合的改革目标和改革领域组合。

表 4.3　IIA 改革的目标及领域

改革目标	改革领域
1.维护监管的权利	明确界定的（明确定义）IIA 保护标准： • 公正与公平待遇 • 间接征收 • MFN “安全阀”，例如，关于以下方面的例外： • 公共政策 • 国家安全 • 国际收支失衡
2.改革投资争端解决机制	与以下内容有关的条款： • 通过提高透明度，限制投资者进入，加强缔约方控制以及引入当地诉讼要求，对现行 ISDS 机制进行调整。 • 在现行 ISDS 机制中引入新元素（例如，引入争端解决的其他有效替代方法，设立上诉机构）。 • 替代现行 ISDS 机制（例如，建立常设国际投资法庭，采用国家—国家争端解决和/或国内争端解决等方法。
3.投资促进与便利化	与以下内容有关的条款： • 加强促进措施（流入和流出） • 聚焦促进可持续发展目标的措施 • 开展投资促进与便利化方面的合作
4.确保负责任投资	与以下内容有关的条款： • 禁止降低环境或社会标准 • 确保与国内法规相一致 • 加强企业社会责任（CSR）并在该方面开展合作
5.加强系统一致性	与以下相互作用有关的条款和机制： • IIAs 和其他国际法 • IIAs 和国内投资及其他政策 • 一国所签订的不同 IIAs

资料来源：UNCTAD。

3. 改革工具

进行 IIA 改革及制定新一代协定时，可供各国选用的改革工具有很多。图 4.4 列出了有关工具以及应用这些工具的不同切入点。这些工具可划分为略有重叠的八大类。对于某些特定 IIA 切入点或条款，可以结合不同的工具一并使用。

表 4.4 改革工具

改 革 工 具	范 例
1.引入新条款	• 公共政策例外 • 遵循国内法条款 • “不降低有关标准”条款 • CSR 条款
2.取消（省略）现有条款	• FET、MFN、保护伞条款、ISDS
3.重新制定现有条款	明确以下条款的内容： • FET • 间接征收
4.例外条款	（在 IIA 条款或保留条款中）限制： • 条约范围 • 受保护的投资/投资者范围 • 关键条款的适用范围（如 MFN、国民待遇） • ISDS 适用范围
5.关联条款	为以下保护设置条件： • 投资者行为
6.调整条款的标准强度	• 劝告性语言 • 过渡期/分阶段引入 • 有区别的义务
7.创立/加强组织机制	在 IIA 内部，联席会、理事会或工作小组能够加强以下方面的对话与合作： • 投资促进，争端预防，条款解释，协定审查 在 IIA 之外， • 上诉机构，国际投资法庭
8.参考其他法规	处理好 IIAs 与其他法规之间的交互作用，以避免不一致并增强协同效应，例如： • 前言 • 参照 CSR 工具 • 重申缔约方在其他国际法律规定下承担的责任 • 参照《维也纳条约法公约》 • ISDS 规则

资料来源：UNCTAD。

• **引入新的条款**。该工具对不同改革目标的影响各异，具体取决于新条款的内容。比如，引入新条款有助于保障监管权利（例如，如果该条款是起到“安全阀”作用的一般例外条款或国家安全例外条款）。

引进新条款有助于促进负责任投资行为（例如，如果该条款为“不降低有关标准”条款或 CSR 条款）或促进投资（例如，如果新增条款涉及母国措施，或是与负责投资促进的联席会相关的条款）。

• **省略现有条款**。同样，该工具的影响取决于各条款的内容。例如，避免引入具有争议性或易于引起仲裁庭矛盾解释的条款，从而有助于提高法律确定性（例如，省略保护伞条款），保障监管权利以及改善投资争端解决机制。

• **重新制定现行条款**。“重新制定”通常是明确或限制条款的范围。明确条款范围，最终将提高法律确定性与可预测性，因而投资者和东道国均能够从中受益。

• **例外条款**。“例外”可以限制条约的适用范围（例如，限制受保护投资的范围）或特定条款的范围（例如，限制适用 ISDS 的情形）。此外，还可以对特定部门、产业或政策进行例外。一般而言，例外有助于保障监管权利。

• **关联条款**。关联条款通常会对投资者获得投资保护设定特定条件。例如，投资者如果想要获得保护或取得诉诸 ISDS 的权利，则必须遵守东道国法律；或者要求仲裁庭在解释投资保护标准（例如，公正与公平待遇）时，考虑各国不同的发展水平。设定获得保护所需满足的条件，通常会削弱 IIA 的保护力度。与此同时，关联条款也能够加强条约在引导负责任投资行为方面的影响。

• **调整条款**。调整条款意味着调整条款的标准强度。有关例子包括，使用劝告性语言（例如，CSR 问题），规定差别责任（例如，对于欠发达条约伙伴，规定相对宽松的义务），或者延期履行条约义务（例如，对于欠发达条约伙伴，规定一定的过渡时期或分阶段履约）。前者（例如，在 CSR 问题上使用劝告性语言）已经常被用于加强 IIAs 可持续发展/责任维度；后者（过渡期或分阶段履约）则一般用于特殊与差别待遇情形。必须指出的是，尽管特殊与差别待遇是 WTO 法律体系中的基本规则，但仍未被纳入国际投资法当中。

• **创建机制**。这包括对现有委员会或理事会制度的改进，或创立新的机制（例如，上诉机构、国际投资法庭）。鉴于大多数第一代 BITs 没有制定制度结构或后续机制，这一工具意味着引入新的条款或元素，因此，它很可能会与第一个工具有所重叠。就其对改革目标的影响上，这一工具可以解决与 ISDS 有关的挑战（例如，创建上诉机构或国际投资法庭），加强 IIA 的投资促进作用（例如，设立主管促进合作问题的机构），增强 IIA 对引导负责任投资行为的影响（例如，创建负责审查 CSR 相关问题的机制），加强国家作为条约主体的作用（例如，设立负责审查 IIA 或向仲裁庭提供条款解释指导的机构）。

• **参考其他法规**。这包括参考其他法规，以提高 IIAs 和其他法规（例如，人权、环境、公共健康）之间的一致性；参考 CSR 规则，以促进负责任投资行为；参考《维也纳条约法公约》，以确保条约解释的一致性（在存在解释冲突的情况下）；参考与投资争端解决有关的国际公约或规则。

上述讨论的改革工具，不仅其性质及影响不同，其适用的难易程度也不同。引入新条款，尤其当新条款具有强制性时，可能产生潜在影响和无法预料的副作用等问题。当新条款包含新的概念时，如投资者义务，可能会引起有关该概念是否属于 IIA 的争论（尤其当 IIA 被视为本质上旨在保护投资者时）。省略条款（尤其当这些条款涉及关键投资保护标准时）可能会引发有关省略将削弱 IIA 及其潜在投资促进效果的担忧。

引入和省略条款是对“典型 IIA”背离程度最大的改革工具。它们改革而非改良现有体系，因而最接近于概念化的 IIA 改革。上述所有考虑与分析，都将影响政策制定者在本国 IIA 改革中的路径选择。

（三）改革的政策选择

UNCTAD提供了应对上述五大IIA改革挑战的政策选择。

本部分就关键 IIA 条款和改革切入点提供了许多政策选择，并讨论有关政策选择如何促进上述改革目标的达成，以及各个政策选择的利弊。另外，结合图表（可于网站 http://investment-policyhub.org 获取）等形式更清晰地佐证本部分关于政策选择的讨论，图表列明了具体的改革政策选择，以具体的条约举例分析，并指出了当前的国家实践中普遍采取的政策选择。现行条约中的起草用语，可在《APEC-UNCTADIIA 谈判者手册》（APEC，UNCTAD，2012）中获得。

很大程度上，本报告所提供的改革政策选择，反映了《UNCTAD 投资政策框架》（IPFSD）中所列出的针对 IIA 的政策选择。本报告采取不同的方法，并只考虑有助于解决上述五大挑战的政策选择，即更细致地聚焦于最迫切的议题（例如，MFN，FET，间接征收，ISDS）。

一些针对特定 IIA 条款的政策选择是备选的替代方案，其他的则可以结合使用。

1. 保障监管权利

政策选择包括对最惠国待遇（MFN）、公正与公平待遇（FET）、间接征收以及为公共政策或国家安全的例外等条款做出更清楚的阐述或限制。

在 IIAs 中，出于公共利益而进行监管的权利，主要通过与条约中给予外国投资者待遇标准的条款来实现。在这些条款中，涉及投资保护与为公共利益而监管的权利间的平衡的，有 MFN 条款、FET 标准、征收条款以及安全与例外条款，这些条款无不作为投资保护的实体性标准或一般适用的条款。这些议题是 IIA 改革讨论的焦点，本部分将对此进行详细讨论并提供解决办法。其他 IIA 条款（包括序言、范围与定义条款、国民待遇条款、保护伞条款以及与补偿有关的条款）同样涉及监管的权利；对于国家而言，它们也是必须谨慎考虑的重要议题，但在改革讨论当中则相对次要。因此，在本部分的第二节将对它们进行简要的讨论。其他一些影响监管权利的 IIA 条款（例如，业绩要求或准入前待遇条款），本报告并不涉及。

待遇标准

- **MFN**

MFN 条款是 IIA 改革中的重要条款。对 MFN 条款采取不恰当的做法将阻碍对条约条款的改进。

在传统 IIAs 中均包含的 MFN 条款，旨在保证缔约国投资者所获得的待遇不低于任何第三国投资者所获得的待遇（例如，基于国籍的歧视待遇）。因此，MFN 原则以保证不同国籍外国投资者间的公平竞争为目标（UNCTAD，2010b）。

在 ISDS 实践中，投资者以东道国给予第三国投资者更优惠的国内措施待遇为由提起仲裁请求的案件并不多，取而代之的是，他们经常援引 MFN 条款以获得东道国给予第三国投资者的更优惠待遇。

尤其值得注意的是，投资者常常依赖于 MFN 条款，以避开其适用的 IIA 条款所规定的争端解决要求（例如，诉诸国际仲裁前的一定时期内，投资者必须首先寻求当地救济的要求）。一些仲裁庭认为，如果案件中的东道国广泛缔结 MFN 条款，此时，申诉方能够找到东道国签署的不包含此类仲裁前要求的 IIA 而实现规避。在其他案件中，投资者为获得高于基础条约（“基础条约”指的是申诉所依据的条约）的保护标准而援引 MFN 条款。例如，东道国与第三国签署的 IIA，与基础条约相比，包含更多的投资者保护或更优惠的待遇，对于该情形，多个仲裁庭决定，投资者以更优惠条款代替基础条约的相应条款，或者将其纳入基础条约之中是可行的。

MFN 条款的上述应用，会激励投资者从东道国缔结的条约中“挑选”最有利的条款，从而将可能影响条约的达成并“挤出”基础条约。例如，正如仲裁庭所指出的那样，做出宽泛承诺的 MFN 条约的应用，可能导致条约承诺冲突，或者使在谈判中艰难达成的妥协（例如，关于提高业绩要求条款灵活性的一致同意）付诸东流。在当前各国致力于改革其 IIA 体制的背景下，上述问题引起了特别的关注，这意味着对条约标准的调整与再平衡。显然，各国想要并需要谨慎小心，以保证重新精心设计的条款不被作出宽泛承诺的 MFN 条款所规避。

为应对这些挑战，本部分提供了一些政策选择（见图 4.2）。

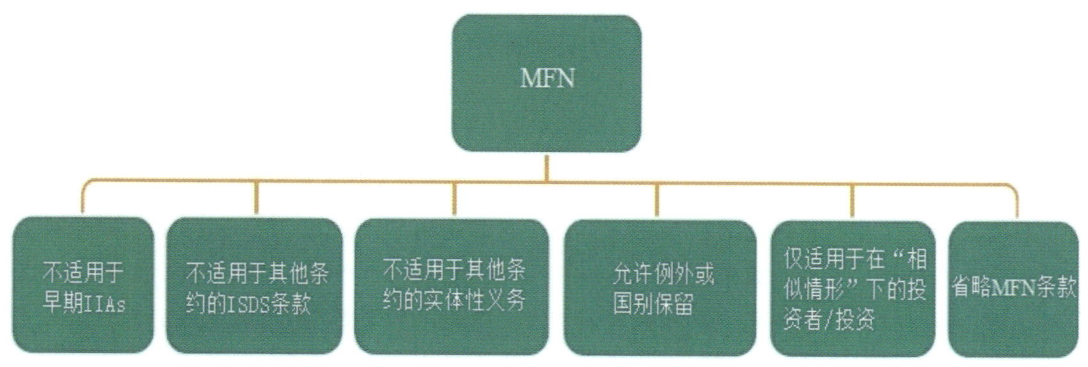

图 4.2　IIA 改革的政策选择：MFN

资料来源：UNCTAD。

第一个选择是，明确规定不允许将旧条约中的实体性内容或与 ISDS 有关的因素引入 MFN 条款。该选择确保一国改革 IIA 体制的努力不受其签订的旧条约条款的阻碍。

第二个选择是，明确说明 MFN 待遇不适用于其他 IIAs 中的 ISDS 条款，无论是现行的还是未来的 IIAs。

第三个选择是，明确说明 MFN 条款不适用于（现行的或未来的）IIAs 中的实体性义务。相似地，条约可明确规定，其他 IIAs 中的实体性义务并不自然地构成本条约的“待遇”，一国根据这些实体性义务而采取的措施因而也不包括在其中（例如，加拿大—欧盟 CETA，2014 年草案）。

所有上述方法都为 IIA 改革提供支持，并避免现代化的努力白费——尽管这些方法会引发对协议投资保护作用的担忧。

第四个选择是，通过允许一般性例外（适用于缔约双方）或特定国家保留，从 MFN 义务中剥离出特定部门、行业或特定的政策措施。这一选择与包含准入前规定的 IIAs 密切相关。

第五个选择是，在近期的协议中被频繁采用，即明确 MFN 义务下，投资/投资者之间的比较，必须是“在相似情形下”。该条款在保障监管权利方面能起到一定作用，但具体的比较标准也会引起疑问。最近，一些条约尝试制定判断投资者/投资是否“在相似情形下”的标准（阿塞拜疆—克罗地亚 BIT（2007））（另见“国民待遇”）。

最后一个选择，已有部分国家进行了实践，

即省略全部 MFN 条款。相关的实践有，欧盟—新加坡 FTA（2014）、印度—马来西亚 FTA（2011）、东盟—澳大利亚—新西兰 FTA（2009）、日本—新加坡 FTA（2002）以及南部非洲发展共同体（SADC）BIT 范本（2012）。该方法最大限度地保留了灵活性，并为 IIA 改革提供便利。与此同时，对于一个被普遍认为是国际经济法奠基石之一的待遇标准，省略之无疑会引起广泛关注。作为回应，一些观点认为，在 IIA 中，MFN 条款的投资促进作用相较于其他条款而言更弱；MFN 条款在 IIA 中的作用也不如其在其他国际经济协定（例如，特惠贸易协定）中的作用。

- **FET**

FET 标准是当前 IIA 改革讨论的核心之一。该标准用于，当政府的不正当行为未被其他保护标准所规范时，保护投资者使其免受政府不正当行为的损害。此外，有观点认为，FET 标准有助于培育治理良好的东道国政府。在实践中，由于其开放性及未明确定义的特点，传统 IIAs 均纳入的 FET 标准已经变成全能条款，投资者利用该条款去挑战任何其认为不公平的政府行为。因此，实际上，迄今为止的几乎所有 ISDS 案件均包含对东道国政府违反 FET 条款的指控。

由于没有对“公平”与“公正”概念作出明确的法律规定，这为主观解释留下了空间，也就是说，FET 的含义具有很大的不确定性。此外，FET 与国际惯例法原则，如国际最低待遇标准间的关系，也产生了解释难题，尤其当 IIA 文本未包含 FET 与国际惯例法之间关系的说明时。由此而产生的后果是，确定 FET 标准含义的任务留给了临时仲裁庭（UNCTAD，2012b）。

产生于仲裁实践的一个尤其富有挑战性的问题，与应用 FET 标准保护投资者的“合理预期”有关。考虑到“合理预期”概念的潜在广泛应用，存在这样一种担忧，即如果一国的投资政策或新近政策不利于个别外国投资者，则 FET 条款可能会限制国家改变其投资政策或引入新政策（包括出于公众利益而实施的政策）的能力。

传统的第一代 IIAs 普遍包含无限制条件的 FET 标准，从而导致上述问题。新一代的 IIAs 的起草包含多个更为精确的选择（见图 4.3）。

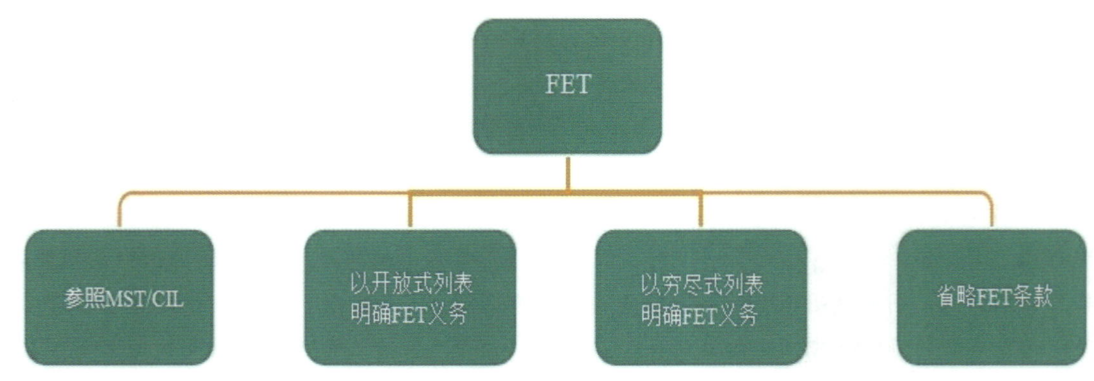

图 4.3 IIA 改革的政策选择：FET

资料来源：UNCTAD。

第一个选择是，参照国际惯例法中给予外国人的最低待遇标准（MST/CIL），对 FET 标准进行限制。考虑到特定仲裁庭对 MST/CIL 的理解，该方法可能会提高国家的责任门槛（例如，被起诉的行为须是对外国投资者极端过分的非正常待遇），并且有利于保护国家根据其目标调整有关政策的能力。然而，无论对国家还是投资者而言，MST/CIL 的内容远未明晰，而对该概念的参考可能会导致更大的不确定性。此外，考虑到对国际惯例法（CIL）的特点及发展的种种争议，并非所有国家都能够接受对 CIL 概念的参考。

第二个选择是，以关于国家义务的开放式列表的形式，明确阐述 FET 标准。该形式可以是“肯定式”的，明确阐述该标准涵盖的具体内容（例如，在刑事、民事及行政审判程序中不拒绝公正对待的义务）；也可以是“否定式”的，即阐明该标准所不涵盖的内容（例如，明确规定 FET 标准不包括禁止东道国履行其调整本国法律法规的稳定义务），或者是两者的结合。该选择的优点是，通过举例说明 FET 的涵盖内容及不涵盖内容，澄清了 FET 的含义。该选择的缺点之一是，开放式列表的形式，给仲裁庭扩大化解释 FET 留下了空间。

第三个选择是，以彻底详尽的“封闭式”列表，列举明确的义务（例如，禁止拒绝给予公正对待、禁止违反正当程序、禁止滥用权力等），以代替笼统的 FET 条款。尽管达成此类列表将可能是一个漫长而具有挑战性的过程，其全面详尽的特点将有助于限制不可预期或宽泛的仲裁庭解释。若选择该措施，缔约各方接下来也许会提出定期审查该 FET 义务列表的要求。

最后一个选择是，已有部分国家在其缔结的 IIAs 中付诸实践，即省略 FET 条款（例如，孟加拉—乌兹别克斯坦 BIT（2000）、澳大利亚—新加坡 FTA（2003）），或者将 FET 条款放在次要位置，如在序言部分简要提及而非在正文部分进行详细规定（如土耳其—阿拉伯联合酋长国 BIT（2005）或阿塞拜疆—爱沙尼亚 BIT（2010））。[4] 该方法降低了国家被诉的可能性，但与此同时削弱了协议的投资保护作用。

- **间接征收**

征收条款是 IIA 中缓和投资者所面临风险的关键因素。征收条款并不剥夺国家征收财产的权利，但为国家行使该权利设置了限制条件（UNCTAD，2011a）。[5] 一般而言，征收条款涵盖征收的“直接”与“间接”形式。“间接征收”包括产生“等同于”直接征收效果的行动或系列行动。一般地，此类行动涉及在没有正式将产权转移至国家或者在直接没收的情况下，对投资完全或接近完全的剥夺，或者是损害投资的价值。

投资者利用间接征收条款，对国家所采取的不利于其投资的非歧视性监管措施（例如，出于环境或公共健康的考虑，禁止或限制开展特定经济活动）进行控诉。这引发了征收（需要赔偿）与合理的公共政策制定（不需要赔偿）之间的界限问题。

过去，IIAs 并未包含任何界定构成间接征收的国家行为与无须进行赔偿的国家监管行为的标准。然而，近期的 IIAs 普遍列出界定标准；有的协议甚至走得更远——直接删除提及间接征收的条款（例如，塞尔维亚—摩洛哥 BIT（2013））。省略间接征收条款尽管可能会降低（甚至消除）国家因间接征收而被起诉的可能性，但同时也可能使投资者意识到国家风险及国家机会主义监管行为的可能性。

关于间接征收，本报告提供如下一些政策选择（见图 4.4）。

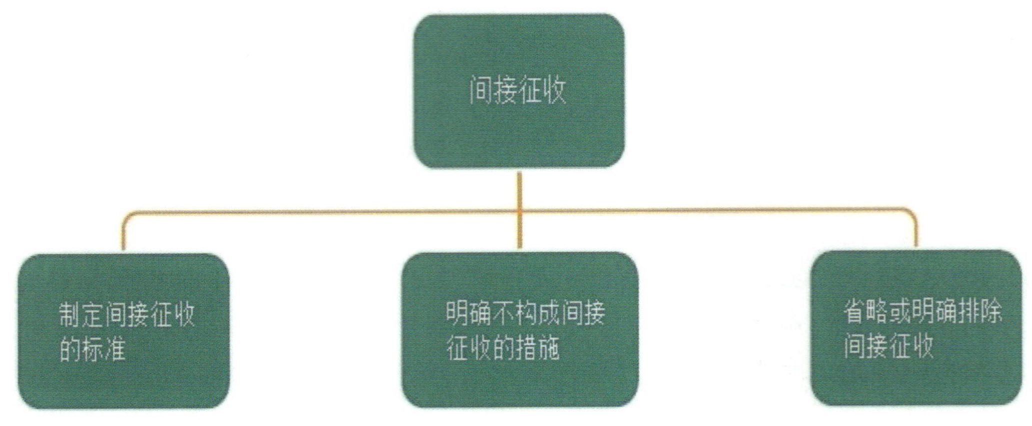

图 4.4 IIA 改革的政策选择：间接征收

资料来源：UNCTAD。

第一个选择是，通过制定必须满足的间接征收标准，来限制对间接征收情形下的保护。该标准可参照：政府行为的经济影响；政府对明确、合理的投资预期的干预程度；政府行为的特征(例如,被起诉的政府行为之目的是否是歧视性的或不恰当的)。另一可能的标准是，所称构成征收的措施是否给该国带来直接的经济利益。

第二个选择是，一般意义上，明确定义不构成间接征收的措施。例如，可以明确“一般监管行为”(例如，与公共政策目标有关的非歧视、善意的监管行为)不构成间接征收。相似地，可明确规定政府措施对投资的经济价值所造成的不利影响，不足以构成间接征收。该选择的一种变化形式是，明确特定措施(例如，遵循 WTO 规则的强制性许可)并不构成间接征收。

第三个选择是，在 IIA 中省略对间接征收的规定，或者将其排除在条约内容之外。根据条约的拟定情况，对“间接”征收的简单省略，可能并不会降低国家因间接征收而被诉的可能性：在 IIA 中，笼统地提及“征收”，可能会在仲裁程序中被解释为包含直接征收与间接征收。相反地，明确地将间接征收从 IIA 内容中剔除，可能会被认为严重削弱 IIA 的投资保护作用，因为，在诸如渐进式征收(通过一系列损害措施)或变相征收(在征税等合法措施的掩饰下)等与国家监管行为无关的间接征收中,投资者的利益不受保护。

上文所提及的所有变革为仲裁庭提供指引，而这，是当前大部分 IIAs 所缺少的。没有一个选择完全排除了国家的被诉风险(也许明确排除对间接征收提供保护的做法除外),但更合理而清晰地平衡了投资者利益与国家利益。上述做法，有利于保障出于公众利益而进行非歧视监管的权利，与此同时，能够使投资者更明确地知悉 IIA 的权利范围。尽管完全排除为间接征收提供保护也是一个选择，但在当下的国家实践中却极其罕见，并且会被投资者视为严重削弱 IIA 的投资保护作用。从投资者的角度看，在政府治理较弱的经济体中，此类保护尤其必要，因为该情况下东道国国内法所给予的保护并不值得信赖。在间接征收保护缺位的情况下，投资者可能会寻求私人或公共保险公司的保驾护航。

保障

对于下文提及的 IIA 要素，有关政策选择围绕不同方面而制定，并要求在不同选择中作出抉择。

- **公共政策例外**

投资者可能会对不利于其投资收益的公共政策措施提起仲裁请求。传统的 IIAs 一般不包含明确的公共政策例外，而越来越多的新条约则引入公共政策例外。此类例外的形式类似于 WTO 的 GATT 第 20 条以及 GATS 第 14 条。这些条款旨在平衡投资保护与其他公共政策目标，同时也致力于降低国家因公共政策措施被诉的可能性。另外，公共政策例外对公众也有重要的信号作用，能够反映协议与可持续发展目标及公共政策制定的相容性。

与此同时，缺少公共政策例外并不意味着国家无法采取公共政策措施。反而，此类措施或者与 IIA 义务协调一致，或者基于阐释 IIA 义务的其他国际法原则也是合理的。尽管如此，在 IIA 中纳入公共政策例外，有助于为东道国提高法律确定性：公共政策例外条款明确允许在特定情况下采取相应措施，而该措施在其他情况下根据条约或将引起争议。这样做有助于提高 IIA 义务范围的确定性与可预测性。

必须说明的是，纳入例外条款，将引发该条款与诸如直接征收（如果直接征收与例外条款中的某一目标有关，国家是否可以免于赔偿义务？）或 FET 标准（例如，如果国家为投资者创造了受保护的合理预期，国家是否不能再援引例外条款？）等传统投资者保护条款之间的关系问题。因此，需要慎重考虑例外条款与各 IIA 义务之间的关系。比如，《能源宪章条约》规定，第 24 条“例外”不适用于征收条款。

假如国家希望将此类例外条款纳入 IIAs，它们有多个政策措施可供选择（见图 4.5），每一种选择都各有利弊。

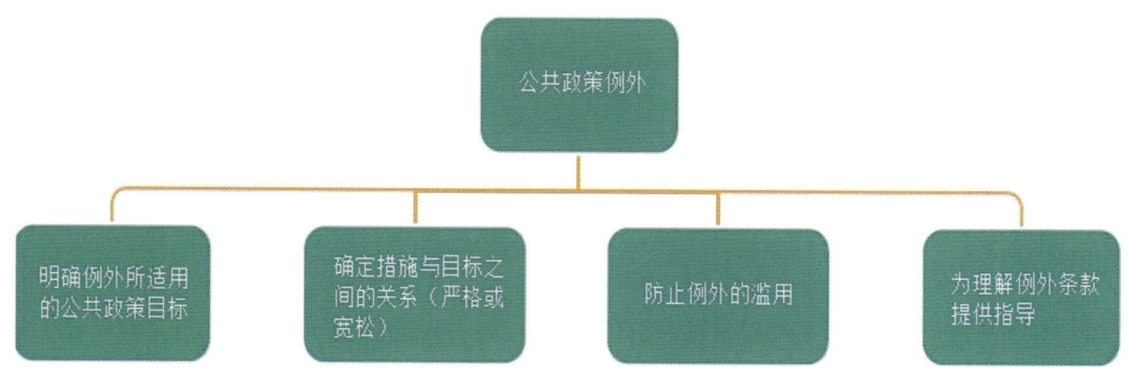

图 4.5　IIA 改革的政策选择：公共政策例外

资料来源：UNCTAD。

第一组选择与所涉及的情形有关。国家可以明确列出其希望适用例外条款的公共政策目标（例如，保障公众健康、公共秩序及公共道德、保护环境）。该列表可参考有关的 WTO 条款（GATT 以及 GATS），但同时也能够包含其他目标，例如社会基础服务（健康、教育、供水等）、反避税、保护国家艺术瑰宝、历史遗产或考古遗址（或称“文化遗产”）、文化多样性以及媒体多元化，或允许追求更广泛的目标，例如，与东道国贸易、金融及发展需求有关的目标。该列表的确切内容取决于谈判各方的政策偏好。[6]

第二组选择，涉及确定措施与其所追求的政策目标之间的关系。这决定了一国实施例外的难易程度。例如，IIA 可以规定有关措施是实现政策目标所“必要”的（严格型），或者规定有关措施只要简单地与政策目标“有关”（或者有关措施“旨在”达成该政策目标）即可（次严格型）：两者之间的关系越严格，协议的保护功能则越强大。

第三组选择旨在避免滥用例外。例如，IIA 可以明确规定“例外”措施必须不以任意的形式执行，并且不能是变相的投资保护主义。同样，有关选择可以参考对应的 WTO 条款（GATT 以及 GATS）。

第四组选择为仲裁庭解释条约的例外条款提供指导。例如，IIAs 可以建立这样一个强制机制：当案件中的东道国援引公共政策例外条款时，将该案件提交至缔约各方共同设立的联席会，联席会可以为仲裁庭对条款的解释提供指导，或者发布关于措施是否适用于公共政策例外的、具有约束力的决定。这使国家能够保留一定程度的、对于例外条款适用的控制力。

- **国家安全例外**

多个政策的发展变化，引起各方对 IIAs 可能会限制东道国实施保护其国家安全利益的措施的担忧。

传统的 IIAs 仅有一小部分引入国家安全例外条款。而在近期签订的条约中，国家安全例外变得更为常见（UNCTAD，2009）。近年来，在国内层面上，针对 FDI 流入的国家审查和监督机制有扩大化趋势（WIR13）。在一些案件中，有关国家以国家安全为由，证明其投资限制或监督措施的正当性。在国际层面上，国家在有关 ISDS 案件中会援引国家安全例外条款作辩护（例如，数起针对阿根廷政府提起的案件均涉及该国为解决国家经济与金融危机的措施）。在考虑准入前承诺的协定谈判中，国家安全问题的重要性尤为突出（例如，当外国投资者或外国投资的进入将可能威胁国家安全时，该国可能希望保留其拒绝外国投资者或外国投资进入的权利）。

当一国的根本安全利益受到威胁，或出于维护世界和平与安全的目的时，国家安全例外允许一国采取紧急措施，即使该措施与 IIA 实体性义务相矛盾。此类措施可包括资产冻结、其他类型的制裁或者对特定国籍投资者（或对所有外国投资者）的歧视性待遇。在涵盖准入前待遇的情形下，此类措施可包括拒绝特定项目的进入，或在具有重大战略意义的行业领域（例如军工制造、通信、运输、能源或供水等）禁止交易活动。

假如国家希望将国家安全例外条款纳入 IIAs，它们有一系列的选择（见图 4.6），每一种选择都各有利弊。

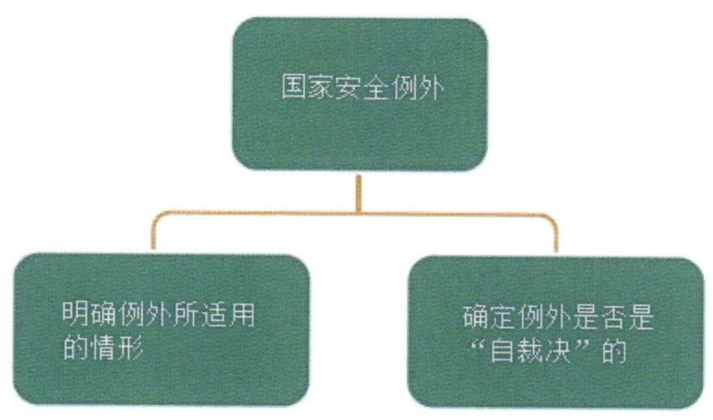

图 4.6　IIA 改革的政策选择：国家安全例外

资料来源：UNCTAD。

第一组选择与所涉及的具体情形以及该政策选择的适用程度相关。对于保护国家“根本安全利益”所必须采取的措施（或者，以相对宽松的要求，即与根本安全利益直接相关或旨在保护该利益即可），国家可广泛适用国家安全例外。与之相关的一个选择是，更加明确地定义国家安全，例如，包含为解决严重经济危机或维护世界和平与安全的措施。

国家可采取其他措施进行调整，如限制条约例外的范围，例如，参照《联合国宪章》一国据其国家责任而采取的行动，或者明确规定例外所涵盖的措施类型，如与军火走私、防止核扩散、战争或武装冲突时期有关的措施等。最后，国家安全例外同样可以涉及“公共秩序”或保护“公共安全”，无论是否详细说明，此处所指的例外，仅适用于社会根本利益受到真正并且足够严重的威胁的情形。

尽管国家安全例外有时候似乎削弱或限制条约的投资保护功能，明确并调整例外条款仍然有利于提高条款适用及其适用情形的可预测性。对《联合国宪章》的参考还能够促进不同法规之间的协调。

第二组选择与审查的标准有关，ISDS 仲裁庭会将该标准适用于援引国家安全的措施。此时，国家安全条款的关键因素是，其是否被规定为“自裁决”条款。如果是，在具体情况下，措施的合理性仅由实施该措施的国家决定（例如，“其认为是出于根本安全利益而采取的措施”）。一个“自裁决”的例外条款，为东道国提供了广泛的自由裁量空间，并可能被视为削弱条约的投资保护作用。然而，必须说明的是，对于有关例外是否为善意、非滥用的，仲裁庭仍有权进行审查。

作为上述条款的补充，其他 IIA 条款也涉及保障一国为公共利益而进行监管的权利。尽管它们在 IIA 改革讨论中处于相对次要的位置，对于国家而言，它们是同样重要而必须予以谨慎考虑的。这些条款包括序言、与其他实体性待遇标准有关的条款以及对条约范围与定义作出规定的条款。

- **序言**

序言是具有多重影响的条款。它起到解释所有其他 IIA 义务的作用，并有助于实现前述五大改革目标。因此，缔约各方在序言部分明确阐述条约目标，能在投资争端中为仲裁庭提供重要指引。

通过对条约目标的详述，缔约各方可明确该IIA不仅仅涉及投资保护与促进，还旨在为公共政策利益服务，如可持续发展、增加就业以及技术转化。另一选择是，阐明条约将不会忽略国家发展目标，并且缔约方保留其为合理政策目标（例如，公众健康、安全、环境、公共道德、文化多样性）而进行调整的权利。同样，序言还可说明条约与缔约方的其他国际义务（例如，有关人权、环境、文化遗产的条约）相一致，并且缔约方不会因促进与保护投资而减损其义务。

- **条约的范围**

一般地，IIAs内容广泛，涵盖经济活动的各个部门以及所有影响外国投资的国内措施。然而，国家可能将特定部门或政策领域排除于条约范围之外（UNCTAD，2010c）。

敏感行业可能涉及社会部门（例如，教育、健康、供水等）、文化行业或国防。这一排除既可以是全面的（将有关行业排除于所有条约义务之外），也可以是局部的（仅排除于部分条约义务之外）。至于排除在条约之外的政策领域方面，可能包括税收政策或主权债务重组问题（UNCTAD，2011b）。同样，这也可以是全面的或局部的。例如，常被排除在条约范围之外的税收政策，有时候受制于征收条款或其他特定IIA条款（日本—莫桑比克BIT（2003））。宽泛的排除有助于保留监管权利，但同时也会引发对条约未提供充分保护的担忧或质疑。

- **涵盖投资的定义**

传统的、开放式的投资定义为所有类型的资产提供保护。该方法尽管可能意在吸引更多的投资，同时，也可能将缔约方未意图纳入条约范围的经济交易活动涵盖其中，并提高缔约国被诉的可能性，因此，明确涵盖投资的范围尤其重要（UNCTAD，2010c）。

方法之一是，规定投资满足指定的特征。条约实践已覆盖了许多这样的特征，尤其是承诺的资本额、对利润的预期以及风险预估。一些IIAs甚至包含更多的标准，例如，“一定的存续时间”（加拿大—欧盟CETA（草案，2014）），或者“建立持续的经济关系”（尼日利亚—土耳其BIT（2015））。投资对（可持续）发展的积极贡献是否应当构成新的标准，以及测度的指标（印度BIT范本草案（2015））等问题，引起了热烈的政策讨论。尽管一些仲裁庭会审查投资对“经济发展”的贡献作用，该标准仍难以运用于实践，并将降低可预测性。然而，一些政治风险保险公司的实践，也许能够为此提供有益的借鉴（OPIC，2012）

另外，IIAs可以编制涵盖投资的详尽列表，或者明确将特定类型的资产排除在条约范围之外。例如，可以考虑将之排除的资产有：短期投资、投机性投资、投资组合、主权债务担保、产生于商业合同的金钱请求权，或不受东道国法律保护的知识产权。再者，也可以采用狭隘的、基于企业的投资定义（例如，印度BIT范本草案（2015））。最后一个选择则与上述做法互补，即增加合法性要求，例如，明确要求投资必须是根据东道国的法律法规而作出的。

- **涵盖投资者的定义**

IIA对“投资者”的定义，决定着哪些投资者受保护并有权对东道国提起国际仲裁。“协议滥用”（即通过在一缔约方境内设立的“中介公司”开展投资，以获得条约所提供的保护）以及“返程投资”（境内投资者通过外国公司对母国开展再投资，以获得国内投资者无法获得的投资保护）正获得越来越多的关注（UNCTAD，2010c）。

调整或缩小受保护投资者范围的有关政策选择如下所述。

第一个选择是，在“投资者”定义中加入额外的标准。例如，规定投资者（法人实体）不仅要组成法人组织，还需要在母国开展“真实/实质性的商业活动”。

第二个选择是，纳入“利益的拒绝给予”（DoB）条款，以允许国家拒绝将条约利益给予“中介公司”（此类公司的认定标准为，是否开展“实质性商业活动”以及公司最终控制人的国籍）、来自与东道国未建立外交关系国家的投资者和/或来自实行经济禁运国家的投资者。制定DoB条款时，必须要注意可援引该条款的时间点。一些仲裁庭裁定，当投资者已经提起正式的仲裁请求时，东道国不可再对投资者援引DoB条款，从而严重限制了此类条款的有效使用范围。

就自然人而言，一个重要问题是，具有双重国籍的自然人是否能够受到条约的保护。

- **国民待遇**

国民待遇条款保护投资者免受基于国籍的歧视待遇，并保证投资者与国内同类投资者能够进行公平竞争。出于多方面原因，国家尤其是发展中国家，希望限制国民待遇原则的适用范围。例如，国家可能希望给予社会上或经济上的弱势群体或少数族群以更优惠的待遇。

多种政策选择有助于解决上述政策挑战。

选择之一，已被多个IIAs所实践，即明确规定非歧视原则仅适用于“在相似情形下”的投资者，同时制定有关评估标准（例如，东南非共同市场投资协议（2007，未生效））、印度BIT范本草案（2015））。

第二个选择是，从国民待遇义务中，剔除敏感的政策领域（例如，对本地初创企业的项目支持，或对特定少数族群的经济支持等领域）。

第三个选择则极少被使用，即规定国民待遇“受国内法律法规之约束”。最后，一些IIAs直接省略国民待遇条款（例如，阿拉伯联合酋长国—越南BIT（2003））。

- **保护伞条款**

传统的IIAs通常包括“保护伞”条款。伞形条款要求东道国重视任何其在具体投资中承担的义务（例如，在投资合同或特许协议中所承担的义务）。因此，该条款将合同义务置于IIA的“伞”之下，意味着对合同义务的违反将构成对IIA的违反。

无论是所承担的义务范围，还是潜在的并行争端解决程序（例如，一个解决违反合同诉讼的程序，以及一个解决所称违反保护伞条款诉讼的并行程序），实践已经证明保护伞条款问题重重。国家如果希望避免保护伞条款可能导致的一系列法律后果，可以选择明确界定并缩小该条款的适用范围。例如，国家可规定该条款仅适用于“书面义务”，并且具体投资中必须纳入该义务。此外，国家还可规定保护伞条款仅适用于政府行使国家主权的行为，而非国家对合同的一般违反。另一选择是，因保护伞条款之外的原因而提起的仲裁请求，不适用于IIA争端解决机制。最后，越来越多的条约直接略去保护伞条款（见第三章）。

- **救济与赔偿**

传统的IIAs没有明确规定适用于仲裁庭可对国家施令的法律救济类型。这些IIAs甚至没有关于违约后的适当补偿措施条款，而即便是阐明了补偿措施内容的征收条款也包含很多例外。这一问题引起了大量关切。首先，一些仲裁庭主张其有权决定任何合理的救济，包括非金钱救济（例如，命令一国撤销、修改或放弃实施特定立法、行政、司法行为）。有担忧认为，上述救济方法会不正当地干涉一国国家主权，尤其当有关命令由临时仲裁庭作出时；此外，有观点认为，让国家选择金钱或非金钱救济将是有益的。其二，一些仲裁庭作出的金钱赔偿裁决，与依据国家公共财政及国内法规所可能得到的赔偿相比，是极为高昂的。

针对上述关切，下文提供了一些政策选择，这些选择可以结合使用。

第一个选择是，明确界定仲裁庭的救济职能。近年来的趋势是，将可行使的救济限定为两种形式：金钱损害赔偿与返还财产，而不能裁定撤销或修改某措施。

第二个选择与征收赔偿的标准有关。大部分IIAs规定了及时、充分及有效的赔偿标准（即“赫尔公式”），这与投资的公平市场价值密切相关。该标准可能产生高额赔偿，尤其是使用特定估值方法评估被征收企业时，如现金流量贴现法。有类似担忧的国家，可以考虑“合理”、“公正”或“公平”赔偿，并放松赔偿标准与投资的市场价值之间的联系（南非发展共同体（SADC）BIT范本（2012），印度BIT范本草案（2015））。另一个方法是，在合法征收的情况下，规定仲裁员遵循基于资产的估值方法（而非基于未来现金流的估值方法），无论是否为合法征收，所裁决的赔偿不得超出投入资本加上按合理商业利率计算的利息之和。

第三个选择是，为限制国家金钱赔偿的范围，引入不涉及征收违反条约的损害赔偿计算条款（BMWi，2015）。

- **资金自由转移例外**

大多数IIAs包含允许投资者自由而不延误地转移其资金、利润、资本及其他款项的条款。在经济或金融危机时期，东道国为保证金融系统的健全，需要加强资本管制或采取其他审慎措施，因而，在此情况下，资金自由转移条款可能与东道国的监管需求相矛盾。据此，IMF发布了官方“机构观点”，鼓励各国在特定情形下监管资本流动，并向成员国推介有关措施（IMF，2012）。相似地，WTO制定允许各国监管资本流入与流出的措施。特别地，GATS中包含了审慎例外条款（第二条，金融服务附件）以及收支平衡例外（第十二条）。

为解决上述问题，可供选择的政策措施如下。第一，将一国经历严重收支平衡问题或其他严重金融与经济危机（例如，宏观经济管理困难，尤其是货币与外汇政策管理困难）的情形作为例外，该方法已经得到越来越多的应用。第二，以穷尽式列表的形式，列出所有可以自由转移的资金。第三，也是更普遍的选择，即让自由转移义务受投资者所遵循的特定关键法律所约束，有关法律以保护第三方（例如，债权人）以及避免非法活动为目标。澳大利亚—尼日利亚BIT（2013）以及加拿大—哥伦比亚FTA（2008）提供了该方法的实例。

2. 改革投资争端解决

政策选择包括，保留ISDS基本结构的同时改革其临时仲裁庭制度，以及替代现行ISDS仲裁制度。

以国际仲裁为主要形式的投资者—国家争端解决是IIA改革议论的核心问题。近年来ISDS案件的不断增长（见专栏4.2），以及不同仲裁庭对IIA条款的不一致解释，都加剧了对现行ISDS机制的批评（UNCTAD，2015、2014b、2014c、2013a）。这种情况引起了对该机制利弊以及“是否应该遵循ISDS机制”的全球性讨论（见表4.5）。作为对该情况的回应，许多国家开始重新审视其在ISDS中的地位，并采取相应的改革措施。

表 4.5　支持及反对 ISDS 的观点汇总

支持 ISDS 的主要观点	反对 ISDS 的主要观点
• 为外国投资者提供额外的法律救济途径，并实施条约的实体性内容 • 允许外国投资者回避其认为缺少独立性、效率及相应能力的东道国国内法庭 • 避免依赖于外交保护（投资者不需要说服其母国提起诉求或提供外交保护） • 确保由能够胜任的、中立的仲裁庭作出裁决 • 移除任何可能使国内法律诉求复杂化的国家豁免障碍 • 可能比一些国家的国内法律程序更高效 • 承认并执行（《ICSID 公约》或《纽约公约》下的）许多司法管辖区做出的仲裁裁决	• 与国内投资者相比，给予外国投资者更多的权利，因而创造了不公平的竞争环境 • 在没有给东道国带来额外利益的情况下，加剧了东道国所面临的法律及财政风险，并且可能导致“监管寒流” • 缺少足够的合法性（该机制仿照私人商业仲裁，缺少透明度，对仲裁员独立性与公正性存在担忧） • 在完全相同或类似问题上，不同仲裁庭所作出的决定无法保持一致 • 不允许纠正错误决定 • 激励第三国（或东道国）投资者为诉诸 ISDS 救济准入而进行“国籍筹划” • 费用高昂 • 在国内法律体系健全且运行良好的情况下，没有带来额外价值

资料来源：UNCTAD。

当前，改革面临着两个方向上的选择：如一些国家已经付诸实践的那样（例如，加拿大—欧盟 CETA（2014 草案）），保持并改革 ISDS，或者放弃及/或取代 ISDS（见表 4.6）。考虑到当前对现行体制的批评，维持现状并不可行。

表 4.6　改革投资争端解决机制的政策选择

改革现行投资者—国家仲裁制度		替代现行的投资者—国家仲裁制度
调整现行 ISDS 机制	为现行 ISDS 机制增加新的元素	
1.改进仲裁程序，例如：可供选择的方式有提高透明度、简化程序、劝阻无根据的请求、处理当前对仲裁员任命的质疑及潜在矛盾 2.限制投资者使用 ISDS，例如：缩小适用范围、限制受理仲裁请求的类型、设定时间限制、防止“中介公司”滥用程序 3.运用筛选机制，将敏感案件提交国家—国家争端解决 4.引入当地诉讼要求作为 ISDS 的前提条件	1.构建有效的非诉讼争端解决机制 2.设立上诉机构（无论是双边、区域还是多边的）	1.设立常设国际投资法庭 2.以国家—国家争端解决机制代替 ISDS 3.以国内争端解决制度代替 ISDS

资料来源：UNCTAD。

对此，本部分提供了多个具体的政策选择。各国可以挑选、调整以及采纳不同的政策选择，单独或结合使用。无论各国选择的是哪一政策，它们需要谨记以下几点：①真正需要的是综合性改革，其不仅应适用于 ISDS，而且应适用于 IIA 的实体性条款，因为它们是许多问题的根源；②改革步骤不应仅适用于未来的条约，还应解决现行各条约的有关问题，IIA“存续条款”对此提出了挑战；③IIA 改革仍不到位——国家能力建设与提升对发展中国家的管理和司法能力而言尤其重要。

专栏 4.2 有关事实与数据（截至 2014 年年末）

案件数量及所涉及的国家

- 608 起已知的基于条约而提起的案件
- 99 个国家曾作为被诉方
- 70%的已知案件针对发展中国家及转型经济体
- 80%的已知请求由来自发达国家的投资者提起

405 起已结案的 ISDS 案件的结果（见第三章）

- 36%的决议有利于国家
- 27%的决议有利于投资者
- 26%的案件达成和解

索赔金额与结果

- 平均每起案件索赔 11 亿美元（基于 447 起可知该信息的案件）
- 索赔超过 10 亿美元的已知案件共计 65 起
- 索赔金额介于 5 亿美元到 9.99 亿美元之间的案件有 37 起
- 平均每起案件裁定赔偿 5.75 亿美元（基于 106 起可知该信息的案件；赔偿金额不包含利息）
- 单一案件最高赔偿金额达 400 亿美元（UNCTAD，2015）

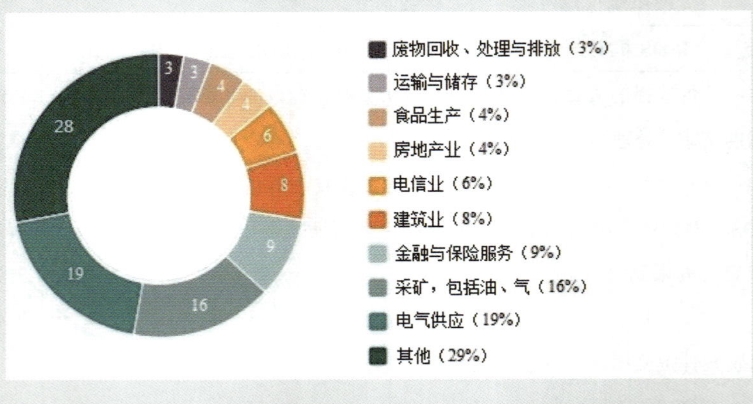

图专栏 4.2 按经济部门划分的 ISDS 案件（%）

最常引起仲裁的国家行为

（初始数据源于信息可得的案件）

- 违反或解除投资合同（29%的案件）
- 法律变动（25%的案件）
- 直接征收或没收投资（15%的案件）
- 与税收有关的措施（11%的案件）
- 拒绝颁发许可证或吊销许可证（8%的案件）
- 滥用待遇或无法为投资提供适当保护（7%的案件）

此外，还包括涉及以下方面的其他措施：司法行为、撤回激励政策、冻结银行账户、国家主权债务重组、武装冲突所造成的损害、干涉投资的管理以及阿根廷应对2001年金融危机的措施。

ISDS 的 FDI 背景（经济背景）

- 全球 FDI 存量达 27 万亿美元
- 10 万个跨国企业
- 89 万个遍布全球的外国分公司

资料来源：UNCTAD。

基于其过去在 ISDS 领域所做的工作（例如，2012 年投资政策框架、WIR13 以及 ISDS 系列报告（UNCTAD，2014b）），UNCTAD 为改进投资争端解决提供了三组选择，上述两大改革方向——改革现行 ISDS 机制或替代之贯穿其中。国家可结合或调整部分改革政策选择，以实现改革目标。

三、调整现行 ISDS 机制

本组政策选择旨在保留 ISDS 机制的基本结构，即投资者可将东道国诉至临时仲裁庭。改革要素可以是，在 IIAs 中纳入致力于以下目标的条款：①改进仲裁程序；②细化对投资者诉诸投资仲裁资格的规定；③建立筛选机制，筛选出的敏感案件进入国家—国家争端解决途径；④引入当地诉讼要求。这些改革政策选择可由缔约国在其现行或未来的 IIAs 中实施，而并不要求多个国家的一致行动。

（一）改进仲裁程序

这一政策选择聚焦于保留 ISDS 制度主要特点的同时，对仲裁程序进行改革。此类修改的目标是：①加强 ISDS 制度的合法性；②增强缔约方对其条约解释的掌控力；③精简程序，提高效率。

具体的改革步骤如下：

——提高透明度，例如，允许公众查阅仲裁文件（包括和解协议）、参加仲裁听证会，以及允许利益相关非争端方的参与，如公民社会组织（UNCTAD，2012c）。

——确保审判员具有必要的技能或能力，确保审判员是完全独立、公正、利益无涉的，并且审判员的费用是缔约方可承受的，例如，制定仲裁员的资质、行为和/或酬劳等方面的规则（例如，行为准则）。

——“打破”争端缔约方与仲裁员之间的关系，例如，制作经缔约各方同意的、符合资质的仲裁员名册，并通过抽签决定负责具体案件的仲裁员。

——加强缔约方在条约解释上的作用，例如，遵守缔约方的共同解释、为非争端缔约方的介入提供便利（UNCTAD，2011c）。

——增强缔约方对特定敏感问题的控制力，例如，要求仲裁庭将特定事项（例如，税收、金融服务（审慎例外）、分阶段保留）交由缔约方共同决定，例如，筛选机制（另见下文③的有关阐述）（加拿大—欧盟 CETA（草案，2014）、NAFTA（1992））。

——避免在明显无意义的仲裁程序上浪费资源，例如，制定对无意义请求的早期撤销机制。

——通过对诉讼费（各方向仲裁员、律师、专家支付的费用及其他支出）的合理分摊，使费用的分摊更公平，并阻止无根据的请求；例如，明确采纳“败诉者支付”或“费事对应、费随事转”原则。

——防止投资者就同一违反从不同法庭上寻求救济，例如，纳入“弃权条款”（“禁止回转”）（与传统 BITs 中常见的“岔路口条款”不同，“弃权条款”不阻止投资者首先寻求东道国国内法庭的救济）。

（二）限制投资者诉诸 ISDS 的权利

本方法旨在缩减、限制外国投资者能够提请国际仲裁的情形，从而降低国家因 ISDS 而面临的法律及财政风险。

为实现上述目标，以下几种方法可供选择：

——将特定类型的请求剔除于 ISDS 范围之外。例如，可剔除特定敏感部门（如与金融部门及房地产相关的请求）、特定条款（如涉及准入前义务的条款）或特定政策领域（如因国家安全而采取的措施）。此类剔除可针对特定一方，或针对所有缔约国。

——只接受因违反条约而提起的仲裁。该方法将排除所有非基于条约的请求（例如，因违反国内法、国际惯例法或投资合同而提起的请求），但仍向投资者提供实现 IIA 所给予的实体性保护方法。该方法可以结合准据法条款（仅可适用于条约以及国际法，而非国内法）一并使用。

——如果引起申诉的事件已逾特定年限，比如 3 年，则禁止就此事件寻求 ISDS 救济（时效期）。通过引入时间要素，能够提高条约义务的确定性与可预测性。缺少时间要素，则请求可于任何时候被提起，使国家面临巨大的不确定性。进一步明确该限制时效是否包括投资者在国内法庭中寻求救济的时间，则将是有益的。

——禁止涉及“协议滥用”或经“中介公司”（为投资提供渠道，而未在母国参与任何实质性商业运作的公司）进行“国籍筹划”的投资者提起仲裁请求，以避免条约的滥用。

——允许国家依据具体案件具体分析原则同意提交国际投资争端仲裁。

（三）运用筛选机制，将敏感案件提交国家—国家争端解决

当联席会无法解决某案件时，该方法允许使

用国家—国家争端解决方式。在维持当前 ISDS 机制整体结构的同时，该方法将涉及敏感议题的争端“驱逐”至国家—国家争端解决，例如，对于某措施是否为旨在保障金融系统完整性与稳定性的“审慎”措施，或有关税收政策是否构成征收等问题。在该情况下，ISDS 程序中止，直至国家—国家仲裁庭作出其决定。后者的决定对 ISDS 仲裁庭具有约束力。该方法已被加拿大与中国在 2012 年缔结的 BIT 以及 NAFTA（针对金融部门的投资争端）所采纳。“筛选”机制是欧盟委员会在其关于 TTIP 的公众咨询中提出。

对于具有系统重要性的敏感问题，比如关系到金融系统完整性与稳定性、国际税收关系的全球体系或公共健康等问题，国家—国家争端解决方式（仲裁、审判或其他程序形式）也许是更为合适的。例如，在矛头直接对准国家的案件中，有关国家很可能只使用令其放心的法律论据。

（四）引入当地诉讼要求作为诉诸 ISDS 的前提条件（包括用尽当地救济）

这一改革政策旨在推进外国投资者寻求国内法庭救济，同时，保留投资者—国家仲裁作为最后的救济手段。这样做有助于缓解对近十年来 ISDS 案件急剧增长的担忧。事实上，所有地区都实行投资争端的国内解决机制。

下列两个选择，既不影响投资者寻求 ISDS 救济的权利，也能够促进投资者更多地诉诸国内法庭：

——IIA 可要求投资者在寻求国际仲裁之前，必须用尽当地救济。

——IIA 可制定“当地诉讼要求”，例如，规定在争端提交国内法庭后，必须经过特定时间（如 18 个月），方可提请国际投资仲裁。

规定向国内法庭寻求争端解决的要求，使外国投资者与本国投资者（也与未和东道国缔结 IIA 的外国投资者）处于平等地位。考虑到国际投资仲裁的费用可能会使中小型企业望而却步，这还有助于促进外国投资者间的公平竞争。此外，国内司法程序通常允许在一审判决后提请上诉，并且在解释并适用东道国国内法方面具有优势。再者，有观点认为，在拥有健全法律系统、良好治理及专业的当地法庭的国家，ISDS 的重要性并不突出。最后，这一观点得到越来越多的认同：与仅仅关注 ISDS 相比，东道国以培育成熟且运行良好的法律及司法体系为目标的国内改革显得更为重要。最终，这也许能够弥补东道国的部分制度缺陷，而 IIAs 及 ISDS 机制同样致力于处理并解决有关缺陷。

然而，一些东道国未必能够保证提供一个高效、运行良好的国内法律系统。当地法庭可能缺乏独立性，受制于政治权力，以及容易被国家滥用，包括拖延策略等。此外，该方法在治理体系薄弱的国家愈显困难，因为当地法庭的决定可能难以真正落实。在其他国家或地区，由于当地仲裁庭工作量巨大，用尽当地救济可能耗费很长时间，从而降低了这一政策选择的价值。再者，如果投资者在当地诉讼后转向 ISDS，以作为对国内法庭裁决的“上诉”，则可能会加剧对 ISDS 的合法性问题的担忧。最后，由于许多国家或地区不允许直接适用 IIAs，因为当地法庭未必具备运用国际法的法律技能或能力，而这一能力又是条约义务在当地得以实施的前提条件。为使条约义务得以在当地实施，有关国家必须将条约纳入国内法。

为现行 ISDS 机制增加新的元素

下文将要提及的政策选择为现行投资者—国家仲裁机制提供了新的要素，以补充完善这一机制。这些政策选择可以结合上文所述的改进措施一并使用。

- **上诉机构**

这一政策选择保留了现行投资仲裁机制的结构，并为之增加了新的层面。上诉机构可以有两种形式：常设上诉机构或临时机构。它有权对仲裁庭的一审判决进行实质性审查并纠正。

上诉机制将被赋予审查管辖权，该权利的管辖范围将超过《ICSID 公约》现行撤销判决程序所能介入的审查范围。例如，当前的 ICSID 撤销判决程序并不需要对法律依据进行审查，并且局限于对特定或有限事由的审查，比如，不规范的宪法、仲裁庭腐败、对程序基本原则的严重背离、缺乏依据的判决、明显的越权等。结果是，ICSID 撤销委员会可能无法取消或纠正一项判决，尽管其认定该判决存在"明显的法律错误"。上诉机构应被赋予更宽泛的审查权，从而有助于提高条约解释的可预测性，增进仲裁判决的一致性。另外，还能够有效提高 ISDS 以及整个 IIA 机制的政治可接受性。

根据条约而建立的联席会可就上诉机制的建立展开咨询，并明确具体问题，包括上诉机制的特征及构成、适用范围以及审查的标准等（加拿大—欧盟 CETA（2014 草案），美国 BITs 范本（2004，2012））。

关于国家是否应该支持上诉机制的建立，需要考虑以下一些问题：

——第一个问题与上诉机构的建立有关，即该机构是双边、区域还是多边机构的问题。尽管在双边层面上建立上诉机构更为容易，但在多边层面上，这一机构增进法律一致性及可预测性的预期功能将更显著。在这一点上，需要考虑的是，如何协调或整合新的机制以及《ICSID 公约》（例如，替代现行的撤销程序）、《UNCITRAL 仲裁规则》、ISDS 中的其他仲裁规则以及其他有关国际文件，如《承认及执行外国仲裁裁决公约》。再者，构建一个能够提高解释一致性及法律协调性的上诉机构，需要一个完善的机制，在此机制下，上诉机构能够审查根据特定条约而作出的所有裁决。

——第二个问题是该上诉机构应该是常设的还是临时的。虽然临时机制更易于实现并且花费更少，但一个常设机构更有利于保证仲裁实践的协调一致。各国从杰出法官花名册中任命上诉机构常任法官，这样的上诉机构将更具权威性，有助于协调一致，并平衡各方观点，从而缓解当前对 ISDS 机制合法性问题的担忧。上诉机构在法律问题的权威宣判，能够为争端各方（当争端方评估各自案件的法律依据时）及仲裁员提供指导。然而，有权作出具体判例性判决的独立上诉机构，可能会对缔约国的国家主权施加新的限制。

——第三个问题是涉及该机构的组织及机构设置。例如，由谁选举上诉机构的成员？如何选举？成员的任期应该多长？成员在机构内外活动的行为准则是什么？需要向成员提供怎样的支持与协助？由谁出资？在哪办公？

——第四个问题是程序的额外耗时及费用。上诉阶段的引入，为仲裁程序增加了新的层面，从而需要考虑包括时间（例如，WTO 上诉机构时间表）在内的程序效率问题。此外，上诉阶段的程序还涉及投资者与东道国双方的额外费用问题。

——第五个问题是上诉机构的权限。有关问题包括，可审查的程序类型、审查的适用标准以及该机构有权作出的 IIA 决定/判决类型。例如，该机构是否仅限于审查法律问题还是同样能够审查事实问题？该机构是否能将错误决定遣回作出该决定的仲裁庭并要求复审，或者该机构是否有权直接纠正错误？上诉机构是否仅对最终裁决具有审查权，还是对诸如与临时措施、管辖权问题等有关的其他决定同样具有审查权？

- **构建有效的非诉讼争端解决机制**

ISDS 改革的这一方法，促使投资者在寻求国际投资仲裁救济前，更多地使用非诉讼争端解决（ADR）机制处理争端（UNCTAD，2010d；UNCTAD,2010e）。尽管 ADR 本身无法解决 ISDS 所面临的关键挑战，但是它能够大规模减少诉诸国际仲裁的争端数量。这使它成为 ISDS 改革中的一个补充的而非独立的途径。

仲裁——类似于审判——经过抗辩诉讼程序，由第三方作出具有约束力的决定，与之形成鲜明对比的是，ADR 机制的结果最终需要双方的接受。ADR 的价值在于它有助于促进争端早日解决，从而避免严重破坏投资者与东道国之间的关系。由于 ADR 需要双边一致同意的特性，如果争端双方认为维持投资合作关系比双方所面临的争端本身更为重要，则 ADR 的作用会尤其明显。与投资者—国家仲裁机制相比，ADR 相对不正式，但具有灵活性：其目标是寻找双方均可接受的解决方式。如果能够找到，ADR 将为争端双方节省大量的时间与金钱。

ADR 的一个不足之处是，它并不保证 ADR 程序一定能够实现争端解决；因而，失败的 ADR 将导致更多的费用与时间投入。也有观点认为，即使 ADR 失败了，它也能够更快地明确争端问题所在，从而简化接下来的仲裁程序。

考虑到投资者所诉政策措施的性质，例如：与立法措施有关的案件，ADR 对东道国而言并不总是灵活或者可接受的。另外，鉴于 ADR 的一致同意特性，未被双方一致认可的调解结果不可强制实施。因此，如果一方拒不接受 ADR 所提出的方案，具有约束力的仲裁仍然是不可避免的。

下文从国家以及国际（IIA）层面上提出政策选择。同样，有关政策选择可以相互结合使用。

在国家层面上，各国也许希望通过下列方法加强争端预防与管理：

——促进国家敏感部门/行业监管机构之间的信息共享，尽早提示潜在的争端风险，从而加强争端预防机制。

——开展跨机构部署，以高效解决潜在或新出现的争端。

——授权特定机构以引导争端的友好解决。

——建立投资申诉办公室或专门的投资机构，以争取尽早处理与投资者的争端。

在国际层面上，可将有关争端预防与管理的条款纳入 IIAs，并将之整合到基于 IIA 的争端解决机制当中。尽管大量的 IIAs 已经引入调解程序，政策制定者仍需考虑强化现有机制或增加新的程序（例如，调停）。这包括：

——引入 ADR 条款。

——加强 ADR 作为争端预防机制的作用，强制规定在诉诸国际仲裁前必须首先尝试通过 ADR 处理争端，例如：规定“谈判期限”（明确在此期限内必须寻求协商或谈判）。

——寻求投资者—国家争端解决机制救济前，通过特定机构进行国家—国家调解与磋商。

——制定有关 ADR、争端预防与管理的新条款，如巴西在其近期签署的 CFIAs 中所制定的新条款。

以其他争端解决机制代替现行 ISDS 制度

下文所提供的选择将废除现行临时投资者—国家仲裁制度，并以其他争端解决机制代替。可能的代替包括：①创建常设国际投资法庭；②国家—国家争端解决机制；③依靠东道国国内司法制度。

上述不同选择所带来的变化也不同。国家可以遵循其中一个选择，或遵循多个选择，或者将不同的选择结合使用。例如，选择③可以与选择②或选择①相结合，从而保留部分国际法律程序。

替代 ISDS 的选择已通过如下一些协议付诸实践：澳大利亚—日本经济伙伴关系协定（EPA）（2014）、澳大利亚—马来西亚 FTA（2012）、澳大利亚—新西兰 CEPA（2011）、日本—菲律宾 EPA（2006）、澳大利亚—美国 FTA（2004），以及最近缔结的巴西—安哥拉—莫桑比克 CFIAs。这些条约将投资争端置于国内法庭的约束之下，而同时以国家—国家争端解决程序补充之。

1. 常设国际投资法庭

该政策选择保留了投资者针对东道国提起仲裁请求的权利，其代替了现行的单一机构设置下多个临时仲裁庭同时运行的制度。这样的法庭由国家任命或选举的法官长期任职；它能够处理其管辖的 IIAs 下的所有投资争端，同时设置上诉法庭。

常设投资法庭符合投资者、国家以及其他利益相关方的利益，并且是有助于加强投资者—国家争端解决机制的合法性的公共机构。常设法庭能够提高对国际条约解读的一致性与可预测性。此外，通过以法官终身任职的方式任命审判员以及规定排他性职能，例如，与现行体制下的仲裁员不同，法官不得作为执业律师或专家证人，这样还能够提高审判员的独立性与公正性。再者，常设法庭有权处理 IIA 下的所有投资争端，包括投资者—国家以及国家—国家程序。有观点认为，依据法庭对所管辖 IIAs 的内容，法庭的权限应被扩大，尤其是在与其他利益相关方相应的法律地位或程序性权利方面（Bernasconi，2015）。

显然，建立这样一个法庭将面临一系列法律及政治挑战，并将是一个长期过程。在这个过程当中，各国需要考虑以下关键问题（另见“上诉机构”）：

——法庭的设立问题，比如，需要达成各国同意建立该法庭的公约。

——法庭的组织及机构设置问题，如地点、资金及人员等。

——参与国家的问题，即如何将双边法庭转变为欧盟近期所提议的（欧盟委员会，2015）——为发展中国家及欠发达国家服务的、具有一般结构的法庭。

——法庭的权限问题，如法庭有权处理的 IIAs 类型及案件。

基于多方共识而建立该法庭，将是对认为此类法庭在多边背景下发挥更大作用的观点的有力回应。同时，共识的达成还有助于寻找建立新法庭的方法，以适应当前碎片化的、主要由双边 IIAs 构成的全球 IIA 体制。类似地，多边共识的达成也回应了这样一个事实，即常设投资法庭最好以较小规模开始运作，并为那些希望加入的国家提供一个选择加入机制。

2. 以国家—国家争端解决机制代替 ISDS

事实上，国家—国家仲裁机制存在于所有现行 IIAs 中，并且这也是 WTO 用于解决国际贸易争端的方法。

与将国家—国家争端解决机制作为 ISDS 的补充不同，该政策选择预设国家—国家程序是国际层面上解决投资争端的唯一途径。母国可自由选择是否提出诉求。国家将决定审理案件的法庭，有关选择包括联合国国际法院、临时仲裁庭或者上文所设想的国际法庭。

同样，国家—国家仲裁也有利有弊（见表 4.7）。

表 4.7　支持及反对国家—国家仲裁的观点汇总

支持国家—国家仲裁的主要观点	反对国家—国家仲裁的主要观点
• 避免 ISDS 所面临的合法性质疑	• 可能将投资争端政治化——商业争端也许会演变成国家与国家之间的外交冲突
• 有助于避免无意义的仲裁请求	• 投资者利益可能会成为国际关系的谈判筹码
• 由于国家是这一体系下的主体，因而只有国家能够根据国际法提起请求	• 因争端缔约国一方或双方的官僚主义，国家—国家仲裁可能会更加繁琐而冗长
• 有助于避免与公共政策有关的争议性法律问题	• 与大型企业相比，SMEs 可能会处于更为不利的境况
• 国家不会作出将来可能对其不利的、特定类型的法律论据	• 国家将面临程序费用及法律救济的难题
• 废除 ISDS 给予外国投资者的特权	• 对国家的行政及制度资源产生影响

资料来源：UNCTAD。

以国家—国家争端解决机制代替 ISDS，能够恢复各国对 IIA 体制的信心，并解决与 ISDS 有关的合法性问题——通过剔除无关紧要的请求以及回避与公共政策有关的法律问题；有关问题同样可以通过改革 ISDS 制度解决（见上文）。更一般地，该选择将废除 ISDS 给予外国投资者的特权；并且国家—国家争端解决机制与国际法下只有国家有权提起诉求的原则相一致。另外，国家可能更少使用特定类型的法律论据，因为将来这些论据可能对自身不利。

然而，该选择也面临着许多挑战。关键挑战之一，是这一机制可能引起投资争端的潜在政治化倾向（例如，国家提起诉求的自由裁量权、将商业争端提高到国际关系的高度、公司游说）。对于投资者而言，由于争端缔约国一方或双方的官僚主义，国家—国家争端解决也许是繁琐而低效的。此外，与大型企业相比，SMEs 可能处于不利地位。另外，国家的行政或机构资源也会对争端处理产生影响。再者，还有其他一系列问题，比如，如何执行裁决、何种救济是合理的、如何实施该救济、由谁承担有关费用等。另一个需要仔细考虑的问题是，国家—国家争端解决机制可能促使败诉国采取与条约义务相一致的国内措施，而非仅仅作出赔偿（ISDS 的情况），从而严重干涉国家监管权利。

另外两个必须予以考虑的问题是：第一，该选择要求一个可确认的母国，而在当前跨国公司在多国开设子公司且所有权由多方拥有的复杂背景下，很难准确认定有关公司的母国。第二，东道国不希望遭遇母国为投资者提供外交保护的局面。

迄今为止，IIAs 下已知的国家—国家仲裁案件仅有四起，因而很难从中总结经验教训。[7]WTO 或区域协定下的国家—国家争端解决经验（包括所使用的救济，如金钱的还是非金钱的）也许能够提供关于该选择利弊的借鉴，但必须谨记结合投资争端的特点。

总体而言，尽管用国家—国家争端解决机制替代 ISDS 有助于解决 ISDS 的一些问题，但与此同时它也带来了新的困难与挑战。

3. 仅诉诸国内争端解决

该政策选择废除了投资者针对东道国向国际仲裁庭提起仲裁请求的权利，并仅允许投资者向国内法庭寻求争端解决。与诉诸国内法庭作为国际仲裁的前提不同（例如，用尽当地救济、当地诉讼要求），在这一政策选择下，国内司法机制是解决投资者—国家争端的唯一且最终机制。正如前文所提到的，这一选择更有利于拥有健全法律体系、良好治理以及专业的当地法庭的国家，对这类国家而言，ISDS 本来就不那么重要。

该政策选择同样有利有弊。

其优点在于，与国内投资者相比，它将更公正地对待外国投资者，并且该选择有助于为外国投资者创造一个公平竞争的环境。此外，它还能够促进东道国通过国内改革，建立健全且运行良好的法律及司法机构，并有助于解决 IIA 及 ISDS 机制所致力于解决的东道国制度缺陷。这也印证了一个越来越普遍的观点，即与仅着眼于 ISDS 相比，旨在培育健全而运行良好的法律及司法机构的东道国国内改革更为重要。

其弊端主要涉及独立性、中立性、效率以及当地法院判决的执行力，尤其是在治理较弱的国家。另外，也存在对当地法庭处理争端耗时过长的担忧（包括拖延策略），这将会导致 IIA 无法真正得到实施。此外，由于许多国家或地区不允许直接适用 IIAs，当地法庭未必具备适用国际法的法律技能或能力。

ISDS 为外国投资者带来好处，也为母国和东道国带来潜在的裨益，但是，当前的 ISDS 在实体、程序及作用方面均面临着严峻的挑战，从而需要对投资争端解决机制进行系统性改革。然而，不存在快捷、简便的解决方法。不同的改革政策选择有其各自的利弊，也分别面临着不同的挑战。

本部分所讨论到的部分政策选择，比如明确阐述 IIA 条款的内容、限制投资者诉诸 ISDS 的权利等，与其他的选择相比更易于实施。一些政策选择可以通过单方行动或双边行动实施，而其他的则需要区域或多方的共同努力。尽管多边选择在系统性改革中走得最远，但在实践中它们也会面临更多的困难，并且需要许多国家在一系列重要问题上达成共识（见本章第三部分）。

此外，改革投资争端解决机制，不仅要关注数千个投资条约，还要顾及与 ISDS 有关的现行多边协定，如《ICSID 公约》以及被广泛使用的《UNCITRAL 仲裁规则》。由此而论，必须说明的是，一国终止其在某一仲裁机构的成员资格（例如，ICSID），可能会使投资者向其他仲裁庭或依据其他仲裁规则提起诉求，具体取决于条约的有关规定（UNCTAD，2010a）。因此，这样做不仅无法减轻国家的责任，还可能使国家陷于更为不利的境况，具体取决于实际情况。

最后，ISDS 是 IIAs 实体性条款的执行机制。因而，不能孤立地看待 ISDS，而必须结合 IIAs 的投资保护实体规则。如果缺少一个同时针对 IIAs 以及 ISDS 实体性内容的综合性改革方案，那么，任何改革努力都可能只能起零星作用，并且将可能导致新的不协调与不确定性。

投资促进与便利化

有关政策选择包括增加内向型、外向型投资促进条款，以及增加联合投资与区域性投资促进条款。

一般而言，国家希望通过缔结 IIAs 吸引投资并从中受益。然而，IIAs 极少包含能够有效鼓励对外投资或吸引投资的投资促进与便利化条款。取而代之的是，通过保护投资间接地促进投资。此外，IIAs 缺少确保特定“质量”投资（例如，为东道国带来具体的、可衡量的可持续发展利益的投资）的条款。鼓励投资并保证投资质量对缩小 SDGs 的资金缺口具有重要作用（WIR14），因而是 IIA 改革的重要因素。

本报告为以促进并便利化投资为改革目标的国家提供了一系列政策选择（见图 4.7）。这些政策选择不要求缔约国作出可通过争端解决程序实行的约束性承诺。大多数政策选择要求一定的财政及制度支持，因而这些选择的实施需要结合技术援助（在非互惠的基础上）或特殊及差别待遇，尤其对弱国而言。最后，由于大部分投资促进及便利化的实际措施是在国家层面上实施，因而将此类条款纳入 IIAs 的价值及作用受到质疑。与此同时，区域性措施已在该方面作出了最佳的实践示范。

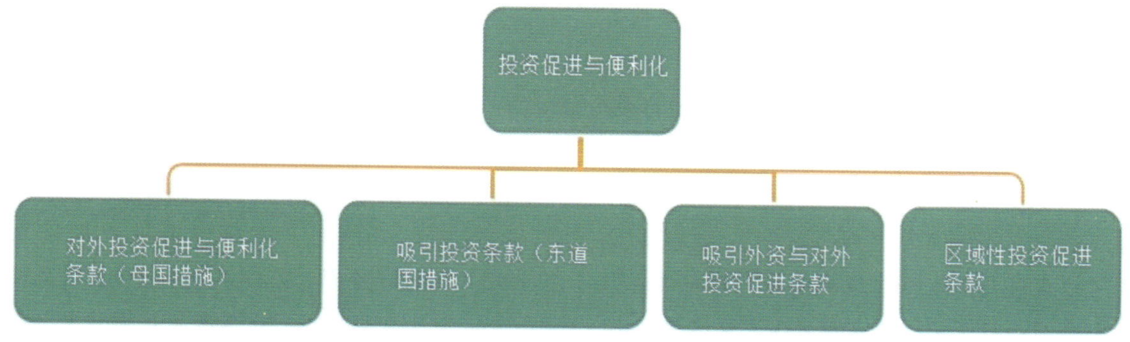

图 4.7　投资促进与便利化

资料来源：UNCTAD。

- **对外投资促进与便利化条款(母国措施)**

一般地，IIAs 规范东道国的行为。然而，IIAs 同样可以引入指向母国的条款。这些政策选择可以强调母国促进投资措施的重要性以及/或者促使母国制定有关措施。

第一个选择是，参考母国的投资促进措施，并鼓励各国主动实施此类措施。有关措施可包括提供资金支持、(例如，贷款、补贴(包括 R&D 经费))、提供投资担保(例如，保护投资者免受东道国政治风险的影响)或者参股投资项目。

第二个选择是，提供母国技术援助。此类援助旨在改进东道国管理制度以及促进投资便利化措施(例如，简化进入、注册或审批程序；建立投资或商业一站式注册制度；公开投资进入与设立的要求以及投资机会)。此外，有关援助也可以致力于构建制度结构(例如，司法机构、争端预防部门、投资促进部门)，加强与科研、学术中心的联系，或者推进大型投资项目可行性研究。

第三个选择是，制定以可持续发展为目标的母国投资促进措施。此类条款可规定，对可持续发展有益及拥有良好治理记录的投资可获得母国对外投资激励或投资保险。可将可持续发展影响具体化，例如，参考特定的可持续发展标准(包括为特定的地区或团体制定有关标准)或参考环境及社会发展标准(包括 CSR 标准)。美国的海外私人投资公司(OPIC)使用约 30 个发展指标对拟议项目进行评估。它们包括：①就业创造及人才培育(新创造的就业岗位、培训以及受益的员工数量)；②示范效应(例如，技术与知识转移、采用国际公认的质量或性能标准)；③东道国影响(当地采购、财政及外汇影响)；④环境及社区利益(环境质量改善、当地社区获益)；⑤对发展的影响深度(对基础设施的影响和/或其对贫困人口的潜在积极效应)(OPIC，2012)。

- **吸引投资条款(东道国措施)**

IIA 可规范东道国的行动。与对外投资条款类似，此类条款可强调投资促进措施的重要性和/或将有关措施与特定的可持续发展目标相结合。

政策选择之一是，将受益投资的可持续发展影响作为获得东道国激励措施的前提条件，这些激励措施与诸如工业发展战略、区域经济合作等其他政策领域相一致。对这一政策选择的另一形式是，在条约许可的情况下，将满足特定业绩要求作为获得投资激励的前提条件。

另一选择是，在各缔约国建立投资监察员/协调人制度。通过监管并处理投资者在商业上面临的、与官僚障碍有关的问题（例如，商务签证、一般或具体投资项目所遇到的障碍），监察员/协调人可以促进商业友好环境的建设，并间接地影响一个公司的投资前景及投资决策。监察员/协调人可以承担多个任务，包括处理投资者及其母国所提出的建议、投诉；采取预防、管理及应对争端的措施；提供法律及监管问题的有关信息以及提高认知与透明度。

此类监察员/协调人尽管主要在一国国内发挥作用，但是，经委托，其可以向 IIA 下所建立的组织机制进行汇报或与之开展合作。近期的一些协定，如巴西分别与莫桑比克、安哥拉签署的 CFIAs（2015），将任命上述监察员/协调人作为协定的关键特征。自 1999 年起任命的、能够有效处理外国公司投诉与不满的大韩民国外国投资监察员，可提供关于该制度运作与职能的有益借鉴。

- **吸引投资与对外投资促进条款**

IIA 同样可以建立母国与东道国促进投资所需要的机制、机构和/或程序。

第一个选择是，建立投资促进共同委员会或理事会。该机构既可以是整体制度框架的一部分，也可以是相对独立的部分；它既可以是常设的，也可以是临时的。该机构可以监督协定的实施及其投资促进效果；评估投资关系，开拓新的投资机会；组织共同的研讨会、会议、培训会或活动；监控具体列出的投资促进与便利化措施（例如，商务签证的签发）的实施情况；处理投资者关切的问题（例如，基于监察员出具的报告）；或者筹划、实施及监督专题工作计划（例如，关于绿地投资、增进联系、中小企业（SMEs）问题、全球价值链（GVCs）的工作计划）的进展。

第二个选择与加强沟通交流有关。例如，通过鼓励分享创业及管理经验、鼓励出版 SMEs 的文件、交流关于税收、资金及其他 SMEs 创立及扩张有关因素的信息与专门技术等，IIA 可增进联系，鼓励合资，尤其是与 SMEs 的合资。

第三个选择是，促进国家投资促进机构（IPAs）之间的合作。IIAs 可作为 IPAs 交流促进投资经验与典型实践、分享有关投资需求与投资机会（与 SDG 有关的投资项目的推广）的信息、共同推动与筹划作为双边投资重点的大型投资项目的平台。同样，所有上述工作都可以有所侧重。与之相关的一个政策选择是，将上述合作推广到包括贸易促进组织在内的非 IPAs 组织，例如，包括共同贸易与投资促进机构。这也反映了贸易与投资联系愈发紧密的 GVCs 的出现，对各国贸易与投资促进机构之间更紧密协调的要求。

另一政策选择是促进母国对外投资机构（OIAs）与东道国 IPAs 之间的合作与伙伴关系的建立，例如，包括筹划与推介银行可担保的 SDG 投资项目（WIR14）。推动这一双边投资促进机构（OIA-IPA）伙伴关系有助于促进信息共享、技术援助与交流、SDG 投资项目的融资与便利、共同监管与影响评估。

- **区域性投资促进条款**

IIAs 还能够发挥区域合作的潜力。基于区域经济合作协议的投资促进经验，一个区域性的 IIA 能够促进投资便利化，建立双向投资促进机制及区域基础设施项目（例如，区域发展走廊）及工业区管理机构。此外，还可以采取区域 SDG 投资合同的形式（WIR14）。

国际上，区域投资促进协议并不罕见。

《ASEAN 投资协定》（2009）将该地区作为一个整体，为 ASEAN 新成员提供特殊与差别待遇（旨在增强其投资促进能力的技术援助），并指定 AIA 委员会提供有关投资促进的政策指导，从而促进该地区双向投资的发展。《东盟—印度投资协定》（2014）、《东盟—中国投资协定》（2009）同样包含投资促进内容。《COMESA 条约》（1993）设立了工业发展促进中心，该中心与成员国的投资促进中心紧密联系并交流信息。COMESA 投资协定（2007）责成成员国加快投资促进进程，并且 IPAs 主席列席 COMESA 投资协调委员会。SADC 投资议定书（2006）具体规定了 IPAs 的职能，例如，主动发现商业投资机会，鼓励扩大现有投资，创造有利于投资的国内环境，为本国作为投资目的国的发展提出建议，持续跟进进入或离开本国的投资者以分析其投资表现，为寻找合资伙伴的投资者提供建议。最后，中美洲共同市场（CMA）投资与贸易服务协定（2002）致力于促进区域内投资。例如，经请求，缔约国有义务提供投资机会的有关信息（例如，投资者战略联盟的有关信息、特定经济部门的投资机会信息），并交流外国投资趋势及投资机会的有关信息。

确保负责任投资

政策选择包括不降低条款标准以及引入投资者责任条款，如要求投资者遵守当地法律以及企业社会责任方面的条款。

确保负责任投资有多重含义。首先，使投资者为社会带来最大的效益，和/或避免其带来的负面影响（例如，对环境、人权、公共健康等带来的负面影响）。第二个方面涉及投资者义务，即法律规定的投资者义务和/或投资者对社会期待其遵守自愿标准的回应，例如，投资者承担比法律要求更多的责任。下文所述政策选择的区别取决于其所侧重的目标（见图 4.8）。

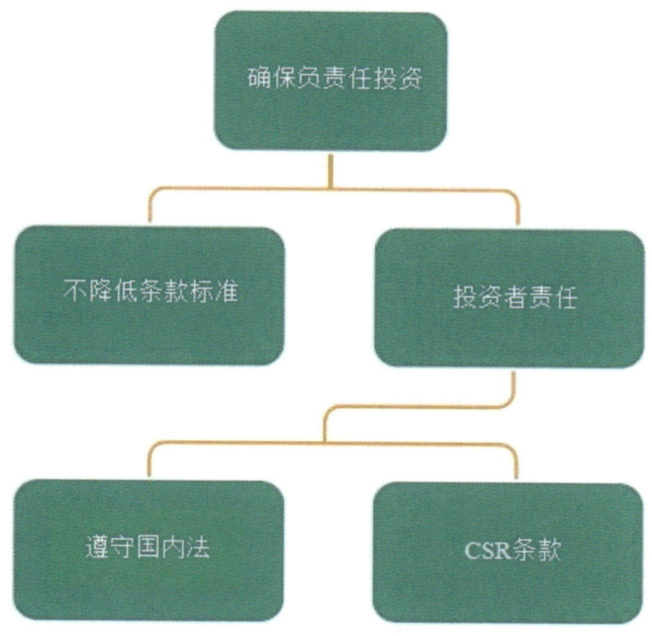

图 4.8　确保负责任投资

资料来源：UNCTAD。

不降低条款标准

外国投资的国际竞争可能会促使一些国家降低其对环境、人权标准和其他法律法规的要求，从而导致监管标准的“逐底竞争”。

为解决这一问题,下文提出了一些政策选择。

第一个选择是，明确重申缔约方在其达成的国际协定下的承诺（例如，人权、核心劳工权益或环境方面的承诺）。这有助于解决“逐底竞争”问题，同时也能够提高不同部门国际法之间的协调性。

第二个选择是，在 IIA 中引入“不降低有关标准”条款。通过规定各缔约方“应确保”（而非“应尽力确保”）不放弃或减损其在环境、劳工方面的义务或其他法律规定（美国 BIT 范本(2012)），条款的约束强度将会得到提高。由于这一选择能够（部分）解决“逐底竞争”问题，并且有助于协调 IIAs 和国内政策，因而它能发挥与第一个选择类似的作用。

传统上，IIA 体制仅关注投资保护，而上述政策选择拓展了 IIA 体制的关注领域，引导其着眼于建立并维持一个有利于可持续发展的监管框架。通过促进维持与建立健全的监管框架，这些政策选择可以推进投资者的负责任行为，更好地协调 IIAs 与国内法之间的关系,并且可能在 ISDS 案件中起决定性作用。然而，此类条款在制定缔约方承诺的同时，它们在传统 ISDS 下可能难以实施，并且可能难以发挥具体作用。此外，这些条款的主要作用取决于东道国监管框架的效能及其实施。

第三个选择是，引入跟踪机制，以补充上述政策选择。这包括建立反馈有关条款实施情况的机制（包括与投资相关的社会、环境的改善情况或其他法律法规等方面的反馈）。

投资者责任

大多数 IIAs 规定了国家而非投资者的义务，因而在义务规定上是不对称的。为纠正这种不对称性，正如近期一些 IIAs 的实践，应在 IIAs 中引入投资者责任条款。

尽管确保投资者的负责任行为是 IIA 改革的关键目标，关于 IIAs（除了国内法律框架）在这其中的角色却有不同的观点。随着尊重人权、以负责任的方式开展商业活动等投资者责任(《联合国商业与人权指导原则》）取得越来越广泛的承认，调整 IIAs 也得到越来越多的重视。[8]

鉴于国际法在强制私人部门义务方面的作用，相应的政策选择主要有两个：将遵循国内法的义务上升至国际层面，以及制定 CSR 条款。

- **遵循国内法**

许多 IIAs 规定投资者在开展投资时必须遵循东道国法律。这一一般义务可以在 IIA 中进一步明确；例如，规定投资须对其造成的人类健康或环境损害负法律责任。如果将这一规定扩展至运营后阶段所造成的损害，其影响将会更明显；例如，在外国投资者无法确保有序撤资或承担相应的环境治理的情况下。这提出了一个问题，即在何种情况下，母公司应对其外国子公司造成的损害负责。

更广泛地说，各国可通过引入与社会、人权、健康、环境及其他投资风险有关的国际原则与标准，以强化国内监管。同样，分享经验与最佳实践案例、提供技术援助、加强能力建设，能够对此产生促进作用（WIR11）。

- **CSR 条款**

过去十年见证了作为快速演变的“软法”之独特层面的企业社会责任（CSR）标准的发展。CSR 标准一般聚焦于 MNEs 的运营方面，因而对国际投资而言越来越重要。

当前的 CSR 标准是多层面、多元化并且相互联系的。UN、ILO 以及 OECD 所设定的标准为基本 CSR 问题提供了参考与指导。此外，当前有许多国际多方利益相关者倡议、数以百计的行业协会倡议及数以千计的公司章程为企业在母国及外国的社会及环境实践提供参考标准（WIR11）。

过去，影响投资的两个国际普遍原则——CSR标准以及IIAs，很大程度上是分离的。然而，加强IIAs的责任层面要求促进并强化两者的协调作用。

相应的政策选择有以下几个。

第一个选择是，鼓励投资者接受被广泛承认的国际标准（例如，《联合国商业与人权指导原则》）。不列出有关 CSR 标准而仅进行一般性参考、列出有关标准，或者详细阐明有关CSR标准的内容等，均为可采纳的方法。上述每一方法各有利弊。比如，借鉴CSR专家的工作成果，而非重新制定有关标准，能够节省时间、成本及劳动，并有利于协调两大部门法以及有关政策。参考被广泛承认并获得好评的文书，有利于提高合法性，并确保不同利益相关者的认可。

第二个选择是，要求仲裁庭就 ISDS 案件作出决定时，考虑投资者是否履行了被缔约方认可的CSR标准。然而，这又提出了不履行有关标准的法律后果是什么的问题。此外，其他问题包括，不同法规的兼容性问题；对仲裁员熟知有关标准的要求；协调与CSR有关的流程与制度等。

第三个选择是，促使缔约方承诺推广广泛认可的最佳实践国际CSR标准。缔约方还可在本国国内鼓励遵循有关标准。相应的措施可以是，提高当地企业遵循 CSR 标准的能力、以遵循 CSR 标准作为给予激励政策的条件，或者在国内法中引入具体的最低标准（例如，反腐败、环境、健康与劳工标准）。

第四个选择是，缔约方在CSR问题上建立合作。合作可以是，在IIA下设立特殊委员会以讨论CSR的有关事项。此外，还可以在推广最佳实践国际CSR标准（例如，推动遵循可适用的CSR标准，并通过特定工业支持措施、市场激励政策及其他规定协助其实施）、鼓励发展新的自愿性标准（例如，通过合作开展上述活动、探寻新的CSR标准的建立）或其他活动方面进行合作。

第五个值得考虑的选择是，通过母国的努力，规范外国投资，以促进可持续发展。这一选择已由部分国家所实践。过去关于CSR的倡议主要从东道国的角度考虑问题，近期的政策发展转向由母国监管或规范本国企业的外国投资行为，例如，通过出口信贷机构和投资保险（见上文）等方式。上述方式有助于解决人权、环境或腐败等方面的问题。

上述政策选择各有利弊。它们能够推广作为投资政策重要特点的CSR标准；协调不同法规及政策（见下文），强化IIAs的“责任层面”。虽然有观点质疑“更软的”方法无法带来实质性影响，它们仍有其可取之处。例如，方法越“软”，越易于实施，将CSR作为IIA的一部分所面临的阻力越小。另外，通过在国际投资政策制定方面挑战概念性争论以及创新极限，“软”的方法也能够产生重要影响。

提高IIA体制的系统一致性

政策选择包括增强IIA体制的协调性，整合并简化IIA网络，协调IIAs与其他国际法之间的关系，并将IIA改革纳入国内政策议程。

鉴于当前IIA体制的高度碎片化特征，改革所面临的关键挑战是避免该体系的进一步碎片化，尽量协调IIAs之间以及IIA体制与其他国际政策的关系。此外，还需要协调IIA体制与国内政策的关系。

增强IIA体制的协调性

- **探寻共同的IIA改革路径**

过去60多年，全球合计缔结了超过3200个反映不同经济发展水平、不同利益以及不同条约范本的投资协定，由此，全球IIA体系以其系统复杂性、不协调性、覆盖面缺漏和重复性承诺而著称。

内容上，全球 IIA 体制的主要区别与以下政策问题有关：①条约范围（仅限于准入后待遇还是包括准入前阶段）；②覆盖面（仅覆盖 FDI 还是包括所有类型的投资）；③投资保护的程度；④条约例外的数量及程度；⑤考虑可持续发展目标；⑥投资争端解决。

类型上，一方面是“完全的”投资协定，比如 BITs，另一方面是覆盖投资与贸易的部门性、区域性及多边条约或者经济合作协定（即“其他 IIAs”）。

IIA 体系中的区别可部分解释为条约“年龄”的区别——第一代 IIAs 与近期的协定明显不同。内容上的不同可能源于缔约国经济发展水平的不同，或者是区域经济合作领域的不同。其他影响因素包括不同国家的 ISDS 经验及这些国家对 IIAs 的态度。此外，谈判方的议价能力也会有一定的影响——一国的谈判能力越强，其在确保条约协调性上所遇到的困难越少。

增强这一由数千个协定组成的 IIA 体制的协调性，需要单个、双边、区域及多边改革措施的合力（见本章第三部分）。区域层面上的 IIA 改革如果进展顺利，将有助于提高投资规则的协调性。区域秘书处及国际组织的支持功能，能够在其中起到重要作用。

- **在区域层面上整合并简化 IIA 网络**

区域投资政策导致了 IIA 体系当中的诸多重复与不协调。迄今为止，大部分区域协定没有淘汰已有的区域成员国之间的 BITs，这导致了条约的重叠。同时存在的 BITs 以及随后缔结的区域协定，引出了一系列系统性法律及政策问题，加剧了条约的“意大利面条碗”效应，加大了各国在投资政策问题上追求协调、深入参与的难度（UNCTAD，2013b；WIR13）。

尽管各类 IIAs 并行适用是目前的主流做法，当前区域及特大区域 IIA 谈判（例如，《欧盟—美国跨大西洋贸易与投资伙伴关系（TTIP）协定》、《跨太平洋伙伴关系（TPP）协定》的谈判）提供了整合现行 BITs 网络的机会。八个已经签订或正在谈判的、包含 BIT 式条款的特大区域协定与 140 个协定（其中，45 个双边及区域性“其他 IIAs”以及 95 个 BITs）重叠（见图 4.9；另见 WIR14）。

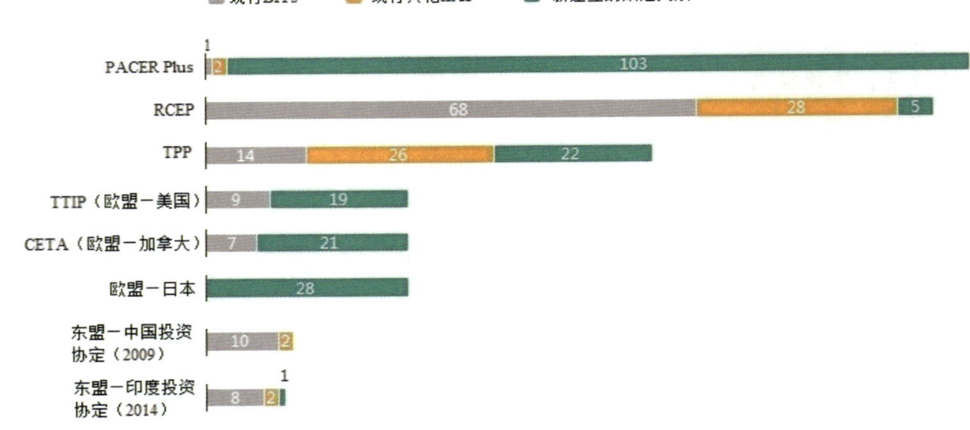

图 4.9 已签订或正在谈判的 6 大区域协定：现行 IIAs 与新建立的双边关系

注：“新建立的双边 IIA 关系”指通过签署大型区域协定而新建立的两国双边 IIA 关系的数量。

资料来源：UNCTAD，IIAs 数据库。

如果这些未来达成协定的缔约国选择以新协定代替它们之间已有的BITs，这将会是简化全球IIA体制的一大步。类似的方法也可用于现行的区域协定或与投资有关的倡议，废除有关条约缔约方之间的BITs有助于整合全球IIA体制。对于有关BIT是否应当为正在谈判中的区域协定所缺少的功能作补充这一问题，如果该功能在未来一段时间内是必要的，则可以考虑将其纳入区域的投资框架当中。当前欧盟的讨论可为此提供有价值的洞见；类似的倡议在有发展中国家成员的区域中也曾被讨论。重要的是，任何此类行动都需要满足区域特性。超过1500个BITs于2014年至2018年间可由任一缔约方单方面终止，这为整合与简化提供了良好的机遇（见图4.10）。由于上述条约的初始有效期已经到期或将要到期，因而废除可从这些条约着手。为了更好地利用条约有效期届满以促进IIA体制改革，必须明白BIT条约终止条款如何起作用，从而才能够抓住机会并采取相应的程序措施（UNCTAD，2013c；WIR13）。

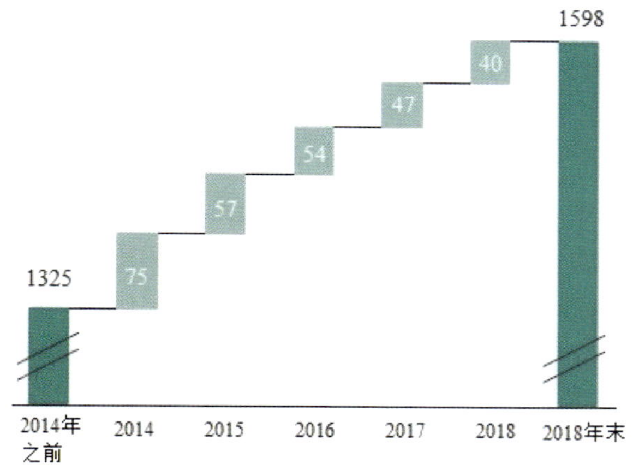

图 4.10　可随时终止或重新谈判的 BITs 累计数量

资料来源：WIR13。

为发挥区域IIA改革对简化IIA体制的作用，更多的政策选择如下：例如，制定共同的区域IIA范本，以作为未来与第三方谈判的基础，从而能够缔结类似的条约；区域内分享有关经验并建立共识能够得出通行方法，并便于在国家、双边及多边层面上通报国家行动，从而有利于构建一个更一致、更协调、更简化的IIA体制（另见本章第三部分）。

协调 IIAs 与其他国际法的关系

IIA 改革需要考虑投资条约与其他国际法之间的关系，以避免相互矛盾并发挥协同效应（相辅相成）。

第一，IIAs 与其他领域国际法之间存在相互作用，包括国际环境法、劳工法、人权法以及贸易法等。由于国际法整体被分割为目标各异的不同“法律体系”这一碎片化特征，过去的 ISDS 案件已揭示了 IIAs 与其他国际法之间的紧张关系。在 IIA 改革中，处理好这一关系有助于避免冲突，并为仲裁庭理解此类关系提供指引。

实践中，改革的努力重申 IIA 中各缔约方在其他有关国际法（如上文所提及的国际法）或国际协议下的承诺。该方法的另一形式是，明确规定在理解 IIA 时，必须考虑缔约方在其他领域国际法下的义务（例如，国家在保护、尊重、实现人权方面的义务）。各国同样可以引入关于由其他国际法义务所涵盖的特定公共政策的一般例外。

第二，IIA 改革可从其他与外国投资有关的国际法的协同改革中获益。例如，可能与 IIAs 相互作用的、涉及政策领域的未来条约可规定，国家实施此类条约不受任何其签署的 IIAs 的约束。

第三种相互关系是 IIA 改革与其他法规协同并进，CSR 标准即是实例。IIAs 不需要制定其自身的 CSR 标准，相反地，可以参考其他有关的非约束性协定，比如：《国际劳工组织（ILO）跨国公司三方宣言》《联合国（UN）商业与人权指导原则》《联合国粮食与农业组织（FAO）/世界银行/UNCTAD/IFID 负责任农业投资原则》《OECD

跨国公司行为准则》。这一方法避免了 IIA 中关于 CSR 漫长而困难重重的谈判，并允许未来对 IIAs 中 CSR 标准与原则的强化、更新及发展。此外，相互关系还能鼓励有关人士在设计 CSR 标准、商业战略以及人权原则时考虑 IIAs 及投资政策。

最后一种相互关系与 IIA 改革中的投资争端解决有关。不仅仅限于 IIAs，其他一些国际公约，特别是《ICSID 公约》《UNCITRAL 仲裁规则》以及《纽约公约》都设置了投资者提出仲裁申请、仲裁程序、仲裁裁决的认定与实施规则。考虑到 IIA 改革将会修改投资者诉诸 ISDS 的权利，改变程序原则，或者引入新的机制（例如，上诉机构或国际法庭），这一改革不仅需要 IIA 的行动，还需要其他国际公约的辅助。

此外，由于可以将多边层面的改革转变为对现行大量 IIAs 的改革，进而避免了耗时的重新谈判，因而上述最后一种关系为增强协调性提供了机会。

近期通过的 UNCITRAL《透明度规则》以及 UN《透明度公约》提供了范例：它们为一些国家设立了选择加入机制，这些国家希望将严格的透明度原则引入 ISDS 程序以及根据此前的 IIAs 而提起的 ISDS 案件中。

将 IIA 改革纳入国内政策议程

IIA 改革不是孤立的，而与国内政策议程有着紧密的联系。投资政策涉及许多其他政策领域，包括贸易、金融、税收、工业政策、知识产权、环境保护、社会与劳工政策、人权、健康与文化政策等。因此，不同政府当局的共同合作尤为重要，以明确共同的 IIA 改革目标，制定共同的改革策略。

特别地，IIA 改革需要考虑其与东道国、母国国内政策之间的下列联系。

第一，必须再次强调的是，投资者进入与运营的前提条件、投资者所处的法律框架体系，是在国别层面上设定的。这一内部环境，包括国内机构维持并实施可适用法律法规的能力，是决定投资者投资目的地的重要因素。IIAs 不能代替高质量的国内政策环境以及高效的机构，而只能起补充作用。强调运行良好的，包括环境、健康、劳工标准等在内的 IIA 条款，能够为有关国家提供支持。

第二，一国为确保其目前及将来的监管需求不被 IIA 义务所限制，必须保障一定的监管空间，国内政策框架是其中的关键因素。随着引入准入前待遇的 IIAs 的增加，这一问题变得尤其重要。因此，在 IIA 谈判中，明确告知一国对其现行及未来国内监管环境情况的评估则尤为重要。

第三，IIA 义务必须与国内有关法律法规保持一致。例如，如果 IIA 改革希望明确 FET 标准或间接征收概念，那么为避免不一致，必须明确这些原则在国内法中的含义。如果一国遵循 IIAs 中的“没有更优权利”原则，该做法则尤其重要。此外，如果 IIA 改革限制投资者诉诸 ISDS 的权利，确保足够的当地救济则更为关键。

最后，在一些案例中，IIAs 可能引发国别层面的改革措施。有关案例是 IIA 驱动的投资自由化，这可能促使东道国改变其关于外国投资进入的政策。另一个例子是，如果 IIAs 要求进行环境或社会影响评估，东道国可能需要调整其国内投资保证计划。

四、IIA 改革：指导方针和行动

（一）IIA 改革的指导方针

IIA 改革应该以利用 IIAs 实现可持续发展这一目标为指导，聚焦关键改革领域，遵循多层次、系统性以及包容性路径。

IIA 改革的六个指导方针，指导各层面（国家、双边、区域或多边层面）的改革行动（见表 4.8）。借鉴 UNCTAD 投资政策框架的核心原则以及过去 60 年 IIA 规则制定的经验教训，考虑到当前所面临的改革挑战，这六个指导方针旨在利用 IIAs 促进可持续发展。

表 4.8　IIA 改革的指导方针

1.利用 IIAs 实现可持续发展	IIA 改革的最终目的是，确保 IIA 体制在保护和促进投资的同时能够更好地推动可持续发展
2.聚焦关键改革领域	改革的关键领域是：①保障为公共利益而进行监管的权利；②改革投资争端解决机制；③加强 IIAs 的投资促进与便利化功能；④确保投资者责任；⑤加强系统一致性
3.在各层面上采取行动	改革进程应当遵循多层面的方法，在国家、双边、区域以及多边层面上开展，并在各个层面上采用适当以及相互支持的行动
4.确定具体措施的先后次序	在各层面上，改革进程应当循序渐进，在理清事实和问题的基础上，按恰当顺序及时间采取行动，制定战略计划并朝着既定目标而努力
5.确保包容、透明的改革进程	改革进程应该包容、透明，允许所有利益相关方提出其观点并做出贡献
6.加强多边支持结构	改革进程应以普遍、包容的结构为支撑，该结构可通过政策分析、技术合作以及提供经验和共识构筑交流平台，协调不同层面的改革行动

资料来源：UNCTAD。

（二）IIA 改革：行动和结果

IIA 改革行动应该在国家、双边、区域以及多边层面上同步推进。当前，在缺乏一个多边体系的情况下，通过全球支持结构共同改革 IIA 体制，是实现 IIA 体制推动可持续发展的最佳方法。

以可持续发展为导向的 IIA 改革行动可以并且必须在所有层面（国家、双边、区域以及多边层面）上开展（见表 4.9）。在各个层面上，改革进程将大致遵循下列步骤：①评估现状，并明确存在的问题；②制定改革的战略方针及行动计划；③实施行动并实现预期目标。

表 4.9 IIA 改革路径图

层面	评估/确认问题	战略方法/行动计划	行动与结果
国家层面	• 国家 IIA 评估 • 条约网络和内容概况 • 影响和风险评估 • 改革需要	• 国家 IIA 行动计划 • 涉及标准和指导方针 • 改革领域和切入点 • IIA 改革方法 • 谈判策略	• 新的条约范本 • 单边终止 • 实施 • 国内改革 • 提高意识 • 完善制度 • 能力建设
双边层面	• 就 IIA 进行共同磋商以确认改革需要	• 联合行动路线计划	• 共同解释 • 重新谈判/修订 • 双方同意终止
区域层面	• 整体评估 • 条约网络和内容概况（区域 IIA 和 BIT 网络） • 影响和风险评估 • 改革需要	• 整体 IIA 行动计划 • 设计标准和指导方针 • 改革领域和切入点 • 巩固并简化 IIA 网络的 IIA 改革方法	• 巩固/合理化 BIT • 共同范本 • 共同解释 • 重新谈判/修订 • 实施/援助机构
多边层面	• IIA 体制全球评估（如 WIR15） • 评估/经验教训 • 确认系统性风险及新出现问题	• 就关键和新出现问题达成多边共识 • 关于系统性改革的共同愿景	• 多边行动计划 • 系统性改革的多边一致标准和指导方针 • 建立机构，促进各层面的改革 • 多边支援 • 研究分析 • 协调，包括作为与其他法规间的纽带 • 技术援助 • 共识构筑和经验交流的平台/论坛

资料来源：UNCTAD。

下述行动的复杂程度、实施难度及影响各异。因此，对于各国而言，制定行动的先后次序，确认短期、中期和长期行动是非常重要的。

1. 国家层面的行动

本质上，国家层面的改革行动是单边的。因此，它很难带来旨在促进可持续发展的 IIA 体制的实质性改变。然而，国家层面的行动对于推进其他层面（例如，双边、区域和多边层面）的 IIA 改革行动是至关重要的，并且是利用 IIA 实现一国可持续发展的第一步。

国家层面的 IIA 改革需要完善投资监管框架这一国内改革的配合。换句话说，IIA 改革需要针对 IIA 所需解决的问题来推进，即克服缺陷并提供担保和“保险”。这不仅有助于避免 IIA 改革在产生交易成本方面的负面影响，还能够调整 IIA 在国家发展战略中的位置。事实上，关于 IIA 改革的一个争论是，许多国家的国内监管体制已经演化到这样一种程度，即以投资保护为重点的 IIAs 作为利用投资实现可持续发展的工具已经力有不逮了。

所有国家层面的改革行动都将从所有利益相关方（包括通过跨部门协商，议会参与以及学术界、民间团体和商界的参与）的参与中受益。

IIA 审查

国际层面 IIA 改革的第一步是 IIA 审查。有关审查需要摸清国家的 IIA 网络，评估协定的影响及风险，明确具体的改革需要（Poulsen et al., 2013; Tietje et al., 2014）。

更具体地说，这包括分析一国的 IIA 概况，例如，审查一国现行 IIAs 的合作伙伴、范围、类型和内容。接下来，评估将着眼于 IIAs 的政治与经济影响。这包括分析 IIAs 对投资流量及其他经济指标（例如，贸易流量、特许权和许可权支付、税收）的影响，分析 IIAs 与其他政策的相互关系（例如，与国家投资政策、其他政策及其他国际义务之间存在重叠和不一致）。此外，还需要评估协定产生的问题与风险，例如，通过 ISDS 案件进行评估（无论有关案件是否撤销、和解、作出有利于国家或投资者的裁决）。结合国家的社会经济政治现实（国家发展战略、可持续发展需要）的大背景，这些评估结果为政策制定者提供经验借鉴，并有助于其确认具体的改革需要。即使采取基本的方式或具体到某一特定部门的方法，这一风险评估仍不可能面面俱到，但它仍能够带来重要的见解与借鉴。

- **国家层面的 IIA 行动计划**

下一步是制定国家层面的 IIA 行动计划。借鉴一系列设计标准及指导方针（例如，2012 年 UNCTAD 政策框架所列的指导方针），并基于上述国家层面的 IIA 评估结果，国家可以制定其 IIA 改革战略方法。关于改革的程度，是针对五大目标进行全面改革，还是仅就其中的一两个目标（例如，保障监管权利、完善投资争端解决机制）进行改革，则由国家自行决定。这决定着具体的改革领域、改革的切入点以及最适合的政策选择。政策选择可借鉴国际和/或区域的最佳实践经验（以及最新的条约实践经验）。《UNCTAD 投资政策框架》以及本报告所提供的政策选择都可以作为范例。

国家层面的 IIA 行动计划的另一关键要素是制定谈判策略。该策略为改革一国当前所处的不同 IIA 关系提出具体行动步骤。这包括优先改革特定关系，并制定改革时间表。优先改革的 IIAs 关系包括：最初有效期即将期满的 IIAs，已暴露出主要问题的 IIAs 以及可以合理解决的 IIAs（在区域合作背景下）。

确定改革的最佳方法也同样重要。国家需要决定是否终止、重新谈判或者修订特定 IIA 关系，并规定具体时间表，根据这些时间表同有关条约伙伴共同推进 IIA 改革议程。最后，就新 IIAs 进行共同解释或谈判，也是可供考虑的选项。

- **新 IIA 范本**

就国家层面 IIA 改革的具体结果而言，这首先涉及一个新的 IIA 范本。新的范本将基于各自的战略选择（例如，改革的程度）、所选择的改革目标和领域以及各自的政策选择。新的 IIA 范本既可以是部分修订，也可以是对已有范本的完全颠覆。目前为止，至少 50 个国家和 4 个区域一体化组织已经着手制定新的 IIA 范本（见第三章）。新的范本还可以附有关于新范本应优先寻求哪个目标的规定以及必要时的备选方案。

- **解释声明或条约终止**

国家层面的 IIA 改革行动的另一个具体结果是单边行动，比如发布条约的解释性声明或终止该条约。对于后者，BIT 一般都规定了条约的终止规则。2014 年到 2018 年间，超过 1500 个 BITs 将可以随时终止。希望终止其 IIAs 的国家需要清楚了解有关条款（尤其是存续条款）以及终止的广泛影响（UNCTAD，2013c；WIR11）。

- **解决国内 IIA 实施及 IIA 改革的瓶颈**

国家层面 IIA 行动计划的第三个要素是，国家应当明确其国内 IIA 实施和 IIA 改革的瓶颈。这包括至少四个政府行动步骤。首先，条约的实施可能需要依靠行政手段，将国际义务完全转化为国内法律和行政措施。总的来说，IIA 改革应该与国内监管调整步调一致，以确保协调性以及发挥协同效应。其次，国家可能希望各级政府能够树立有关国际 IIA 义务（即使在没有争端的情况下）的意识。一种方法是，宣传并对直接主管外国投资者有关事项的当地官员进行在职培训。再次，建立必要的机构，以处理与 IIA 有关的实施问题。该步骤可能涉及建立早期预警机制或类似于监察机构的争端预防机构，在负责争端解决的部门组建专业的“辩护”团队和/或跟踪 IIAs 下的直接体制性承诺，如建立共同委员会。最后，通过上述工作，政府可以明确其技术援助及能力建设需要，并据此通过双边、区域或多边援助项目（如 UNCTAD 有关 IIA 的工作，其投资政策评估或电子政务项目）采取后续行动。采取后续行动对最不发达国家和其他小型脆弱经济体尤为重要。

2. 双边层面的行动

双边改革行动很大程度上反映并建立在国家层面行动的基础上。双边行动通常会给涉及双边关系的法律协定带来实质改变。

IIA 共同审查旨在理清现状、评估双边 IIA 关系的影响与风险，以及确认改革需要。该审查由双方共同实施，涉及两国的有关人员。这类审查可以通过协商进行，并可能需要共同审查委员会的参与，此外，还可能需要现有共同经济委员会或者通过新建机构组织（临时的或常设机构）来推进。利益相关方的参与将有助于促进该进程的发展。

基于上述审查，两国将继续制定共同行动计划。该计划可以包括下列选择：①对现行条约的联合解释声明（以理解备忘录的形式）（UNCTAD，2011c）；②对现行条约的修订或重新谈判；③因条约到期或以区域性条约（在该条约中，两国均为缔约方）取代已有条约，双方一致同意终止条约。值得注意的是终止条约的“存续条款”，因为它将影响条约终止的生效。为了限制存续条款的适用，条约缔约方可在终止条约前，经双方协商一致删除该条款。

3. 区域层面的行动

区域层面的改革行动与国家及双边层面的类似，但同时也更复杂并可能带来更大的变化。

在更高的复杂性方面，区域性 IIA 规则制定意味着重叠和不一致，尤其是在当前的实践中，新的区域性协定没有规定涵盖有关双边关系的旧 IIA 的逐步退出机制。同时，由于区域 IIA 改革涉及两个以上的国家，从而为更有效、更广泛的改革提供了契机；此外，如果区域性改革实施得当，将有助于协调并巩固现行投资规则。此外，在制定并推动改革议程方面，与双边关系相比，区域性改革所受限制更大。区域一体化组织及其秘书处为区域性 IIA 改革提供了平台。

同样地，第一步是审查 IIA，不同的是该审查由区域组织/协定成员在多维度上共同推动。与上述类似，通过与利益相关方协商等方式，此类审查将理清条约网络和内容，评估影响和风险，并确认改革需要。这样，共同的区域性审查将综合考虑区域背景下的不同层面和关系。第一，所涉区域性协定。第二，区域成员之间已签订的现行 BITs（例如，成员间签订的区域内 BITs）。第三，与第三方签订的 IIAs，包括单个区域成员国与区域外第三方缔结的 IIAs，或者区域作为一个整体与区域外第三方签订的 IIAs。明确影响和风险时，需要注意 IIA 网络的多层次性特征，包括重叠、缺陷、不一致性以及由此而来的风险。

区域层面的特殊性将反映在共同的 IIA 行动计划中。例如，确定改革目标时，必须尤其注意第五个目标——增强系统的协调一致性，不仅要注意规则的实体性内容，也要注意处理好不同规则之间的关系。在 IIA 改革领域以及巩固和精简 IIA 方面，共同合作的方法尤为重要。

共同的方法将细化为具体的、具有时间限制的行动和结果。行动方面，包括进一步的讨论和协商、对条约进行修订/重新谈判或解释。对于现行条约的处理问题，可首先处理有效期届满的 BITs，此外，其他一直未更新或未进行现代化的区域性条约也是 IIA 改革的备选对象。

具体结果上，区域改革将可能产生一个新的、普遍适用的 IIA 范本，或达成未来条约的谈判立场及共同解释；一份重新谈判或经修订的条约；有关 BITs 的巩固/精简。如上所述，重新进行谈判的条约可以是存在问题的区域性条约，也可以是区域与第三方所签订的条约。此外，重新谈判的区域性条约还可能导致已有双边条约的终止。从这一结果可看出，区域性 IIA 改革能够直接推动更广泛的 IIA 改革，以促进全球 IIA 体制的精简化、合理化。

和国家层面的改革行动类似，区域性 IIA 改革可能需要国家层面上的监管调整，以确保协调性以及发挥协同效应。创建新的或改善现有的区域性机构，能够为监管调整提供协调及技术合作。技术合作可以包括对争端管理和/或预防的法律援助和/或培训，将区域性义务转化为一国法律和行政管理，履行制度化的投资促进与便利化条约承诺，更广泛地为区域层面和/或国家层面上的 IIA 改革提供帮助（例如，协助评估国家风险或者实施改革行动，如终止或重新谈判现行协定）。区域性技术援助和能力建设机构可以借鉴提供类似支持的国际性组织。

4. 多边层面上的行动

改革这一由数千个协定组成的 IIA 体制，无疑是一个全球性的挑战，需要所涉各方的共同响应。如果这一全球性的改革取得成功，将成为解决可持续发展难题以及当前 IIA 体制中不一致性和重叠等问题的最有效方法。与此同时，多边 IIA 改革是最具挑战性的改革选择，尤其是如何实施多边改革这一问题。

下文阐述不同程度的多边 IIA 改革，这些改革的强度、深度依次递增。这些改革和其他各层面 IIA 改革行动相互作用，并且类似地，可以从广泛的、透明的多边利益相关方的参与中受益。

- **全球 IIA 审查**

对 IIA 体制进行全球性审查，这一审查旨在评估经验并确认系统性风险及新问题。此类评估可以采取不同的形式，比如头脑风暴会议、定期开展多边的经验和信息交流（例如，采取咨询或听证会等形式）以及借助多边支持结构的力量。经验交流使政府和其他利益相关方能够学习彼此的经验和最佳实践；这也许可以给单边、多边或区域层面的改革提供积极反馈，并促进当前改革的协调一致。

就内容而言，全球性 IIA 审查可以涵盖 IIA 改革的各个方面（例如，评估 IIAs 及有关协定中所包含的所有规则）。该审查还能够审视用于处理未解决问题或新出现问题的备选方法，并分析这些方法在 IIA 体制可持续发展维度上的优缺点。重要的是，对全球 IIA 体制进行审查将关注具有系统重要性的议题。

- **构筑多边共识**

基于上述评估，在需要改进的领域构筑多边共识，旨在识别已达成广泛共识的领域和存在分歧的领域。在内容方面，构筑共识旨在达成对 IIA 改革议程关键问题及新出现问题的一致理解，或达成一致的改革目标、改革方案或指导方针，进而形成一致的解决方法。因此，多边共识构筑的核心是，确认并巩固已达成的共识，并在未达成共识的领域探索和寻求协调的方法。

- **多边行动计划**

在全球 IIA 审查的基础上，多边行动计划可以将多边共识推进为提供具体的改革要素。这可以采取多边一致同意的系统性改革的标准和指导方针等形式的。这样的标准和/或指导方针可以在国家、双边和区域层面上为改革提供支持，此外，还可以支持进一步的多边行动。改革进程上的非约束性原则可以表现为对成员国、国际组织以及其他利益相关方提供建议的形式。多边协商一致的标准和指导方针，可以作为基准，以决定 IIA 改革中的哪些特定要素需要评估。就这一点而言，这些标准和指导方针有助于解决系统性风险和新出现的问题，并指导改革行动。UNCTAD 投资政策框架、IIA 改革进程以及本报告中所阐述的投资政策内容及实施的指导原则，可以为此提供借鉴。同样，制度性支持机构可以促进此类标准的发展和应用。

这一多边行动计划将促进一些多边协定的发展，而这些协定能够推动各层面的改革。有关选择包括：

- **IIA 谈判清单**

该清单将明确在就协定进行谈判或重新谈判过程中，谈判者所需要谨慎考虑的政策问题。

- **IIA 规则制定和/或 IIA 改革的最佳实践**

个案分析的汇编，展示了国家改革 IIA 网络以使其与可持续发展目标相协调的方法，并提炼其中的经验教训，从而为未来以改革为导向的 IIA（重新）谈判者提供指导。

- **条款范本（或协定范本）**

与特定改革目标相一致的 IIA 条款范式，能够为具体的改革行动提供指导。如果涵盖所有可能的改革目标，这将可能产生“新一代协定范本”。条款或协定范本还能够解决系统性改革问题。

- **多边一致的投资政策指导方针**

多边一致的投资政策指导方针或原则，如 UNCTAD 政策框架，能够确保一个连贯、全面、协调的 IIA 改革方法。

多边行动计划还可能促成多边机构的设立，ISDS 领域已有这方面的设想——设立上诉机构或国际投资法庭。尽管目前这主要是双边（例如，多个美国 IIAs 规定了未来的上诉机制）以及区域层面（例如，欧盟委员提议，在欧盟未来签署的 IIAs 下创建常设投资法庭（欧盟委员会，2015））上的设想，它还呈现出国际维度。一个例子是，在《ICSID 公约》下设立上诉机构。另一个例子是，欧盟委员会提议“使该（常设投资）法庭多边化，该法庭既可作为一个独立的国际机构，也可作为现有多边组织的一部分。[9]需要强调的是，ISDS 是 IIAs 实体性条款的执行机制，不能孤立地看待这一机制。因此，多边化 IIAs 中的实体性投资规则，将有利于这一执行机制的多边化。

另外，IIA 改革的多边参与还可能促成新协定的产生，UNCTAD 推动通过的《基于条约的投资者和国家间仲裁的透明度公约》便是这方面的例子。例如，在明确的 IIA 改革关键问题上达成多边共识。沿袭该方法，国家可以签订适用于现行和/或未来条约当中。此类声明可以采取与现行 IIA 网络共存的多边协定的方式。这有助于解决那些面临紧迫问题的条款（对多数 BITs 适用），对于这些条款，可持续发展为导向的改革需要被认为是最紧迫的，并采取各方协商一致的方法。

这允许各国一次性改革其全部投资条约，例如，修订的多边协定缔约方可同意将修订后的条款——在《UNCITRAL 仲裁规则》下，即透明度条款——既适用于未来的 IIAs，也适用于现行投资条约。尽管很难就具有争议性的实体性条款（例如，FET 条款或间接征收条款）达成一致，但可以尝试首先缔结“较软”部分，并逐步寻找共识。

- **支援方面**

任何多边参与都将受益于可提供支援功能的多边支持结构。这包括收集与传播国际最佳实践、最新条约制定以及相关领域法律最新进展等方面的全面最新信息。此外，还包括汇总改革倡议、对改革选择及其利弊进行研究与政策分析，协调不同层面和维度上的不同进程，并作为与其他部门法（例如，人权法或环境法）之间的纽带，以确保双向协调与互利互换。支援还涉及技术援助条款以及实施 IIA 改革的能力建设，包括咨询服务、培训、提高认识以及信息传播。

这样的技术支援可以采取多边援助机构的形式，借鉴 WTO 法律咨询中心为特定 WTO 发展中成员国提供帮助的做法，该机构将提供法律援助和／或争端管理和/或预防等方面的培训。投资援助机构通过对受益国家的援助，尤其是最不发达国家及小型脆弱经济体，以确保其国内法及行政惯例与国际义务相符，在国际层面上提供制度化的投资促进与便利化服务，更广泛地，协助实施以可持续发展为导向的 IIA 改革行动。

最后，支援服务还包括举办论坛，以交流经验教训并讨论未来发展道路。与条约伙伴以及投资发展团体开展合作，有助于确保普遍、包容与透明的对话、实情调查以及共识构筑。有关例子包括，UNCTAD 的世界投资报告、世界投资论坛以及专家会议。

多边支持结构可以采取建立新的国际协调机制的形式，该机制可以涉及在国际投资规则制定领域表现活跃的若干国际组织。围绕具备政策分析、技术援助以及共识构建等各方面专长的国际组织这一核心，该机制最终还可能涉及不同的利益相关组织。

IIA 改革可以在各个层面上推进——单边、双边、区域或者多边——国家可以选择与其发展战略及发展需求相一致的改革进程和范式，以及选择其战略选择的先后、强度、深度及 IIA 改革参与的角色。此外，不同的改革路径并不是相互排斥的。事实上，一些选择是渐进改革的先后步骤，并且大多数行动和选择可以同时进行。不同的改革路径之间也会产生交互作用。然而，为确保 IIA 改革有利于各方利益，需要采取共同行动。

总结

IIA 体制正处在十字路口，许多国家和地区正对其 IIAs 以及其在有关问题的立场进行审查、改革以及修订。本章对正在进行的争论、观点、历史以及经验教训进行了分析，并为 IIA 改革提供了一份行动清单或工具箱。本章不是提供单一的改革方案。相反，各国可以选择各自的改革政策、切入点、所需改革的特定条约、改革层面以及改革强度。换句话说，国家可以制定其独特的改革方案。

本章回顾了 UNCTAD 在有关问题的前期工作成果，尤其是其投资政策框架（WIR12）、投资争端解决改革路径（WIR13）以及 IIA 改革路径（WIR14）。考虑其他利益相关方的贡献，本章将这项工作拓展至为解决五大改革挑战提供全面的、协调的以及多边的蓝图，以利用 IIAs 推动可持续发展。五大改革挑战分别为：保障为实现可持续发展而进行监管的权利，改革投资争端解决机制，投资促进与便利化，确保负责任投资以及加强 IIA 体制的系统一致性。

本章强调，各个层面的参与——国家、双边、区域以及多边层面——对实现 IIA 改革的共同目标至关重要。然而，本章也强调，改革需要一个共同的议程和愿景，因为缺少多边协调的任何改革步骤都只会加剧碎片化。只有采取共同的方法，才能保证 IIA 体制的稳定性、明确性以及可预测性，并促进所有利益相关方目标的实现：有效利用国际投资关系以促进可持续发展。

注释

［1］第一批案件之一是盎格鲁—伊朗石油公司案(UnitedKingdom v. Iran) 1951 I.C.J. Rep. 89, 1952 I.C.J. Rep. 93.

［2］然而，一个重要区别是，《阿布斯—肖克罗思公约》（第 7（2）条）和《OECD 外国财产保护公约》（草案）（第 7(b)条）均规定了投资者—国家仲裁机制（这一机制的实施以缔约各方事先同意为条件）；而在投资条约实践中，这一机制直到 1968 年的印尼—荷兰 BIT 才被采纳。

［3］Asian Agricultural Products Ltd.(AAPL) v.Republic of Sri Lanka(ICSID Case No.ARB/87/3). 裁决时间：1990 年 6 月 27 日。

［4］一些国家采取列表的形式（如前文所述），而非明确包括名为“FET”的条款；有关例子包括：南部非洲发展共同体（SADC）BIT 范本和印度 BIT 范本草案。

［5］为此，IIAs 通常规定合法征收所需要满足的条件，例如，出于公共目的、非歧视、符合正当法律程序以及给予相应的补偿。

［6］另一个选择是，为旨在追求合理公共政策目标的国内监管措施规定宽泛的例外。

［7］Mexico v. United States(2000)，Peru v. Chile(2003)，Italy v.Cuba，临时仲裁（2003），Ecuador v.United States，PCA(2011).

［8］2014 年 6 月，联合国人权理事会以大多数票通过一项决议，决定成立工作组，负责处理与人权问题有关的、对跨国公司及其他工商企业具有法律约束力的文件。

［9］欧盟委员会，2015，第 11—12 页。

参考文献

[1] APEC and UNCTAD (2012). International Investment Agreements Negotiators Handbook: APEC/UNCTADMODULES (IIA Handbook). Singapore: APEC Secretariat.

[2] Bernasconi, N. (2015). “Rethinking Investment-Related Dispute Settlement. Interna-tional Institute for Sustainable Development Invest-ment Treaty News, 6(2), May. www.iisd.org.

[3] Bundesministerium für Wirtschaft und Energie (BMWi) (2015). Modell-Investitionsschutzvertragmit Investor-Staat Schiedsverfahren für Industriestaaten unter Berücksichtigung der USA. www.bmwi.de/BMWi/Redaktion/PDF/M-O/modell-investitionsschutzvertrag-mit-investorstaatschiedsverfahren-gutachten,property=pdf,bereich=bmwi2012,sprache=de,rwb=true.pdf.

[4] European Commission (2015). Investment in TTIP and beyond - the path for reform. Concept Paper. http://trade.ec.europa.eu/doclib/docs/2015/may/tradoc_153408.PDF.

[5] Hindelang, S. and M. Krajewski (2015). Shifting Paradigms in International Investment Law-More Balanced, LessIsolated, Increasingly Diversified. Oxford: Oxford University Press.

[6] International Monetary Fund (2012). The Liberalization and Management of Capital Flows-An Institutional View. Washington, D.C., International Monetary Fund.

[7] Poulsen, L.N.S., J. Bonnitcha and J.W. Yackee (2013). Analytical Framework for Assessing

Costs and Benefitsof Investment Protection Treaties. Study prepared for the Department for Business Innovation and Skills. LSEEnterprise.

[8] Tietje, C. and F. Baetens (2014). The Impact of Investor-State-Dispute Settlement (ISDS) in the Transatlantic Tradeand Investment Partnership. Study prepared for the Minister for Foreign Trade and Development Cooperation, Ministry of Foreign Affairs. The Netherlands: Leiden University.

[9] UNCTAD (2004). International Investment Agreements: Key Issues. Vol. 1. New York and Geneva: United Nations.

[10] UNCTAD (2008). International Investment Rule-making: Stocktaking, Challenges and the Way Forward. UNCTAD Series on International Investment Policies for Development. New York and Geneva: United Nations.

[11] UNCTAD (2009). The Protection of National Security in IIAs. UNCTAD Series on International Investment Policiesfor Development. New York and Geneva: United Nations.

[12] UNCTAD (2010a). Denunciation of the ICSID Convention and BITs: Impact on Investor-State Claims. IIA IssuesNote, No. 2. New York and Geneva: United Nations.

[13] UNCTAD (2010b). Most-Favoured-Nation Treatment: A Sequel. UNCTAD Series on Issues in International Investment Agreements. New York and Geneva: United Nations.

[14] UNCTAD (2010c). Scope and Definition: A Sequel. UNCTAD Series on Issues in International Investment Agreements. New York and Geneva: United Nations.

[15] UNCTAD (2010d). Investor-State Disputes: Prevention and Alternatives to Arbitration. Proceedings of the Washington and Lee University and UNCTAD Joint Symposium. International Investment and Alternative Dispute Resolution, Lexington, Virginia, 29 March. New York and Geneva: United Nations.

[16] UNCTAD (2010e). Investor-State Disputes: Prevention and Alternatives to Arbitration. UNCTAD Series on International Investment Policies for Development. New York and Geneva: United Nations. UNCTAD (2011a). Expropriation: A Sequel. UNCTAD Series on Issues in International Investment Agreements.New York and Geneva: United Nations.

[17] UNCTAD (2011b). Sovereign Debt Restructuring and International Investment Agreements. IIA Issues Note, No.2. New York and Geneva: United Nations.

[18] UNCTAD (2011c). Interpretation of IIAs: What States Can Do. IIA Issues Note, No. 3. New York and Geneva:United Nations.

[19] UNCTAD (2012a). Investment Policy Framework for Sustainable Development. New York and Geneva: United Nations. http://unctad.org/en/PublicationsLibrary/diaepcb2012d5_en.pdf.

[20] UNCTAD (2012b). Fair and Equitable Treatment: A Sequel. UNCTAD Series on Issues in International Investment Agreements. New York and Geneva: United Nations.

[21] UNCTAD (2012c). Transparency in IIAS: A Sequel. UNCTAD Series on Issues in International Investment Agreements. New York and Geneva: United Nations.

[22] UNCTAD (2013a). Reform of Investor-State Dispute Settlement: In Search of a Roadmap Special Issue for the Multilateral Dialogue on

Investment. IIA Issues Note, No. 2. New York and Geneva: United Nations.

[23] UNCTAD (2013b). The Rise of Regionalism in International Investment Policymaking: Consolidation or Complexity?. IIA Issues Note, No.3. New York and Geneva: United Nations.

[24] UNCTAD (2013c). International Investment Policymaking in Transition: Challenges and Opportunities of TreatyRenewal. IIA Issues Note, No. 4. New York and Geneva: United Nations.

[25] UNCTAD (2014a). The Impact of International Investment Agreements on Foreign Direct Investment: An Overview of Empirical Studies 1998-2014. IIA Issues Note - working draft. New York and Geneva: United Nations.

[26] UNCTAD (2014b). Investor-State Dispute Settlement: A Sequel. UNCTAD Series on Issues in International Investment Agreements. New York and Geneva: United Nations.

[27] UNCTAD (2014c). Investor-State Dispute Settlement: An Information Note on the United States and the European Union. IIA Issues Note, No. 2. New York and Geneva: United Nations.

[28] UNCTAD (2015). Investor-State Dispute Settlement: Review of Developments in 2014. IIA Issues Note, No. 2.New York and Geneva: United Nations.

[29] Vandevelde, K.J. (2010). Bilateral Investment Treaties. History, Policy and Interpretation. Oxford: Oxford University Press.

[30] WIR11. World Investment Report 2011: Non-equity Modes of International Production and Development. New York and Geneva: United Nations.

[31] WIR12. World Investment Report 2012: Towards a New Generation of Investment Policies. New York and Geneva: United Nations.

[32] WIR13. World Investment Report 2013: Global Value Chains: Investment and Trade for Development. New York and Geneva: United Nations.

[33] WIR14. World Investment Report 2014: Investing in the SDGs: An Action Plan. New York and Geneva: United Nations.

国际税收和投资政策的一致性

第五章

引言：势在必行的税收与投资政策

目前国际上正对跨国企业（Multinational Enterprises, MNEs）的财政收入贡献进行激烈的论战和具体的政策制定。讨论的重点主要围绕税收规避，尤其是税基侵蚀和利润转移（Base Erosion and Profit Shifting, BEPS）。与此同时，全球经济的增长和发展都需要持续的投资，尤其是可持续发展目标（Sustainable Development Goals, SDGs）急需投资的支撑。因此当前势在必行的政策应当是制止避税，以此来促进国家内部资源流动，以及支持生产性投资。

重点关注 MNEs 对于财政收入的影响（或者说规避）已经有一段时间。许多知名厂商尽管创造了大量商业利润，却只缴纳了很少的税收，甚至没有缴税。屡见不鲜的案例已经引起了公众的抗议、消费者行动和严格的监管审查。民间组织和非政府组织（NGOs）已经曝光了一些 MNEs 在极度贫穷的发展中国家滥用财政政策的案例。由于国际上广泛支持对 MNEs 的避税行为采取制裁，经济合作发展组织（Organization for Economic Co-operation and Development, OECD）已经在 G20 提出了关于反对 BEPS 的倡议，这也是目前国际税收政策制定的主要场所。

由于财政收入是政府收入的重要来源，也是促进资源流动和可持续发展的重要因素，2015 年之后的发展议程以及 SDGs 的投资需求使得 MNEs 更加关注财政收入的影响。投资未来的发展议程也将不可避免地面对税基侵蚀的问题，发展中国家尤其如此。MNEs 税收规避是真正的难题。与此同时，SDGs 的完成迫切需要更多私营部门的投资。世界投资报告（2014）指出发展中国家的公共投资不足以填补在产能、农业、服务业、可再生能源、基础设施建设以及其他部门一共约 2.5 万亿美元的年度投资缺口。私营部门投资不仅直接促进 SDGs 的完成，也会促进经济增长和未来的税基。

因此关键性的问题是，决策者在避免使用可能对投资不利的措施同时，怎样采取行动来制止避税行为，从而使得 MNEs 在“适当的时间、适当的地点、缴纳适当的税费”？换句话说，决策者怎样才能从国际投资中最大化即刻的税收，而同时维持吸引投资者的环境，从而保护目前和未来的税基呢？如果可持续发展需要公共和私营两个部门的投资，财政政策的环境必须在本地企业和外资企业之间保持平衡，只有这样才能既确保足够的收入来支持公共投资，又能确保足够的回报来促进私营投资。这点在结构脆弱的经济体以及发展中国家尤为适用，因为这些经济体更加急迫地需要基础建设的公共投资。

跨境投资[1]和税收政策的联系是双向的：

税收已经成为地区以及经济体吸引国际投资者的重要决定条件（见专栏 5.1）。

税收、税收减免以及其他财政激励政策成为吸引投资者和促进投资的重要政策工具。

已经建立的投资者会对东道国经济体的经济活动和税基都做出直接和间接的财政贡献。

因其跨国性质、人力资源和金融资源，国际投资者和 MNEs 有在各辖区获得税收套利和避税的机会。

本章将集中讨论最后两点联系，即 MNEs 的财政贡献，以及这些企业税收规避的程度。这两点也是当前国际社会讨论的核心。不过，任何以增加财政贡献和减少税收规避为目的的政策（包括 BEPS 项目中的政策）都必须牢记第一个也是最重要的一个联系：即税收是决定投资的一个要件。

专栏 5.1　税收作为外国直接投资的决定因素：税收在区位决策中发挥什么作用?

传统观点认为税收在投资区位决策中并不发挥基础性作用。跨国企业做出进入某一特定市场的决策主要是基于经济决定因素——例如市场规模和增长情况、资源的可获得性或战略资产，以及生产要素成本。此外，许多非税政策决定因素通常被认为与区位决策的相关性更强，诸如商业环境的稳定性和可预测性、商法和合同执行的力度、贸易限制、知识产权（IP）体制以及其他。

这种观点认为，税收在推动区位决策方面，不如推动投资形式和投资流动路径那样强烈。MNE 高层管理者进入某一给定市场的决定往往独立于税收考虑，并且他们的税务顾问会以最为节税的方式构建投资。全球投资的重要份额通过特殊目的实体（SPEs）和避税港被追踪到它的最终目的地（本章将稍后讨论），该事实佐证了这个观点。

在投资决策中，通常认为对于寻求资源和战略资产型投资以及开拓市场型投资而言，税收的相关性低；并且仅仅是追求效益型投资的众多区位决策因素中的一个。但是，仍需考虑一些细节差别。

寻求资源型投资可能是高度资本密集型，并且有非常长的酝酿期。预期收益的计算对成本因素极为敏感，其中税收是一个关键因素。投资往往会经历长期艰巨的谈判，以确定通过何种财政机制在投资者和政府间精确分配租金。双方谈判代表在不同征税机制（例如，税收与特许权使用费）之间的取舍，不是由于他们对其中任何一项缺乏足够的重视。再者，考虑到投资的长期性和较长的投资回收期，这些投资享有财政待遇的稳定性和可预测性至关重要。

市场开拓型投资本身似乎对税收不太敏感。但是税收会强烈影响投资者的做法。MNEs 采用本地资源还是依赖进口附加值来进行生产的程度显然受到税收的影响，这对于外国投资对东道国的发展影响非常关键。通常的观点认为市场开拓型投资对税收不太敏感的观点混淆了市场进入决策和实际生产能力投资。

追求效益型投资，跨国企业通过此种投资为生产流程的每个部分寻求低成本区位。此种投资对税收高度敏感。与直觉相反的是，由于预期税率极低，对许多这类投资而言，低税率并不在跨国企业区位决定因素名单上起重要作用。由于这类投资的性质，它们往往位于经济特区或属于特殊体制。在税率水平如此低的情况下，各地在劳动力成本与生产能力差异、土地可获得性与成本差异、其他生产要素差异，以及贸易成本差异往往比税率差异更加重要。然而，在追求效益型运作中，投资者真正感兴趣的是税基，因为这些往往是跨国企业全球价值链中的步骤，并且转移定价起着重要作用。此外，低税收在跨国交易中显然是一个关键因素。对追求效益型投资而言，没有特殊体制的，经济体往往处于劣势，即税收是一个关键的区位决定因素。

因此，税收作为区位决定因素的重要性可能被普遍低估。全球价值链的发展，增加了追求效益型投资组合的相对权重，使得税收对国家吸引力而言更加重要，并且这一趋势可能会持续下去。

不仅是税收水平在投资决策中起作用，而且履行纳税义务的便利程度同样重要。营商便利的指标——覆盖了与商业运营相关的一系列行政程序，包括纳税——往往在呈现给投资者的区位对比中起重要作用。UNCTAD的商业便利化项目，帮助发展中国家简化投资者的行政程序，首先重视商业登记和审批，随即是纳税程序。

最重要的是东道国财政环境的稳定性和可预测性。财政体制或个人投资者财政待遇的显著变化可感风险往往是致命的。财政当局证明与投资者建立合作关系的能力并提供投资运营持续的财政待遇的信心可以帮助消除主要的投资障碍。

总之，税收在区位决策中起着重要作用，主要表现在三个方面：财政负担、行政负担以及长期稳定性与可预测性。

资料来源：UNCTAD。

在MNEs的财政贡献讨论中，对投资者的财政激励通常也被当作政府税收收入的一种“流失”或者“转移”，比较类似于税收规避。不过与税收规避的明显区别是，这些激励是为了吸引投资而有意制定的。另一个严峻的问题是，跨国公司的贡献是否足以弥补所开采的自然资源。例如，在一些BEPS的讨论中，能否避免让激励成为MNEs避税的工具的一部分而使企业迁移到税收少的地区。有关人士也担心MNEs让各地区的政府互相竞争，从而产生税收“逐底竞争”的现象。政策激励和税收规避也有其他相似之处，政府对“激烈”避税方案的容忍可以被视作另一种（较为不透明）的税制激励。尽管如此，本章不会在已有的长篇论述的基础上再增加对于财政激励及其无效性的讨论，而是集中在如下国际上的论题：

跨国公司的国外子公司对当地政府（尤其是发展中国家）贡献了多少收入？有关税收规避政策的基准和价值是多少？

国际投资流量和存量的模式对跨国公司的税收贡献以及避税有什么影响？对发展中国家的财政收入又有什么影响？

总体而言，跨国公司活动对于财政的净贡献是多少？关于税收和投资之间关系，尤其是在反避税政策和BEPS项目中有什么影响？

因此，本章为讨论有害的税收竞争打下了基础。

本章的结构如下：

章节1讨论跨国公司对于（尤其是发展中国家）政府收入的贡献。财政贡献包括企业所得税以及其他税收、社会贡献和包括对于自然资源使用的其他贡献。

章节2提供了关于跨国公司通过离岸投资中心投资的数量和模式的主要分析结果。该章为全球经济中的间接或者过境投资模式提供了一种创新的视角，即离岸投资矩阵。然后分析了投资和税收政策是如何交织在一起的。该章也描述了全球经济中离岸投资中心起着重要作用的根本原因，分析了最为相关的跨国公司的避税方案。该章着重讨论了最依赖离岸结构，也是在国际投资中最明显的避税计划。

章节3着重讨论税收规避计划对于发展的影响，并估算了发展中国家相关的税收损失。此章节的估算可被视作国际上已有估计的补充，也发展了基于离岸投资矩阵的新方法。

章节 4 着重讨论政策结论。这些政策以投资的视角来考虑 MNEs 的税收计划，通过一致的国际税收和投资政策将他们结合起来考虑。

本章附录（可通过在线获取）提供了两个主要分析贡献方法的细节：跨国公司的财政贡献，以及国际税收规避的投资视角（包括离岸投资矩阵和税收损失的计算）。两个技术性附录响应了国际社会对于跨国公司影响财政的新思想和新方法的需求（例如在 G20 上关于 BEPS 的行动呼吁）。第三个非技术性附录概述了目前已有解决税收规避的政策，以及目前国际社会上的相关争议。

一、MNEs 作为政府发展的收入来源

在 BEPS 项目方面的决策者和专家目前对于政府收入的价值还没有定论。众多研究机构和 NGO 都估算过跨国公司在发展中国家税收规避的数量。迄今为止，关于一般企业或者 MNEs 对于财政的贡献还没有一个估计的基准。

本节讨论了 MNEs 的国外子公司的总体贡献，旨在测量国际税收和投资政策的交互作用价值，以及为讨论 MNEs 的税收规避奠定基础。

为了理解哪些 MNEs 缴纳税收、做出社会贡献、以及缴纳其他的费用，本节首先对政府收入进行总览和分解，并检验不同发展水平的经济体之间财政收入的差异。此初步检验对于本章估计 MNE 贡献的方法很有帮助。此方法首先着眼于政府总体收入以及（国内外）公司总体贡献，然后再关注企业外国子公司的贡献。这样的方法确保估计的误差不会有太多偏离。尽管如此，由于可获得的 MNEs 的外国项目和缴税数据既有限也不完整，该分析方法仍在探索中，利用各种来源和方法共同分析 MNE 贡献的有利数量级。附录 1 提供了数据和分析的细节。

审视国外子公司对于政府收入贡献的大背景，可以清楚地看出发展中国家的一些财政收入虽然像是投资者财政行为起作用，但实际却主要源于经济体的结构特征。这一点在目前进行的发展融资辩论中很重要，因为在这种环境下提高国内资源流动是取得 SDGs 融资进展的重要支柱。针对外国投资者税收贡献的政策可以有效增加政府财政收入，但必须被纳入进一步解决国内资源流动的计划中。

同时，UNCTAD 的估计表明 MNE 在发展中国家的子公司是当地政府收入的重要组成部分，对这些经济体的财政影响巨大。这些结论印证了我们需要一个平衡的方法，通过适当的措施保护外国子公司的融资渠道，同时解决避税问题。

需要注意的是，这里的方法不仅评估了外国子公司的纯税收贡献（企业所得税以及其他税收），也评估了其他对于政府收入的贡献，包括自然资源特许权使用费，以及其他股份形式企业对政府收入的贡献。这样就提供了价值的全貌。在所有案例中，数据透明并且明确区分了实际税收和其他类型的贡献。

最后，本节的目标不是判断 MNEs 财政贡献的价值（即是否“足够大”，这点需由各个政府来决定），而是进行粗略但客观的价值估计，以为下文税收规避的讨论奠定基础。

发展中国家的政府收入和税收征取

在发展融资的论题中，提高国内资源流动性是取得 SDGs 进展的重要支柱。需要指出的是在

财政收入征收方面，经济发展程度通常比自然资源禀赋或者 MNEs 商业存在更具显著驱动力。一般来讲，一国的经济发展程度越低，政府收入中的公司贡献越高，企业的非税收贡献（包括自然资源的特许权使用费、关税和其他税费）也越重要。

不同国家和地区之间政府财政收入差异巨大。政府收入作为 GDP 的一部分，存在差异的一个关键原因是经济体的收入水平（见图 5.1）。高收入国家平均有 40% 的 GDP 是财政收入，包括税收、社会贡献和其他收入。而低收入国家不到 20%。

由于每个地区国家间差异很大，经济组织和地区得出的结论并不明确。发展中国家政府收入占 GDP 比重的加权平均值仍然比发达国家低 10%。非洲财政收入占 GDP 比重为 30%，虽然比发展中国家的平均值 27%要稍高，但该比重是由一些中高收入国家的高于平均值财政收入（主要是自然资源收入）扭曲所致，弥补了大量低收入国家的财政收入比重。财政收入比重最低的国家主要是亚洲的最不发达国家。

总之，经济发展水平、政府管理的放任程度对总体财政收入差异的影响比自然资源禀赋或者 MNEs 商业存在更显著。图 5.2 聚焦非洲，结论表明在同一收入水平下（尤其在低收入国家），自然资源禀赋和 FDI 渗透程度不会显著改变财政收入占 GDP 的比重。

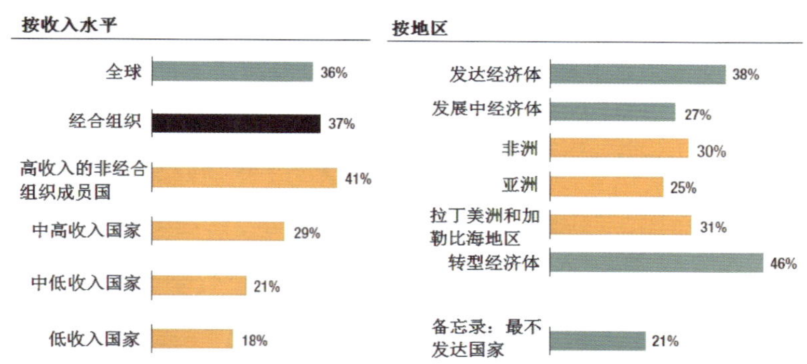

图 5.1　政府收入的差异，政府收入占 GDP 的比重，加权平均（百分比）

资料来源：UNCTAD 基于 ICTD 政府收入数据集的分析（2014 年 9 月发布，参考 2009 年）。

注：数据来源和方法详情见附录 1。

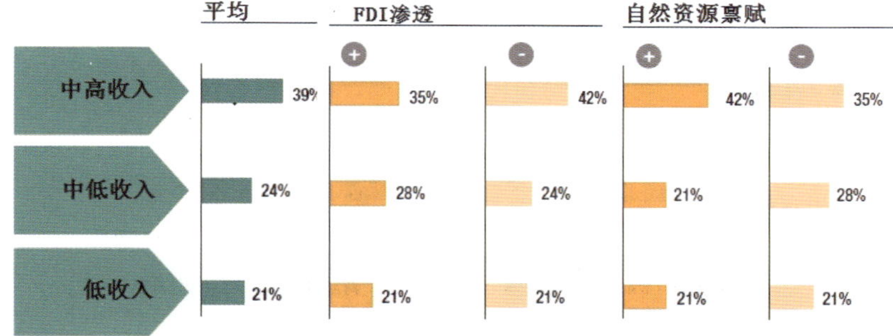

图 5.2　FDI 渗透，自然资源禀赋和政府收入的关系政府收入占 GDP 的比重，非洲（百分比）

资料来源：UNCTAD 基于 ICTD 政府收入数据集的分析。

注：针对不同收入水平的国家组织，对 FDI 渗透，“+”指代 FDI 存量占 GDP 的比重排名在前一半的国家。对自然资源，“+”指代商品出口额占总出口额 75%以上的国家。

政府财政收入的组成（见图 5.3）揭示了更多结论：[2]

（1）在第一步的分解中（图 5.3 左侧），总财政收入被分为税收、社会贡献和其他收入（包括自然资源的特许权使用费、官方发展援助或捐赠），发达国家财政收入中社会贡献占比更大。发展中国家很自然地更加依赖其他方式的收入——主要为自然资源的收入。最贫困国家最倾向于依赖其他方式：它们几乎占据了最不发达国家和整个非洲地区政府收入的一半。政府收入转移的明显规律是从（公司）所得税转移到自然资源禀赋相关的其他收入。在非洲，给定政府收入占比（GDP 的 30%），资源驱动型国家（商品出口占总收入 75%以上的国家）的财政收入分布向其他收入严重倾斜（约占总财政收入的 60%），而所得税只占了不足 15%；相较之下，非资源驱动型国家的所得税占总收入的 40%，其他收入占 25%。资源富足而收入较低的国家应当是在公司的自然资源使用费（以及出口收入）和企业所得税中权衡取舍。

（2）进一步分解税收项目（图 5.3 右侧）可以看出，发达国家相较发展中国家更依赖所得税（发达国家所得税占 50%，发展中国家为 1/3）。其他税收，尤其是商品和服务的间接税（如增值税），在发展中国家更为重要，几乎占总体税收的一半。

值得注意的是，在最不发达国家，国际贸易的税收占总体税收的比重很大（20%），对目前以及将来的区域或多边贸易自由化进程比较重要。

（3）发展中国家企业所得税在税收中的比重比发达国家高：发达国家约占 20%，发展中国家接近两倍。但是，发展中国家的个人所得税占比更低。发展中国家的公司税占所有收入税的 2/3 以上，发达国家只有 1/4。因此，发展中国家的公司税收占 GDP 的 4%，而发达国家占 2%；相反，个人所得税占 GDP 比重在发展中国家降低到 2%，在发达国家则升高到 8%。

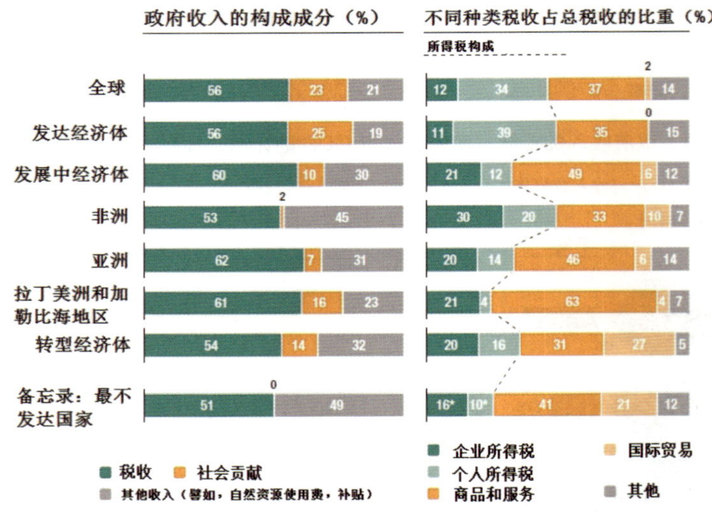

图 5.3　按区域划分政府收入构成（百分比）

资料来源：UNCTAD 基于 ICTD 政府收入数据集的分析。

注：此种分类通常基于国际货币基金组织政府财政统计分类标准。然而，左图“其他收入”包括补贴（数量非常小，在发展中国家占政府总收入的 1.5%）。右图中，所得税（企业和个人）反映了国际货币基金组织“收入、利润和资本利得税收”种类（“企业支付”和“个人支付”）。剩余一类“其他”包括工资和劳力税、房产税和其他税收。带“*”数据来源有限。数据来源和方法详情见附录 1。

参照收入驱动的视角（见图 5.4），以上地区比较所得到的三种结论均被确认（可能也得到了巩固）。

为了评估不同地区经济及各项财政收入的相对能力，可以看出社会贡献财政收入以及个人所得税和间接税收收入是最有用的代理指标。虽然社会贡献和个人所得税明显与整体收入水平相关，并且在低收入国家预期收入更低，但是这些收入项目同样需要更精细的体制结构和征收能力。相较之下，间接税收更易征收。低比例的社会贡献和个人所得税以及高比例的间接税似乎与低征收能力以及对公司所得税的高依赖程度有关。

有趣的是，公司在征集这三项税收时都有备而来。虽然理论上公司并不直接支付个人所得税和间接税（除去类似于不可征集的增值税等特定财政问题），但公司替政府从员工工资和消费者那里征集这些税收。这个作用并没有在估测公司贡献时被明确量化，但却代表一项重要的财政附加值，也对大量非正式经济体发展中国家很重要。

具体审视（国内外）公司在三项政府收入中的（支付）贡献——税收，社会贡献和其他收入——可以确定公司贡献在发展中国家（将近一半政府收入）要比发达国家（1/3）高很多（见图 5.5）。如前所述，差异的原因是政府收入更多源于公司所得税（收入所得税以及贸易所得税和其他税收），以及公司对其他种类政府收入的贡献，尤其是自然资源和物权。相对于经济规模，公司对政府收入的贡献在发达国家和发展中国家基本一致，占 GDP 的 13%。由于转型经济体自然资源收入相对较高，国有企业影响相对较大，所以公司对政府收入的贡献相对较高。

总体而言，政府收入的征集能力主要与收入水平和经济发展水平相关。在较低的发展水平下，由于其他收入和税收水平较低，公司对总体财政收入和所得税的贡献更为重要。除了公司缴纳的税收，其他税收的大部分（尤其是间接税）也依赖公司缴纳。总体来看，发展中国家的政府收入相较于发达国家更依赖于公司；发展中国家和发达国家公司对于财政收入的贡献占整个经济体的比重相近。

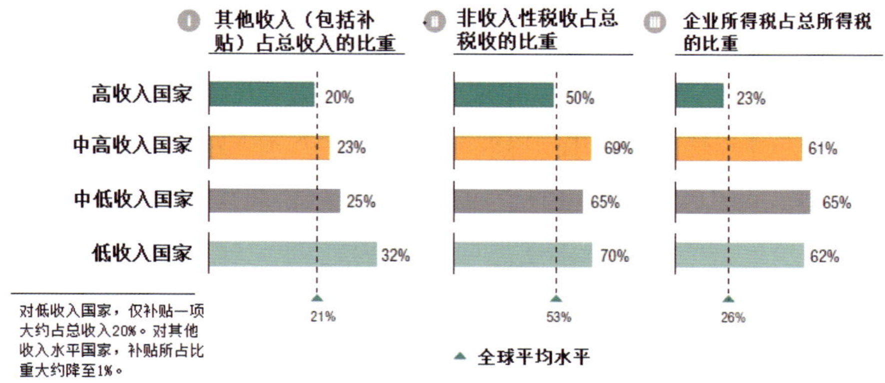

图 5.4　不同收入水平政府收入构成的重要模式（百分比）

资料来源：UNCTAD 基于 ICTD 政府收入数据集的分析。

注：数据来源和方法详情见附件 1。

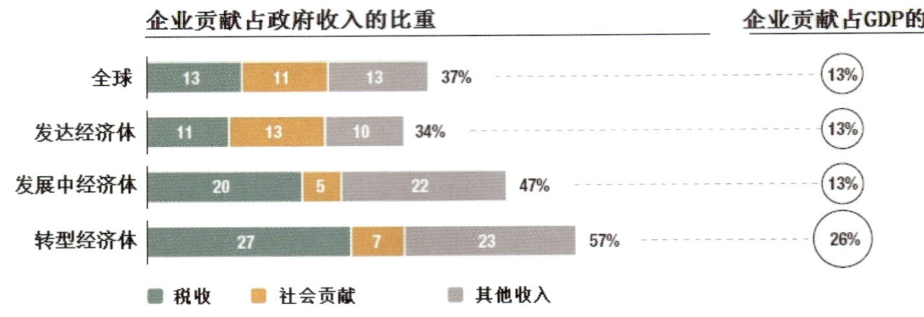

图 5.5 国内和外资企业对政府收入的贡献

资料来源：UNCTAD 基于 ICTD 政府收入数据集的分析。补充来源为国际货币基金组织政府财政统计数据库。

注：数据来源和方法详情见附录 1。

MNEs 对政府收入的贡献

MNEs 是全球重要的税收贡献方，在发展中国家尤为如是。UNCTAD 估计外国子公司对发展中国家政府预算的贡献每年约为 7300 亿美元，平均代表了约 23%的企业支付以及 10%的总体政府收入。（这些比例在发达国家较低，分别约为 15%和 5%，突出了发展中国家对外国企业贡献的较高依赖。）非洲国家外企子公司贡献最高，占公司贡献的 1/4 以上以及政府所有收入的 14%。总体而言，自然资源使用费、关税、工资税的社会贡献，以及其他种类税收的贡献，平均比公司所得税要高两倍。

前一节分析了政府总体收入的水平和构成，以及（国内外）企业的贡献。本节聚焦在外国子公司[3]。为此，本节开发了两种估算 MNE 财政贡献的新方法：

（1）贡献法。此方法基于外国子公司对东道国的经济贡献。估计外国子公司经济活动（利润、就业、附加值、出口）的占比，并将其应用到相关的公司贡献项目中。

（2）FDI 收入法。此方法基于国家之间 FDI 收入的国际收支平衡数据。对于主要的发展中地区，利用 FDI 收入的股本组成乘以合适的平均有效税率来估算外国子公司缴纳的公司所得税。然后利用各地区一般公司所得税在总贡献中的估计权重来计算其他收入的贡献。

两种方法并不一定获得相同的结果。实际上，FDI 收入法理论上取得的是估计的下限，因为该方法只顾及直接投资企业的外商独资的部分收入，而不是外国子公司的全部收入（虽然差别应该不大）。尽管如此，两种估计大体上是一致的：MNEs 外国子公司在发展中国家的总体贡献每年约为 7300 亿美元。该数据代表了估计的中值，下限为 6500 亿美元，上限是 8000 亿美元。超出了互相检验，两种独立的方法提供了不同的视角以及不同的理解，下文将详述。详细的数据和统计方法参见附录 1；专栏 5.2 简要概述了两种方法局限性以及替代假设。

图 5.6 基于贡献法，提供了发展中国家外国子公司贡献总量占政府收入总量的相对比重，也提供了各种主要贡献项目的分目录。在 6.9 万亿美元的政府收入总量中（占 2012 年 GDP 的 27%，见图 5.1），企业部门缴纳占 47%（见图 5.5），对应约 3.2 万亿美元。与外国子公司相关的公司贡献约为四分之一（23%），对应约 7250 亿美元或政府总收入的 10%。此贡献包括 60%（4300 亿美元）的税收和社会贡献以及 40%（2950 亿美元）的其他收入。其他收入多为自然资源使用费。

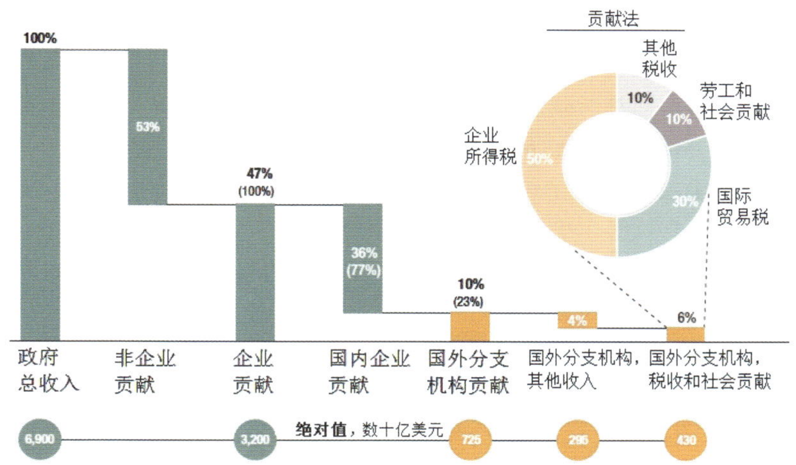

图 5.6　跨国公司国外分支机构对政府收入的贡献占政府收入的比重（发展中国家，参考 2012 年）（百分比和数十亿美元）

资料来源：UNCTAD 基于 ICTD 政府收入数据集的估计；IMF 政府财政统计数据库；联合国国民经济核算体系；欧统局；美国经济分析局；国际劳工组织；文献综述。

注：估计代表中间值。数据来源和方法详情见附件 1。

税收子项目的公司部分（包括国内企业）的模式稍有不同。虽然企业所得税部分很相似，为总税收和社会贡献的一半，但由于发展中国家的外国子公司出口比重较大（参见 WIR13），因此外国子公司在国际贸易税收中所占的比重较高，为 20%。相比之下，外国子公司支付的工资税和社会贡献的比重较国内公司低，这是由于外国子公司的业务多为资本密集型。显然这是发展中国家的整体情况，每个国家和地区之间仍有很大不同，下文详述。

专栏 5.2　限制，选择性假设和进一步研究

本节分析 MNE 国外分支机构对政府税收的贡献，旨在达成有意义的“数量级”估计。由于相关可用数据的缺乏，无论是经济贡献法还是分析中所使用的 FDI 收入法，都须依赖假设和估计。以下是一些最重要的限制和假设，详情见附录 1。

对于国外分支机构实际贡献的有意义估计必须计算所有净收益转移。但是，贡献法不能排除利润转移的一种方式——资本弱化，因为它依赖于国民经济中营业盈余与利润比的概念。模拟这种限制所造成的影响，采取极端假设，即降低估计下限，将使整个贡献从 7300 亿美元缩减至 6500 亿美元。单一的 FDI 收入法不存在这个问题。

贡献法还有另一个限制。在计算国外分支机构对企业收入的贡献时，并未将企业和非企业营业收入分开。删除不太可能包含任何国外分支机构贡献的非企业营业收入，将增加国外分支机构在剩余企业收入中的比重，因而增加整个企业所得税中国外分支机构所缴纳的比重。模拟该影响，我们估计整个国外分支机构的贡献上限大约为 8000 亿美元。再次说明，FDI 收入法不存在该问题。

关于国外分支机构所适用的平均有效税率（ETR）的假设起着重要的作用，尤其在 FDI—收入法中。在该方法中，适用于发展中国家的有效税率（浮动在 20%～25%之间）是基于外部研究并且被联合国贸发会议所属的公司分析证实。这些研究同时发现，适用于国外分支机构和国内企业的实际税率在本质上一致。其他研究也表明，国内企业和跨国公司在实际税率应用上并无实质差异。计算贡献的方法并未使用具体的实际税率，不过与实证结果一致，它假设国外分支机构与国内企业的税率相同。

同样的实际税率适用于国外分支机构和国内企业，可能不是很直观，但应该注意以下重要的两点：

第一，虽然国内企业与国外分支机构具有相似的实际税率，但在广义上并不排除跨国公司由于税基侵蚀和利润转移而拥有相对低很多的实际税率。（实际税率按国外分支机构利润转移之后的税基计算。）

第二，许多发展中国家向跨国公司提供财政激励（目前为止，他们降低税率而不是税基），这通常意味着国外分支机构享有比国内企业更低的实际税率。虽然在单个国家层面，激励措施可能产生更大的影响，但在总体层面，实证结果并未清楚地表明这点。需要更好、更细化的数据以及进一步的研究来量化财政激励的影响。

最后，关于政府收入中公司税收的比重也有一些单个收入类别的假设，这些假设最终应用在贡献法和 FDI 收入法中。对于每一个税收类别，估计方法决定了贡献是否由企业做出，是部分由企业做出，或者并非由企业做出。多种配置当然可能会扩大估计的范围。然而，此处使用的配置标准反映了每一个税收类别的正式定义和默认应用。不同的标准需要引入额外的假设。

目前为止，本文提供的方法和估计最全面、最系统地展示了跨国公司国外分支机构的财政贡献。未来的研究可能会依靠本节中较成熟的方法，尝试不同假设，探索减少近似误差的方法，最有用的是，寻找在国家层面分解数据的方法。

资料来源：UNCTAD，详情见附录 1。

正如前面所讨论，外国子公司所支付的税收不仅包括公司所得税和工资税，还包括社会贡献、国际贸易税，以及其他各项税费。此外，MNEs 对政府收入的贡献还包括从员工处征收所得税和间接税。这些税收并不由 MNE 所承担，仅代表了税收遵从成本。在一些有大量非正规部门而税务局征收能力有限的经济体中，这项征收作用尤为重要。一个很好的例子是商品和服务税（如增值税）占发展中国家总税收的比重最大（约为 50%）。因此，MNEs 对税收征收的贡献又占了政府收入的 6%。

通过 FDI 收入法来审视各地区的模式（图 5.7），在非洲，平均 10% 的外国子公司对政府收入贡献为 14%，在拉丁美洲和加勒比海区域为 9%（在南美只有 5%～7%，由加勒比海的较高占比所弥补），亚洲发展中国家此项数据以及总体绝对贡献均为平均值。地区间的不同反映了各地区外国子公司在各经济体中相对的重要性。也部分反映了外国子公司对其他收入的贡献——特别是自然资源使用费。如果不考虑南美洲，税收和社会贡献的相对比重似乎在各地区间可互相比较，其他收入（资源相关）的相对比重也会增加。将各地区外国子公司的财政贡献相加总，得到全球总贡献为 7300 亿美元，与图 5.6 中通过贡献法报告的价值一致。

本章所开发的方法不仅为国际上对 MNE 税收和发展的讨论做出了贡献（尤其是通过建立对实际价值的基准估计），从商业角度也对一般外国子公司的财政负担提供了一个指标。采用与世界银行的缴纳税收研究类似的方法，外国子公司的财政负担由财政贡献和一个利润调整指标（缴纳税收中使用的术语是“商业利润”）加上相关总贡献（包括线上的贡献项目）的比例来衡量。结果表明 MNE 的国外子公司的财政负担——只考虑税收和社会贡献——代表了约 35% 的商业利润（见图 5.8）。加入“其他收入”后（在比例的分子和分母都加入）与只考虑税收和社会贡献的标准方法相比显著增加了估算的财政负担。对政府收入的总贡献约占了外国子公司 50% 的商业利润，每个地区稍有不同。

用类似方法计算发达国家可得，只基于税收和社会贡献的财政负担在发展中国家较低（发展中国家商业利润为 35%，发达国家商业利润为 56%）；不过，在公式中包括其他收入之后，两个比例有部分收敛（发展中国家为 50%，发达国家为 65%）。

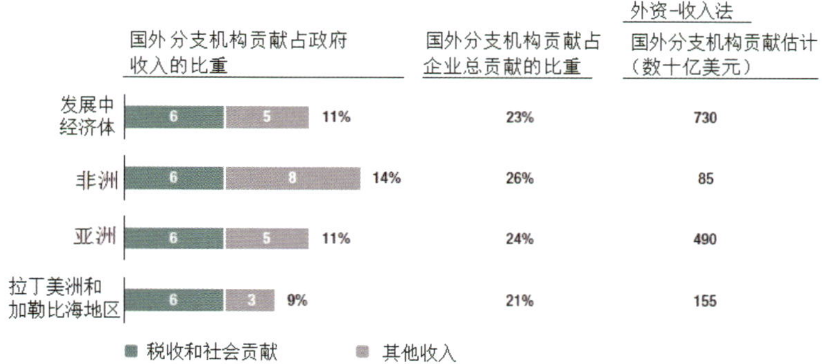

图 5.7 发展中地区跨国公司国外分支机构对政府收入的贡献——参考 2012 年（百分比和十亿美元）

资料来源：UNCTAD 基于 ICTD 政府收入数据集的估计；IMF 政府财政统计数据库；IMF 国际收支平衡统计。
注：数据来源和方法详情见附录 1。

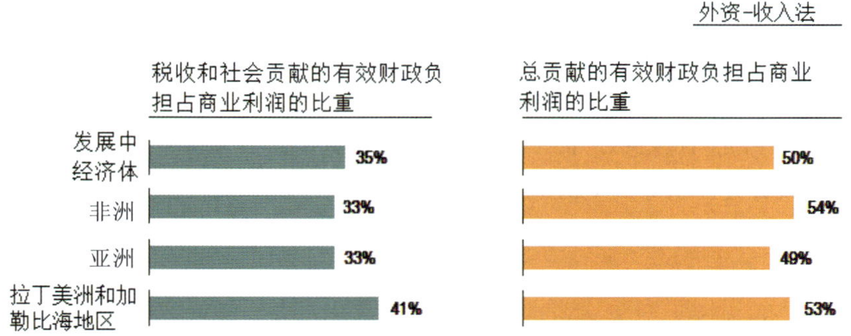

图 5.8 MNE 分支机构的财政负担（百分比）

资料来源：UNCTAD 基于 ICTD 政府收入数据集的估计；IMF 政府财政统计数据库；IMF 国际收支平衡统计。
注：数据来源和方法详情见附录 1。

二、国际税收的投资视角

MNEs 通过跨国界投资来建立公司架构。他们会在商业和活动需求的限制内，通过最节税的方式来建立公司架构。FDI 的流向和大小通常被 MNE 的税收考虑所影响，因为投资的架构和模式可使得随后的投资进行避税。在查办税收规避时（在 BEPS 方法中最为显著），决策者的注意力通常在税收规则、公司法以及透明准则上，即关注收入。投资能解决避税给我们提供了另一个视角。

本节旨在为公司国际税收和 MNE 税收规避方案提供一个新的视角。它将主流的 BEPS 项目方法与一种基于投资的方法相结合。该基于投资的方法强调通过离岸投资中心和 OFCs（特别是避税港和提供所谓特殊目的实体[4]（Special Purpose Entities, SPEs））引导 FDI 建立的公司架构有相关性，因为这些公司架构是很多 BEPS 计划的推动者[5]。实质上，通过 FDI 建立的公司架构和利润转移可分别被当作避税计划的“引擎”和“燃料”。

为了分析节税公司架构（“节油引擎”）的范围、广度和效果，本节审视 OFCs 或导管公司所在辖区（过境 FDI）的 FDI。在讨论的开始需要着重指出过境 FDI 的概念不等同于非生产性 FDI。作为 MNEs 避税计划而引导的 FDI 可能会对相关国家产生经济影响，也可能不会。例如，一项从北美公司到亚洲建立新生产基地的投资可能会由于税收原因通过欧洲流入（存在损害母国和东道国双方税收的可能），但仍然会带来绿地投资的产出资本创造效应。相比较而言，过境 FDI 通常只会对作为投资中心的国家产生很小的实际经济影响。

为了便于分析，本节采用一种简单（而保守）的方法来识别离岸投资中心，范围只包括避税港和一些（在本章分析时）明确发布定向 SPE 投资数据的辖区[6]。其他国家提供 SPEs 以及过境投资便利化的实体。离岸投资中心的替代方法和范围，以及通常所被接受的以税收为基准的标准和以客观 FDI 数据为基准的标准，都在附录 2 中讨论。

应当注意的是并不仅有本节所讨论的导管公司所在国为外国投资者提供税收方便；税收竞争使得很多其他国家也采用了同样的政策。本节所使用的离岸投资中心的广度并无政策含义。实际上，分析表明任何避税行为都需要考虑所有辖区的政策——基地（母）国、导管公司所在（过境）国和来源（东道）国。

离岸投资中心和过境 FDI 的重要性

离岸投资中心在全球投资中有重要的作用。约 30%的跨境公司投资存量（FDI，以及通过 SPEs 的投资）在作为生产资产抵达目的之前都通过了导管公司所在国。过境投资在 2006—2010 年增长急剧加速。

在 2012 年，英属维京群岛是全球第五大 FDI 接收者，流入量为 720 亿美元，比拥有近 3000 倍大的经济体的英国（460 亿美元）要高。类似地，英属维京群岛的流出量为 640 亿美元，与经济总量相较不成比例得高。英属维京群岛仅是一个拥有如此不寻常 FDI 表现的经济体的例子。类似不寻常的经济体如荷兰和卢森堡同样显示了被放大的投资模式。[7] 尽管他们并不同质，这些国家都作为 MNEs 的离岸投资中心。许多这样的中心都显示了一些下面的特征：（1）没有税收或很少税收；（2）缺少有效的信息交流；（3）缺乏透明度；（4）不要求大量的活动。[8]

本节的投资分析提供了公司投资流入和流出离岸中心的全景地图，覆盖了两组共 43 个中心：

- 认定为避税港的辖区。指全部，或几乎全部经济体都致力于提供离岸金融服务的小经济体。

- 提供 SPEs 或其他跨境投资实体的辖区（不被认定为避税港）。指由于税收优惠和投资环境而作为全球主要 MNEs 投资中心，本身有实质经济活动的较大的辖区。

由于对离岸投资和投资中心活动分类没有公认的方法，本章采用了一种保守的分析范围。此范围基于 OECD[9] 初始建议的避税港的列表，以及有限的一些有长期发布 SPE 数据记录的 SPE 辖区（荷兰和卢森堡占大部分）。应当注意的是，许多其他的经济体也通过各种方式提供过境 FDI。附录 2 提供了其他的方案和结果。

离岸投资矩阵（见图 5.9）提供了公司通过离岸投资中心进行国际投资的全面映射。对于每"单位"的 MNE 国际投资存量，都有双边数据来配对分组为非 OFCs、SPEs、避税港三种的直接投资者和接收辖区。若投资者/接收方是提供 SPEs 的辖区，只有流出/流入投资部分被算作跨境投资活动（SPE 部分），余下的部分被算作非 OFCs 部分。附录 2 提供了离岸投资矩阵构建方法的细节。

矩阵说明了离岸投资中心在 MNEs 国际投资结构中普遍存在，与 WIR13 所设想以及其他一些研究所暗示的一致[10]。在 2012 年，在非 OFC 接收国 21 万亿美元[11]的公司国际投资存量中（见图 5.10 着色区域），有多于 30%（6.5 万亿美元）经过了离岸中心（橙色部分）。导管公司所在辖区 SPEs 投资的贡献比避税港重要得多。最大的离岸投资玩家是 SPE 辖区。

对于离岸中心内向型投资的对应研究（见图 5.10 深灰色区域）表明跨境公司投资存量中有 28%投向中心中介机构。一些情况中，这些机构会代表相关公司在高税收辖区进行经济活动，如管理服务、资产管理或者金融服务（基地公司）。不过，他们通常都等同于信箱公司，即为了优化税收（导管公司）以及利用其他合法中介机构的优点而设立的机构。由于这些机构在 MNE 金融活动中有显著的传递作用，导致了全球公司投资数据一定程度上的重复计算，即在离岸投资矩阵中的深灰色区域（离岸中心的内向型投资），近似于对应橙色区域（离岸中心的外向型投资）。[12] 在 UNCTAD 里 FDI 数据中的重复计算部分基本已被不含 SPE 部分的 FDI 数据所消除。

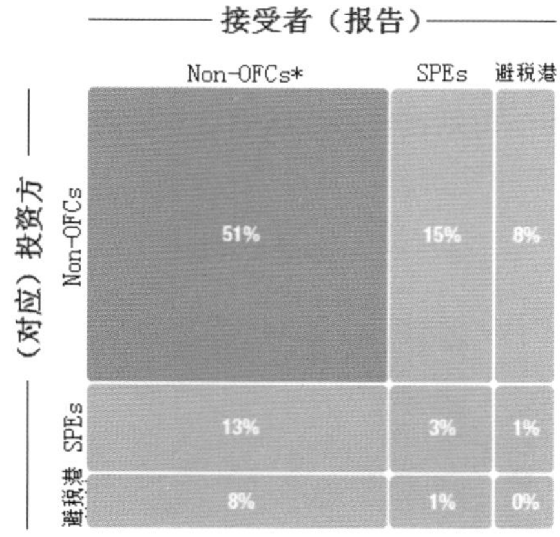

图 5.9　离岸投资矩阵，2012 年投资者和接受者所持双边投资股份占总股票的比重（国际直接投资股票百分比）

*Non-OFCs 是基于或来自于非避税港和非 SPE 司法管辖区的存量，包括来自跟 SPEs 无关的 SPE 司法管辖区的外资存量部分。

∑=100%≈29 万亿美元

（SPEs 中加入 2012 年所有 FDI 存量和投资）

资料来源：2011 年和 2012 年 IMF 直接投资协调调查；国家统计；UNCTAD 估计。

注：方法论详情见附件 2。

各中心之间的存量（浅灰色）比例也有关联性，为全球投资存量的 5%。这证实了各离岸投资中心之间在复杂的多层避税计划之中也高度互联。由 IT 跨国公司采用的“双爱尔兰夹荷兰三明治”就是这种结构的一个相关例子。

通过投资的两个方面（股权和债务）对于离岸投资矩阵的研究揭示了更多的动态。债务部分的构成情况（见图 5.11.b）表明中心（尤其是 SPEs）的作用较一般模式更大。这提供了一种典型的避税机制，即 SPE 通过公司内部贷款来向第三国子公司输送资金。这种行为的基本理由是为了在高税收的接收辖区产生税基侵蚀，并将利润通过可扣除利息的形式转移到低税收地区。[13]

图 5.9 到 5.11 代表的情况源于在跨境公司投资中使用离岸结构的热潮。2000—2010 年间，通过离岸中心流向非 OFCs 国家的投资比例从 19% 增长到 27%（见图 5.12）。近来，国际上解决税收规避行为的努力成功减少了发达国家离岸投资的比例，但是在发展中国家这种投资依然在增长（可参见第三部分）。

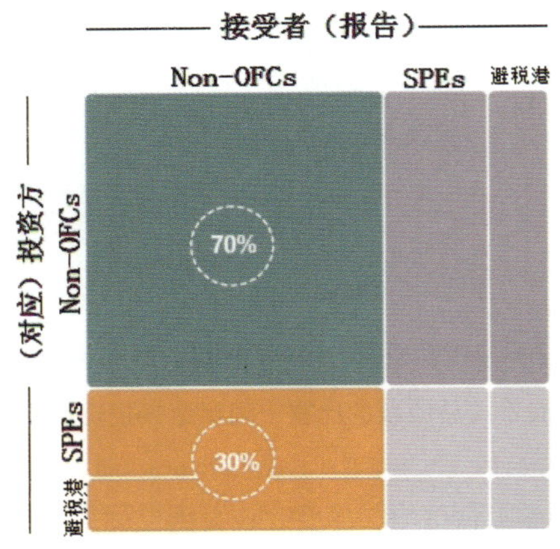

图 5.10　按投资者种类区分非 OFC 外来直接投资存量离岸投资矩阵俯视图（百分比）

资料来源：2011 年和 2012 年 IMF 直接投资协调调查；国家统计；UNCTAD 估计。

注：方法论详情见附录 2。

离岸中心在国际投资中极为重要的根本原因

离岸中心在国际投资中极为重要的根本原因是税收规划，虽然可能会有其他辅助原因。MNEs 之所以能采用众多避税杠杆，得益于各辖区之间不同的税率、立法差异，以及税收协定。MNE 的税收规划涉及复杂的多层企业结构。从投资角度而言，主要有两种典型的类别：（1）根据无形资产的转移定价方案和（2）融资方案。两种方案分别代表了避税行为有关部分，也均利用了涉及离岸投资中心的投资结构。

投资数据和前一节中所描述的分析结果凸显了 MNEs 大量且越来越多地使用离岸投资中心。跨国公司税收计划战略旨在将利润从高税辖区转移到低税辖区，从而降低企业税单，而离岸投资机构是这项战略中不可缺少的一部分。这些机构之所以因税收优化而知名是由于一系列原因。公司税往往可以通过优惠制度降到最低水平。这些辖区中的一些制度为可谈税率提供选择或从税务局获得优惠税率条款。此外，他们还可以提供特殊媒介（特殊类型的实体，如持有结构、基金会、合作结构，等等）来产生税收和活动便利。离岸中心通常可有效规避预扣税。例如，很多 SPE 辖区对于流出投资不征取预提税，也保证对于流入投资征取的预提税仅限于税收条约。SPE 管辖区往往有广泛的条约网络，使他们成为理想的中介或地区总部的位置。

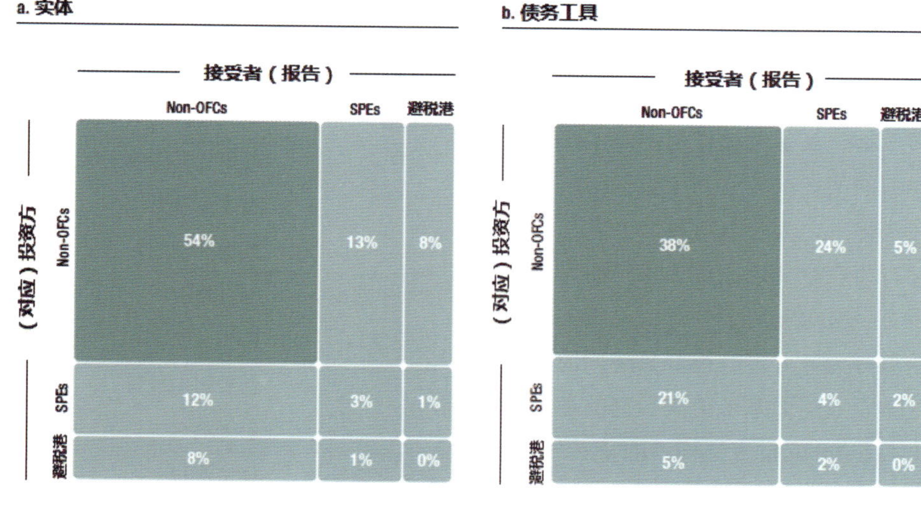

图 5.11　按投资构成分类的离岸投资矩阵（占 FDI 存量百分比）

资料来源：IMF2012 年与 2011 年协调直接投资调查；国别统计局；UNCTAD 估计。

注：该方法直接遵循图 5.9 和附录 2 中所阐明的一般情况。

对离岸投资中心（尤其是 SPE 辖区）在国际投资中作用的根本原因进行客观的讨论，需要考虑其他因素。某些管辖区依赖投资条约的广泛网络为投资者提供保护并获得国际仲裁权利。另外，离岸中心建立投资工具往往需要相对较少的手续，并提供有吸引力的商业环境。提供 SPEs 的国家通常都具有很强的法律法规框架、较好的基础设施，以及精密的银行环境，并且在经济和政治方面相对稳定。他们还提供了如熟练劳动力和已建立的商业服务行业等其他优势。地理位置和语言也是重要因素。不过，使得 SPE 辖区成为成功的投资中心的非税收因素不应该被高估。例如，通过荷兰 SPEs 的投资只有三分之一流向双边投资保护协定的国家。[14]

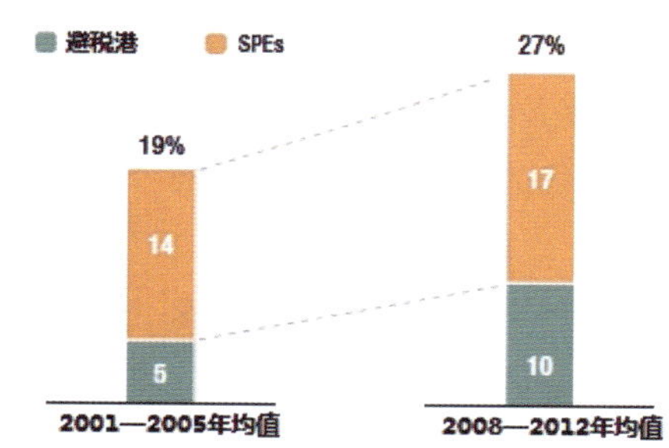

图 5.12　2000—2012 年来自于离岸中心的投资流入量的份额趋势（百分比）

资料来源：UNCTAD 的外国直接投资数据库；国别统计局；UNCTAD 估计。

注：UNCTAD 双边流量统计资料详细阐述。（接受方）报告国家的目标样本包含了所有报告双边投资流量的国家，同时排除了离岸中心国家（避税港和选定的报告 SPEs 的国家）。该方法得以描述离岸投资渗入"真正"经济体的趋势，同时去除了离岸中心间投资（扭曲）效应。在流量分析背景下，跨年均值有助于减轻离岸构成波动性并捕捉潜在趋势。对于报告 SPEs 的国家，SPEs 占总流出量的份额数据来源于中央银行数据。

通过离岸投资中心进行利润转移有大量案例证明。Google 在 2009 年曾通过将非美国利润转移到百慕大而实现了 2.4%的有效税率，在此过程中爱尔兰和荷兰都起到了关键作用。许多跨国公司都使用了类似的架构或者达到了类似的结果，近年也出现在媒体上，为公众所熟知。

对 BEPS 行为在企业层面更为系统而非案例的评估比较困难。MNEs 对于公开税收相关的信息（尤其是跨境行为）并没有很多兴趣。图 5.13 展示了一些基本企业层面基于美国数据的证据，证实了离岸中心在MNE投资结构中的特殊作用。本节末尾的专栏 5.3 提供了未来使用企业层面数据在子公司层面进行研究的框架。

MNEs 采用很多的避税手段。表 5.1 列举了主要的一些，根据启动因素分为三类：税率差、立法差异以及双重税收协定。

表 5.1 中列举的避税手段很少被单独使用。在多层计划中它们相互协调，其中一层或多层都涉及一个离岸中心作为协调者。根据 OECD（2013a），最优的计划通常在以下四个方面最小化税收：

（1）在外国经营或者来源国家（通常是中介或者高税收辖区）中最小化税收，可采取以下两种方式：通过贸易结构来转移总利润，或者通过在支付层面最大化减免来减少净利润。

（2）来源国家没有或只有很少预扣税。

（3）在接收辖区没有或很少税收（可以通过低税收辖区、优惠制度或者混合错配安排来实现），授权通过内部合约建立大量非常规利润。

（4）在最终母公司层级没有或只有很少税收。

表 5.1 主要避税杠杆概述

支持因素	特定杠杆
税率差异	• 操纵转移定价（贸易不合理定价、使用无形资产/知识产权、保护结构） • 过度债务融资 • 其他（例如，区位规划、利用损失）
立法不匹配和/或缺口	• 混合错配 • 衍生品交易 • 伪装国内投资 • 延迟遣返
避免双重征税协定	• 择协避税 • 三角结构 • 规避条约阀值

资料来源：UNCTAD。

在实践中有无数种避税方法的组合可以达到最小税收。在实证文献中发现的综合方法是专注于两类典型的最为相关的避税计划：第一种是根据无形资产的转移定价方案，第二种是融资方案。[15] 虽然两类方案之间的界定在概念上和实证上都不明显[16]，但分析他们各自鲜明的特点依然很有用。

类型一：无形资产的转移定价方案

这类方案的本质是将利润通过对无形资产（以及相关的使用费和许可费）的转移定价操作转移到低税收辖区，使价值创造与税收支付有所不同。创造价值中无形资产（知识产权、品牌、商业服务、风险）部分越高，利润转移的机会就越高。MNEs 利润中的大部分都是基于它们获取的信息而不是生产的产品，可见此类方案相关性很明显。这点也可以从日趋增多的所谓知识产权箱看出，在这些产权箱中无形资产的税率很低。

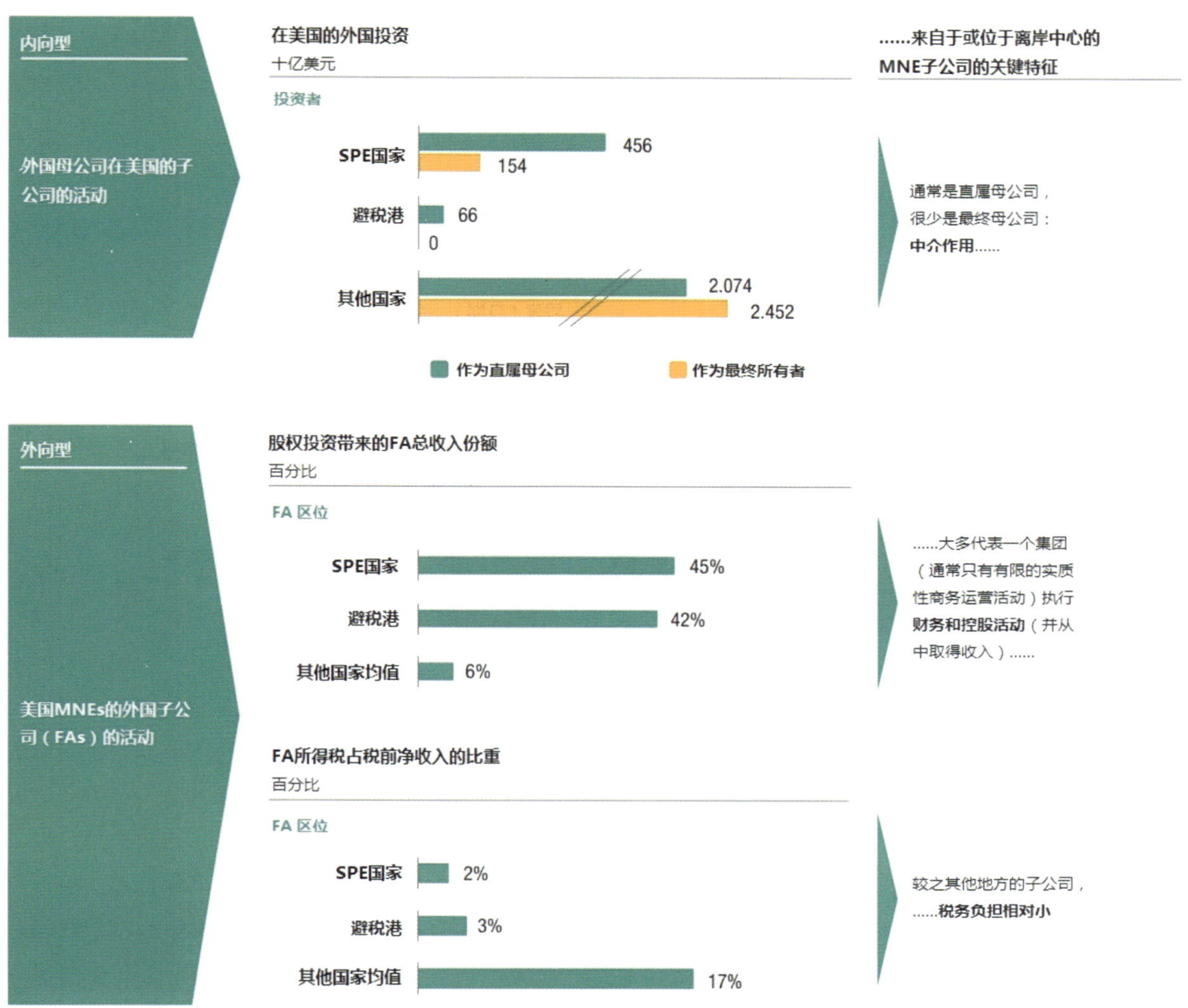

图 5.13 2012 年 MNE 投资结构中避税港和 SPEs 的特殊作用——基于企业层面证据

资料来源：美国经济分析局（BEA）；UNCTAD 分析。

注：统计资料中“特殊目的实体国家”基于卢森堡和荷兰；“避税港”基于英属维尔京群岛。

需要注意的是，尽管基于无形资产的计划在全球层面越来越相关，与企业内部有形产品交易相关的转移定价操作（贸易不合理定价）也很常见，这对于缺乏基本检测滥用转移定价知识和工具的发展中国家的损害尤其严重。[17]Eden（2014）提供了一些关于 MNEs 滥用转移定价以及改革当前公平交易标准的可能导向的更广泛的讨论。

无形资产转移定价方案的典型例子是知识产权高价值比例的 IT 产业（有着与高使用费相关的税基侵蚀机会）和商业行动的数字化（有着分离具体存在和价值创造的可能性），二者强大的协同效应可以使得税收最小化。OECD 国家 IT 公司创造的大多数价值尤其适用此类方案。英国和 Google 是典型[18]而不是唯一的案例。各国政府，尤其是 OECD 国家的政府，都加强了对数字经济跨国公司的税务审查。数字经济中的转移定价作为 OECD 和 G20 行动计划的首要目标并不奇怪。[19] 图 5.14 说明了“双爱尔兰夹荷兰三明治”，一种在 Google 案例后变得臭名昭著的避税结构。

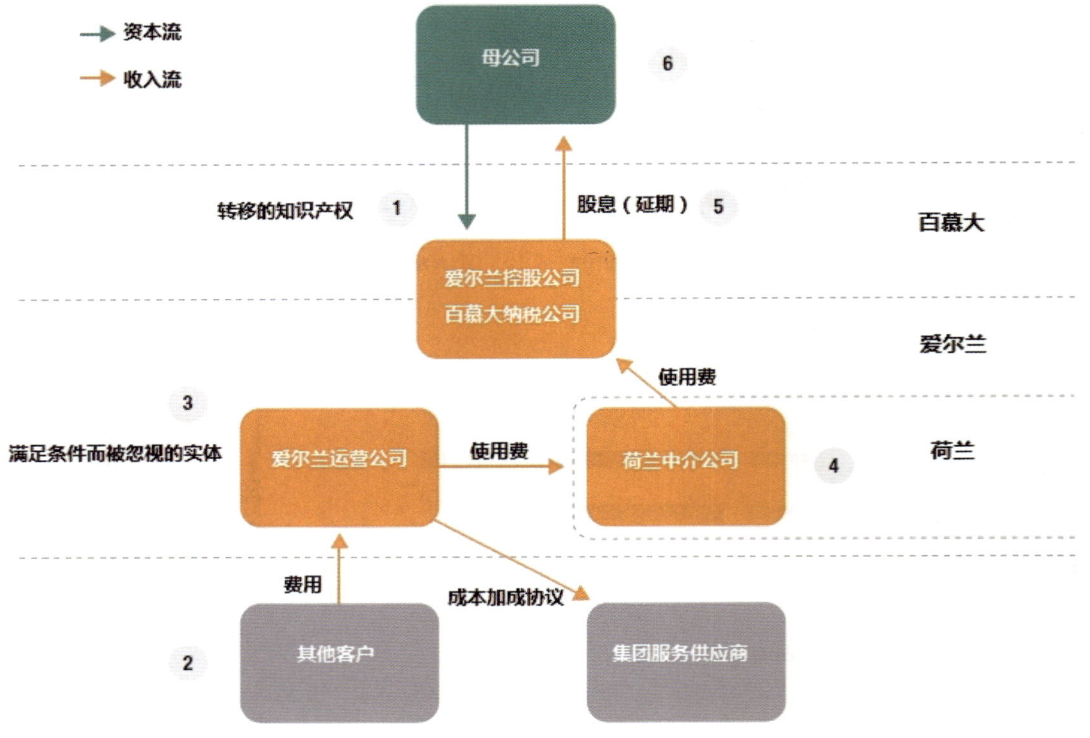

图 5.14 示例：双爱尔兰—荷兰三明治

资料来源：UNCTAD 基于 Fuest et al. (2013b)。

虽然 IT 产业中的 MNEs 并不一定使用完全一样的技术，但其策略模式非常相似。避税方案包括一个主要的避税工具（通过使用无形资产进行转移定价操纵）以及一系列辅助避税工具（包括“择协避税”，混合协议，延期返还，以及保护结构），通过这些工具的综合来达到上述 1—4 的目的，以下分别举例：

（1）在外国经营或者来源国中最小化税收。

①知识产权从美国母公司（高税收辖区）被转移到爱尔兰注册的在低税收辖区（百慕大）子公司。转移通常在知识产权还未完全开发，依然处于低价值的阶段，并在成本分摊协议下完成。因此价格可以被操控。由于知识产权里只有非美国部分的产权被转移，转移价值变得更为模糊。

②爱尔兰知识产权控股公司向爱尔兰经营公司发放知识产权特许证（在爱尔兰成立并缴纳税收）。爱尔兰经营公司通常利用此知识产权获得高收入。消费国的销售支持实体伪装做低风险服务提供者，在成本加成的协议下最小化税基。

③爱尔兰经营公司支付高额免税特许费来使用爱尔兰知识产权公司的知识产权，以此来抵消高销售收入并达到显著的税基侵蚀。

（2）来源国家没有或只有很少预扣税。

爱尔兰经营公司不直接向知识产权公司支付

特许费，但通过荷兰的中介公司支付。此中介公司是没有实质活动的SPE，在爱尔兰经营公司和爱尔兰知识产权公司中间协调来避免预扣费用（否则需要支付预扣税，因为爱尔兰知识产权公司是百慕大税收居民，而爱尔兰对百慕大征收特许权费的预扣税）。通过荷兰导管国的协调，预扣税被完全避免。不管接受公司在哪个国家，使用欧盟利息和特许费无需缴纳预扣税，而且荷兰对特许费也不征收预扣税。

（3）在接收辖区没有或很少税收。

爱尔兰知识产权公司，作为百慕大税收居民，不在爱尔兰支付所得税，而百慕大也不收取公司税。此收入保留在爱尔兰知识产权公司（即不返回美国）来规避美国税收。

（4）在最终母公司层级没有或只有很少税收。

爱尔兰经营公司和荷兰导管公司在美国被选作打钩规则实体（为了向美国税收机构透明）而被美国无视。因此他们的收入不向美国缴税。

类型二：融资方案

融资方案的潜在思想是使用离岸贷款来最大化在贷款接收方（高税收辖区）的被动利息支付。此类可以被总结为涉及所有通过离岸中介进行融资行为来减少税费的计划。除了贷款融资，其他一些可以通过离岸投资中心方便管理的融资操作包括：并购操作，其中资产的出售是通过离岸中心的子公司来管理的，以此减少资本所得的税收；租赁操作，通过离岸中介机构管理，最大化操作公司层面的支付，以此来侵蚀税基。与上面讨论的转移定价计划不同，这类计划可以在有形资产的情况下使用，而且对资本密集型产业尤为合适（例如采掘业）。虽然此类计划要比转移定价计划在媒体的曝光度要少，它们的影响却并不小。[20] NGOs也逐渐认识到此类方案的重要性。[21]

从投资的角度看，这类方案尤其有趣，因为可以从FDI数据中直接看出。离岸投资矩阵中债务对股权的分析阐释了这一点。

同样，图5.15说明，对于此类计划也可以分辨出一些著名案例。对于“双爱尔兰夹荷兰三明治”的案例，该计划的基本概念是使用债务融资来进行税基侵蚀，同时结合更多的工具（包括“择协避税”和混合协议）来根据上述四项目标来优化税收策略，以下分别举例：

（5）在外国经营或者来源国家中最小化税收。

①在M国的母公司（可能是中等税收或高税收辖区）向在L国（低税收辖区）的中介公司注入股权资金。

②中介公司向在H国（高税收辖区）的子公司注资。它使用一种混合工具来完成此注资；因此注资被视为来自L国的股权注资和来自H国的债务注资。从经济角度来看此项注资可能显得多余或者不必要，而且与子公司实际股权有联系；然而H国没有任何资本弱化或类似的规则。

③子公司向中介公司支付利息，作为其税收目的可以扣除，从而向H国缴纳更少的税费。

（6）来源国家没有或只有很少预扣税。

①由于合约，利息在H国不用缴纳预扣税。

②类似地，由于合约，利息（被当作红利）在L国也不用支付预扣税。

（7）在接收辖区没有或有很少税收。

利息在L国被当作红利，而L国不对红利征税。

（8）在最终母公司层级没有或只有很少税收。

如果红利向母公司披露，税收在M国由于红利豁免不用支付税费。M国没有受控外国公司（Controlled Foreign Company，CFC）或者存在类似法律。

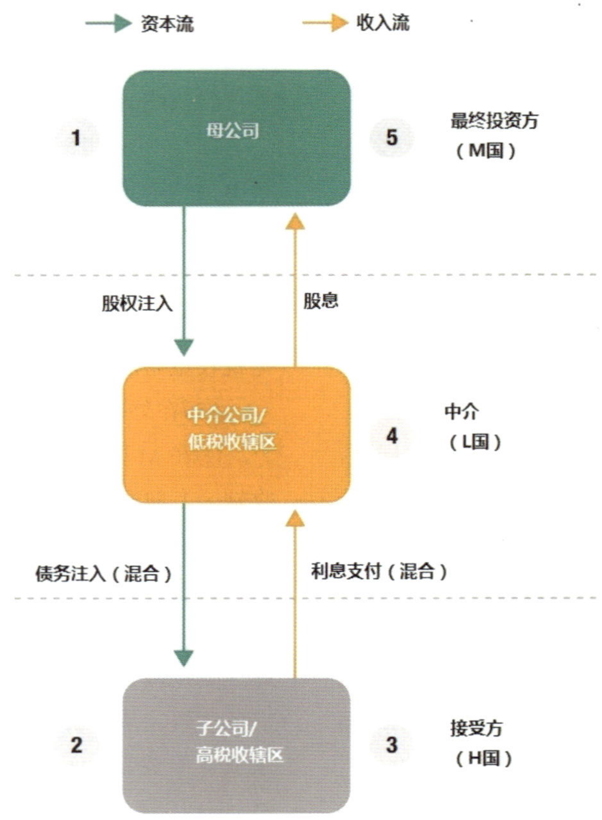

图 5.15　案例：使用中介控股公司和混合工具的债务融资结构

资料来源：UNCTAD 基于 OECD（2013a）整理。

表 5.2 综合了两种方案各自的特征。

总的来说，虽然 MNEs 采用的一些个别避税方法（如贸易不合理定价）可能不一定涉及离岸投资中心，这些避税方法很少被单独使用。代表大多数避税行为计划的主要方案都采用涉及离岸中心的投资结构。

表 5.2　两类税收规避方案的比较

	类型一：无形资产的转移定价方案	类型二：融资方案
目标	• 通过对无形资产的定价操控来将利润转移到低税收辖区	• 通过利息支付的税收减免来在融资接收方侵蚀税基
显著例子	• 双爱尔兰夹荷兰三明治	• 使用间接控股公司和混合工具的融资结构
避税工具	• 主要：转移定价操控（使用无形资产/知识产权） • 辅助："择协避税"，混合协议，延期返还，保护结构	• 主要：债务融资 • 辅助："择协避税"，混合协议，延期返还

续表

	类型一：无形资产的转移定价方案	类型二：融资方案
商业影响	• 无形资产业务，数字经济 • 服务业 • 对顾客所在经济体（多为发达经济体）影响较高	• 有形资产，资本密集型业务 • 第一产业和第二产业 • 对投资和经营行为所在经济体（多为发展中济体）影响较高

资料来源：UNCTAD。

专栏 5.3 企业层面调查 MNEs 避税行为：可能的研究方向

MNEs 详细的资产负债表和损益表数据可能推动关于利润转移和税收筹划策略的进一步调查研究。与 MNE 避税行为分析相关的财务信息包括长期贷款、股本余额、收入、毛利、营业利润、融资成本、净利润和税收。资产价值（尤其是固定资产）和员工数量也是重要的指标。

财务数据中的信息提供了可作为避税信号的一系列指标：

贷款和股本余额可用来比较同种类中债务股本比率，以提供一个判断潜在过度债务融资的信号。债务与（非流动）资产也可用于此目的。对资产负债比率，需进行特定行业的分析来发现资产密集型企业与其他企业之间的差异。融资成本占付息债务的比例可用来测试人为的（与滥用转移定价有关的）利率膨胀。

可用毛利率和营业利润率（即总利润和营业利润占收入的比重）可用来发现税基侵蚀，精心选择的同类样本可减少各行业间的变化和因素。

特定税比率，包括税收占收入的、毛利润和营业利润各自的比例，可发掘出公司内部的过度扣减行为。国内和外资公司之间的有效税率也可相比，如税收（当前和递延所得税）比（税前）净利润。

不同的方法都是可行的。一个目标国家内外资企业比国内企业更倾向于使用税收计划技术，这一假说可以得到验证。目标群体的 MNEs（如全球 100 强 MNEs）可在相同跨国企业群的子公司间进行比较，来确定与税收套利政策一致的各国间利润水平、税收和债务差异。所有情况下，除了公司级财务，有必要通过 Orbis 等数据库公布 MNEs 的所有权结构（Orbis 数据库的覆盖面和深度有一定限制）该数据库由 Bureau van Dijk 当局维护。UNCTAD 旨在此领域的工作中对这些方法进行进一步探索。

资料来源：UNCTAD；Fuest and Riedel（2010）。

三、MNE 税收规避和发展中国家

制定 SDGs 的进程和有关发展融资的讨论提升了政治人物和公众对于“税收作为发展融资来源”的认识，也提高了对于“税收规避方案对发展中国家危害”的关注。

税收是发展的主要融资来源。Concord（2013）估计发展中国家国内发展融资的总量约为总体 GDP 的 60%，对应于外部来源的 5%。其中税收占 GDP 的 15%到 30%，代表了国内来源的主要比例。[22] OECD[23] 的计算表明 2011 年在全球层面需要每年额外资源的一半来实现（前六个）千年发展目标（Millennium Development Goals, MDGs），这些资源通过增加在发展中国家的税收就可以达到。对于 SDGs 的情况类似。

发展组织和 NGOs 对于 BEPS 在发展中国家的行为有两点考虑：（1）相较于发达国家，发展中国家对于公司避税行为准备较不足，所以他们受到的影响会更大；（2）对于发展中国家而言，资源损失所带来的影响更为显著，尤其是在缺少本地资源和发展融资缺口的背景下。

本节介绍了一种基于 FDI 的分析工具的方法，它既能评估来自离岸投资中心 FDI 对于发展中国家的影响，也能估计导致的税收损失。本方法显著的特点（从一定程度上也是局限性）是特别关注离岸中心作为中介投资者对于发展中国家的影响。需要重点指出的是，与离岸中心的直接投资链接并不是利润转移的前提。不过，此类链接使得一些重要形式的税收转移变得可能，而且他们通常是 MNEs 税收计划的重要部分。特别是，虽然基于转移定价的结构（类型一）可能会使得直接投资受到中心的影响，融资计划（类型二）通常利用 FDI 的链接来创建一个利润直接渠道来轻松达到离岸地点。

来自离岸中心的公司投资对于发展中国家的影响

MNEs 的避税行为作为全球性问题与所有国家都有关：来自离岸中心的投资对于发展中国家和发达国家的影响在大体上类似。不过，从发展中国家流出的税收转移会对其可持续发展的前景产生负面影响。由于资源限制和（或）缺乏专业技术人员，发展中国家通常对高度复杂的避税行为准备不足。

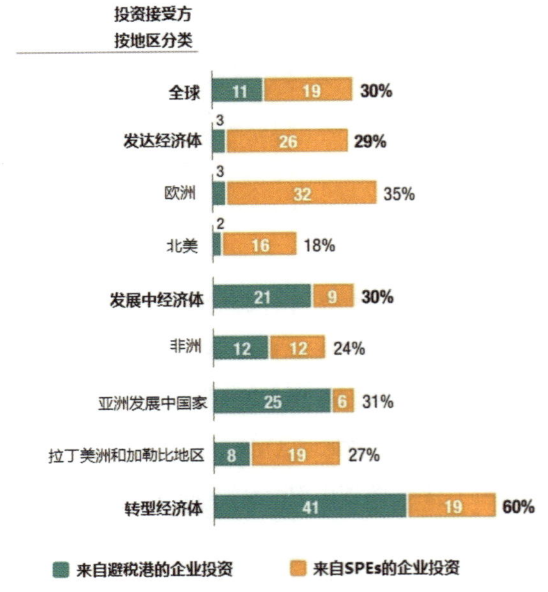

图 5.16　2012 年按地区分类的来自离岸投资中心的投资

来自离岸中心的企业投资存量份额（百分比）

资料来源：基于 IMF 协调直接投资调查报告 2012 及 2011，UNCTAD 的估计；针对特殊目的实体投资的中央银行。

注：接受国只包含非离岸金融中心。分析基于离岸投资矩阵，单方面观点。详情见附录 2。

从离岸中心流出而流入发展中国家的投资存量提供了发展中国家受到 BEPS 行为影响的衡量指标。图 5.16 展示了各地区来自离岸中心（避税港和 SPEs）的投资占非 OFC 国家总生产投资的比例。发展中国家和发达国家的比例基本一致，占总投资存量的 30%左右。

虽然受到影响的规模相似，避税港和 SPEs 的相对比重在发展中国家和发达国家有所不同。发展中国家里的避税港更为相关（占总离岸中心影响的 2/3，发达国家只有 1/10）。区域特征说明某些特定辖区倾向于成为整个辖区的投资中心。对于发达国家，尤其是欧洲、卢森堡和荷兰的 SPEs 占绝大部分比例。对于发展中国家，情况更为分化。拉丁美洲和加勒比海也从荷兰 SPEs 处收到较大比例的投资。不过，非洲的投资在很大程度上依赖毛里求斯，而英属维京群岛代表了亚洲离岸中心。最后，转型经济体的情况受到塞浦路斯到俄联邦的大量投资扭曲。

非洲来自离岸中心投资的比例（24%）比其他发展中国家低。而其他实证证据和研究都指出非洲面临着更严重的税收规避问题，似乎与此结论不符。非洲可能面对的是那些不需要与离岸中心有链接的投资的避税行为。而且，非洲大陆的平均值掩盖了各个国家的税收规避问题——尤其是最贫困的国家，它们占总体比重较少。此外，认为 MNE 在非洲有较低财政贡献也可能是由于各国之间激烈的税收竞争导致有效税率较低，而不是税基侵蚀。[24]

虽然基于离岸投资矩阵（基于存量）的分析展示了目前情况的简要概况，检验离岸投资流量的链接说明中心的影响随时间发生了变化。这种视角强调了发展中经济体的负面趋势。这说明它们受到离岸中心投资的影响正在增加，而这种影响在发达国家近些年正逐渐减少。特别是，虽然在历史上发展中国家更易受到避税港的影响（由存量分析确认），从 2000 年到 2012 年，来自 SPEs 的流入比例逐渐增加，实际上翻了一倍（见图 5.17）。

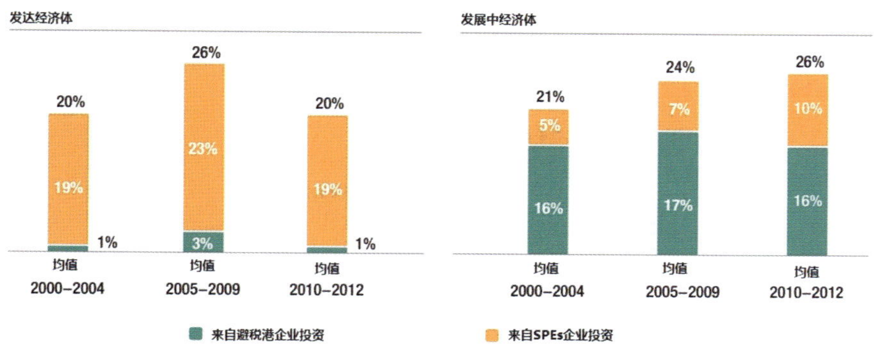

图 5.17　按发展阶段分类的离岸投资中心的演变来自于离岸中心的企业投资流量份额，多年均值（百分比）

资料来源：UNCTAD 的 FDI 数据库；国别统计局；UNCTAD 估计。

注：见图 5.12，同样基于流量。

发展中国家因基于避税中心的税收规避计划而损失的税收

税收规避行为对发展融资资源泄露负重要责任。据估计，发展中国家每年有 1000 亿美元的税收损失，都与和离岸投资中心有直接链接的投资流入有关。东道国流入 FDI 的离岸投资比例和披露的（应税）FDI 投资回报率之间有明显的联系。越多的投资经过离岸中心，应税利润就越少。

平均而言，在各个发展中经济体中，每 10% 的离岸投资对应的是 1% 回报率的减少。平均效应掩盖了各国的影响。

对于利润转移的量化是一项挑战。首先，税收规避的选择有很多。MNEs 使用的方法高度精密，并创造性地合并各个税收规避方法。其次，此类现象的本质决定了可用的数据和信息是有限的。转移到离岸地点的利润很难追踪，因为它们通常不在任何官方报告中出现：显然不会在价值产生的外国子公司的金融报告中出现，也不会在利润转移的外国子公司处出现，因为这些子公司通常缺乏信息披露要求。给定问题的复杂性，研究的目的是量化公司利润转移的特殊方面，而不是尝试综合方法。研究的尝试依然很有价值，因为将不同方法综合可以提供国际公司税收规避所导致的损失的量级。

附录 2 提供了主要方法的概述。该方法估计了跨境公司税收规避所导致的利润转移和税收损失。本节所使用的 FDI 驱动法处于上述方法的交叉部分。

方法假设在国家层面离岸中心流入的内向型投资存量比例和内向型 FDI 总存量投资回报率之间有负相关关系。潜在的假设是由离岸中心 FDI 产生的收入部分会受到利润转移，并造成外国投资平均回报率(投资回报与流入投资存量的比率)的人为下降。因此，其他变量等同的情况下，从离岸中心流入投资存量的比例越高，回报率越低。

这种关系被国家数据所证实，两种变量有显著的负相关线性关系。为了捕获离岸中心对于投资获利性的全面影响，同时保证关系的统计有效性，计量分析是基于比第 2 节更多的离岸投资中心来进行的。附录 2 提供了不同选择的详细信息。

计量分析表明，平均而言，在各个发展中国家，每额外 10% 的离岸投资中心的流入投资存量对应于回报率 1% 到 1.5%的减少(图 5.18 说明了此关系)。

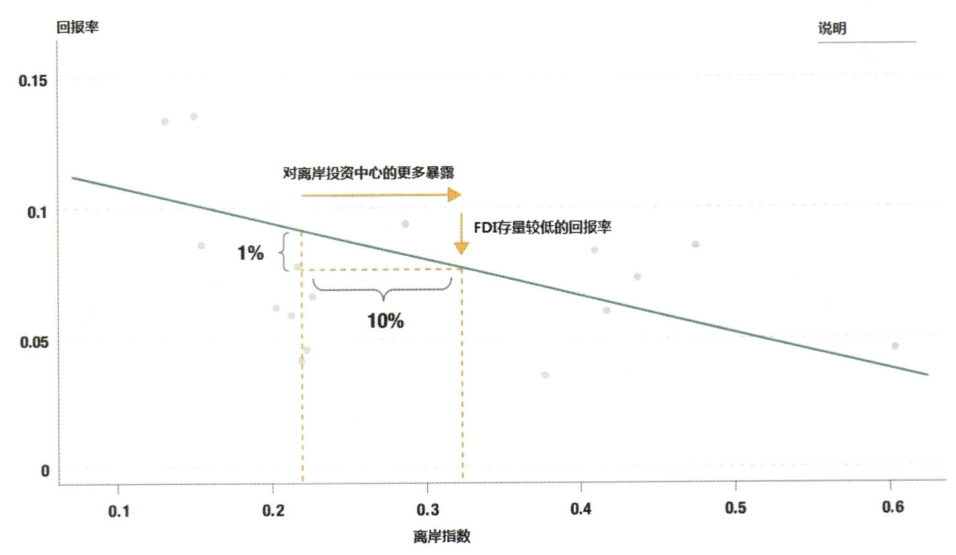

图 5.18 来自于离岸投资中心的内向型投资份额与内向型投资回报率之间的关系

资料来源：UNCTAD 的分析，基于 IMF 国际收支平衡表数据库和 IMF 协调直接投资调查报告。

注：散点图代表了离岸中心披露的（离岸指数）与发展中国家投资存量回报率（回报率）之间的关系。“保守”情况下 β 系数为-10%。拟合线仅仅是说明性的，并不能反映 β 系数估计值背后的计量经济学模型（计量经济学依赖跨越四年的更大样本的数据点，地区固定效应和时间固定效应占比；详见附录 2）。

虽然无可挑剔地证明离岸中心影响和FDI盈利性减弱的直接因果联系很有挑战性[25]，此分析提供了从基础到普遍的证据来证明：MNEs利用和离岸投资中心的直接投资链接来进行利润转移，最终实现人为低FDI收入。更重要的是，关于回报率对离岸中心影响的响应程度的量化使得模拟此类行为对税收的潜在影响成为可能。

一旦离岸中心影响（图5.18中的离岸指标）和FDI收入回报率（图中回报率）的显著关系已经建立，通过关于获利能力差和平均公司税率的适当假设，可以计算税收损失。

UNCTAD的模拟说明从发展中国家被转移的公司利润约为4500亿美元——意味着在各个发展中国家加权平均有效税率为20%时，年度税收损失约为900亿美元。附录2说明了模拟的参数和结果；模拟也使用了两组因变量（FDI收入的总回报率、FDI收入权益部分的回报率）和两种税率定义（有效税率、法定税率）进行了敏感性分析，结果范围是700亿美元到1200亿美元。

值得一提的是，离岸中心影响和FDI回报率的负相关关系对发达国家同样适用（并且统计上显著）。不过，对于利润转移和税收损失的影响成比例变小。这是由于一系列原因，包括回报率对离岸影响的响应度；在发达国家的例子中，每额外10%的离岸投资的影响对应于回报率0.5%到1.0%的减少。[26]因此，尽管发达国家经济体较大，模拟出的发达国家由离岸投资链接导致的税收损失为1000亿美元，与发展中国家类似。

此处所估算的利润转移和税收损失多局限于那些通过股权或债务利用直接投资关系的避税计划。融资计划（第二类）是最明显的例子，但其他同样依靠离岸中心的计划和融资计划不能涵盖所有估算的税收损失。

贸易不合理定价不需要直接投资链接：MNEs可以在任意两个不同税率辖区的不同子公司之间转移利润。尤其是在数字化经济的环境下，转移定价中很大一部分都是利用类似于第一类的计划——根据无形资产的转移定价方案。

尽管这些计划也涉及离岸中心，它们并不一定出现在东道国流入FDI中；即使到某个特定东道国的投资不会经过某个离岸子公司，公司网络也会将其包括其中。（图5.19说明了两种税收转移和收入损失的估算方法）。

因此，此处所展示的结果并不一定能提供所有MNE的避税行为。其他研究的补充结论着眼在由公司贸易不合理定价计划所产生的收入损失上，如Christian Aid（2008）（1200亿美元—1600亿美元）。需要着重指出的是不同类型的税收规避计划在实践中通常是被结合起来应用，而且一般不容易分离。因此计算收入损失的不同方法也仅能提供备选方案，得到的估算也有重叠。

撇开对整个政府收入损失的估计，此处的离岸指标的内在价值是为决策者提供了作为BEPS的“信号指示器”和估算国家层面BEPS影响的经验法则。[27]

因此，即使是基于此处的分析而不顾潜在的其他由于（不取决于与离岸中心的直接投资链接的）税收规避计划所导致的显著收入流失，因税收规避行为导致的收入流失依然很可观。恢复这些损失中的一些或全部可对发展中国家中的资源流动做出显著贡献。

此外，由MNE税收规避行为所导致的损失不是政府收入流失的唯一形式。如介绍部分中所指出，一种额外形式的“转移”是由政府积极提供的吸引投资的财政激励所导致。外部来源（如行动援助[28]）估计可达到1400亿美元，不过若要更好地量化此现象的大小，需使用企业层级数据的进一步实证研究。

发展中国家的直接投资对政府收入没有贡献。第一节估计外国子公司的总贡献为7300亿美元。其中四分之一到三分之一与公司所得税相关，也是最受 BEPS 行为影响的部分。剩下的部分与其他收入相关，尤其是自然资源特许费，与其他税收，尤其是国际交易的税收。

最终，发展中国家吸引在生产能力和基础设施方面的新投资对于它们的可持续发展前景非常重要。

收入流 投资流 焦点 说明，简化

与离岸中心有直接FDI联系
示例：融资方案（原型2）

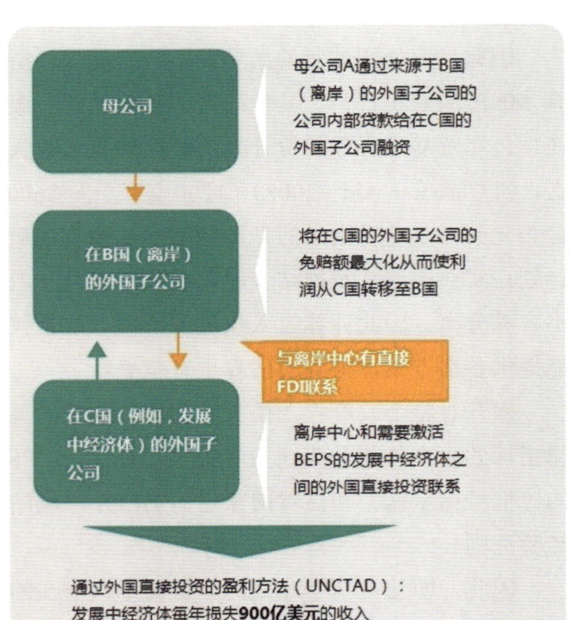

与离岸中心无直接FDI联系
示例：转移定价方案（原型1）

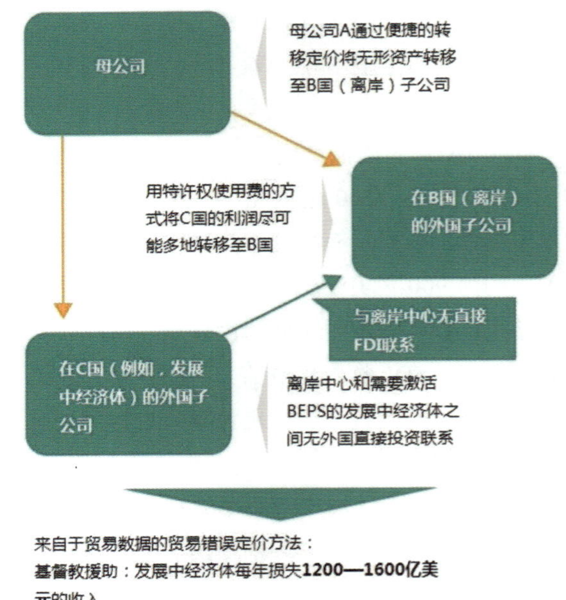

图 5.19 两种估计利润转移方法的对比

资料来源：UNCTAD。

四、税收和投资政策制定：为了加强一致性的提案

MNEs 的税收规避行为导致了母国和东道国政府收入的双重损失，也导致了辖区间税收分配公平性的基本问题，因此必须要解决。在解决税收规避时，需要特别注意 MNEs 对政府收入的总体贡献和已有税基，以及 MNEs 带来的新生产资本和未来税基。

MNEs 进行税收规避的程度在各行业和各母国有所不同（除其他因素），但避税的行为很普遍。它们导致全球范围国际投资者母国和东道国的税收流失。不仅对国家的经济造成经济和金融损害，还引发基本公平性的问题。几乎在所有情况下，利润转移是通过离岸投资中心来完成，而不是反映了实际商业行为（即一辖区披露的利润和支付的税费与发生的活动不成比例）。辖区间的利润转移导致了辖区间不平等的税收分配。

此种行为对于面临特定税收挑战的发展中国家尤其不公。

- 有限的征税能力。准确识别税收计划行为需要对各个 MNEs 的国际行为进行分析，这对于很多国家，尤其是发展中国家是不现实的。这种情况需要对发展中国家的税务机关进行技术协助。

- 更依赖于公司投资者的税收。发展中国家倾向于依赖少数大公司的税收。在印度，最大的 41 家公司贡献了超过 16% 的公司税以及几乎 5%的政府总税收。在南非最大的 35 家公司贡献了 24%的公司税以及几乎 6%的政府总税收。[29]

- 受到 MNEs 有害税收行为和避税行为的影响越来越大。在过去十年发展中国家来自离岸中心的投资存量比例有所增加。来自避税港的投资比例已经比发达中国家要高，而且来自 SPEs 的税收占比重正迅速赶上。

此外，在商业层面，低税收和高税后净利润可以给 MNEs 提供相对国内企业的不公平优势。这样直接影响了市场竞争，而且抑制了对发展极为重要的中小公司的发展。（事实上，BEPS 项目的驱动力不仅是收入考虑，也有减少 MNEs 和国内公司之间的扭曲需要，以及减少那些准备积极推行税收计划的 MNEs 和不准备推行该计划的 MNEs 之间的扭曲——以提供平衡的竞争环境。）

同时需要公平地指出，避税（与逃税不同）本身并不违法——虽然常常并没有一条“明确的界限”。[30] 对公司行为的全面视角需要下列意见：

- 公司法人代表在过去曾将为股东有效管理财产的责任作为挡箭牌。近来，许多 MNEs 正在承认更多的责任和企业社会责任（corporate social responsibilities , CSR），更重要的是，认识到声誉风险，使得他们更公开地和税务机关进行对话。[31] 它们同样认识到侵略性的税收计划会导致有效税率的更大浮动，以及增加被税务机关挑战的风险和相关的金融责任。

- 在基本税收原则层面一场关于一些税收公平性的激烈讨论。尤其是预扣税，通常是从特许费或者总费用处征收，因此会产生等同双倍税收的效应，从而导致 MNEs 的避税行为。

- BEPS 辩论主要聚焦在公司所得税（以及一些其他税收）上，而 MNEs 也支付其他税收，包括关于劳动力、资产、资源的税费，以及间接税、征费和关税。正如本章第一节所述，MNEs 在发展中国家的直接和间接的财政贡献占政府总收入的很大比例。

这些意见并不会减弱对抗避税行为势在必行的程度，即要使得 MNEs 在“适当的时间，适当的地点，缴纳适当的税费”。但它们考虑了 MNEs 对经济增长和发展做出的贡献，以及对政府税收的贡献，也考虑了全世界各国，尤其是发展中国家（在产能和基础设施方面）吸引新投资的需要[32]，为相关对抗避税的行为提供了更广的语境。

税收—投资政策链接和对协同方法的需要

尽管采取对抗避税的行动（包括满足后 2015 计划的融资需求）刻不容缓，但也必须仔细考虑投资流量带来的负面影响，尤其是对于发展中国家的影响。没有经过充分校准的措施可能会阻碍原本会存在的投资发展。离岸投资中心在国际投资流中有系统的作用：它们是全球 FDI 融资设施的一部分。在国际范围会影响这些中心投资扶持作用的估算，以及会影响关键投资工具（例如税收协定）的估算，都需要考虑到对全球投资的潜在影响，并包含投资政策的视角。

本章的投资数据和分析结果表明 MNEs 大量

使用离岸投资中心，并在进一步使用。由于国际审查的原因，一些中心，尤其是 SPE 辖区，越来越清楚他们在国际投资计划中的角色，以及对其他辖区潜在的负面作用，因此也正采取解决此种情况的措施，合作、透明度和信息交流都有所增加。SPE 辖区也加强了与实际经济活动相关的要求，或在税收条约中包括了更强的反滥用和利益否决条款。例如，荷兰已经向协定伙伴提供了重新商讨已有条约的选项，以此来加入反滥用措施。爱尔兰正考虑修改税收居民规则来防止“无国家”实体。

此外，虽然一些情况可被视为有危害的税收竞争和“与邻为壑”的政策，但必须强调一致行动，离岸中心在全球投资中的角色不能仅被各个中心辖区的特征和“责任”所解释。此种现象的规模很明显地指出这是一个系统的问题，即离岸投资中心在当前国际投资环境中扮演了一个系统的角色。它们在当下环境已成为 MNE 税收和财政优化的广泛采用和标准的工具，所有在公平竞争环境中的 MNEs 和国内企业都在使用。考虑到甚至有些发展融资机构都在使用离岸中心，它们的系统性本质就不言而喻——虽然世界银行和 EBRD 已经发展了一系列内部指南来确保他们负责的使用。

对于使用（和滥用）基于中心的公司结构以及税收规避计划的责任应由 MNEs 广泛承担。投资母国通常不具备有效的法规来阻止 MNEs 使用基于投资中心的结构，甚至会无意间鼓励使用这样的结构。美国 CFC 法律的“打钩规则”规定通常便于在有利地点使用保护伞实体。东道国也经常是同谋方，因为他们的目的是吸引投资，必要时会采用有害税收竞争。[33] 一些国家可能会考虑对 MNEs 税收规避一定程度的容忍，以此来获得此类税收竞争的有益部分。

承认问题系统性的本质对于政策制定有两点重要结论。第一，过去对离岸投资中心“公开谴责”的方法太局限，因其没有触及许多最大的中心辖区。第二，以限制离岸中心的影响来制约税收规避和利润转移为目的的措施都应当考虑对全球投资的潜在影响。

减少 MNEs 使用离岸地点作为投资中心的目标政策需从一个基本问题开始，即离岸中心有吸引力的原因以及它们在全球投资中巨大作用的原因。离岸中心，尤其是 SPE 辖区，作为渠道对投资有吸引力是因为它们通常可以提供大型税收条约网络和投资保护条约。在它们国内立法时它们提供低税率（或者有时提供协商税率）；它们的公司法允许在国际投资结构和税收计划中成立有用的合法实体；它们也提供有利的营商环境和其他地理优势。这些特点中的许多都不是这些辖区独有的。越来越多的其他国家也开始提供这些特点，动机就是税收竞争。因此任何针对离岸中心的政策都应当是系统的，而不是针对个别辖区或者一小组国家，因为公司结构会适应新的现实并找寻其他渠道，而且投资流量会采用新的路径来继续利用监管套利机会。

一些国际投资者使用离岸投资中心和离岸工具的原因并不主要是税收。例如，来自不同法律和税收系统国家的合作伙伴合并或者合资时，离岸中心可为此实体提供有吸引力的中立地点。它们也可帮助来自环境薄弱国家的企业更容易地建立国际商机，并进入国际资本市场和法律系统（往返 FDI 现象的主要原因）。[34] 低交易成本和规模经济也可能是其中的原因：不管是积极地或纯粹行政地，一旦管理 MNE 海外控股的工具被建立，通过相同工具来传输新投资或者再投资都很方便。

不管是为了避税或其他原因，目前的现实是离岸投资中心促进着国际投资。减少此作用将对国际投资流量产生两类影响：

（1）投资从出发地（或母国）到目的地（或东道国）会采用不同的路径。已有的投资会改变路径，从而放大初始政策的影响。假设政策有效，投资应采取更为直接的路径，引出母国和最终受惠国之间更为直接的联系。

（2）总体国际投资水平可能会减少。更高的交易成本会使得一些投资变得较不吸引，并且国际经营的高税率会导致一些投资的税后回报率低于投资者最低回报率（低于此回报率投资者便不会再投资）。

更高的交易成本和对国际经营的高税率可能会降低总投资水平，而经济增长和发展可能急需这些投资。

一方面，当发展或其他公共政策目的需要投资，而国家并不吸引国际投资者时，可以说通过容忍税收规避来人为增加投资者回报是错误的，而且会导致公共政策目标成本的不正确分配。更合适的方法是直接支持此类投资，或者进行公私合营分担风险来改变风险—回报情形。

另一方面，进行国际 BEPS 讨论的决策者不仅可以很好评估任何干预对财政收入数量级和分配的影响，也可以评估对投资的影响。离岸投资矩阵有助于初步进行此类评估，因为通过它可以了解到受离岸中心影响的国家流入流出的投资比例，也可以了解到避税方案的相对重要性。

向着一致的国际税收和投资政策方针

一致的国际税收和投资政策会保护政府收入基础并促进投资。一组方针应有助于实现投资政策和对抗避税方案之间的协同作用。本节所讨论的主要方针的目标包括：作为促进投资的工具消除激进税收计划机会；考虑反避税措施对投资的潜在影响；采取合作方式承认投资者东道国、母国和导管公司所在国共享责任；管理国际投资和税收条款之间的相互作用；加强投资和财政收入在可持续发展以及在发展中国家解决避税问题的影响。

认识到 MNEs 日益增长的避税行为，国际社会——在 G20 内外的决策者，国际组织如 OECD、世界银行、IMF 和联合国、NGOs 和商业团体自身——都在讨论并制定具体的计划来遏制这种现象。注意的焦点主要是税收政策、会计准则和公司法，以及关于怎样加强信息交流和给避税港施加压力的计划。然而，给定投资在公司架构中避税的根本作用，投资政策应当是任何解决方案的组成部分。反过来讲，任何对抗国际投资者避税的政策计划都可能会影响到国家和国际投资政策。

在考虑投资政策和反避税计划的相互依存和潜在协同关系时，一系列关于两者协同关系的方针可能会帮助到国家和国际层面的决策者。这些方针会被联合国和/或 G20 的政策作为设计准则，也可以作为国家投资决策者和税务机关的常识建议。

以下所提出的一致的国际税收和投资政策方针基于三点基本原则：

- 促进可持续发展。国际税收和投资政策的一个核心目标是为可持续发展融资。在可持续发展中，投资政策促进私人投资，而税收政策促进公共投资。
- 对抗税收规避。MNEs 应当在经济活动进行以及价值创造的地方缴纳税费。过度的扭曲应被减少到最小，以此确保税收在各国得到公平分配，以及为国内外企业创造公平竞争环境。
- 促进生产投资。国际税收框架应当保护税基，来确保各辖区公平共享税基，并促进未来的发展投资。

此外，准则是围绕以下关键机制所建立的：

- 通过国家税收和投资决策者的行动。
- 通过国际税收和投资政策架构和工具的行动。
- 通过多方协调的行动。

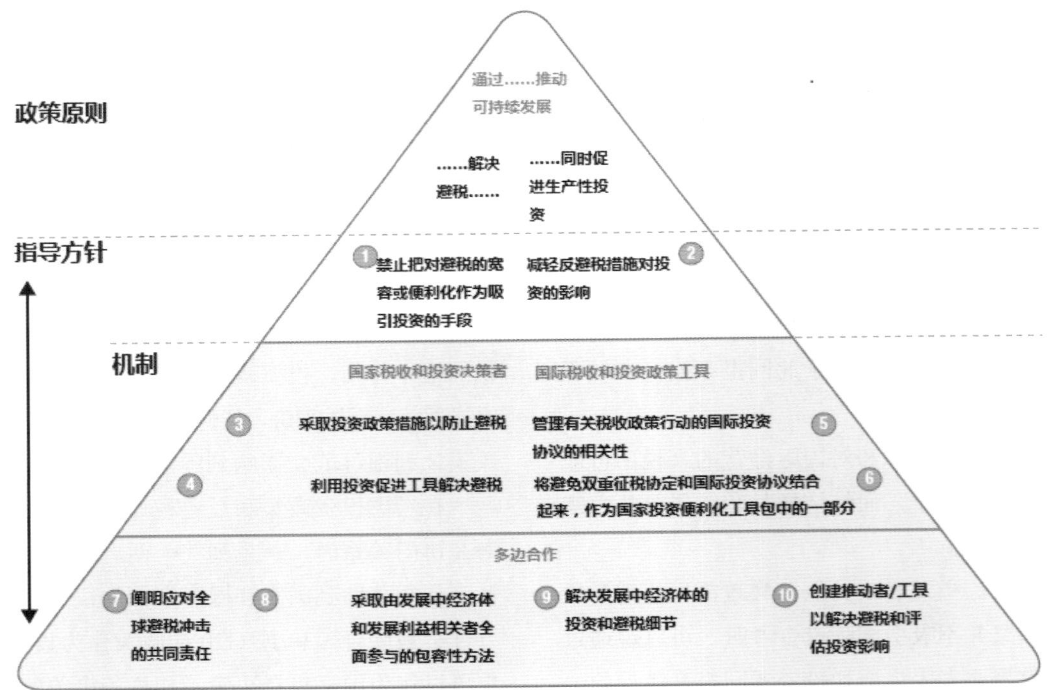

图 5.20 一致的国际税收和投资政策的指导方针

资料来源：UNCTAD。

图 5.20 阐释了概念，准则会在下面详述。

（1）对税收规避的容忍或促进不应当成为吸引流入投资或支持国外 MNEs 竞争性的工具。

当国家希望提供财政优势来吸引投资者或者支持海外投资时，此优势应通过合适的设计和管理的激励计划来完成——应为具体部门，有时间限制，透明且附带条件（如与可持续发展贡献有关），在已有国际规则范围内。关于激励的影响可参见专栏 5.4。

类似地，当国家感到有必要吸引特定投资来实现公共政策目标时，通过税收规避的容忍或促进增加投资者回报容易导致错误分配成本；如果需要支持（需要仔细评估），更合适的做法是对于此类投资或者风险共享合约的直接支持。

（2）解决 MNEs 避税的措施应当仔细评估其对发展投资的潜在影响。

在国际上讨论税基侵蚀和利润转移（BEPS）的决策者应当对两方面进行评估（以及进行情景测试）：任何干预对财政收入的量级和分配影响，以及对投资的影响，尤其是发展中国家。

对抗国际税收规避的政策措施都不可避免地涉及离岸金融中心（offshore financial centres, OFCs）的作用。这些政策措施必须缓解全球投资中心带来的负面避税影响，但同时注意中心对投资的促进作用，而避免阻断投资流，对发展中国家尤其是这样。当措施可能减弱中心的促进作用时，决策者需要考虑替代的投资促进措施。

对于中心的国际措施的出发点（也可参见 WIR13）可以是列出被正式认可的离岸投资中心的使用方法（例如，为跨境合并或融资所设立的中立场所)；决策者应当客观考虑税收惠利是否为其基本要素，考虑其副作用以及升级为有害税收竞争的潜在可能。在考虑这些措施时，国际社会也应考虑对于一些发展中的 OFCs（已采用了基于金融服务的发展策略）的反避税措施对于经济的潜在影响。

专栏 5.4 财政激励依然有用吗?

税收在区位决策中的重要性（见专栏 5.1）意味着财政激励是吸引外资的重要工具。事实上，在过去几十年工业发展取得巨大成功的那些发展中国家已使用各种形式的激励方案吸引外资来启动经济活动，引进必要的技术和专业知识。这些国家出口加工以及经济特区——激励方案的形式——的成功证明了此类方案的有效性。

尽管有证据证实其有效性，国际组织的政策顾问一直对激励措施的危险性和缺点提出警告。国际货币基金组织、经合组织和世界贸易组织正鼓励 20 国集团（G20）增加激励措施的负面政策建议。世界银行的研究和咨询工作长期关注于激励措施的成本和吸引外资的众多冗余方案——并有充分的理由：许多方案被证实的确低效甚至无效。

然而，几乎所有反对使用激励措施的论点都基于此类措施的授予和管理方式，而非激励本身。因此，全球投资主管部门都继续将激励措施纳入他们的投资促进工具中，充分意识到税收在投资决策中的重要作用，不愿放弃为数不多的有效工具中的任何一个，这些工具可帮助克服特定区位劣势，或引导投资至增长和发展的首要领域。

UNCTAD 在其投资政策框架和技术援助工作（投资政策综述）中提出有关激励措施的建议是：（1）确保激励方案基于整体可持续发展策略和投资策略；（2）管理激励措施，以减少低效、无效风险以及行政不当行为的风险。

最大化激励战略价值的关键在于使激励项目优先关注经济发展以及欠发达地区，并将它们与可持续发展的影响相联系。这些影响可能包括经济影响，如就业创造、培训和能力构建、科技和技术转让；社会影响包括更方便的服务、社会弱势群体条件的改善或食品安全；环境影响包括排放量的减少或可再生能源的产生。

调整激励方案使其适应特定经济活动的需要和相关风险回报状况是非常重要的。例如，随着时间的发展，研发密集型活动比劳动密集型活动显示出更多不同的资本投资和回报状况；财政激励方案必须据此做出调整。当方案面向农业、教育、健康和基础设施等对可持续发展至关重要的行业时，同样需要做出调整。

确保激励方案的效率和有效性的关键是建立明确透明的标准和条件，自觉在这些标准和条件基础上尽可能多地给予激励，由主管部门进行管理，此主管部门最好独立于投资促进机构并相对财政部而言拥有最终发言权。

基于地点的激励方案仅仅旨在提高地域在激励措施中的竞争力，偏离此种激励方案意在推动可持续发展，坚持激励方案管理中公认的良好实践，大大推动其与 WTO 补贴规则的一致性。WTO 有关补贴、反补贴措施以及例外逐步到期的规定，在一定程度上削弱了发展中国家的激励工具，使其不适合作为促进工业发展的手段（至少对于出口导向型工业发展）。但是作为促进可持续发展以及可持续发展目标中吸引外资的一个手段，它们之间的相关性将逐步增强（见 WIR14）。

资料来源：UNCTAD。

（3）国家投资决策者应考虑在准入和建立层面防止税收规避。

当投资者在准入和建立都需要获得批准时，投资主管部门可以向潜在投资者获取相关信息，从而了解投资者的各自负责的财政行为，并且促进未来收入的税收。例如在尊重商业机密信息的同时披露金融信息和方案及国别报告。

投资管理层甚至会对准入和建立采取（在国际规定和标准下）更严格的税务合规或透明条件和规定。这种做法在一些特定情况下可行，如国有资产私有化、采掘业的特许经营，或是与政府采购相关的投资。

提倡坚持公司社会责任和监管标准也会培养良好的纳税行为和透明的财政贡献披露。

（4）对投资者提供投资促进和便利化以及建设性的关系管理可以减少避税动机和机会。

FDI 激励方案的设计和结构不应当为避税提供额外途径。它们不应当在 MNE 公司结构中创建额外低税收地点。在提供财政激励的情况下，它们应当有针对性，有时间限制，并且最好面向促进可持续发展的投资。

反过来讲，可以建立和管理一些会消除利润转移动机的财政激励计划。例如，减免的税收可以被用作生产资本的再投资；税收激励可以聚焦在资本产品上（如重置营业资产），也可以根据事先定义或同意的纳税行为和披露准则来建立激励。

税收激励和奖励的过程，一旦实施，应更加透明，并且被纳入到正常预算过程中，承担更大的责任。投资管理层应与税务机关协调推动优秀纳税者服务，并在税务机关和纳税者之间建立建设性和透明的对话。

（5）任何国家或国际对抗税收规避的行动都应考虑和国际投资协定（International Investment Agreements，IIAs）的相互依赖性。

国际税收政策和 IIAs 的相互作用可从下面的事实看出：在许多避税计划核心的主要全球投资中心的价值不仅取决于它们国内的公司法和税收准则，以及广泛的双重征税条约（Double Taxation Treaties, DTTs）网络，也取决于同样广泛的投资保护协定（IIAs）网络。

国际税收政策一方面与 DTTs 有相互作用，另一方面也与 IIAs 有相互作用。例如，双边投资保护协定（Bilateral Investment protection Treaties, BITs）的争端解决机制已被用作解决税收争端。至今超过四十个 ISDS 案例涉及了税收相关的问题。

反避税措施可被理解为对投资者不利的变化，因其减少了投资的价值，或选择性地针对外国投资者，因此 IIAs 会限制国家规范的力度。因此在 IIAs 协商时，决策者会希望维护在税收问题上的政策空间，还可能加强对利益条款的否认。除了避免和国际税收政策及 IIAs 有冲突之外，决策者可以考虑怎样相互加强彼此的作用（见结语）。

（6）IIA 和双重征税条约（DTTs）是国家两部分的投资扶持工具；这些工具相互一致。

在策略层面，正像国家需要考虑是否及怎样

加入 IIAs 一样，对于 DTTs 和 DTTs 中特定条款也需做同样的考虑。在实质层面，IIAs 和 DTTs 在设计准则的一致性上没有进展(参见专栏 5.5)。例如一种可能的情况是，投资者按照 DTTs 的标准可以避免常设机构地位，但在 IIAs 的标准下就不行，因其对投资的定义更广。

关于 DTTs 的一些政策行动致力于协调和/或巩固条约制度，这些政策行动需要考虑对于和来自国际投资政策制度的影响，在适当时避免二者的冲突并使二者相辅相成。鉴于区域投资流的重要性(以及通常发生在区域层面的投资竞争)，涉及避税的区域合作办法也可能是非常有效的。

IIAs 旨在解决国家对投资监管和制度环境的缺陷。而对于 DTTs 这不是一个明确的目标（也由于 DTTs 在发达经济体间同样重要）。不过，如果仅是因为 DTTs 限制了预扣税（对税收能力较弱的国家的有效征税机制）的话，DTTs 在发展中国家的作用便是使税务机关必须增强征收能力。因此，IIAs 和 DTTs——以及在国际层面改革两项系统的努力——可借助发展援助来减少那些不足（如对投资和税务当局提供的技术援助）。

（7）决策者应当认识到不同类型离岸投资中心（以及母国和东道国）对跨境公司税收规避的不同影响；明确共享责任；以及采取全面措施。

对于离岸投资链接的国家和国际行动应当针对其他国家的避税港和特殊目的实体（SPEs），大量国际投资都流经这些机构。行动要全面，因为部分解决方案只会导致投资者采用新的渠道和其他的解决方案。

通过离岸中心的跨境公司避税和投资寻路是系统问题，也是全球 FDI 金融设施的一部分。此种现象不仅仅是源于离岸中心的税收准则，也源于母国和东道国的税收准则。在非 OFC 辖区的决策者应当解决自己税收准则支持或激励自己国外 MNES 或外国投资者使用离岸中心的问题。

（8）国际金融交易中的税收规避和缺乏透明度是全球问题，需要多边途径以及发展中国家充分的参与。

对抗税收规避的有效行动需要国际合作；承诺加强联合国税收专家委员会对于全面参与是很有帮助的。

国际合作是组织有害税收竞争的根本；吸引投资的竞争不应当导致一场向下竞争。

国际合作对于成功倡导透明度也是很重要的，例如采掘业透明度倡议（Extractive Industries Transparency Initiative, EITI）。这样的倡议不仅应当关注政府，也应当关注企业。国际合作可以帮助提升监管、审计和问责，也可以支持制度建设和能力建设。[35]

税务机关之间有效地交互信息是国际合作的根本部分。对于制约避税和制约非法金融交易的努力非常重要(信息交互应包括执法部门)。对于良好的治理的作用会间接使投资环境获益。

由于发展中国家的税收规避日益重要，避税对它们财政影响日益增强，它们为发展而对国际投资的需求日益强烈，它们在关于避税的国际行动的讨论时应被充分代表——尤其是低收入国家。

（9）决策者应考虑国际投资和税收对可持续发展融资的重要性，以及发展中国家税收规避的特征。

由于发展中国家征税能力较低，国际层面的规则制定应考虑渐进或者其他特殊以及不同的措施，并且提供援助来处理新反避税措施带来的复杂问题。一些避税方案在发展中国家更为相关；一些反制方案在发展中国家更难实施；激励政策的影响在发展中国家更强，意味着一些反制措施的有效性：一刀切是不行的。

DTTs 在发展中国家通常会减弱或消除有效的征税措施（预支税），而这些国家的其他征税手段可能有限；和 DTTs 有关的国际措施不应当损害发展中国家。

（10）投资和所有权信息是分析税收规避的关键，应优先考虑，并与其他工具一起建立反避税措施，培养良好纳税行为。

BEPS 的估算对于设计和建立有效的反避税措施非常关键。FDI 数据可以有效地作为 BEPS 的信号。应当进一步加强在宏观层面征集 FDI 数据（国家层面的国际收支平衡），以此来显示通过离岸中心的跨境 FDI，并匹配 FDI 收入流。

在微观层面，投资和所有权信息的透明是不可缺少的。最终，完全的透明只能通过政府（税务机关、金融情报单位和其他监管机构）来到公司幕后、信托背后来识别最终受惠所有者。这将与使得税务机关获得关于 MNEs 经营情况的全球视野的国别报告形成趋势互补。

共享国别报告的信息会有效促进东道国的税收征收，并顾及一些发展中国家的低征收能力。对企业的 CSR 以及综合报告要求也会在加强财政行为的档案方面起到辅助作用。

专栏 5.5　IIAs 与 DTTs

保护和促进投资的国际投资协定（IIAs），以及管理母国和东道国之间投资运营财政待遇的条约（DTTs）都是投资者国际政策环境的一部分。它们一起处理跨境投资的风险——收益均衡性，其中国际投资协定提供了减轻投资者风险的“保险单”，避免双重征税协定保护投资者回报免受财政侵蚀。它们是一个问题的两个方面。

国际投资协定和避免双重征税协定的体系自然而然地共同发展。由于在全球化经济中外国直接投资已经成为越来越重要的现象，大多数投资伙伴国并行缔结双边投资保护协定（BITs）和避免双重征税协定（DTT）。这两种类型的条约通常是同时或短期内在相同的伙伴国之间谈判。凡既有 BIT 又有 DTT 的国家，大约四分之一的条约同年生效；大约三分之一的两年内生效。因此，在有重大对外投资存量和大型条约网络的国家，尤其是投资中心，双边投资协定和避免双重征税协定的覆盖范围往往会重叠。

相反，两个系统零碎的增长——BIT 对 BIT、DTT 对 DTT——也导致了覆盖范围的差异和条约主旨的不一致。由于不同机关部门协商 BIT 和 DTT 的能力不同，也加剧了这种状况；对于 BIT，往往是国家投资机构（如投资局）、贸易工业部或者外交事务局牵头；而 DTT 由财政部牵头，税务部门提供一些专业知识。

关于覆盖范围，乍一看似乎避免双重征税协定更加有效。尽管避免双重征税协定和双边投资协定的数量大体相似（目前大约 3000 家避免双重征税协定生效，并有大约 2300 家双边投资协定），但是 DTT 覆盖了全球外国直接投资存量的 90%而 BIT 覆盖的少于 15%。在某种程度上，这是由于以下事实所导致的：BIT 的初衷主要是给发展中国家提供投资保护，而发达国家跨境投资的财政待遇同样相关。仅看发展中国家 FDI 存量，BIT 的覆盖范围增加到 30%，其中在最不发达国家的份额更高。DTT 明显更高的覆盖范围也反映了这样一个事实：众多其他协定也处理了投资保护和投资促进这个问题。

关于内容，两种协定不一致包括了所覆盖投资的不同，其中 DTT 中的常设机构概念实质上不同于 BIT 中“投资”的定义；争端解决机制不同，其中从一个投资者的角度来看 DTT 中的相互协商程序被认为弱于 IIA 的投资者政府间争端解决机制；IIA 和 DTT 间管理互动的不同方法，其中只有10%的 BIT 从它们的范围中排除了税务事宜（尽管有 80%从最惠国待遇中排除了税务事宜）。

无论是对全球经济整体还是对个别国家而言，IIA 和 DTT 机制都是投资促进和便利化工具中的重要部分。全球投资中心往往两种类型的条约都有比较大的网络，其中在个别的条约对外向型投资的覆盖范围增至近 100%。在一些发展中地区和转型经济体中东道国很少收到没有被 DTT 和 BIT 覆盖的投资，并且两者往往都有。

鉴于促进生产性资产跨境投资这个相同的首要目的（专题表 5.5.1），两个条约网络并行发展。一路上它们已经面临类似的挑战。意想不到的后果和副作用日益浮出水面。IIA 已经导致一些决策者在调节公共利益时感到更为受限，并且经常导致东道国政府因为一些在 IIA 发展早期没有预料到的理由而遭到昂贵的索赔。DTT 旨在避免或减轻双重征税的影响，已经导致了许多双重不征税的案例，并且许多征税能力较弱的发展中国家已经发现了 DTT 对相对有效的征税机制（预扣税）的限制。在两种情况下，为取得条约收益，投资者采用了条约比较并通过中介间接投资的方法。全球 FDI 存量中约有三分之一在抵达目的地前通过投资中心绕道。

专题表 5.5.1 IIA 和 DTT 中的共同及特定主题

IIA 的特定主题	共同主题	DTT 的特定主题
• 确保公平、公正对待外国投资者 • 提供足够的征用补偿 • 涵盖运营、扩张、管理和——潜在的——建立投资 • 确保资金能及时转移出东道国	• 通过促进跨境投资来促进缔约国经济增长和发展 • 防止对外国投资者/纳税人歧视对待，并提供一个公平竞争环境 • 为纳税人/投资者提供更多确定性 • 提供一个争端解决机制	• 缔约国之间分配征税权 • 找到方法缓解双重征税和双重不征税 • 交换税务信息并在某些情况下协助征税 • 确定特定种类纳税人或收入的处理方式

来源：UNCTAD，基于 ITIC（2014）。

随着时间推移，解决其中一些挑战的努力——在示范性条约和谈判磋商中——已经导致 IIA 和 DTT 出现一些共同的（或者方向类似的）趋势。在 IIA 中，可持续发展问题正慢慢地越来越受关注。类似地，DTT 中有利于发展中国家的条款越来越普遍；例如，越来越多的国家保留服务业的征税权。IIA 谈判代表正在权利和义务间寻找一个更好的平衡。DTT 谈判方开始用更宽泛的永久机构的定义来扩大税基，以平衡更低的预扣税率。

在 IIA 和 DTT 机制中，应对挑战的进度都被大量现有条约抑制。全球 FDI 存量中的重大份额，尤其是发展中国家的 FDI 存量，被十年前（通常是几十年）的条约覆盖。这些条约没有反映出已有的条约规范通常有利于发展中国家渐变。只有系统性的改革可以克服这个问题。

一个有用的起点是弥补现存知识差距：迄今为止，DTT 和 IIA 之间的相互作用仍然很大程度上未经检验。国际税收和国际投资协定的专家们很少有机会交流意见、互相学习。UNCTAD 将致力于在它的定期专家会议中提供这样的机会。

资料来源：UNCTAD。

结语：改革国际投资的治理

对生产资本，基础设施和知识的投资是所有国家经济增长和可持续发展的必要先决条件和基础。外国直接投资在发展融资和扶持可持续发展目标（Sustainable Development Goals, SDGs ）都有重要作用。2014 年世界投资报告提出了缩小 SDG 投资差距的行动计划。报告论证了决策者一致推动的观点，即加强资本流动，将其输送到最需要的地方并保证正面影响。此一致推动的一部分必加强对投资的监管政策环境，方法是改革国际投资的治理——即 2015 年报告的主题。

投资的国际政策环境不仅仅由国际投资协定（IIAs）所组成。UNCTAD 的全面可持续发展投资政策框架指出，一系列相关的政策领域也同样重要，包括贸易、税收、竞争、社会和环境议题。一些有着全球治理框架，一些不完整；一些被全球机构所监管且有硬性执法措施，一些被软性标准或者私人倡议所管理。

本报告聚焦在两个国际投资监管的核心区域，也在今天讨论的中心：IIAs 和国际税收。二者都是改革努力的显著目标。

在 IIAs 议题中，一种近来公认的观点是需要进行改革，而且改革应当由治理 IIAs 的可持续发展目标来指导，聚焦关键改革区域，采用多层面、系统性，以及包容的方法。本报告第四章提供了此种改革的行动指南。

在税收议题中，关注的重点是对于税基侵蚀和利润转移（BEPS）的协同行动，特别是 OECD/G20 中的 BEPS 项目。报告第五章将税收规避放在 MNEs 对政府收入的贡献语境下讨论，估计了与 BEPS 相关的收入损失，解释了投资和税收之间的关系，以及对政策一致性的需要。

国际投资和税收体制是紧密相关的。二者有同样的最终目标：促进和推动跨境投资。二者有同样的架构，都是由多数双边合约的“意大利面碗”效应所组成。两个系统面临着同样的挑战，例如加强各自可持续发展的维度和保持各自的合法性。二者相互作用，对彼此都有潜在的影响；而且两者都是改革的目标。

改革的努力必须确保两种政策体制的持续有效性，从而保证各方对二者的信心和支持。势在必行的政策是持续促进跨境生产投资并开展反避税行动，从而促进国内资源流动性，以此达到可持续发展。

每个体制都有与各自职能范围相关的改革要务。但二者改革进程更高的一致性可能也有益处，二者更好调度的相互作用不仅可避免体制之间的冲突（例如从 BITs 瓜分税收）也可使二者相辅相成。第五章设计的一致国际税收和投资政策的方针可以作为出发点。

确保国际税收和投资政策相辅相成是建立和

维持有利投资环境的基础，是最大化达成为发展融资目标机会的基础(议题将会在2015年七月中旬亚的斯亚贝巴举办的为发展融资国际会议上讨论)，也是帮助发展中国家融入全球经济的基础。

为此，国际投资和发展社区应当而且能够最终为全球投资合作建立一个共同框架。UNCTAD能够为各方的利益促进这项进程的实现。

注释

［1］本章中的“投资”指通常理解的生产资本的直接私人投资。讨论主要集中在FDI，有时在政策含义的讨论中会延伸到国内投资。

［2］关于税收组成和发展相关性的讨论，请参考UNCTAD中TDR14。

［3］术语“外国子公司”指投资者持有至少10%的投票权的投资者的母国以外的直接投资企业。包括分支机构和子公司。

［4］根据IMF，“SPEs是自治合法实体，直接或间接由外国所有，是集团公司的一部分，与主体经济没有实质性的真正联系，参与各种跨国金融活动，目的为向第三方国家输送各种金融及非金融资产、负债，以及相关收入”。

［5］本章集合避税港和提供SPEs的辖区，这样有利于解释这些地方投资结构的输送本质。避税港指几乎全部致力于金融活动的小辖区；典型的例子有英属维京群岛和开曼群岛。相比之下，提供SPEs的辖区通常有实质性的真正经济活动，但由于具有有利的税收条件和其他对投资者的益处，它们也作为MNEs的金融中心。这些术语与WIR13一致。

［6］包括奥地利、匈牙利、卢森堡和荷兰。后两者占此处讨论的大多过境FDI。由于更多的国家正配合OECD基准定义（OECD Benchmark Definition，第四版）、IMF国际收支和国际投资头寸平衡手册（Balance of Payments and International Investment Position Manual，第六版），发布SPE投资数据的辖区目前正迅速增长。此处所使用的国家都长期发布SPE数据并（尤其是荷兰和卢森堡）占有全球大多SPE投资。

［7］注意荷兰和卢森堡的放大FDI模式并不影响官方FDI数据。对于这些国家，UNCTAD把从SPEs流入/出量从报告的流入/出量中移除。这种对数据的处理可以将跨境部分分隔开来。

［8］此特征描述首次由OECD（1998），p.23所引入。

［9］此处所列的38个辖区是由OECD(2000)初始满足避税港四项特征的41个辖区列表所修改而来。辖区包括：安圭拉，安提瓜，巴布达，阿鲁巴，巴哈马，巴林，伯利兹，百慕大，英属维尔京群岛，开曼群岛，库克群岛，塞浦路斯，多米尼加，直布罗陀，格林纳达，根西岛，马恩岛，泽西岛，利比里亚，列支敦士登，马耳他，马绍尔群岛，毛里求斯，摩纳哥，蒙特塞拉特，瑙鲁，荷属安的列斯，纽埃，巴拿马，圣基茨和尼维斯，圣卢西亚，圣文森特和格林纳丁斯，萨摩亚，圣马力诺，塞舌尔，特克斯和凯科斯群岛，美属维尔京群岛和瓦努阿图。最近OECD加强了对透明度标准和信息交流的关注。这38个辖区依然被OECD网站列为“致力提升透明度以及建立税收有效信息交流的辖区”。此列表也被其他研究所引用，包括Tax Justice Network (2007), U.S. Government Accountability Office (2008) 以及Gravelle (2013)。注意本章所使用的38个辖区的列表与UNCTAD的WIR13（36页，注释4）中的35个避税港列表有少许不同。本处列表基于OECD（2000）发布的一组更严格的国家列表，排除了一些预先承诺的辖区，尽管它们符合避税港准则。

［10］UNCTAD的WIR13估计2011年流入OFCs和渠道经济体的总量超过7000亿美元，其

中 6000 亿美元流入乌拉圭、卢森堡和荷兰三个辖区的 SPEs，900 亿美元流入避税港。估计的 7000 亿美元中，只有流入避税港的部分被计入报告的 FDI 数据中（但不为 WIR 的分析所包括）。其他关于离岸 FDI 的研究有 Christian Aid (2013) 和 ActionAid (2013)。

［11］绝对值计算的基准（给定离岸投资矩阵中的比例）为 29 万亿美元，源于 UNCTAD 的 WIR13 报告的总体流入存量（23 万亿美元）以及（未披露的）SPE 部分（6 万亿美元）。

［12］此外，避税港流入量和流出量呈现对称性；不过，在推导离岸投资矩阵的过程中就假设了避税港的对称性。

［13］注入债务资金而不是股权资金也可能有其他原因。在一些情况下，易于归国也可能是额外的动机。一般对于债务注入本金的归国并没有或者只有很少的限制，而股权资本归国在一些辖区可能会有困难。

［14］分析基于 UNCTAD 的双边 FDI 和 IIA 数据库。不到 15%的从荷兰流出的非 SPE 外国直接投资为双边投资条约（BITs）覆盖，说明 SPE 流量有更好的 BIT 覆盖度。全部流出投资（SPE 和非 SPE）中超过 90%的部分都被 DTTs 覆盖，说明税收是使用荷兰 SPE 的最重要动机。注意对于发展中国家而言这点区别较不明显，BIT 覆盖率显著增加。

［15］关于最近对于发展中国家两类计划的讨论，请参考 Fuest et al. (2013b)的转移定价方案和 Fuest et al. (2013a)的融资方案。

［16］从概念上讲，融资方案也有转移定价的一些特征，而转移定价方案中也有融资的特征。这两个定义的术语更较传统而非实质。实证中，MNEs 通常将这些方案结合使用。尽管两种方案的实质性区别存在于方案机理（图 5.14 和 5.15）和商业影响中（表 5.2）。

［17］ActionAid 报告了一些案例（www.actionaid.org.uk/tax-justice）。

［18］2012 年 Google 在英国收入为 34 亿英镑，却仅支付了 1160 万英镑税。Google 因此受到英国税务机关的审查。

［19］OECD 为 G20 的行动计划（OECD, 2013b）的行动 1 便是致力于“解决电子经济的税务挑战”。

［20］近来 Dharmapala 和 Riedel（2013）的实证研究指出由债务利息支付导致的融资收入转移要比经营收入转移（由转移定价计划所导致）更为重要。文献分析了在母公司的外生收入震荡是如何传播到低税收和高税收的各个子公司中的。主要结果为母公司的正向收入震荡对应在低税收子公司的税前利润的增长（相对于对于高税收子公司税前利润），说明了利润转移效应。有趣的是，估计的效应主要是由于对子公司债务的战略应用。

［21］ActionAid（2013）提供了一些发展中国家 MNEs 执行的一些有害的融资计划。

［22］基于 Concord 的估计，公共国内来源占 GDP 的 30%（包括税收、社会保障贡献以及其他收入，例如罚款、产权收入）；国内来源的剩下部分（28%）包括国内私营部门投资。国内税收浮动在 GDP 的 15%（低收入国家）到 30%（高收入国家）。外部来源占 GDP 的 5.4%，包括贷款（1.8%），汇款（1.5%），FDI（1.3%），官方发展协助（0.6%），以及其他（1.5%）。

［23］参照 Atisophon et al.（2011）.

［24］已有的文献倾向于捕捉税收竞争的影响，而不是利润转移的影响。在实证研究中，单一非洲国家通常展现低有效税率，部分是由于滥用税收激励和特别行政区来吸引投资。不过，有效税率评估税收征收的基线（税前公司利润）已在因利润转移而减少。因此关注税收激励（给定

税基，可导致税收减少）的影响要比利润转移计划（目标是侵蚀税基本身）的影响要更合适。

[25]由于离岸投资中心链接和投资回报率联系在各个国家都适用，是不可能排除特定国家的组成效应导致了这种结果。附录 2 报告了分析结果并讨论了方法和分析中的问题，包括稳固性检验。

[26]除了更低的系数，发达经济体其他的特征也减少了在基础情形模拟的影响。这进一步"中和"了对于利润转移和税收损失的综合估计。附录 2 提供了更为细致的讨论。

[27]由 UNCTAD 开发的离岸投资矩阵和离岸指标正被 OECD 财政委员会的 Working Group 2 和 OECD/G20 BEPS 项目的 Action 11 Focus Group 考虑作为信号指标加入 Action 11。

[28]基于样本为 20 个发展中国家的税收支出数据，M. Hearson 在 2013 估计出与公司所得税的税收激励相关的收入损失为 GDP 的 0.5%（样本平均值为 0.6%；加权平均为 0.47%）。使用 2012 发展中经济体的 GDP（25.5 万亿美元），导出总体损失为 1400 亿美元。细节参照 ActionAid 网站：www.actionaid.org/2013/07/tax-incentives-cost-138-billion.

[29]参见 PwC (2008) 和 PwC (2013a)。

[30]"反避税规则"这一概念明显使得目标类型的避税行为成为非法的，也模糊了概念的不同。这点区别同样不能解决会改变行为特征的回溯措施。

[31]若要了解税务机关和纳税人透明有建设性对话的重要性，可参考 Ownes(2013)。

[32]关于税收政策作为投资决定因素之一的讨论，可参考 Ownes(2012b)。

[33]关于税收竞争的正面和负面影响的讨论，可以参考 Owens(2012a)。

[34]参考 UNCTAD WIR13 关于 FDI 和离岸融资部分，p.17。

[35]更多关于 EITI 的推荐，请参考 UNCTAD TDR14 (pp. 194-195)。

参考文献

[1] ActionAid (2013). "How tax havens plunder the poor". www.gfintegrity.org/wp-content/uploads/2014/05/ActionAid-Tax-Havens-May-2013.pdf.

[2] Ali Abbas, S.M., A. Klemm, S. Bedi and J. Park (2012). "A partial race to the bottom: Corporate tax developments in emerging and developing economies", IMF Working Papers, 12(28), Washington, D.C.: International Monetary Fund.

[3] Altomonte C., T. Aquilante, G. Békés and G.I.P. Ottaviano (2013). "Internationalization and innovation of firms: evidence and policy", Economic Policy, 28 (76): 663–700.

[4] Atisophon V, J. Bueren, G. De Paepe, C. Garroway and J.P. Stijns (2011). "Revisiting MDG cost estimates from a domestic resource mobilisation perspective", OECD Development Center Working Papers 306. Paris: OECD Publishing.

[5] Baker, P. (2013). "Improper use of tax treaties, tax avoidance and tax evasion", Papers on Selected Topics in Administration of Tax Treaties for Developing Countries, No. 9-A, May. New York: UN/ITC. www.un.org/esa/ffd/wp-content/uploads/2013/05/20130530_Paper9A_Baker.pdf.

[6] Baker, R.W. (2005). Capitalism's Achilles Heel: Dirty Money and How to Renew the Free-Market System. Hoboken, NJ: John Wiley & Sons Ltd.

[7] Bank of Zambia (2014). Foreign Private Investment and Investor Perceptions in Zambia. Lusaka: Bank of Zambia.

[8] Barefoot, K.B. (2012). "U.S. multinational companies: Operations of U.S. parents and their foreign affiliates in 2010", Survey of Current Business (2012): 51–74.

[9] Beer, S. and J. Loeprick (2014). "Profit shifting: drivers of transfer (mis)pricing and the potential of countermeasures", International Tax and Public Finance, 22: 1–26.

[10] Chen, D. and J. Mintz (2013). "2013 Annual global tax competitiveness ranking: corporate tax policy at a crossroads", SPP Research Papers, 6 (35). Calgary: University of Calgary School of Public Policy.

[11] Christian Aid (2008). "Death and taxes: The true toll of tax dodging", May. www.christianaid.org.uk/images/deathandtaxes.pdf.

[12] Christian Aid (2009). "False profits: Robbing the poor to keep the rich tax-free", March. https://www.christianaid.org.uk/Images/false-profits.pdf.

[13] Christian Aid (2013). "Invested interests: The UK's overseas territories hidden role in developing countries". www.christianaid.org.uk/Images/Invested-Interests-Christian-Aid-tax-report.pdf.

[14] Choudhury, H. and J. Owens (2014). "Bilateral investment treaties and bilateral tax treaties", International Tax and Investment Center Issues Paper, June.

[15] Clausing, K.A. (2009). "Multinational firm tax avoidance and tax policy", National Tax Journal, 65: 703–725.

[16] Cobham, A. (2005). Tax evasion, tax avoidance and development finance?, Série documents de travail 129. Oxford: Queen Elizabeth House..

[17] Cobham, A. and S. Loretz (2014). "International distribution of the corporate tax base: Impact of different apportionment factors under unitary taxation", ICTD Working Paper, 27, April. Brighton, U.K.: International Centre for Tax and Development.

[18] Concord Aidwatch (2013). "Global financial flows, aid and development", AidWatch Briefing Paper, March. Brussels: Concord. http://eurodad.org/files/integration/2013/03/2013_AW-Briefing-paper_Global-financial-flows-aid-anddevelopment1.pdf.

[19] Deloitte (2013). "Global survey of R&D tax incentives", March. http://investinamericas-future.org/PDFs/Global_RD_Survey_March_2013.pdf.

[20] Dharmapala, D. and J.R. Hines (2006). "Which countries become tax havens?", NBER Working Paper No. 12802, December. Cambridge, MA: National Bureau of Economic Research. www.nber.org/papers/w12802.pdf.

[21] Dharmapala, D. and N. Riedel (2013). "Earnings shocks and tax-motivated income-shifting: Evidence from European multinationals", Journal of Public Economics, 97: 95–107.

[22] Dischinger, M. and N. Riedel (2011). "Corporate taxes and the location of intangible assets within multinational firms", Journal of Public Economics, 95(7-8): 691–707.

[23] Eden, L. (2014). "The arm's length standard: making it work in a 21st century world of

multinationals and nation states", in Pogge, T. and K. Mehta (eds.), Global Tax Fairness. Oxford: Oxford University Press.

[24] Evers, L. and C. Spengel (2014). "Effective tax rates under IP tax planning", ZEW Discussion Paper, No. 14-111.

[25] Mannheim, Germany: Centre for European Economic Research.

[26] Fuest, C. and N. Riedel (2009). "Tax evasion, tax avoidance and tax expenditures in developing countries: A review of the existing literature". Report prepared for the U.K. Department for International Development (DFID). Oxford: Oxford University Centre for Business Taxation.

[27] Fuest, C. and N. Riedel (2010). "Tax evasion and tax avoidance in developing countries: The role of international profit shifting". Centre for Business Taxation Working Papers, 10(12). Oxford: Oxford University Centre for Business Taxation. http://eureka.sbs.ox.ac.uk/3257/1/WP1012.pdf.

[28] Fuest, C., G. Maffini and N. Riedel (2012). "What determines corporate tax payments in developing countries? Evidence from firm panel data". Paper presented at the XXIV conference, Società italiana di economia pubblica, Pavia, 24–25 September. www.siepweb.it/siep/oldDoc/2012/201227.pdf.

[29] Fuest, C, S. Hebous and N. Riedel (2013a). "International debt shifting and multinational firms in developing economies", Economics Letters, 113(2): 135–138.

[30] Fuest, C., C. Spengel, K. Finke, J. Heckemeyer and H. Nusser (2013b). "Profit shifting and 'aggressive' tax planning by multinational firms: Issues and options for reform". Center for European Economic Research Discussion Paper, No. 13-04. Mannheim, Germany: Centre for European Economic Research.

[31] Gravelle, J.G. (2013). "Tax havens: International tax avoidance and evasion". Washington, D.C.: Congressional Research Service. www.fas.org/sgp/crs/misc/R40623.pdf.

[32] Guerriero, M. (2012). "The labour share of income around the world. Evidence from a panel dataset". Paper prepared for the 4th Economic Development International Conference of GREThA/GRES, Inequalities and Development: New Challenges, New Measurements?, University of Bordeaux, France, 13–15 June. http://piketty.pse.ens.fr/files/Guerriero2012.pdf.

[33] Haberly, D. and D. Wojcik (2014). "Tax havens and the production of offshore FDI: An empirical analysis". Journal of Economic Geography, 15(1): 75–101. http://joeg.oxfordjournals.org/content/15/1/.

[34] Henry, James S. (2012). "The price of offshore revisited". Chesham, Buckinghamshire, United Kingdom: Tax Justice Network. www.taxjustice.net/cms/upload/pdf/Price_of_Offshore_Revisited_120722.pdf.

[35] Hines, J.R. and E.M. Rice (1994). "Fiscal paradise: Foreign tax havens and American business". The Quarterly Journal of Economics, 109(1): 149–182.

[36] Hollingshead, A. (2010). "The implied tax revenues loss from trade mispricing". February. Washington, DC: Global Financial Integrity. www.gfintegrity.org/storage/gfip/documents/reports/implied%20tax%20revenue%20loss%20report_fin

al.pdf.

[37] IMF, OECD, UN and World Bank (2011). "Supporting the development of more effective tax systems". Report to the G20 development working group.

[38] IMF (2014). "Spillovers in international corporate taxation". IMF Policy Paper. Washington, D.C.: International Monetary Fund.

[39] ITIC (2014). "Bilateral Investment Treaties and Bilateral Tax Treaties", International Tax and Investment Center Issues Paper, by H. Choudhury and J. Ownens, June. www.iticnet.org.

[40] Itriago, D. (2011). "Owning development: Taxation to fight poverty", Oxfam Research Report, September. Oxford, United Kingdom: Oxfam. https://www.oxfam.org/sites/www.oxfam.org/files/rr-owning-development-domesticresources-tax-260911-en.pdf.

[41] Lequiller, F. and D. Blades (2006). Understanding National Accounts. Paris: OECD Publishing.

[42] Markle, K.S. and D.A. Shackelford (2012). "Cross-country comparisons of corporate income taxes", National Tax Journal, 65(3): 493–528.

[43] Markle, K.S. and D.A. Shackelford (2013). "The impact of headquarter and subsidiary locations on multinationals' effective tax rates", NBER Working Paper, No. 19621. Cambridge, Mass.: National Bureau of Economic Research.

[44] OECD (1998). "Harmful tax competition: An emerging global issue". Paris: OECD. www.oecd.org/tax/transparency/44430243.pdf.

[45] OECD (2000). "Towards global tax co-operation: Report to the 2000 ministerial council meeting and recommendations by the committee on fiscal affairs". Paris: OECD.

[46] OECD (2013a). Addressing Base Erosion and Profit Shifting. Paris: OECD Publishing. http://dx.doi.org/10.1787/9789264192744-en.

[47] OECD (2013b). Action Plan on Base Erosion and Profit Shifting. Paris: OECD Publishing.http://dx.doi.org/10.1787/9789264202719-en.

[48] Owens, J. (2012a). "Tax competition: to welcome or not". David Tillinghast Lecture. Tax Law Review, 65(2):173.

[49] Owens, J. (2012b). "The effect of tax on foreign direct investment". Tax Notes International, December 3. Falls Church, Va.: Tax Analysts.

[50] Owens, J. (2013). "The role of tax administrations in the current political climate". Bulletin for International Taxation, March: 156–160.

[51] Oxfam (2000). "Tax havens: Releasing the hidden billions for poverty eradication". Oxfam Briefing Papers, June. Oxford: Oxfam International.

[52] Oxfam (2013). "Fixing the cracks in tax: A plan of action". Oxford: Oxfam International. https://www.oxfam.org/sites/www.oxfam.org/files/file_attachments/fix-the-cracks-in-tax_0.pdf.

[53] Prichard, W., A. Cobham and A. Goodall (2014). "The ICTD Government Revenue Dataset". ICTD Working Paper, 19. Brighton, United Kingdom: International Centre for Tax and Development. www.ictd.ac/sites/default/files/ ICTD %20WP19.pdf.

[54] PwC (2008). "Total tax contribution: How much in taxes do Indian companies really pay?" Survey. www.pwc.in/en_IN/in/assets/pdfs/total-tax-contribution.pdf.

[55] PwC (2013a). "Total tax contribution (South Africa): A closer look at the value created by large companies for the fiscus in the form of taxes". June. www.pwc.co.za/en_ZA/za/assets/pdf/Total-Tax-Contribution-2010.pdf.

[56] PwC (2013b). "Tax transparency and country-by-country reporting. An ever changing landscape", October. https://www.pwc.com/en_GX/gx/tax/publications/assets/pwc_tax_transparency_and-country_by_country_reporting.pdf.

[57] Tax Justice Network (2007). "Identifying tax havens and offshore finance centers". Briefing paper. Chesham, Buckinghamshire, United Kingdom. www.taxjustice.net/cms/upload/pdf/Identifying_Tax_Havens_Jul_07.pdf.

[58] Tattawasart, O. (2011). "Toward FATS and beyond: the case of Thailand". Proceedings of the IFC Conference, Initiatives to Address Data Gaps Revealed by the Financial Crisis, IFC Bulletin, 34: 488–502.

[59] Trapp, K. (2015). "Measuring the labour income of developing countries. Learning from social accounting matrices". WIDER Working Paper, 2015/041. Helsinki: UNU-WIDER.

[60] United Nations (2011). Model Double Taxation Convention between Developed and Developing Countries. New York: United Nations.

[61] TDR14. Trade and Development Report 2014: Global Governance and Policy Space for Development. New York and Geneva: United Nations.

[62] WIR92. World Investment Report 1992: Transnational Corporations as Engines of Growth. New York and Geneva: United Nations.

[63] WIR12. World Investment Report 2012: Towards a New Generation of Investment Policies. New York and Geneva: United Nations.

[64] WIR13. World Investment Report 2013: Global Value Chains: Investment and Trade for Development. New York and Geneva: United Nations.

[65] WIR14. World Investment Report 2014: Investing in the SDGs: An Action Plan. New York and Geneva: United Nations.

[66] U.S. Government Accountability Office (2008). "Large U.S. corporations and federal contractors with subsidiaries in jurisdictions listed as tax havens or financial privacy jurisdictions". Report to Congressional Requesters GAO-09-157. Washington, DC: GAO. www.gao.gov/new.items/d09157.pdf.

[67] World Bank (2013). Financing for Development Post-2015. Washington, D.C.: World Bank.

[68] World Bank and PwC (2015). "Paying Taxes 2015". www.doingbusiness.org/~/media/GIAWB/Doing%20Business/Documents/Special-Reports/Paying-Taxes-2015.pdf.

[69] Yorgason, D.R. (2009). "Collection of data on income and other taxes in surveys of U.S. multinational enterprises".

[70] Paper prepared for the 4th Joint Session of the Working Group on International Investment Statistics and the Working Party on Globalisation of Industry, Organization for Economic Co-operation and Development, Paris, 8 October. www.bea.gov/papers/pdf/Yorgason_multinational_taxes.pdf.

附　录

附表 1　2009—2014 年按地区和经济体划分的 FDI 流量（百万美元）

国家/地区	FDI 流入量						FDI 流出量					
	2009	2010	2011	2012	2013	2014	2009	2010	2011	2012	2013	2014
世界[a]	1 186 432	1 328 102	1 563 749	1 402 887	1 467 233	1 228 263	1 101 335	1 366 070	1 587 448	1 283 675	1 305 910	1 354 046
发达经济体	652 306	673 199	827 351	678 730	696 854	498 762	819 605	963 210	1 156 137	872 861	833 630	822 826
欧洲	437 075	404 843	489 657	400 723	325 533	288 766	400 223	565 949	586 793	376 402	316 819	315 921
欧盟	391 285	358 644	444 824	364 767	333 084	257 567	352 388	459 366	519 862	316 726	285 133	280 124
奥地利	9 268	2 575	10 616	3 989	10 376	4 675	10 998	9 585	21 913	13 109	16 216	7 690
比利时	75 169	60 635	78 258	9 308	23 396	-4 957	15 251	9 092	46 371	33 985	17 940	8 534
保加利亚	3 385	1 525	1 849	1 467	1 920	1 710	-95	230	163	347	240	215
克罗地亚	3 077[b]	1 133[b]	1 682[b]	1 451[b]	955[b]	3 451[b]	1 260[b]	-91[b]	42[b]	-56[b]	180[b]	1 886[b]
塞浦路斯	3 472	766	2 384	1 257	3 497	679[b]	383	679	2 201	-281	3 473	2 176[b]
捷克共和国	2 927	6 141	2 318	7 984	3 639	5 909	949	1 167	-327	1 790	4 019	-529
丹麦	392	-9 163	11 463	418	-742	3 652	3 688	1 381	11 254	7 355	9 537	10 952
爱沙尼亚	1 839	1 024	974	1 569	553	983	1 375	156	-1 488	1 030	375	236
芬兰	718	7 359	2 550	4 158	-5 165[c]	18 625[c]	5 681	10 167	5 011	7 543	-519[c]	574[c]
法国	30 733	13 889	31 642	16 979	42 892	15 191	100 865	48 156	51 415	31 639	24 997	42 869
德国	23 805[b]	65 642[b]	67 515[b]	20 316[b]	18 193[b]	1 831[b]	68 541[b]	125 451[b]	77 930[b]	66 089[b]	30 109[b]	112 227[b]
希腊	2 436	330	1 144	1 740	2 818	2 172	2 055	1 557	1 772	678	-785	856

续表

国家/地区	FDI 流入量						FDI 流出量					
	2009	2010	2011	2012	2013	2014	2009	2010	2011	2012	2013	2014
匈牙利	1 995	2 193	6 300	14 375	3 097	4 039	1 849	1 172	4 702	11 678	1 868	3 381
爱尔兰	25 715	42 804	23 545	45 207	37 033	7 698	26 616	22 348	-1 165	15 286	23 975	31 795
意大利	20 077	9 178	34 324	93	25 004	11 451[b]	21 275	32 655	53 629	7 980	30 759	23 451[b]
拉脱维亚	94	379	1 453	1 109	903	474	-62	19	61	192	411	137
立陶宛	-14	800	1 448	700	469	217	198	-6	55	392	192	-36
卢森堡	27 313[c]	38 588[c]	9 748[c]	79 645[c]	23 248[c]	7 087[c]	8 201[c]	23 243[c]	10 737[c]	68 428[c]	34 555[c]	-4 307[c]
马耳他	-8 645	929	15 510	12 061	9 575	9 279	-7 059	1 921	922	2 574	2 603	2 335
荷兰	38 752	-7 184	24 369	17 655	32 039	30 253	26 273	68 358	34 789	5 235	56 926	40 809
波兰	11 889	12 796	18 258	7 120	120[c]	13 883[c]	3 656	6 147	3 671	-2 656	-3 299[c]	5 204[c]
葡萄牙	1 611	2 424	7 428	8 242	2 234	8 807	-367	-9 782	16 495	-9 157	-90	6 664
罗马尼亚	4 665	3 041	2 363	3 199	3 602	3 234	-96	6	-28	-114	-281	-77
斯洛伐克	-6	1 770	3 491	2 982	591	479	904	946	713	8	-423	-123
斯洛文尼亚	-476	105	1 087	339	-144	1 564	214	-18	198	-259	-223	-9
西班牙	10 407	39 873	28 379	25 696	41 733[c]	22 904[c]	13 070	37 844	41 164	-3 982	25 829[c]	30 688[c]
瑞典	10 093	140	12 923	16 334	3 571	10 036	26 202	20 349	29 861	28 952	28 879	12 156
英国	90 591	58 954	41 803	59 375	47 675	72 241	20 562	46 633	107 801	28 939	-14 972	-59 628
其他发达国家	45 791	46 199	44 833	35 956	-7 551	31 199	47 835	106 582	66 932	59 676	31 686	35 797
直布罗陀	172[d]	165[d]	166[d]	168[d]	166[d]	167[d]	—	—	—	—	—	—
冰岛	86	246	1 108	1 025	397	436	2 292	-2 357	23	-3 206	460	-247
挪威	16 641	17 044	15 250	18 774	14 441	8 682	19 165	23 239	18 763	19 561	20 987	19 247
瑞士	28 891	28 744	28 309	15 989	-22 555[c]	21 914[c]	26 378	85 701	48 145	43 321	10 238[c]	16 798[c]

续表

国家/地区	FDI 流入量						FDI 流出量					
	2009	2010	2011	2012	2013	2014	2009	2010	2011	2012	2013	2014
北美洲	166 304	226 449	269 531	208 946	301 333	146 261	327 502	312 502	448 717	365 285	378 879	389 563
加拿大	22 700	28 400	39 669	39 266	70 565	53 864	39 601	34 723	52 148	53 938	50 536	52 620
美国	143 604	198 049	229 862	169 680	230 768	92 397	287 901	277 779	396 569	311 347	328 343	336 943
其他发达经济体	48 927	41 906	68 162	69 061	69 987	63 735	91 879	84 759	120 627	131 174	137 931	117 343
澳大利亚	31 667	36 443	57 050	55 802	54 239	51 854	16 409	19 804	1 669	5 583	-3 063	-351
百慕大群岛	-70[c]	231[c]	-258[c]	48[c]	55[c]	-32[c]	21[c]	-33[c]	-337[c]	241[c]	50[c]	93[c]
以色列	4 607	5 458	9 095	8 055	11 804	6 432	1 751	8 010	9 166	3 258	4 671	3 975
日本	11 938	-1 252	-1 758	1 732	2 304	2 090	74 699	56 263	107 599	122 549	135 749	113 629
新西兰	785	1 026	4 034	3 424	1 585	3 391	-1 001	716	2 530	-456	525	-4
发展中经济体	463 637	579 891	639 135	639 022	670 790	681 387	234 522	340 876	357 570	357 249	380 784	468 148
非洲	54 379	44 072	47 705	56 435	53 969	53 912	6 225	9 264	6 500	12 386	15 951	13 073
北非	18 134	15 745	7 548	17 151	13 580	11 541	2 498	4 781	1 491	3 332	951	1 672
阿尔及利亚	2 746	2 300	2 580	3 052	2 661	1 488[d]	214	220	534	193	117	..
埃及	6 712	6 386	-483	6 031	4 192	4 783	571	1 176	626	211	301	253
利比亚	3 310	1 909	—	1 425	702	50[d]	1 165	2 722	131	2 509	180	940[d]
摩洛哥	1 952[c]	1 574[c]	2 568[c]	2 728[c]	3 298[c]	3 582[c]	470[c]	589[c]	179[c]	406[c]	332[c]	444[c]
南苏丹	—	—	—	—	-78[d]	-700[d]	—	—	—	—	—	—
苏丹	1 726	2 064	1 734	2 311	1 688	1 277	—	—	—	—	—	—
突尼斯	1 688	1 513	1 148	1 603	1 117	1 060	77	74	21	13	22	39
其他非洲国家	36 246	28 327	40 157	39 284	40 388	42 371	3 727	4 483	5 009	9 053	14 999	11 401
西非	14 725	12 008	18 956	16 322	14 208	12 763	2 120	1 292	2 526	3 501	2 166	2 255

续表

国家/地区	FDI 流入量						FDI 流出量					
	2009	2010	2011	2012	2013	2014	2009	2010	2011	2012	2013	2014
贝宁	134	177	161	230	360	377	31	-18	60	19	59	31
布基纳法索	101	35	144	329	490	342	8	-4	102	73	58	59
佛得角	174	159	155	70	70	78	1	0	1	-3	-5	-5
科特迪瓦	377	339	302	330	407	462	-9	25	15	14	-6	9
冈比亚	1	20	66	93	38	28	—	—	—	—	—	—
加纳	2 897	2 527	3 237	3 293[d]	3 226[d]	3 357[d]	7	—	25	1	9[d]	12[d]
几内亚	141[d]	101[d]	956[d]	606[d]	135[d]	566[d]	—	—	1[d]	2[d]	0[d]	1[d]
几内亚比绍	17	33	25	7	20	21	0	6	1	0	0	0
利比里亚	218	450	785	985	1 061	302[d]	364	369	372	1 354[d]	698[d]	—
马里	748	406	556	398	308	199	-1	7	4	16	3	8
毛里塔尼亚	-3[d]	131[d]	589[d]	1389[d]	1126[d]	492[d]	4[d]	4[d]	4[d]	4[d]	4[d]	4[d]
尼日尔	791	940	1 066	841	719	769	59	-60	9	2	101	21
尼日利亚	8 650	6 099	8 915	7 127	5 608	4 694	1 542	923	824	1 543	1 238	1 614
塞内加尔	320	266	338	276	311	343	77	2	47	56	33	37
塞拉利昂	110[d]	238[d]	951[d]	225[d]	144[d]	440[d]	0[d]	0[d]	-	0[d]	-4[d]	-2[d]
多哥	49	86	711	122	184	292	37	37	1 060	420	-21	464
中非	5 639	8 315	7 664	9 528	9 035	12 056	48	595	419	191	120	278
布隆迪	0	1	3	1	7	32	—	—	—	—	0	0
喀麦隆	740[d]	538[d]	652[d]	526[d]	326[d]	501[d]	-69[d]	503[d]	187[d]	-284[d]	-379[d]	-159[d]
中非共和国	42	62	37	70	2	3	—	—	—	—	—	—
乍得	375[d]	313[d]	282[d]	343[d]	538[d]	761[d]	—	—	—	—	—	—

续表

国家/地区	FDI 流入量						FDI 流出量					
	2009	2010	2011	2012	2013	2014	2009	2010	2011	2012	2013	2014
刚果	1 274	928	2 180	2 152	2 914	5 502	-5[d]	4[d]	53[d]	-31[d]	0[d]	7[d]
刚果民主共和国	864	2 939	1 687	3 312	2 098	2 063	35	7	91	421	401	344
赤道几内亚	1 636[d]	2 734[d]	1 975[d]	2 015[d]	1 914[d]	1 933[d]	—	—	—	—	—	—
加蓬	573[d]	499[d]	696[d]	832[d]	968[d]	973[d]	87[d]	81[d]	88[d]	85[d]	85[d]	86[d]
卢旺达	119	251	119	255	258	268	—	—	—	—	14	—
圣多美和普林西比	16	51	32	23	11	20	0	0	0	0	0	0
东非	3 903	4 520	4 779	5 473	6 127	6 794	118	174	163	251	101	99
科摩罗	14	8	23	10	9	14[d]	—	—	—	—	—	—
吉布提	75	37	79	110	286	153	—	—	—	—	—	—
厄立特里亚	91[d]	91[d]	39[d]	41[d]	44[d]	47[d]	—	—	—	—	—	—
埃塞俄比亚	221[d]	288[d]	627[d]	279[d]	953[d]	1 200[d]	—	—	—	—	—	—
肯尼亚	115	178	335	259	505[d]	989[d]	46	2	9	16	6[d]	—
马达加斯加	1 066	808	810	812	567	351	—	—	—	—	—	—
毛里求斯	248	430	433	589	259	418	37	129	158	180	135	91
塞舌尔	171	211	207	260	170	229	5	6	8	9	8	8
索马里	108[d]	112[d]	102[d]	107[d]	107[d]	106[d]	—	—	—	—	—	—
乌干达	842	544	894	1 205	1 096	1 147	29	37	-12	46	-47	0
坦桑尼亚	953	1 813	1 229	1 800	2 131	2 142[d]	—	—	—	—	—	—
南部非洲	11 978	3 485	8 758	7 961	11 018	10 758	1 441	2 423	1 901	5 110	12 613	8 769
安哥拉	2 205[c]	-3 227[c]	-3 024[c]	-6 898[c]	-7 120[c]	-3 881[d]	7[c]	1 340[c]	2 093[c]	2 741[c]	6 044[c]	2 131[d]
博茨瓦纳	129	218	1 371	487	398	393	6	-1	10	-8	-85	-43

续表

国家/地区	FDI 流入量						FDI 流出量					
	2009	2010	2011	2012	2013	2014	2009	2010	2011	2012	2013	2014
莱索托	92	30	61	57	50	46	2	-21	-41	-38	-34	-31
马拉维	49	97	129	129	120	130	-1	42	50	50	-46	-50
莫桑比克	898	1 018	3 559	5 629	6 175	4 902	3	2	3	3	—	—
纳米比亚	506	793	816	1 133	801	414	-3	4	5	-11	-13	-34
南非	7 502[c]	3 636[c]	4 243[c]	4 559[c]	8 300[c]	5 712[c]	1 151[c]	-76[c]	-257[c]	2 988[c]	6 649[c]	6 938[c]
斯威士兰	66	120	107	32	84	13	7	-8	-2	39	4	-1
赞比亚	426	634	1 110	2 433	1 810	2 484	270	1 095	-2	-702	66	-213[d]
津巴布韦	105	166	387	400	400	545	-	43	43	49	27	72
亚洲	323 793	401 851	425 308	400 840	427 879	465 285	214 942	284 078	313 648	299 424	335 318	431 591
东亚和东南亚	209 974	306 975	327 413	320 563	347 537	381 047	180 620	250 008	268 534	266 214	292 427	382 581
东亚	163 840	201 825	233 878	212 428	221 450	248 180	139 088	194 532	213 680	215 497	225 254	302 520
中国	95 000	114 734	123 985	121 080	123 911	128 500	56 530	68 811	74 654	87 804	101 000	116 000
中国香港	55 535	70 541	96 581	70 180	74 294	103 254[b]	59 202	86 247	96 341	83 411	80 773	142 700[b]
朝鲜	2[d]	38[d]	56[d]	120[d]	227[d]	134[d]	—	—	—	—	—	—
韩国	9 022[c]	9 497[c]	9 773[c]	9 496[c]	12 767[c]	9 899[c]	17 436[c]	28 280[c]	29 705[c]	30 632[c]	28 360	30 558[c]
中国澳门	852	2 831	726	3 894	4 513	3 046[d]	-11	-441	120	469	795	462[d]
蒙古	624	1 691	4 715	4 452	2 140	508	54	62	94	44	41	103
中国台湾	2 805[c]	2 492[c]	-1 957[c]	3 207[c]	3 598[c]	2 839[c]	5 877[c]	11 574[c]	12 766[c]	13 137[c]	14 285[c]	12 697[c]
东南亚	46 134	105 151	93 535	108 135	126 087	132 867	41 533	55 476	54 854	50 717	67 172	80 061
文莱	370	481	691	865	776	568	9	6	10	-422[d]	-135[d]	—
柬埔寨	928	1 342	1 372	1 835	1 872	1 730	19	21	29	36	46	32

续表

国家/地区	FDI 流入量						FDI 流出量					
	2009	2010	2011	2012	2013	2014	2009	2010	2011	2012	2013	2014
印度尼西亚	4 877	13 771	19 241	19 138	18 817	22 580	2 249	2 664	7 713	5 422	6 647	7 077
老挝	190	279	301	294	427	721[d]	1[d]	-1[d]	1[d]	0[d]	-44[d]	2[d]
马来西亚	1 453	9 060	12 198	9 239	12 115	10 799	7 784	13 399	15 249	17 143	14 107	16 445
缅甸	27	6 669	1 118	497	584	946	—	—	—	—	—	—
菲律宾	1 963	1 298	1 852	2 033	3 737[c]	6 201[c]	359	616	339	1 692	3 647[c]	6 990[c]
新加坡	23 821[c]	55 076[c]	48 002[c]	56 659[c]	64 793[c]	67 523[c]	26 239[c]	33 377[c]	24 490[c]	15 147[c]	28 814[c]	40 660[c]
泰国	4 854	9 147	1 195	9 168	14 016	12 566	4 172	4 467	6 106	10 487	12 122	7 692
东帝汶	50	29	47	39	50	34	—	26	-33	13	13	13
越南	7 600	8 000	7 519	8 368	8 900	9 200	700	900	950	1 200	1 956	1 150
南亚	42 403	35 024	44 539	32 415	35 624	41 192	16 349	16 298	12 888	10 181	2 135	10 684
阿富汗	76	211	83	94	69	54[d]	81[d]	72[d]	70[d]	65[d]	—	—
孟加拉国	700	913	1 136	1 293	1 599	1 527	29	15	13	43	34	48
不丹	72[c]	31[c]	26[c]	51[c]	9[c]	6[c]	—	—	—	—	—	—
印度	35 634	27 417	36 190	24 196	28 199	34 417	16 058	15 947	12 456	8 486	1 679	9 848
伊朗伊斯兰共和国	2 983	3 649	4 277	4 662	3 050	2 105	90[d]	174[d]	227[d]	1 441[d]	146[d]	605[d]
马尔代夫	158[d]	216[d]	424[d]	228[d]	361[d]	363[d]	—	—	—	—	—	—
尼泊尔	39	87	95	92[d]	71[d]	30[d]	—	—	—	—	—	—
巴基斯坦	2 338	2 022	1 326	859	1 333	1 747	71	47	62	82	212	116
斯里兰卡	404	478	981	941	933	944	20	43	60	64	65	67
西亚	71 415	59 852	53 356	47 862	44 718	43 046	17 973	17 771	32 225	23 028	40 756	38 326
巴林	257	156	781	891	989	957	-1 791	334	894	922	1 052	-80

续表

国家/地区	FDI 流入量						FDI 流出量					
	2009	2010	2011	2012	2013	2014	2009	2010	2011	2012	2013	2014
伊拉克	1 598	1 396	1 882	3 400	5 131	4 782	72	125	366	490	227	242
约旦	2 413	1 651	1 474	1 497	1 747	1 760	72	28	31	5	16	83
科威特	1 114	1 305	3 259	2 873	1 434	486	8 582	5 890	10 773	6 741	16 648	13 108
黎巴嫩	4 379	3 748	3 390	3 170	2 880	3 070[d]	1 126	487	934	1 009	1 962	1 893[d]
阿曼	1 485[c]	1 243[c]	874[c]	1 040[c]	1 626[c]	1 180[d]	109[c]	1 498[c]	1 233[c]	877[c]	1 384[c]	1 164[d]
卡塔尔	8 125	4 670	939	396	-840	1 040	3 215	1 863	10 109	1 840	8 021	6 748
沙特阿拉伯	36 458	29 233	16 308	12 182	8 865	8 012[d]	2 177	3 907	3 430	4 402	4 943	5 396[d]
巴勒斯坦	300	206	349	58	176	124	69	84	-128	29	-48	-32
阿拉伯叙利亚共和国	2 570	1 469	804	—	—	—	—	—	—	—	—	—
土耳其	8 585	9 086	16 136	13 283	12 357	12 146	1 553	1 469	2 330	4 106	3 527	6 658
阿拉伯联合酋长国	4 003	5 500	7 679	9 602	10 488	10 066	2 723	2 015	2 178	2 536	2 952[d]	3 072[d]
也门	129	189	-518	-531	-134	-578[d]	66[d]	70[d]	77[d]	71[d]	73[d]	73[d]
拉丁美洲和加勒比海地区	83 514	131 727	163 868	178 049	186 151	159 405	13 284	46 879	36 490	43 847	28 466	23 326
南美洲	57 740	96 345	127 426	143 881	125 987	120 708	3 501	31 370	22 420	19 164	13 861	16 652
阿根廷	4 017	11 333	10 840	15 324	11 301	6 612	712	965	1 488	1 055	1 097	2 117
玻利维亚	423	643	859	1 060	1 750	648	-3	-29	—	—	—	—
巴西	25 949	48 506	66 660	65 272	63 996	62 495	-10 084	11 588	-1 029	-2 821	-3 495	-3 540
智利	11 868	16 789	16 930	25 021	16 577	22 949	6 213	10 524	13 738	17 120	7 621	12 999
哥伦比亚	8 035	6 430	14 648	15 039	16 199	16 054	3 505	5 483	8 420	-606	7 652	3 899
厄瓜多尔	308	166	644	585	731	774	47[d]	134[d]	63[d]	-6[d]	42[d]	33[d]
圭亚那	164	198	247	294	214	255	—	—	—	—	—	—

续表

国家/地区	FDI 流入量						FDI 流出量					
	2009	2010	2011	2012	2013	2014	2009	2010	2011	2012	2013	2014
巴拉圭	95	210	619	738	72	236	54[d]	7[d]	-34[d]	56[d]	49[d]	24[d]
秘鲁	6 431	8 455	7 665	11 918	9 298	7 607	411	266	147	78	137	84
苏里南	-93	-248	70	121	138	4	—	—	3	-1	—	—
乌拉圭	1 529	2 289	2 504	2 536	3 032	2 755	16	-60	-7	-3	5	13
委内瑞拉玻利瓦尔共和国	-983	1 574	5 740	5 973	2 680	320	2 630	2 492	-370	4 294	752	1 024
中美洲	22 302	32 404	31 998	28 004	55 399	33 416	9 612	15 426	12 897	22 922	13 922	5 929
伯利兹	109[c]	97[c]	95[c]	189[c]	92[c]	141[c]	0[c]	1[c]	1[c]	1[c]	1[c]	3[c]
哥斯达黎加	1 347	1 466	2 178	2 332	2 677	2 106	7	25	58	428	290	218
萨尔瓦多	366	-230	219	482	179	275	—	-5	0	-2	3	1
危地马拉	600	806	1 026	1 245	1 295	1 396	26	24	17	39	34	31
洪都拉斯	509	969	1 014	1 059	1 060	1 144	4	-1	2	208	68	24
墨西哥	17 679	26 083	23 376	18 951	44 627	22 795	9 604	15 050	12 636	22 470	13 138	5 201
尼加拉瓜	434	490	936	768	816	840	-29	16	7	52	107	84
巴拿马	1 259	2 723	3 153	2 980	4 654	4 719	—	317	176	-274	281	368
加勒比海地区	3 471	2 979	4 445	6 164	4 764	5 281	171	83	1 174	1 761	683	744
安圭拉	44	11	39	44	42	39	0	0	0	0	—	—
安提瓜和巴布达	85	101	68	138	101	167	4	5	3	4	6	6
阿鲁巴	-11	190	488	-319	225	244	1	6	3	3	4	9
巴哈马	873	1 148	1 533	1 073	1 111	1 596	216	150	524	132	277	398
巴巴多斯	247	290	384	436	5	275	-56	-54	301	-129	106	93

续表

国家/地区	FDI 流入量						FDI 流出量					
	2009	2010	2011	2012	2013	2014	2009	2010	2011	2012	2013	2014
库拉索岛	55	89	69	57	17	183[d]	5	15	-30	12	-17	27[d]
多米尼加岛	58	58	51	57	39	41	1	1	0	0	2	2
多米尼加共和国	2 165	2 024	2 277	3 142	1 991	2 208	110[d]	25[d]	39[d]	77[d]	-55[d]	20[d]
格林纳达	104	64	45	34	114	40	1	3	3	3	1	1
海地	55	178	119	156	186	99	—	—	—	—	—	—
牙买加	541[c]	228[c]	218[c]	413[c]	593[c]	551[c]	61[c]	58[c]	75[c]	3[c]	-87[c]	-2[c]
蒙特塞拉特	3	4	2	3	4	6	0	0	0	0	0	0
圣基茨和尼维斯	136	119	112	110	139	120	5	3	2	2	2	2
圣卢西亚岛	152	127	100	78	95	75	6	5	4	4	3	3
圣文森特和格林纳丁斯	111	97	86	115	160	139	1	0	0	0	0	0
圣马丁	40	33	-48	14	34	67[d]	1	3	1	-4	4	4[d]
特立尼达和多巴哥	709	549	1 831	2 453	1 994	2 423[d]	—	—	1 060	1 681	824	726[d]
大洋洲	1 952	2 240	2 254	3 697	2 791	2 784	71	655	932	1 593	1 050	158
库克群岛	-6[d]	—	—	—	—	—	13[d]	540[d]	814[d]	1 307[d]	887[d]	—
斐济	164	350	403	376	272	279[d]	3	6	1	2	4	1[d]
法属波利尼西亚	22	64	131	155	101	129[d]	8	38	27	43	66	46[d]
基里巴斯	3	0[d]	0[d]	1[d]	9[d]	1[d]	-1	0	—	0[d]	0[d]	0[d]
马绍尔群岛	-11[d]	27[d]	34[d]	27[d]	23[d]	28[d]	-25[d]	-11[d]	29[d]	24[d]	19[d]	24[d]
密克罗尼西亚联邦	1[d]	1[d]	1[d]	1[d]	1[d]	1[d]	—	—	—	—	—	—
瑙鲁	1[d]	—	—	—	—	—	—	—	—	—	—	—

续表

国家/地区	FDI 流入量						FDI 流出量					
	2009	2010	2011	2012	2013	2014	2009	2010	2011	2012	2013	2014
新喀里多尼亚	1 182	1 439	1 715	2 887	2 261	2 288[d]	58	76	40	109	63	70[d]
纽埃	—	—	—	—	—	—	0[d]	—	-1[d]	—	—	—
帕劳群岛	-10	-7	6	9	2	6[d]	—	—	—	—	—	—
巴布亚新几内亚	423	29	-310	25	18	-30	4	0	1	89	—	—
萨摩亚	10	1	15	21	24	23	1	—	1	9	0	4
所罗门群岛	120	238	146	80	43	24	3	2	4	3	3	1
汤加	20[d]	25[d]	44[d]	31[d]	51[d]	56[d]	5[d]	3[d]	16[d]	7[d]	7[d]	11[d]
瓦努阿图	32[c]	59[c]	70[c]	78[c]	-19[c]	-22[c]	1[c]	1[c]	1[c]	1[c]	0[c]	1[c]
转型经济体	70 489	75 013	97 263	85 135	99 590	48 114	47 208	61 984	73 740	53 565	91 496	63 072
东南欧	6 270	4 600	7 890	3 562	4 740	4 698	140	317	403	410	380	430
阿尔巴尼亚	996	1 051	876	855	1 266	1 093	39	6	30	23	40	30
波斯尼亚和黑塞哥维那	250	406	496	351	283	564	6	46	18	16	-15	2
黑山共和国	1 527	760	558	620	447	497	46	29	17	27	17	27
塞尔维亚	2 896	1 686	4 932	1 299	2 053	1 996	24	185	318	331	329	356
前南斯拉夫马其顿共和国	201	213	479	143	335	348	11	5	0	-8	-15	-21
独联体国家	63 560	69 599	88 324	80 662	93 901	42 137	47 087	61 532	73 190	52 858	90 997	62 440
亚美尼亚	760	529	515	489	370	383[c]	50	8	78	16	19	18[c]
阿塞拜疆	473	563	1 465	2 005	2 632	4 430	326	232	533	1 192	1 490	2 209
白俄罗斯	1 877	1 393	4 002	1 429	2 230	1 798	102	51	126	121	246	-1

续表

国家/地区	FDI 流入量						FDI 流出量					
	2009	2010	2011	2012	2013	2014	2009	2010	2011	2012	2013	2014
哈萨克斯坦	13 243	11 551	13 973	13 337	10 221	9 562	3 159	7 885	5 390	1 481	2 287	3 624
吉尔吉斯斯坦	189	438	694	293	626	211	0	0	0	0	0	0
摩尔多瓦共和国	208	208	288	195	236	207	7	4	21	20	29	41
俄罗斯联邦	36 583[c]	43 168[c]	55 084[c]	50 588[c]	69 219[c]	20 958[c]	43 281[c]	52 616[c]	66 851[c]	48 822[c]	86 507[c]	56 438[c]
塔吉克斯坦	16	-15	70	233	105	263	—	—	—	—	—	—
土库曼斯坦	4 553[d]	3 632[d]	3 391[d]	3 130[d]	3 076[d]	3 164[d]	—	—	—	—	—	—
乌克兰	4 816	6 495	7 207	8 401	4 499	410	162	736	192	1 206	420	111
乌兹别克斯坦	842[d]	1 636[d]	1 635[d]	563[d]	686[d]	751[d]	—	—	—	—	—	—
格鲁吉亚	659	814	1 048	911	949	1 279	-19	135	147	297	120	202
备忘录												
最不发达国家（LDCs）[e]	16865	23 774	21 852	23 524	22 327	23 239	1 123	3 055	4 003	4 698	7 454	2 975
内陆型发展中国家（LLDCs）[f]	26 108	26 011	36 101	34 426	29 980	29 151	4 119	9 378	6 314	2 393	3 917	5 822
小岛屿发展中国家（SIDS）[f]	4 599	4 606	6 160	6 776	5 703	6 948	275	332	2 158	2 032	1 319	1 377

注：

a）不包括位于加勒比海地区的金融中心（安圭拉、安提瓜和巴布达、阿鲁巴、巴哈马、巴巴多斯、英属维尔京群岛、开曼群岛、库拉索、多米尼克、格林纳达，蒙特塞拉特、圣基茨和尼维斯、圣卢西亚、圣文森特和格林纳丁斯、圣马丁和特克斯和凯科斯群岛）。

b）以资产/负债定向基准计算。

c）资产/负债基准。

d）估计值。

e）最不发达国家包括阿富汗、安哥拉、孟加拉国、贝宁、布基纳法索、布隆迪、不丹、柬埔寨、中非共和国、乍得、科摩罗、刚果民主共和国、吉布提、赤道几内亚、厄立特里亚、埃塞俄比亚、冈比亚、几内亚、几内亚比绍、海地、基里巴斯、老挝人民民主共和国、莱索托、利比里亚、马达加斯加、马拉维、马里、毛里塔尼亚、莫桑比克、缅甸、尼泊尔、尼日尔、卢旺达、圣多美和普林西比、塞内加尔、塞拉利昂、所罗门群岛、索马里、南苏丹、苏丹、东帝汶,、多哥、图瓦卢、乌干达、坦桑尼亚、瓦努阿图、也门和赞比亚。

f）内陆型发展中国家包括阿富汗、亚美尼亚、阿塞拜疆、不丹、玻利维亚、博茨瓦纳、布基纳法索、布隆迪、中非共和国、乍得、埃塞俄比亚、哈萨克斯坦、吉尔吉斯斯坦、老挝人民民主共和国、莱索托、马其顿共和国、马拉维、马里、摩尔多瓦、蒙古、尼泊尔、尼日尔、巴拉圭、卢旺达、南苏丹、斯威士兰、塔吉克斯坦、土库曼斯坦、乌干达、乌兹别克斯坦、赞比亚和津巴布韦。

g）小岛屿发展中国家包括安提瓜和巴布达、巴哈马、巴巴多斯、佛得角、科摩罗、多米尼加、斐济、格林纳达、牙买加、基里巴斯、马尔代夫、马绍尔群岛,、瑙鲁、毛里求斯、密克罗尼西亚联邦、帕劳、巴布亚新几内亚、圣基茨和尼维斯、圣卢西亚、圣文森特和格林纳丁斯、萨摩亚、圣多美和普林西比、塞舌尔、所罗门群岛、东帝汶、汤加、特立尼达和多巴哥、图瓦卢和瓦努阿图。

资料来源：UNCTAD, FDI-MNE 信息系统，FDI 数据库（www.unctad.org/fdistatistics）。

附表 2　1990 年、2000 年、2014 年按地区和经济体统计的 FDI 存量（百万美元）

地区/经济体	FDI 流入存量			FDI 流出存量		
	1990	2000	2014	1990	2000	2014
世界 [a]	2197768	7202348	26038824	2253944	7298188	25874757
发达经济体	1 687 652	5 476 613	17 003 802	2 114 508	6 535 722	20 554 819
欧洲	932 579	2 263 007	10 049 259	1 053 382	3 215 429	11 787 347
欧盟	885 533	2 144 798	9 171 795	976 336	2 948 579	10 434 829
奥地利	11 606	31 165	180 824	5 021	24821	223246
比利时	—	—	525612	—	—	450178
比利时和卢森堡	58 388	195219	—	40636	179773	—
保加利亚	112	2704	46539	124	67	2195
克罗地亚	—	2664[b]	29761[b]	—	760[b]	5444[b]
塞浦路斯	..[cd]	2846	58145[b]	8[d]	557	41 913[b]
捷克共和国	1 363[d]	21 644	121 530	—	738	19 041
丹麦	9 192	73 574	82 922[d]	7 342	73 100	183 025[d]
爱沙尼亚	—	2 645	19 298	—	259	6 319
芬兰	4 277	24 273	133 116[e]	9 355	52 109	164554[d]
法国	104 268	184 215	729 147	119 860	365 871	1 279 089
德国	226 552	271 613	743 512[b]	308 736	541 866	1 583 279[b]
希腊	5 681	14 113	20 181	2 882	6 094	33 939
匈牙利	570	22 870	98 360	159[d]	1 280	39 641
爱尔兰	37 989[d]	127 089	369 168	14 942[d]	27 925	628 026
意大利	59 998	122 533	373 738[b]	60 184	169 957	548 416[b]
拉脱维亚	—	1 692	14 567	—	20	1 170
立陶宛	—	2 334	14 691	—	29	2 683

续表

地区/经济体	FDI 流入存量			FDI 流出存量		
	1990	2000	2014	1990	2000	2014
卢森堡	—	—	161 311[e]	—	—	149 892[e]
马耳他	465[d]	2 263	172 358	—	193	44 493
荷兰	71 828	243 733	664 442	109 870	305 461	985 256
波兰	109	33 477	245 161[e]	95[d]	268	65 217[e]
葡萄牙	9 604	32 043	108 515	818	19 794	58 355
罗马尼亚	0	6 953	74 732	66	136	696
斯洛伐克	282[d]	6 970	53 216	—	555	2 975
斯洛文尼亚	1 643[d]	2 894	12 743	560[d]	768	6 193
西班牙	65 916	156 348	2 134 247[e]	15 652	129 194	1 945 919[e]
瑞典	12 636	93 791	321 103	50 720	123 618	379 528
英国	203 905	463 134	1 662 858	229 307	923 367	1 584 147
其他发达国家	47 045	118 209	877 464	77 047	266 850	1 352 518
直布罗陀	263[d]	642[d]	2 569[d]	—	—	—
冰岛	147	497	7 425	75	663	7 955
挪威	12 391	30 265	185 620[d]	10 884	34 026	213 948[d]
瑞士	34 245	86 804	681 849[d]	66 087	232 161	1 130 615[d]
北美洲	652 444	2 995 951	6 041 200	816 569	2 931 653	7 033 195
加拿大	112 843	212 716	631 316	84 807	237 639	714 555
美国	539 601	2 783 235	5 409 884	731 762	2 694 014	6 318 640
其他发达经济体	102 629	217 655	913 343	244 556	388 640	1 734 278
澳大利亚	80 364	121 686	564 608	37 505	92 508	443 519
百慕大群岛	—	265[d]	2 632[d]	—	108[d]	928[d]

续表

地区/经济体	FDI 流入存量			FDI 流出存量		
	1990	2000	2014	1990	2000	2014
以色列	4 476	20 426	98 697	1 188	9 091	78 016
日本	9 850	50 322	170 615	201 441	278 442	1 193 137
新西兰	7 938	24 957	76 791	4 422[d]	8 491	18 678
发展中经济体	510107	1669812	8 310 055	139 436	741 924	—
非洲	60 678	153 745	709 174	20 252	38 888	213 486
北非	23 962	45 590	239 076	1 836	3 199	33 446
阿尔及利亚	1 561[d]	3 379[d]	26 786[d]	183[d]	205[d]	1 733[d]
埃及	11 043[d]	19 955	87 882	163[d]	655	6 839
利比亚	678[d]	471	18 511[d]	1 321[d]	1 903	20 375[d]
摩洛哥	3 011[d]	8 842[d]	51 664[e]	155[d]	402[d]	4 194[e]
苏丹	55[d]	1 398[d]	22 693	—	—	—
突尼斯	7 615	11 545	31 540	15	33	305
其他非洲国家	36 716	108 156	470 098	18 416	35 689	180 040
西非	14 013	33 010	151 897	2 202	6 381	17 821
贝宁	-173[d]	213	1 581	2[d]	11	172
布基纳法索	39[d]	28	1 679	4[d]	0	276
佛得角	4[d]	192[d]	1 474	—	—	..[c]
科特迪瓦	975[d]	2 483	7 711	6[d]	9	114
冈比亚	157[d]	216	340[d]	—	—	—
加纳	319[d]	1 554[d]	23 205[d]	—	—	130[d]
几内亚	69[d]	263[d]	2 584[d]	—	12[d]	68[d]
几内亚比绍	8[d]	38	123	—	—	5

续表

地区/经济体	FDI 流入存量			FDI 流出存量		
	1990	2000	2014	1990	2000	2014
利比里亚	2 732[d]	3 247[d]	6 569[d]	846[d]	2 188[d]	4 345[d]
马里	229[d]	132	3 109	22[d]	1	45
毛里塔尼亚	59[d]	146[d]	5 968[d]	3[d]	4[d]	48[d]
尼日尔	286[d]	45	5 133	54[d]	1	130
尼日利亚	8 539[d]	23 786	86 671	1 219[d]	4 144	10 259
塞内加尔	258[d]	295	2 699	47[d]	22	397
塞拉利昂	243[d]	284[d]	1 365[d]	—	—	—
多哥	268[d]	87	1 685	—	..[c]	1 843
中部非洲	3 808	5 736	67 425	390	721	2 776
布隆迪	30[d]	47[d]	48[d]	0[d]	2[d]	1[d]
喀麦隆	1 044[d]	1 600[d]	6 493[d]	150[d]	254[d]	43[d]
中非	95[d]	104	623	18[d]	43	43
乍得	250[d]	576[d]	5 518[d]	37[d]	70[d]	70[d]
刚果	575[d]	1 893[d]	22 010[d]	18[d]	40[d]	94[d]
刚果民主共和国	546[d]	617	7 694[d]	—	34	1 480[d]
赤道几内亚	25[d]	1 060[d]	17 250[d]	0[d]	..[c,d]	3[d]
加蓬	1 208[d]	..[c,d]	6 339[d]	167[d]	280[d]	1 006
卢旺达	33[d]	55	1 105[d]	—	—	13[d]
圣多美和普林西比	0[d]	11[d]	345[d]	—	—	22[d]
东部非洲	1 701	7 202	55 447	165	387	2 139
科摩罗	17[d]	21[d]	121[d]	—	—	—
吉布提	13[d]	40	1 505[d]	—	—	—

续表

地区/经济体	FDI 流入存量			FDI 流出存量		
	1990	2000	2014	1990	2000	2014
厄立特里亚	0[d]	337[d]	837[d]	—	—	—
埃塞俄比亚	124[d]	941[d]	7 264[d]	—	—	—
肯尼亚	668[d]	932[d]	4 370[d]	99[d]	115[d]	321[d]
马达加斯加	107[d]	141	6 277	1[d]	10[d]	6[d]
毛里求斯	168[d]	683[d]	4 586[d]	1[d]	132[d]	1 482[d]
塞舌尔	213	515	2 567	64	130	280
索马里	..[c,d]	4[d]	988[d]	—	—	—
乌干达	6[d]	807	9 917	—	—	50
坦桑尼亚	388[d]	2 781	17 013[d]	—	—	—
南部非洲	17 194	62 208	195 328	15 658	28 200	157 304
安哥拉	1 025[d]	7 977[d]	..[c,d]	1[d]	..[c,d]	19 218[d]
博茨瓦纳	1 309	1 827	4 367	447	517	795
莱索托	83[d]	330	586	0[d]	2	253
马拉维	228[d]	358	1 239[d]	—	..[c]	24
莫桑比克	25	1 249	25 577	2[d]	1	10
纳米比亚	2 047	1 276	3 722	80	45	60
南非	9 210	43 451[e]	145 384[e]	15 010	27 328[e]	133 936[e]
斯威士兰	336	536	759[d]	38	87	103[d]
赞比亚	2 655[d]	3 966[d]	15 009	—	—	2 417[d]
津巴布韦	277[d]	1 238	3 546	80[d]	234	487
亚洲	340 242	1 052 754	5 679 670	67 066	597 220	3 948 830
东亚和东南亚地区	302285	953635	4168719	58504	579 768	3 555 214

续表

地区/经济体	FDI 流入存量			FDI 流出存量		
	1990	2000	2014	1990	2000	2014
东亚	240 645	696 032	2 931 267	49 032	495 206	2 709 546
中国	20 691[d]	193 348	1 085 293[d]	4 455[d]	27 768[d]	729 585[d]
中国香港	201 653[d]	435 417	1 549 849[b]	11 920[d]	379 285	1 459 947[b]
朝鲜	o[f] 572[d]	1 044[d]	2 012[d]	—	—	—
韩国	5 186	43 738[e]	182 037[e]	2 301[d]	21 497[e]	258 553[e]
中国澳门	2 809[d]	2 801[d]	26 747[d]	—	—	2 277[d]
蒙古	0[d]	182	16 693	—	—	355
中国台湾	9 735[d]	19 502[e]	68 636[d]	30 356[d]	66 655[e]	258 829[d]
东南亚地区	61 640	257 603	1 687 452	9 471	84 563	845 669
文莱	33[d]	3 868[d]	6 219	0[d]	512[d]	134[d]
柬埔寨	38[d]	1 580	13 035	0[d]	193	484
印度尼西亚	8 732[d]	25 060[d]	253 082	86[d]	6 940[d]	24 052
老挝	13[d]	588[d]	3 630[d]	1[d]	20[d]	..[c,d]
马来西亚	10 318	52 747[d]	133 767	753[d]	15 878[d]	135 685
缅甸	285[d]	3 752[d]	17 652[d]	—	—	—
菲律宾	3 268[d]	13 762[d]	57 093[e]	405[d]	1 032[d]	35 603[e]
新加坡	30 468	110 570	912 355[e]	7 808	56 755	576 396[e]
泰国	8 242	30 944	199 311	418	3 232	65 769
东帝汶	—	—	316	—	—	86
越南	243[d]	14 730[d]	90 991[d]	—	—	7 490[d]
南亚	6 795	29 834	350 971	478	2 791	136 106

续表

地区/经济体	FDI 流入存量			FDI 流出存量		
	1990	2000	2014	1990	2000	2014
阿富汗	12[d]	17[d]	1 692[d]	—	—	—
孟加拉国	477[d]	2 162	9 355	45[d]	69	130
不丹	2[d]	4[d]	112[e]	—	—	—
印度	1 657[d]	16 339	252 331	124[d]	1 733	129 578
伊朗	2 039[d]	2 597[d]	43 047	56[d]	414[d]	4 096[d]
马尔代夫	25[d]	128[d]	2 490[d]	—	—	—
尼泊尔	12[d]	72[d]	541[d]	—	—	—
巴基斯坦	1 892[d]	6 919	30 892	245[d]	489	1 695
斯里兰卡	679[d]	1 596	10 511	8[d]	86	607
西亚	31 161	69 286	709 981	8 084	14 661	257 510
巴林	552	5 906	18 771	719	1 752	10 672
伊拉克	..[c,d]	..[c,d]	23 161[d]	—	—	1 956[d]
约旦	1 368[d]	3 135	28 734	158[d]	44	608
科威特	37[d]	608	15 362	3 662[d]	1 428	36 531
黎巴嫩	53[d]	14 233	56 834[d]	43[d]	352	12 629[d]
阿曼	1 723[d]	2 577[e]	19 707[d]	—	—	7 453[d]
卡塔尔	63[d]	1 912	31 004[d]	—	74	35 182[d]
沙特阿拉伯	15 193[d]	17 577	215 909	2 328[d]	5 285[d]	44 699
巴勒斯坦	—	1 418[d]	2 453	—	—	167
叙利亚	154[d]	1 244[d]	10 743[d]	4[d]	107[d]	421[d]
土耳其	11 150[d]	18 812	168 645	1 150[d]	3 668	40 088
阿拉伯联合酋长国	751[d]	1 069[d]	115 561[d]	14[d]	1 938[d]	66 298[d]

续表

地区/经济体	FDI 流入存量			FDI 流出存量		
	1990	2000	2014	1990	2000	2014
也门	180[d]	843[d]	3 097[d]	5[d]	12[d]	806[d]
拉丁美洲和加勒比海地区	107 187	460 991	1 893 554	52 050	105 533	663 970
南北美洲	74 815	308 952	1 384 301	49 201	95 861	518 205
阿根廷	9 085[d]	67 601	114 076	6 057[d]	21 141	35 938
玻利维亚	1 026	5 188	11 206	7[d]	29	52
巴西	37 143	122 250	754 769	41 044	51 946	316 339
智利	16 107[d]	45 753	207 678	154[d]	11 154	89 733
哥伦比亚	3 500	11 157	141 667	402	2 989	43 082
厄瓜多尔	1 626	6 337	14 591	18[d]	252[d]	697[d]
福克兰群岛（马尔维纳斯群岛）	0[d]	58[d]	75[d]	—	—	—
圭亚那	45[d]	756	1 960	—	1	2
巴拉圭	418[d]	1 221	5 381	..[c,d]	29[d]	379[d]
秘鲁	1 330	11 062	79 429	122	505	4 205[d]
苏里南	—	—	1 012	—	—	—
乌拉圭	671[d]	2 088	22 318[d]	186[d]	138	428[d]
委内瑞拉	3 865	35 480	30 139	1 221	7 676	27 349
中美洲	28 496	139 675	439 838	2 793	8 600	138 868
伯利兹	89[d]	301[e]	1 765[e]	20[d]	43[e]	54[e]
哥斯达黎加	1 324[d]	2 709	24 309	44[d]	86	2 049
萨尔瓦多	212[d]	1 973	8 504	56[d]	104	3
危地马拉	1 734	3 420	12 102	0	93	503
洪都拉斯	293	1 392	11 228	—	—	393

续表

地区/经济体	FDI 流入存量			FDI 流出存量		
	1990	2000	2014	1990	2000	2014
墨西哥	22 424	121 691	337 974	2 672[d]	8 273	131 246
尼加拉瓜	145[d]	1 414	8 040	—	—	375
巴拿马	2 275[d]	6 775[d]	35 917	—	—	4 246
加勒比海地区	3 876	12 365	69 415	56	1 072	6 897
安圭拉	11[d]	231[d]	1 131[d]	—	5[d]	31[d]
安提瓜和巴布达	290[d]	619[d]	2 845[d]	—	5[d]	112[d]
阿鲁巴	145[d]	1 161	3 941	—	675	698
巴哈马	586[d]	3 278[d]	18 751[d]	—	452[d]	3 868[d]
巴巴多斯	171	308	5 248	23	41	3 840
库拉索岛	—	—	890[d]	—	—	86[d]
多米尼克	66[d]	275[d]	846[d]	—	3[d]	38[d]
多米尼加共和国	572	1 673	28 757[d]		68[d]	171[d]
格林纳达	70[d]	348[d]	1 506[d]	—	2[d]	51[d]
海地	149[d]	95	1 209[d]	—	2[d]	2[d]
牙买加	790[d]	3 317	13 324	42[d]	709	314
蒙特塞拉特	40[d]	83[d]	140[d]	—	0[d]	1[d]
荷属安的列斯群岛	408[d]	277	—	21[d]	6	-[d]
圣基茨和尼维斯	160[d]	487[d]	2 078[d]	—	3[d]	59[d]
圣卢西亚	316[d]	807[d]	2 510[d]	—	4[d]	67[d]
圣文森特和格林纳丁斯	48[d]	499[d]	1 814[d]	—	0[d]	6[d]
圣马丁	—	—	321[d]	—	—	13[d]
特立尼达和多巴哥	2 365[d]	7 280[d]	26 125[d]	21[d]	293[d]	6 411[d]

续表

地区/经济体	FDI 流入存量			FDI 流出存量		
	1990	2000	2014	1990	2000	2014
大洋洲	2 001	2 321	27 657	68	283	6 759
库克群岛	1[d]	218[d]	836[d]	—	..[c,d]	5 037[d]
斐济	284	356	3 713[d]	25[d]	39	51[d]
法属波利尼西亚	69[d]	139[d]	908[d]	—	—	327[d]
基里巴斯	—	—	15[d]	—	—	1[d]
马绍尔群岛	1[d]	218[d]	1 057[d]	—	..[c,d]	205[d]
瑙鲁	..[c,d]	..[c,d]	..[c,d]	18[d]	22[d]	22[d]
新喀里多尼亚	70[d]	67[d]	15 051[d]	—	2[d]	582[d]
纽埃	—	6[d]	..[c,d]	—	10[d]	22[d]
帕劳	2[d]	126	177[d]	—	—	—
巴布亚新几内亚	1 582[d]	935	3 877[d]	26[d]	210[d]	315[d]
萨摩亚	9[d]	51[d]	235[d]	—	—	25[d]
所罗门群岛	—	106[d]	781	—	—	48
汤加	1[d]	19[d]	403[d]	0[d]	14[d]	100[d]
瓦努阿图	—	61[d]	503[e]	—	—	23[e]
转型经济体	—	55 924	724 967	—	20 541	486 892
东南欧洲	—	787	55 114	—	16	3 995
阿尔巴尼亚	—	247	4 466[d]	—	—	239[d]
波斯尼亚和黑塞哥维那	—	-	7 383[d]	—	—	208[d]
黑山	—	-	4 983[d]	—	—	422[d]
塞尔维亚	—	-	29 564	—	—	2 819
马其顿共和国	—	540	5 140	—	16	112

续表

地区/经济体	FDI 流入存量			FDI 流出存量		
	1990	2000	2014	1990	2000	2014
独联体国家	—	54 375	657 612	—	20 408	481 382
亚美尼亚	9[d]	513	5 831[d]	—	0	206[d]
阿塞拜疆	—	3 735	18 180[d]	—	1	11 214[d]
白俄罗斯	—	1 306	17 730	—	24	588
哈萨克斯坦	—	10 078	129 244	—	16	27 200
吉尔吉斯斯坦	—	432	3 520	—	33	427
摩尔多瓦	—	449	3 647	—	23	178
俄罗斯	—	32 204	378 543[e]	—	20 141	431 865[e]
塔吉克斯坦	—	136	1 887[d]	—	—	—
土库曼斯坦	—	949[d]	26 203[d]	—	—	—
乌克兰	—	3 875	63 825	—	170	9 705
乌兹别克斯坦	—	698[d]	9 002[d]	—	—	—
格鲁吉亚	—	762	12 241	—	118	1 514
备忘录						
最不发达国家（LDCs）[g]	11 046	37 095	221 524	1 089	2 673	32 490
内陆发展中国家（LLDCs) h	7 471	35 793	301 812	699	1 120	44 799
小岛屿发展中国家（SID) i	7 136	20 611	97 692	220	2 048	17 416

注：

a) 不包括位于加勒比海地区的金融中心（安圭拉、安提瓜和巴布达、阿鲁巴、巴哈马、巴巴多斯、英属维尔京群岛、开曼群岛、库拉索、多米尼克、格林纳达，蒙特塞拉特、圣基茨和尼维斯、圣卢西亚、圣文森特和格林纳丁斯、圣马丁和特克斯和凯科斯群岛）。

b) 以资产负债率为基础计算。

c) 负的存量，这一数值包括在地区和世界总量数据中。

d) 估计值。

e) 资产负债率。

f) 这一经济体于2010年10月10日解体。

g) 最不发达国家包括阿富汗、安哥拉、孟加拉国、贝宁、布基纳法索、布隆迪、不丹、柬埔寨、中非共和国、乍得、科摩罗、刚果民主共和国、吉布提、赤道几内亚、厄立特里亚、埃塞俄比亚、冈比亚、几内亚、几内亚比绍、海地、基里巴斯、老挝人民民主共和国、莱索托、利比里亚、马达加斯加、马拉维、马里、毛里塔尼亚、莫桑比克、缅甸、尼泊尔、尼日尔、卢旺达、圣多美和普林西比、塞内加尔、塞拉利昂、所罗门群岛、索马里、南苏丹、苏丹、东帝汶,、多哥、图瓦卢、乌干达、坦桑尼亚、瓦努阿图、也门和赞比亚。

h) 内陆型发展中国家包括阿富汗、亚美尼亚、阿塞拜疆、不丹、玻利维亚、博茨瓦纳、布基纳法索、布隆迪、中非共和国、乍得、埃塞俄比亚、哈萨克斯坦、吉尔吉斯斯坦、老挝人民民主共和国、莱索托、马其顿共和国、马拉维、马里、摩尔多瓦、蒙古、尼泊尔、尼日尔、巴拉圭、卢旺达、南苏丹、斯威士兰、塔吉克斯坦、土库曼斯坦、乌干达、乌兹别克斯坦、赞比亚和津巴布韦。

i) 小岛屿发展中国家包括安提瓜和巴布达、巴哈马、巴巴多斯、佛得角、科摩罗、多米尼加、斐济、格林纳达、牙买加、基里巴斯、马尔代夫、马绍尔群岛,、瑙鲁、毛里求斯、密克罗尼西亚联邦、帕劳、巴布亚新几内亚、圣基茨和尼维斯、圣卢西亚、圣文森特和格林纳丁斯、萨摩亚、圣多美和普林西比、塞舌尔、所罗门群岛、东帝汶、汤加、特立尼达和多巴哥、图瓦卢和瓦努阿图。

资料来源：UNCTAD，FDI/MNE 数据库（www.unctad.org/fdistatistics）。

附表 3　2008—2014 年按售出/购入地区/经济体分类的跨国并购金额（百万美元）

地区/经济体	净销售							净购买						
	2008	2009	2010	2011	2012	2013	2014	2008	2009	2010	2011	2012	2013	2014
世界[c]	617649	287617	347094	553442	328224	312509	398899	617649	287617	347094	553442	328224	312509	398899
发达经济体	474067	236784	259926	436926	266773	237516	274549	479590	191214	224759	431899	183858	178870	228389
欧洲	172448	140217	127458	213654	144243	132898	197016	381684	132250	44262	173190	41842	34387	33137
欧盟	258391	120323	188187	184582	128270	120748	160642	321872	120347	23108	142022	18998	26403	15675
奥地利	1 327	2 067	354	7 002	1 687	148	3 087	3 243	3 309	1 525	3 733	1 835	8 813	375
比利时	3 995	12 375	9 449	3 946	1 786	6 553	2 402	30 775	-9 804	477	7 841	-1 354	13 251	4 460
保加利亚	227	191	24	-96	31	-52	272	39	2	17	—	—	0	11
克罗地亚	274	—	201	92	81	100	15	12	8	325	—	—	5	234
塞浦路斯	812	47	693	782	51	1 417	1 230	8 875	647	-562	5 766	8 060	652	3 771
捷克	276	2 473	-530	725	37	1 617	68	72	1 573	14	25	474	4 012	1
丹麦	5 962	1 270	1 319	7 958	4 759	1 341	3 990	2 841	3 337	-3 570	-133	553	214	2 768
爱沙尼亚	110	28	3	239	58	-39	23	7	0	4	-1	1	-36	50
芬兰	1 163	382	336	1 028	1 929	-35	8 116	12 951	641	1 015	2 353	4 116	1 754	-1 779
法国	6 609	609	3 573	23 161	12 013	8 953	27 704	66 800	42 175	6 180	37 090	-3 051	2 177	16 586
德国	32 216	12 742	10 515	13 440	7 793	16 736	15 034	63 785	26 928	7 025	5 644	15 674	6 833	29 490
希腊	7 387	2 074	283	1 204	35	2 488	1 450	3 484	387	553	-148	-1 561	-1 015	268
匈牙利	1 728	1 853	223	1 714	96	-1 108	-285	41	0	799	17	-7	—	-31
爱尔兰	3 025	1 712	2 127	1 934	12 096	11 147	3 567	3 505	-664	5 124	-5 648	2 629	-4 091	10 496
意大利	-5 150	2 335	6 329	15 095	5 286	5 748	15 315	20 976	17 195	-5 190	3 902	-1 633	2 440	-9 770
拉脱维亚	195	109	54	1	1	4	49	—	-30	40	-3	—	—	—
立陶宛	172	23	470	386	39	30	79	31	—	0	4	-3	10	1
卢森堡	-3 510	444	2 138	9 495	6 461	177	3 209	5 906	24	1 558	1 110	-716	3 794	23 172

续表

地区/经济体	净销售							净购买						
	2008	2009	2010	2011	2012	2013	2014	2008	2009	2010	2011	2012	2013	2014
马耳他	—	13	315	—	96	7	222	-25	—	235	-16	25	22	15
荷兰	-9 731	18 114	4 162	14 041	17 637	22 896	13 086	48 466	-3 506	16 418	-4 402	-1 092	-3 243	-1 279
波兰	1 507	666	1 195	9 963	824	434	907	1 090	229	201	511	3 399	243	1 140
葡萄牙	-1 312	504	2 772	911	8 225	7 465	2 464	1 330	723	-8 965	1 642	-4 735	-603	-602
罗马尼亚	996	331	148	88	151	-45	214	4	7	24	—	—	—	—
斯洛伐克	136	21	—	0	126	541	13	—	—	10	-18	-30	—	-14
斯洛文尼亚	418	—	332	51	330	30	495	320	251	-50	-10	—	—	—
西班牙	37 041	31 849	10 348	17 716	4 978	5 185	23 424	-12 160	-507	2 898	15 505	-1 621	-7 348	5 555
瑞典	17 930	2 158	527	7 647	5 086	-76	1 027	6 883	9 819	855	-2 381	151	-4 994	9 885
英国	154 587	25 933	60 826	46 060	36 576	29 088	33 462	52 619	27 605	-3 851	69 638	-2 118	3 514	-79 128
其他欧洲发达国家	-85 943	19 894	9 271	29 072	15 974	12 150	36 375	59 812	11 904	21 154	31 168	22 845	7 984	17 463
安道尔	—	—	—	—	12	—	—	—	—	—	166	—	—	237
法罗群岛	0	—	85	—	—	—	—	—	—	—	—	13	35	—
直布罗陀	212	—	—	—	19	50	—	-13	253	8	1757	-527	-48	0
根西岛	36	1970	168	9	1257	17	91	890	4171	10338	-1183	1968	-768	-164
冰岛	—	—	14	—	11	—	48	744	-806	-221	-437	-2559	126	—
马岛	35	45	157	-217	44	1	4982	247	137	852	-736	-162	-850	917
泽西	251	414	81	88	133	—	2688	-686	401	1054	5192	3564	2015	3140
列支敦士登	—	—	—	—	—	—	—	—	12	—	—	—	—	158
摩纳哥	—	—	—	30	—	—	—	—	1	100	16	—	2	0
挪威	15025	1858	7445	9517	5862	7874	8498	7556	133	-3905	5661	4191	87	5012
瑞士	-101502	15606	1321	19647	8635	4208	20068	51074	7601	12928	20732	16357	7384	8161

续表

地区/经济体	净销售							净购买						
	2008	2009	2010	2011	2012	2013	2014	2008	2009	2010	2011	2012	2013	2014
北美洲	257007	78194	97616	179459	94203	80895	44134	13118	41881	120717	173653	110097	88852	133551
加拿大	35143	12364	13272	33315	29450	23338	33296	43986	17773	35614	35922	37569	30180	46739
美国	221864	65830	84344	146144	64752	57556	10838	-30868	24108	85104	137731	72528	58672	86812
其他发达经济体	44612	18373	34853	43812	28327	23724	33399	84788	17082	59779	85056	31920	55632	61700
澳大利亚	33694	22530	27172	34561	23941	11914	21183	18070	-3471	15629	6453	-7017	-5252	5436
百慕大群岛	1006	883	-405	121	905	3273	1520	2064	2981	2017	2557	3238	4412	10389
以色列	1443	1351	1207	3663	1026	3339	2316	11054	183	5929	8720	-2210	676	1464
日本	7994	-6336	7114	4671	1791	4271	6997	49539	17632	31271	62263	37795	54898	44985
新西兰	476	-55	-235	797	664	928	1383	4061	-243	4933	5063	113	899	-574
发展中经济体	117713	43899	83071	83551	54626	78812	120130	114408	80445	100378	101277	124198	120043	152106
非洲	24540	5903	7493	8634	-1254	3829	5058	8266	2554	3792	4393	629	3019	5446
北非	19495	2520	1066	1353	-388	2969	-90	4729	1004	1471	17	85	459	228
阿尔及利亚	82	—	—	—	—	10	-180	—	—	—	—	—	312	38
埃及	18903	1680	120	609	-705	1836	61	4678	76	1092	—	-16	—	190
利比亚	307	145	91	20	—	—	—	51	601	377	—	—	—	—
摩洛哥	80	691	846	274	296	1092	11	—	324	—	17	101	147	—
苏丹	—	—	—	450	—	—	-13	—	—	—	—	—	—	—
突尼斯	122	4	9	—	21	31	30	—	3	2	—	—	—	—
其他非洲	5045	3383	6426	7281	-865	860	5148	3537	1550	2322	4376	543	2560	5219
安哥拉	-475	-471	1300	—	—	—	—	—	—	—	—	69	—	25
博茨瓦纳	—	50	—	6	7	—	65	3	3	—	—	-14	10	3
布基纳法索	20	—	—	—	1	—	12	—	—	—	—	—	—	—

续表

地区/经济体	净销售							净购买						
	2008	2009	2010	2011	2012	2013	2014	2008	2009	2010	2011	2012	2013	2014
喀麦隆	1	1	—	0	—	—	—	—	—	—	—	—	—	—
刚果	435	—	—	—	7	—	0	—	—	—	—	—	—	—
刚果民主共和国	—	5	175	—	—	-51	—	—	—	—	—	19	—	—
科特迪瓦	—	10	—	—	0	—	—	—	—	—	—	—	—	—
几内亚比绍	-2200	—	—	—	—	—	—	—	—	—	—	—	—	—
厄立特里亚	—	—	12	-254	-54	—	—	—	—	—	—	—	—	—
埃塞俄比亚	—	—	—	146	366	—	15	—	—	—	—	—	—	—
加蓬	—	—	—	—	—	—	—	—	—	—	—	—	—	—
加纳	900	0	—	-3	—	15	—	—	—	1	—	—	—	—
肯尼亚	—	—	—	19	86	103	1	18	—	—	-3	—	—	1
利比里亚	—	—	587	—	—	—	400	—	—	—	—	—	—	—
马达加斯加	—	—	—	—	—	12	—	—	—	—	—	—	—	—
马拉维	—	0	0	—	—	20	64	—	—	—	—	—	—	—
马里	—	—	—	—	—	—	—	—	—	—	—	—	2	—
毛里塔尼亚	—	—	—	—	—	—	—	—	—	—	—	—	—	—
毛里求斯	26	37	176	6	13	—	75	136	16	433	-173	-418	65	1 219
莫桑比克	—	—	35	27	3	2	2 758	—	—	—	—	—	—	—
纳米比亚	15	59	104	40	15	6	—	—	—	—	—	—	—	—
尼日尔	—	—	—	—	—	-1	—	—	—	—	—	-185	—	—
尼日利亚	-597	-197	476	539	-159	537	997	418	25	—	1	40	241	2 104
卢旺达	6	9	—	—	69	2	1	—	—	—	—	—	—	—
塞内加尔	—	—	-457	—	—	—	—	—	—	—	—	—	—	—

续表

地区/经济体	净销售							净购买						
	2008	2009	2010	2011	2012	2013	2014	2008	2009	2010	2011	2012	2013	2014
塞舌尔	49	—	19	—	—	—	—	66	13	5	-78	189	1	—
塞拉利昂	40	—	13	52	—	—	—	—	—	—	—	—	—	—
南非	6 815	3 860	3 653	6 673	-968	195	379	2 873	1 497	1 619	4 291	825	2 246	1 867
斯威士兰	—	—	—	—	—	—	-101	—	—	6	—	—	—	—
多哥	—	—	—	—	—	—	529	20	—	—	353	-5	—	2
乌干达	1	—	—	—	—	15	-86	—	—	257	—	—	—	—
坦桑尼亚	—	2	60	0	36	—	18	—	—	—	—	—	—	—
赞比亚	1	11	272	—	8	—	—	—	—	2	—	—	—	—
津巴布韦	7	6	—	27	-296	5	22	1	-1	—	—	—	—	1
亚洲	84 683	38 903	37 723	55 967	33 360	40 183	89 337	102 475	69 556	79 865	80 499	92 819	100 707	137 059
东亚和东南亚	54 553	29 197	27 128	31 714	22 320	33 344	80 653	59 601	41 135	67 218	67 641	78 440	91 009	125 250
东亚	29 933	16 437	17 855	14 072	11 944	26 914	73 135	40 687	36 520	52 810	51 100	61 861	70 276	103 857
中国	17 475	11 017	6 758	11 501	9 524	26 404	52 415	35 878	23 402	29 828	36 364	37 908	50 148	39 580
中国香港	8 651	3 530	12 684	2 125	2 912	433	17 070	493	6 217	13 318	9 916	16 009	16 459	58 959
韩国	1 107	1 962	-2 063	2 537	-1 528	-616	3 843	5 052	6 601	9 952	4 574	5 714	3 765	3 928
中国澳门	593	-57	33	34	30	213	0	0	-580	52	—	10	—	3
蒙古	—	344	57	88	82	-77	-80	106	-24	—	—	—	—	—
中国台湾	2 106	-360	385	-2 212	925	558	-112	-843	904	-339	247	2 221	-96	1 387
东南亚	24 620	12 759	9 273	17 642	10 376	6 429	7 517	18 914	4 615	14 407	16 541	16 579	20 733	21 393
文莱	—	3	—	—	—	0	0	—	10	—	—	—	—	-1
柬埔寨	30	-336	5	50	-100	12	31	—	—	—	—	—	—	—
印尼	2 744	747	1 384	6 828	477	844	814	757	-2 402	186	165	315	2 923	1 176

续表

地区/经济体	净销售							净购买						
	2008	2009	2010	2011	2012	2013	2014	2008	2009	2010	2011	2012	2013	2014
老挝	—	—	110	6	—	—	—	—	—	—	—	—	—	—
马来西亚	2 905	354	2 837	4 429	721	-749	472	9 111	3 292	2 372	3 380	9 105	2 144	1 056
缅甸	—	0	—	—	—	—	—	—	—	—	—	—	—	—
菲律宾	3 988	1 476	329	2 586	411	890	922	-150	57	19	479	682	71	3 211
新加坡	13 883	9 871	3 859	1 615	8 023	4 147	4 736	7 832	2 793	8 963	7 948	795	5 986	16 674
泰国	150	351	461	954	-65	40	448	1 339	865	2 810	4 569	5 659	9 602	-721
越南	921	293	289	1 175	908	1 245	94	25	—	57	—	21	7	0
南亚	12 532	5 931	5 634	13 090	2 821	4 784	5 955	13 376	456	26 626	6 288	2 989	1 621	1 105
孟加拉国	—	10	13	—	—	13	—	—	—	1	—	—	—	-4
伊朗	765	—	—	—	16	—	—	—	—	—	—	—	—	—
印度	10 303	5 877	5 613	12 795	2 805	4 763	5 892	13 370	456	26 642	6 282	2 988	1 619	1 084
马尔代夫	3	—	—	—	—	—	0	—	—	-3	—	—	—	—
尼泊尔	13	—	—	4	—	—	—	—	—	—	—	—	—	—
巴基斯坦	1 377	—	0	247	-153	8	-8	—	—	-13	—	—	2	—
斯里兰卡	71	44	9	44	153	0	70	6	—	—	6	1	—	25
西亚	17 598	3 775	4 961	11 163	8 219	2 055	2 729	29 499	27 965 —	13 979	6 571	11 390	8 077	10 705
巴林	335	—	452	30	—	-111	—	3 451	155	-3 674	-2 723	527	317	-2 131
伊拉克	34	—	11	717	1 727	324	—	—	—	—	—	-14	8	—
约旦	877	30	-99	183	22	-5	35	322	—	-29	37	-2	—	—
科威特	506	-55	460	16	2 230	414	629	3 688	441	-10 793	2 078	376	258	1 414
黎巴嫩	108	—	642	46	317	—	—	-233	253	26	836	80	—	-63

续表

地区/经济体	净销售							净购买						
	2008	2009	2010	2011	2012	2013	2014	2008	2009	2010	2011	2012	2013	2014
阿曼	10	—	388	—	-774	—	—	601	893	-530	222	354	-20	0
卡塔尔	124	298	12	28	169	—	—	6 028	10 276	626	-790	7 971	3 078	3 796
沙特阿拉伯	330	42	297	657	1 429	291	235	1 518	121	2 165	107	294	520	-674
叙利亚	—	2	66	—	—	—	—	—	—	—	—	—	—	—
土耳其	13 982	3 159	1 958	8 930	2 690	857	2 045	1 495	—	-38	908	2 012	590	398
阿拉伯联合酋长国	1 292	299	755	556	366	286	-215	12 629	15 825	-1 732	5 896	-207	3 326	7 964
也门	—	—	20	—	44	—	—	—	—	—	—	—	—	—
拉丁美洲和加勒比海地区	9 233	-911	29 013	18 927	22 586	34 797	25 457	2 761	8 160	16 725	16 385	30 735	16 239	8 440
南美洲	4 205	-1 680	18 585	15 535	19 471	17 260	20 567	5 980	4 763	13 698	10 312	23 728	12 501	2 386
阿根廷	-1 757	97	3 457	-295	343	-76	-5 334	259	-80	514	102	2 754	99	42
玻利维亚	24	-4	-16	—	1	74	312	—	—	—	—	2	—	—
巴西	1 900	84	10 115	15 107	17 316	9 996	14 204	5 480	2 518	9 030	5 541	7 401	2 956	-2 449
智利	3 252	1 534	826	514	-78	2 513	8 662	60	1 701	867	628	10 257	2 771	746
哥伦比亚	-46	-1 633	-1 370	-1 220	1 974	3 864	681	16	209	3 210	5 085	3 007	6 406	1 629
厄瓜多尔	0	6	357	167	140	108	109	0	—	—	40	—	—	—
福克兰群岛（马尔维纳斯群岛）	48	—	—	—	—	—	—	—	—	—	—	—	—	—
圭亚那	1	1	—	3	—	—	—	—	—	—	0	3	—	—
巴拉圭	4	-60	-1	0	—	—	6	—	—	—	—	—	—	—
秘鲁	430	34	612	512	-67	618	1 819	623	417	71	171	319	225	1 041
苏里南	—	—	—	—	3	—	—	—	—	—	—	—	—	—
乌拉圭	20	2	448	747	89	162	108	—	—	7	13	0	8	4
委内瑞拉	329	-1 740	4 158	—	-249	—	—	-458	-2	—	-1 268	-16	35	1 372

续表

地区/经济体	净销售							净购买						
	2008	2009	2010	2011	2012	2013	2014	2008	2009	2010	2011	2012	2013	2014
中美洲	2 900	182	8 853	1 157	1 747	16 845	3 711	-780	3 354	2 949	4 736	6 887	3 577	5 880
伯利兹	0	—	1	—	—	—	—	—	2	—	—	—	—	—
哥斯达黎加	405	—	5	17	120	191	3	—	—	—	—	354	50	—
萨尔瓦多	—	30	43	103	-1	—	—	—	—	—	—	12	—	—
危地马拉	145	—	650	100	-213	411	15	—	—	—	—	—	—	—
洪都拉斯	—	—	1	23	—	—	—	—	—	—	—	—	104	—
墨西哥	2 306	129	7 989	1 143	1 116	15 896	3 652	-190	3 187	2 896	4 274	6 504	3 845	5 372
尼加拉瓜	—	-1	—	6	0	130	—	—	—	—	—	—	—	—
巴拿马	44	23	164	-235	725	216	41	-590	165	53	462	18	-421	509
加勒比海地区	2 128	588	1 575	2 235	1 368	693	1 179	-2 440	44	78	1 337	120	162	174
安圭拉	—	—	—	—	—	—	—	-2	—	-10	—	—	—	—
巴哈马	—	—	—	—	—	—	—	514	-254	-6	-558	—	-123	-374
巴巴多斯	—	—	—	—	—	—	—	—	—	—	—	—	—	-11
英属维尔京群岛	—	—	—	—	—	—	—	-2 632	-2 882	-298	511	444	-142	-429
开曼群岛	—	—	—	—	—	—	—	35	-2 615	167	1 079	-174	-625	-160
多米尼加	-108	0	7	39	1 264	213	—	—	—	—	—	—	—	—
海地	—	1	59	—	—	—	4	—	—	—	—	—	—	—
牙买加	—	—	—	9	—	—	—	14	28	1	—	—	15	26
荷属安的列斯群岛	—	—	—	—	—	—	—	14	-30	-156	35	-158	—	—
波多黎各	—	587	1 037	1 214	88	1 079	—	-2 454	22	77	202	120	-9	-20
圣基茨和尼维斯	—	—	—	—	—	—	—	—	—	0	—	—	—	—
特立尼达和多巴哥	2 236	—	—	973	16	-600	1 175	—	-10	—	-15	—	-244	168

续表

地区/经济体	净销售							净购买						
	2008	2009	2010	2011	2012	2013	2014	2008	2009	2010	2011	2012	2013	2014
美属维尔京群岛	—	—	473	—	—	—	—	—	4	—	1 150	—	400	—
大洋洲	-742	4	8 844	23	-67	4	278	906	174	-4	—	15	78	1 160
美国萨摩亚	—	—	—	—	11	—	26	—	—	—	—	-29	86	123
斐济	2	—	1	—	—	0	-2	—	—	—	—	—	—	—
法属玻利维亚	—	—	—	—	—	—	—	—	1	—	—	44	—	—
马绍尔群岛	—	—	—	—	—	—	258	136	0	—	—	—	3	-79
密克罗尼西亚联邦	—	—	—	—	—	—	—	—	—	—	—	—	4	—
瑙鲁	—	—	—	—	—	—	—	—	172	—	—	—	—	—
诺福克岛	—	—	—	—	—	—	—	—	—	—	—	0	—	—
巴布亚新几内亚	-758	0	8 843	5	-78	—	-2	1 051	—	-4	—	—	—	1 116
萨摩亚	13	—	—	—	—	—	—	-324	—	—	—	—	-14	—
所罗门群岛	—	—	—	19	—	—	—	—	—	—	—	—	—	—
托克劳群岛	—	—	—	—	—	—	—	—	1	—	—	—	—	—
图瓦卢	—	—	—	—	—	—	—	43	—	—	—	—	—	—
瓦努阿图	—	4	—	—	—	3	—	—	—	—	—	—	—	—
转型经济体	25 868	6 934	4 095	32 966	6 825	-3 820	4 220	11 005	7 789	5 378	13 108	9 296	3 054	1 831
东南欧洲	587	529	65	1 367	3	16	20	-9	-174	—	51	2	—	—
阿尔巴尼亚	3	146	—	—	—	—	—	—	—	—	—	—	—	—
波斯尼亚和黑塞哥维那	9	8	—	—	1	6	10	—	—	—	—	1	—	—
马其顿	67	—	46	27	—	—	—	—	—	—	—	—	—	—
塞尔维亚和黑山	7	3	—	—	—	—	—	-3	—	—	—	—	—	—
塞尔维亚	501	10	19	1340	2	9	10	-7	-174	—	51	1	—	—

续表

地区/经济体	净销售							净购买						
	2008	2009	2010	2011	2012	2013	2014	2008	2009	2010	2011	2012	2013	2014
黑山	—	362	—	—	—	—	—	—	—	—	—	—	—	—
前南斯拉夫	—	—	—	—	—	—	—	—	—	—	—	—	—	—
独联体国家	25177	6391	4001	31599	6822	-3838	4189	11014	7963	5378	12869	9294	3054	1831
亚美尼亚	204	—	—	26	23	—	30	—	—	—	—	0	—	—
阿塞拜疆	2	—	0	—	—	—	—	519	—	—	2	748	—	256
白俄罗斯	16	—	649	10	—	13	-51	—	—	—	—	—	215	—
哈萨克斯坦	398	1621	101	293	-831	217	-1321	1634	—	1462	8088	-32	—	-1
吉尔吉斯斯坦	—	—	44	6	-5	—	—	—	—	—	—	—	—	—
摩尔多瓦	4	—	—	-9	—	—	—	—	—	—	—	—	—	14
俄罗斯	18596	4620	2882	29859	7201	-3901	5525	7869	7957	3875	4673	8302	2242	1685
塔吉克斯坦	—	—	—	14	—	—	—	—	—	—	—	—	—	—
乌克兰	5931	145	322	1400	434	-169	7	993	6	40	106	276	597	-122
乌兹别克斯坦	25	4	1	—	—	3	—	—		—	—	—	—	—
约旦	104	14	30	—	1	2	11	—	—	0	188	—	—	—
未分类	—	—	—	—	—	—	—	12645	8170	16580	7158	10872	10541	16573
备忘录														
最不发达国家（LDCs）[e]	-2565	-765	2204	501	374	26	3734	63	—	259	353	-102	2	23
内陆发展中国家（LLDCs）[f]	778	1983	615	634	-574	258	-1062	2262	-25	1727	8076	544	6	270
小岛屿发展中国家（SIDS）[g]	1571	41	9038	1011	-48	-596	1503	1637	-35	424	-824	-230	-294	2065

注：

a) 根据直接收购公司地区/经济体划分的净销售额。

b) 根据最终收购公司地区/经济体划分的净购买额。

c) 不包括加勒比海地区的金融中心（安圭拉、安提瓜和巴布达、阿鲁巴、巴哈马、巴巴多斯、英属维尔京群岛、开曼群岛、库拉索、多米尼克、格林纳达，蒙特塞拉特、圣基茨和尼维斯、圣卢西亚、圣文森特和格林纳丁斯、圣马丁特克斯和凯科斯群岛）。

d) 这个经济体于 2010 年 10 月 10 日解体。

a) 最不发达国家包括阿富汗、安哥拉、孟加拉国、贝宁、布基纳法索、布隆迪、不丹、柬埔寨、中非共和国、乍得、科摩罗、刚果民主共和国、吉布提、赤道几内亚、厄立特里亚、埃塞俄比亚、冈比亚、几内亚、几内亚比绍、海地、基里巴斯、老挝人民民主共和国、莱索托、利比里亚、马达加斯加、马拉维、马里、毛里塔尼亚、莫桑比克、缅甸、尼泊尔、尼日尔、卢旺达、圣多美和普林西比、塞内加尔、塞拉利昂、所罗门群岛、索马里、南苏丹、苏丹、东帝汶、多哥、图瓦卢、乌干达、坦桑尼亚、瓦努阿图、也门和赞比亚。

e) 内陆发展中国家包括阿富汗、亚美尼亚、阿塞拜疆、不丹、玻利维亚、博茨瓦纳、布基纳法索、布隆迪、中非共和国、乍得、埃塞俄比亚、哈萨克斯坦、吉尔吉斯斯坦、老挝人民民主共和国、莱索托、马其顿共和国、马拉维、马里、摩尔多瓦、蒙古、尼泊尔、尼日尔、巴拉圭、卢旺达、南苏丹、斯威士兰、塔吉克斯坦、土库曼斯坦、乌干达、乌兹别克斯坦、赞比亚和津巴布韦。

f) 小岛屿发展中国家包括安提瓜和巴布达、巴哈马、巴巴多斯、佛得角、科摩罗、多米尼加、斐济、格林纳达、牙买加、基里巴斯、马尔代夫、马绍尔群岛、瑙鲁、毛里求斯、密克罗尼西亚联邦、帕劳、巴布亚新几内亚、圣基茨和尼维斯、圣卢西亚、圣文森特和格林纳丁斯、萨摩亚、圣多美和普林西比、塞舌尔、所罗门群岛、东帝汶、汤加、特立尼达和多巴哥、图瓦卢和瓦努阿图。

资料来源：UNCTAD，跨境并购数据库（www.unctad.org/fdistatistics）。

附表 4　2008—2014 年按部门/行业划分的跨国并购金额（百万美元）

部门/产业	净销售							净购买						
	2008	2009	2010	2011	2012	2013	2014	2008	2009	2010	2011	2012	2013	2014
总额	617 649	287 617	347 094	553 442	328 224	312 509	398 899	617 649	287 617	347 094	553 442	328 224	312 509	398 899
第一产业	89 495	52 808	67 509	148 857	51 290	40 792	39 948	47 927	27 914	46 838	93 254	3 309	892	14 191
农、林、牧、渔业	2 920	730	2 524	1 426	7 585	7 422	581	2 173	1 784	408	366	-1 423	318	-214
采掘和石油业	86 574	52 078	64 985	147 431	43 705	33 370	39 367	45 754	26 130	46 430	92 888	4 732	574	14 405
制造业	193 617	74 408	133 155	202 289	112 211	116 404	145 911	133 981	38 142	127 792	222 833	137 818	96 238	174 312
食品、饮料和烟草	10 608	5 079	34 762	48 340	18 509	46 041	30 994	-43 041	-467	33 620	31 541	31 671	35 837	33 863
纺织、服装和皮革	3 831	425	546	4 199	2 233	4 535	2 891	-51	546	2 963	2 449	2 508	1 747	929
伐木和木制品	1 022	612	720	5 060	4 516	2 802	1 368	408	1 425	8 388	3 748	3 589	3 018	2 955
出版和印刷业	-347	—	-8	-223	31	20	194	-284	30	906	-112	65	16	47
焦炭、石油制品和核原料	90	1 506	1 964	-1 479	-1 307	-663	-9 368	-3 333	-844	-6 802	-2 673	-3 748	-2 003	-16 065
化学和化工制品	76 384	27 752	33 693	77 075	38 524	32 049	72 914	60 802	26 416	46 874	89 702	41 485	28 339	72 428
橡胶和塑料制品	925	0	5 471	2 223	1 718	760	824	461	-285	127	1 367	570	368	2 335
非金属矿产品	27 103	2 247	6 549	927	1 619	5 733	1 681	23 126	-567	5 198	1 663	755	3 609	2 251
金属和金属制品	19 507	-972	6 635	5 687	8 891	9 490	3 072	21 660	2 746	5 075	18 375	9 705	649	46 114
机器和设备制造	8 505	2 180	6 349	14 251	1 285	5 296	12 474	7 837	1 814	5 910	14 564	12 836	6 804	7 179
电子和电子设备	21 477	19 763	21 278	27 525	22 231	7 516	20 343	47 336	4 713	11 758	39 440	26 821	13 567	16 502
交通工具和其他交通方式	13 569	12 539	8 644	4 299	6 913	1 234	508	9 221	73	6 737	10 899	4 902	1 058	-897
其他制造业	10 943	3 277	6 551	14 406	7 048	1 592	8 017	9 839	2 540	7 040	11 870	6 661	3 229	6 671
服务业	334 536	160 401	146 430	202 296	164 723	155 312	213 040	435 741	221 562	172 464	237 355	187 097	215 378	210 396
水、电、煤	48 087	59 048	-6 784	21 100	11 923	9 988	17 836	26 510	44 246	-14 841	6 758	3 128	7 739	16 877
建筑施工	4 568	11 646	10 642	3 062	2 253	3 174	2 345	-2 890	-2 561	-2 001	-1 575	2 774	4 823	992
贸易	29 132	3 554	7 195	15 285	12 730	-4 165	24 579	18 866	3 821	6 104	6 412	23 188	-1 591	28 496

续表

部门/产业	净销售							净购买						
	2008	2009	2010	2011	2012	2013	2014	2008	2009	2010	2011	2012	2013	2014
住宿和餐饮行业	6 402	794	1 907	1 494	-501	4 537	16 825	3 507	354	867	684	-1 847	925	16 792
交通运输和仓储	14 789	5 456	10 690	16 009	10 401	5 708	10 381	6 993	3 651	7 637	6 595	9 129	3 461	4 944
信息和交流	28 441	45 074	19 213	24 934	34 875	31 079	-61 969	49 461	38 880	19 306	22 954	17 417	26 874	-78 695
金融	103 585	17 126	58 480	64 698	37 717	49 575	134 861	312 975	125 835	138 016	168 033	113 475	145 893	184 132
商务活动	88 408	14 483	30 609	48 283	43 707	43 807	51 630	32 050	7 773	16 864	26 423	18 839	26 593	33 388
公共管理和军事	4 209	1 271	1 380	2 910	3 602	4 078	4 322	-11 118	-594	-4 303	-288	-1 165	-1 049	-4 523
教育	1 225	509	881	685	213	76	1 256	155	51	310	112	317	-1 040	125
健康和社会服务	2 944	653	9 936	2 947	6 636	4 085	1 892	-730	187	3 815	729	954	2 315	2 652
艺术和娱乐	1 956	525	1 565	726	971	1 591	6 312	1 116	-77	635	526	275	406	4 923
其他服务业	793	263	715	164	196	1 780	2 769	-1 154	-3	55	-9	615	29	292

注：

a) 被收购公司所在行业的净销售额。

b) 收购公司所在行业的净购买额。

跨国公司的购入量和售出量都按净额计算，标准如下：在东道国经济体中的净跨国并购销售=在东道国经济体中对外国跨国公司的销售量-外国子公司在东道国经济体中的销售量；母国经济体中净跨境并购购买额=以母国为基地的跨国公司的外国子公司的销售额。该数据仅覆盖涉及 10%以上的股权并购交易。

数据来源：UNCTAD，跨境并购数据库（www.unctad.org/fdistatistics）。

附表 5　2014 年交易额完成 30 亿以上的跨国并购

排序	总额（十亿美元）	被兼并公司	东道国[a]	被兼并公司所属行业	兼并公司	母国	兼并公司行业	并购比例（%）
1	130.3	Verizon Wireless Inc	美国	无线电话通信	Verizon Communications Inc	美国	电话通信（无线电话）	45
2	42.2	CITIC Ltd	中国	投资建议	CITIC Pacific Ltd	中国香港	钢铁厂、高炉和轧制米尔斯	100
3	23.1	Societe Francaise du Radiotelephone SA	法国	电话通信(除无线电话)	Numericable Group SA	法国	有线电视及其他付费电视服务	100
4	15.3	Alliance Boots GmbH	瑞士	药店和专卖店	Walgreen Co	美国	药店和专卖店	55
5	14.2	Merck & Co Inc-Consumer Care Business	美国	药物制剂	Bayer AG	德国	化学品和化学制剂，未分类	100
6	13.9	Beam Inc	美国	葡萄酒、白兰地酒和白兰地烈酒	Suntory Holdings Ltd	日本	麦芽饮料	100
7	13.4	Tim Hortons Inc	加拿大	饮食场所	Burger King Worldwide Inc	美国	饮食场所	100
8	11.2	E-Plus Mobilfunk GmbH & Co KG	德国	无线电话通信	Telefonica Deutschland Holding AG	德国	电话通信（除无线电话）	100
9	10.0	Grupo Corporativo ONO SA	西班牙	电话通信(除无线电话)	Vodafone Holdings Europe SLU	西班牙	无线电话通信	100
10	9.1	Concur Technologies Inc	美国	预装软件	SAP America Inc	美国	预装软件	100
11	9.1	Scania AB	瑞典	汽车和轿车车身	Volkswagen AG	德国	汽车和轿车车身	37
12	8.3	InterMune Inc	美国	生物制品（除诊断物质）	Roche Holding AG	瑞士	药物制剂	100
13	7.0	Xstrata Peru SA	秘鲁	铜矿石	MMG South America Management Co Ltd	中国香港	投资公司，未分类	100
14	6.8	Athlon Energy Inc	美国	原油和天然气	Encana Corp	加拿大	原油和天然气	100
15	6.8	Ziggo NV	荷兰	有线电视及其他付费电视服务	Liberty Global PLC	英国	有线电视及其他付费电视服务	72
16	5.8	Oriental Brewery Co Ltd	韩国	麦芽饮料	Anheuser-Busch Inbev	比利时	麦芽饮料	100

续表

排序	总额（十亿美元）	被兼并公司	东道国[a]	被兼并公司所属行业	兼并公司	母国	兼并公司行业	并购比例（%）
17	5.7	AS Watson Holdings Ltd	中国香港	零售店，未分类	Mayon Investments Pte Ltd	新加坡	投资者，未分类	25
18	5.7	Itissalat Al Maghrib SA	摩洛哥	电话通信（无线电话）	Emirates Telecommunications Corp	阿拉伯联合酋长国	电话通信（除无线电话）	53
19	5.6	Questcor Pharmaceuticals Inc	美国	药物制剂	Mallinckrodt PLC	爱尔兰	药物制剂	100
20	5.4	International Lease Finance Corp	美国	设备租赁，未分类	AerCap Holdings NV	荷兰	设备租赁，未分类	100
21	5.4	Gates Corp	美国	橡胶和塑料软管和皮带	Blackstone Group LP	美国	投资者，未分类	100
22	5.3	YPF SA	阿根廷	石油精炼	Argentina	阿根廷	国民政府	51
23	5.2	Brookfield Office Properties Inc	加拿大	非住宅建筑商	Brookfield Property Partners LP	百慕大群岛	房地产投资信托基金	51
24	5.0	Invensys PLC	英国	过程控制仪表	Schneider Electric SA	法国	电力、配电和特种变压器	100
25	5.0	Nokia Oyj-Devices & Services Business	芬兰	广播电视和通信设备	Microsoft Corp	美国	预装软件	100
26	4.9	Oldford Group Ltd	马岛	休闲娱乐服务	Amaya Gaming Group Inc	加拿大	休闲娱乐服务	100
27	4.9	Sky Deutschland AG	德国	有线电视及其他付费电视服务	Kronen Tausend985 GmbH	德国	有线电视及其他付费电视服务	57
28	4.8	Wing Hang Bank Ltd	中国香港	银行	OCBC Pearl Ltd	新加坡	银行	98
29	4.8	Celesio AG	德国	药品，药品专卖和药商杂物	Dragonfly GmbH & Co KgaA	德国	药品、药品专卖和药商杂物	74
30	4.7	OAO RN Holding	俄罗斯	原油和天然气	Novy Investments Ltd	塞浦路斯	投资者，未分类	12
31	4.6	Oiltanking Partners LP	美国	天然气输配	Enterprise Products Partners LP	美国	天然气输送	66
32	4.6	TUI Travel PLC	英国	旅行社	TUI AG	德国	旅行社	54
33	4.6	Repsol SA-Liquefied Natural Gas Business	秘鲁	Na+ E33：h33tural 气液体	Royal Dutch Shell PLC	荷兰	原油和天然气	100

续表

排序	总额（十亿美元）	被兼并公司	东道国[a]	被兼并公司所属行业	兼并公司	母国	兼并公司行业	并购比例（%）
34	4.5	UNS Energy Corp	美国	电力服务	Fortis Inc	加拿大	电力服务	100
35	4.3	Bristol-Myers Squibb Co-Diabetes Business	美国	药物制剂	Astra Zeneca AB	瑞典	药物制剂	100
36	4.2	ViroPharma Inc	美国	药物制剂	Shire PLC	爱尔兰	药物制剂	88
37	4.2	Sky Italia Capital	意大利	有线电视及其他付费电视服务	Sky Italian Holdings	意大利	投资公司，未分类	100
38	4.0	Noble Agri Ltd	中国大陆	谷物和豆类	Investor Group	中国	投资者，未分类	51
39	4.0	Grohe AG	德国	塑料管道固定装置	Investor Group	日本	投资者，未分类	88
40	3.7	Chrysler Group LLC	美国	汽车和轿车车身	Fiat North America LLC	美国	汽车及其他机动车	41
41	3.5	JPMorgan Chase & Co-Physical Commodities Business	美国	全国商业银行	Mercuria Energy Group Ltd	瑞士	石油和石油产品批发商，未分类	100
42	3.4	Engine Holding GmbH	德国	汽车配件及配件	Rolls-Royce Holdings PLC	英国	水轮机和水轮发电机组	50
43	3.3	CFR Pharmaceutical SA	智利	药物制剂	Abbott Laboratories	美国	药物制剂	100
44	3.3	Telefonica Czech Republic as	捷克	无线电话通信	PPF Group NV	荷兰	投资者，未分类	66
45	3.3	Banco Santander(Brasil)SA	巴西	银行	Banco Santander SA	西班牙	银行	7
46	3.2	Lindorff Group AB	挪威	调整和收集服务	Lindorff Group AB SPV	瑞典	投资公司，未分类	100
47	3.2	Cia General de Electricidad SA	智利	电力服务	Gas Natural Fenosa Chile SpA	智利	天然气输送	97
48	3.2	Nets Holding A/S	丹麦	存管银行的相关功能	Investor Group	美国	投资者，未分类	100
49	3.1	Motorola Mobility Holdings Inc	美国	广播和电视广播和通信设备	Lenovo Group Ltd	中国香港	电子计算机	100
50	3.1	WILD Flavors GmbH	瑞士	香料提取物调味糖浆，未分类	Archer Daniels Midland Co	美国	棉籽油米尔斯	100

续表

排序	总额（十亿美元）	被兼并公司	东道国[a]	被兼并公司所属行业	兼并公司	母国	兼并公司行业	并购比例（%）
51	3.1	Freeport-McMoRan Oil & Gas LLC-Eagle Ford Shale Assets	美国	原油和天然气	EnCana Oil & Gas(USA)Inc	美国	原油和天然气	100
52	3.1	Castle Peak Power Co Ltd	中国大陆	电力服务	Investor Group	中国	投资者，未分类	60
53	3.1	Rottapharm SpA	意大利	药物制剂	Meda AB	瑞典	药物制剂	100

注：

a）直接收购/被收购公司所在经济体。

只要最终东道国经济体和最终母国公司经济体不同，在统一经济体内的并购交易仍视为跨境并购。

资料来源：UNCTAD，跨境并购数据库（www.unctad.org/fdistatistics）。

附表 6　2008—2014 年已披露的绿地 FDI 项目价值，按来源地/目的地划分（百万美元）

合作伙伴区域/经济体	将全球作为投资目的地							将全球作为投资目的地						
	按来源地划分							按目的地划分						
	2008	2009	2010	2011	2012	2013	2014	2008	2009	2010	2011	2012	2013	2014
世界[a]	1 354 +A:O899	973 735	824 827	879 429	630 757	707 378	695 577	1 354 899	973 735	824 827	879 429	630 757	707 378	695 577
发达国家	981 688	709 745	598 579	610 022	432 764	479 064	481 443	412 337	321 894	289 771	289 315	237 341	225 555	222 378
欧洲	571 325	422 717	363 130	335 620	243 060	266 757	259 729	303 756	198 391	159 171	159 966	139 125	128 801	119 389
欧洲联盟	524 362	390 544	332 056	310 042	225 506	238 500	241 745	295 378	192 734	152 929	156 445	135 930	125 173	116 250
奥地利	21 681	9 476	8 532	7 706	5 113	5 310	4 792	3 074	1 565	2 070	3 076	1 656	1 121	1 877
比利时	12 591	8 466	6 190	5 682	3 368	4 194	7 573	11 118	3 684	6 084	2 850	2 603	3 142	3 177
保加利亚	325	25	120	119	83	216	277	10 518	4 231	3 201	5 313	2 642	1 772	1 295
克罗地亚	1 830	148	810	83	172	241	113	3 121	1 550	2 250	2 133	1 067	1 094	902
塞浦路斯	903	898	557	4 306	2 910	1 057	1 115	595	237	718	393	130	152	39
捷克	3 771	1 137	2 640	2 002	2 174	2 131	378	4 905	3 954	6 210	4 546	3 528	4 069	2 325
丹麦	13 849	9 514	3 739	9 809	7 501	7 476	5 137	1 684	1 625	935	596	934	585	901
爱沙尼亚	537	138	873	425	263	886	129	1 288	1 150	886	783	892	782	210
芬兰	10 746	3 823	4 300	6 060	6 474	7 357	2 464	2 270	1 191	1 364	1 920	1 884	2 733	1 506
法国	85 592	62 317	49 633	43 871	30 281	30 752	46 246	24 130	14 119	8 946	10 257	8 590	9 927	7 472
德国	94 247	70 061	70 247	68 697	51 577	53 680	52 795	29 271	17 597	15 534	15 886	11 720	11 369	7 885
希腊	3 948	1 715	908	1 064	1 445	837	10 332	4 586	1 842	1 093	1 979	1 474	3 476	672
匈牙利	2 817	940	372	1 107	921	666	738	9 206	3 832	7 760	3 469	2 834	2 113	3 263
爱尔兰	8 425	13 974	5 474	3 931	7 807	3 720	3 017	7 554	4 833	4 000	7 021	4 514	5 003	5 007
意大利	38 219	25 575	19 039	21 223	21 927	21 243	17 539	11 542	10 406	11 409	4 857	3 964	4 011	5 808
拉脱维亚	529	674	832	275	85	147	65	2 545	861	702	606	1 002	729	262
立陶宛	701	321	272	153	603	271	154	1 442	1 086	1 226	7 355	1 125	792	629

续表

合作伙伴区域/经济体	将全球作为投资目的地 按来源地划分							将全球作为投资目的地 按目的地划分						
	2008	2009	2010	2011	2012	2013	2014	2008	2009	2010	2011	2012	2013	2014
卢森堡	13 369	5 169	5 109	8 133	5 711	4 336	6 526	408	738	687	303	276	428	219
马耳他	191	850	8	540	66	104	127	320	413	312	185	256	199	192
荷兰	38 581	33 350	20 943	16 887	9 934	14 229	15 761	9 014	9 528	8 368	5 638	3 985	7 167	5 578
波兰	1 754	1 045	1 851	833	1 353	854	1 400	28 567	13 804	11 076	10 820	10 839	8 848	7 503
葡萄牙	11 768	9 223	5 092	2 005	2 228	2 709	2 443	6 341	5 473	2 756	1 572	1 228	1 453	1 207
罗马尼亚	339	115	758	104	139	287	467	29 190	14 403	7 347	11 633	8 836	9 117	5 586
斯洛伐克	98	388	1 311	32	285	262	5	2 884	3 336	3 867	5 696	1 419	1 761	1 033
斯洛文尼亚	1 632	587	529	356	332	162	63	558	289	638	459	455	167	198
西班牙	46 093	40 208	36 784	27 395	18 002	24 615	19 105	24 647	13 044	13 763	9 741	10 287	11 740	10 776
瑞典	21 482	14 545	14 862	13 658	9 025	10 304	8 597	2 694	2 680	2 001	3 010	1 681	1 052	2 385
英国	88 345	75 865	70 268	63 585	35 729	40 453	34 388	61 906	55 263	27 727	34 348	46 110	30 372	38 341
其他欧洲发达国家	46 963	32 173	31 075	25 579	17 554	28 257	17 984	8 378	5 657	6 242	3 520	3 196	3 628	3 139
安道尔	16	31	133	10	168	—	—	—	31	16	—	—	1	—
冰岛	496	129	592	316	42	4 231	87	74	—	722	194	124	248	356
列支敦士登	94	134	93	106	111	54	151	4	—	8	—	—	115	76
摩纳哥	15	28	63	199	—	34	78	193	65	49	113	43	18	25
挪威	11 880	10 921	5 524	6 974	3 779	3 469	2 719	3 110	2 370	2 280	819	565	1 355	760
圣马力诺	—	—	—	—	3	—	—	—	—	—	—	—	—	—
瑞士	34 463	20 930	24 670	17 975	13 451	20 469	14 949	4 997	3 191	3 167	2 394	2 464	1 892	1 922
北美洲	287 364	195 603	162 150	180 684	127 327	140 037	152 339	75 177	92 931	83 413	105 596	73 415	71 329	77 031
加拿大	43 132	30 022	20 233	26 936	21 249	15 364	26 583	17 162	16 280	19 947	30 181	11 887	16 356	18 983
美国	244 199	165 581	141 918	153 749	106 078	124 672	125 756	58 015	76 651	63 054	75 415	61 528	54 973	58 048

续表

合作伙伴区域/经济体	将全球作为投资目的地							将全球作为投资目的地						
	按来源地划分							按目的地划分						
	2008	2009	2010	2011	2012	2013	2014	2008	2009	2010	2011	2012	2013	2014
其他发达经济体	122 998	91 426	73 298	93 717	62 377	72 271	69 376	33 404	30 572	47 188	23 754	24 801	25 425	25 958
澳大利亚	29 757	16 887	11 452	12 933	8 618	9 812	11 028	23 690	21 023	41 329	16 048	17 819	12 754	15 651
百慕大群岛	2 340	7 507	1 250	578	596	1 975	845	—	1	162	6	13	4	66
格陵兰岛	34	—	—	—	—	—	—	—	—	412	—	—	—	—
以色列	11 820	2 643	6 779	3 133	2 706	3 165	2 032	882	3 356	874	787	1 452	1 236	389
日本	78 388	63 503	52 831	75 931	48 818	54 806	52 352	7 039	5 587	4 458	4 781	4 329	10 162	8 654
新西兰	693	885	986	1 141	1 639	2 512	3 118	1 793	605	364	2 132	1 189	1 268	1 198
发展中经济体[a]	350 717	243 441	206 447	252 580	188 256	209 496	208 333	844 713	601 867	488 887	534 486	356 324	452 478	447 548
非洲	12 244	12 234	13 156	32 792	7 151	17 402	13 386	149 130	82 923	75 719	73 241	48 162	55 124	88 295
北非	5 056	2 499	1 123	514	2 593	2 271	2 902	53 614	38 479	20 008	11 422	14 620	10 765	25 849
阿尔及利亚	271	58	—	138	200	15	—	17 908	2 605	1 367	1 432	2 377	4 285	536
埃及	3 708	1 858	1 006	69	2 382	1 125	1 723	10 159	18 474	9 500	5 417	9 125	3 024	18 129
利比亚	—	22	—	—	—	—	22	2 979	1 813	973	44	88	135	179
摩洛哥	623	431	62	103	11	903	1 102	16 858	5 998	4 086	2 858	1 468	2 536	4 598
南苏丹	—	—	—	—	—	—	—	1 153	58	149	350	341	291	161
苏丹	—	—	—	187	—	—	—	1 243	1 889	2 292	72	77	55	68
突尼斯	454	130	55	17	—	229	55	3 315	7 642	1 640	1 249	1 145	441	2 178
其他非洲国家	7 189	9 734	12 033	32 279	4 558	15 131	10 483	95 516	44 444	55 711	61 820	33 542	44 358	62 446
安哥拉	83	15	527	—	365	112	345	11 451	5 806	1 330	383	2 959	620	16 132
贝宁	—	—	—	—	—	—	—	11	—	12	46	18	160	11
博茨瓦纳	—	12	11	140	66	36	22	1 984	362	461	367	146	103	236
布基纳法索	—	—	—	137	—	22	11	281	270	460	157	1	537	72

续表

合作伙伴区域/经济体	将全球作为投资目的地							将全球作为投资目的地						
	按来源地划分							按目的地划分						
	2008	2009	2010	2011	2012	2013	2014	2008	2009	2010	2011	2012	2013	2014
布隆迪	—	—	—	—	11	11	—	22	55	25	42	20	65	330
佛得角	—	—	—	—	—	—	—	137	—	44	136	—	6	141
喀麦隆	—	22	—	—	—	—	—	350	1 011	5 287	3 611	565	497	253
中非共和国	—	—	—	—	—	—	—	—	—	11	—	58	—	22
乍得	—	—	—	—	—	—	—	758	57	—	142	102	150	629
科摩罗	—	—	—	—	—	—	—	11	—	—	7	130	11	11
刚果	—	—	—	—	—	—	—	11	1 271	—	32	113	433	1 708
刚果民主共和国	171	—	7	—	—	—	—	2 856	48	1 060	2 187	466	740	540
科特迪瓦	12	22	22	—	46	328	150	569	113	281	817	809	1 951	495
吉布提	—	—	—	—	—	—	600	1 108	880	891	—	22	179	284
赤道几内亚	—	—	—	—	—	12	—	5	1 300	10	1 800	3	12	11
厄立特里亚	3	—	—	—	—	—	—	—	—	—	—	—	—	—
埃塞俄比亚	18	11	—	—	62	70	—	777	337	309	1 115	498	4 483	2 758
加蓬	—	—	—	22	—	—	11	2 880	709	2 493	225	259	46	195
冈比亚	—	—	—	—	—	—	—	33	33	206	15	200	9	—
加纳	—	6	18	54	61	29	—	4 788	6 735	2 525	5 652	1 250	2 774	4 476
几内亚	—	—	—	—	—	—	—	—	67	1 417	556	29	33	6
几内亚比绍	—	—	—	—	—	—	—	—	22	—	—	—	—	321
肯尼亚	494	326	3 552	471	532	585	421	597	1 315	912	2 364	1 017	3 635	2 305
莱索托	—	—	—	—	—	—	—	12	26	56	512	4	—	—
利比里亚	—	—	—	—	—	—	—	2 600	824	5 103	281	53	558	22
马达加斯加	—	—	—	—	—	—	—	1 337	164	—	104	216	211	358

续表

合作伙伴区域/经济体	将全球作为投资目的地							将全球作为投资目的地						
	按来源地划分							按目的地划分						
	2008	2009	2010	2011	2012	2013	2014	2008	2009	2010	2011	2012	2013	2014
马拉维	11	11	—	—	2	—	—	22	710	316	206	23	559	29
马里	22	11	22	—	—	—	22	400	58	15	0	792	25	52
毛里塔尼亚	—	—	—	—	—	—	—	270	—	46	274	350	22	1 312
毛里求斯	334	764	2 534	1 577	298	3 273	1 752	323	108	63	1 389	140	51	341
莫桑比克	—	—	—	—	58	—	—	6 590	785	3 200	8 928	3 207	6 281	8 801
纳米比亚	15	—	—	—	289	402	—	1 799	1 501	378	886	764	1 066	184
尼日尔	—	—	—	—	—	—	—	3 141	—	100	277	—	350	19
尼日利亚	671	724	654	1 012	636	2 812	641	28 402	7 807	9 272	3 789	6 277	6 320	10 800
留尼旺	—	—	—	—	—	—	—	—	—	—	—	—	—	150
卢旺达	—	15	—	—	22	—	—	265	315	1 663	591	1 202	434	496
圣多美和普林西比	—	—	—	—	—	—	—	280	—	—	—	150	150	6
塞内加尔	—	—	—	2	6	389	14	1 324	532	801	81	1 159	1 312	377
塞舌尔	—	—	—	—	—	—	—	141	1	130	11	37	156	37
塞拉利昂	—	—	—	—	—	—	—	78	260	230	218	110	611	—
索马里	—	—	—	—	—	—	—	161	—	34	—	40	378	165
南非	4 526	7 503	4 563	28 533	1 982	6 666	5 564	12 199	5 847	5 951	10 845	4 604	5 765	3 833
斯威士兰	—	—	—	—	—	—	—	21	11	—	439	7	150	67
多哥	110	151	48	280	55	199	80	146	15	—	—	410	370	22
乌干达	39	44	11	—	—	7	—	2 935	1 431	7 830	2 393	421	816	426
坦桑尼亚	11	55	52	51	22	138	297	2 120	431	837	3 112	1 064	782	569
赞比亚	—	9	—	—	46	33	—	1 305	2 229	1 206	2 398	747	1 075	2 990
津巴布韦	670	33	12	—	—	6	556	1 020	1 000	750	5 432	3 103	473	457

续表

合作伙伴区域/经济体	将全球作为投资目的地 按来源地划分							将全球作为投资目的地 按目的地划分						
	2008	2009	2010	2011	2012	2013	2014	2008	2009	2010	2011	2012	2013	2014
亚洲	320 547	218 646	170 813	198 878	170 707	171 595	186 257	558 381	403 869	300 605	332 651	228 966	241 266	268 884
东亚和东南亚	155 819	121 350	122 334	126 226	108 398	117 002	145 108	304 815	236 370	198 409	212 085	148 642	158 851	192 612
东亚	108 541	83 141	86 211	92 672	71 322	93 154	110 991	144 826	127 203	114 474	126 100	97 124	90 942	96 173
中国	47 529	25 757	20 472	41 158	19 467	22 092	63 295	121 661	109 145	96 010	105 106	78 547	75 740	77 411
中国香港	16 025	16 538	7 389	10 799	11 997	53 614	11 832	6 300	7 943	6 075	6 342	7 285	5 943	5 263
朝鲜	—	—	—	—	—	—	—	606	221	—	59	—	227	2
韩国	32 897	28 840	30 025	27 499	29 495	11 139	23 412	11 282	4 784	3 793	9 634	6 201	5 934	10 828
中国澳门	70	—	—	—	—	81	—	689	490	221	483	2 356	257	870
蒙古	—	—	150	—	—	—	—	335	257	1 655	356	249	657	165
中国台湾	12 020	12 007	28 176	13 216	10 363	6 229	12 453	3 953	4 363	6 720	4 120	2 486	2 185	1 635
东南亚	47 278	38 208	36 123	33 554	37 076	23 848	34 117	159 989	109 167	83 936	85 985	51 518	67 908	96 438
文莱	105	—	—	70	—	—	140	379	434	204	5 928	76	45	134
柬埔寨	65	209	—	—	189	184	108	3 372	3 747	1 423	2 109	1 540	2 186	2 250
印度尼西亚	229	1 097	319	4 998	861	366	856	32 608	26 005	13 062	27 600	15 649	10 579	17 330
老挝	185	—	—	—	—	—	81	1 133	2 074	261	1 254	703	459	1 016
马来西亚	16 102	14 362	20 092	3 639	17 694	3 542	9 676	23 411	11 916	15 379	12 906	6 023	6 982	19 190
缅甸	—	—	—	71	—	160	—	1 377	1 800	435	590	1 995	13 727	4 456
菲律宾	604	1 496	2 044	369	545	530	2 023	13 410	9 960	4 741	4 086	4 124	3 744	7 357
新加坡	19 697	13 656	9 498	13 042	15 084	12 903	16 530	12 023	11 541	16 513	18 278	9 072	8 857	11 999
泰国	7 672	5 784	3 322	10 036	2 527	5 235	3 962	14 754	6 776	9 258	4 039	6 065	5 634	8 870
东帝汶	—	—	—	—	—	—	—	—	—	1 000	—	79	—	10
越南	2 619	1 605	848	1 330	175	928	741	57 521	34 915	21 661	9 197	6 192	15 695	23 828

续表

合作伙伴区域/经济体	将全球作为投资目的地							将全球作为投资目的地						
	按来源地划分							按目的地划分						
	2008	2009	2010	2011	2012	2013	2014	2008	2009	2010	2011	2012	2013	2014
南亚	34 253	23 212	20 323	33 177	28 743	15 955	14 220	83 870	66 607	51 883	57 244	39 296	26 368	38 957
阿富汗	—	—	—	37	—	13	—	256	2 980	303	308	227	320	—
孟加拉国	104	51	113	101	131	1	48	776	523	2 574	514	2 267	912	2 051
不丹	—	—	—	—	—	—	—	—	116	70	91	35	183	—
印度	32 402	17 382	19 351	32 156	25 974	14 794	13 274	65 437	52 847	41 472	47 461	31 267	18 917	24 976
伊朗	425	5 726	638	515	1 563	—	382	7 880	2 771	2 743	1 744	—	80	1 667
马尔代夫	—	—	—	—	—	—	—	358	401	2 048	902	279	107	108
尼泊尔	1	—	3	31	151	243	—	580	356	339	95	—	603	390
巴基斯坦	1 286	22	146	245	92	739	434	7 353	4 389	1 359	2 325	4 153	3 067	7 858
斯里兰卡	33	32	72	93	832	165	84	1 231	2 225	973	3 805	1 068	2 180	1 906
西亚	130 476	74 085	28 156	39 475	33 565	38 638	26 929	169 696	100 891	50 313	63 321	41 028	56 047	37 316
巴林	15 800	14 758	797	734	1 530	618	467	7 488	2 086	2 408	3 850	3 950	1 166	1 018
伊拉克	—	20	—	51	—	53	—	25 813	10 970	4 208	8 731	978	15 020	2 270
约旦	547	897	598	50	1 015	107	553	11 882	2 518	2 143	2 822	1 459	10 938	1 730
科威特	15 779	3 394	2 479	2 824	1 215	9 806	399	2 021	763	572	811	614	2 168	238
黎巴嫩	518	571	268	220	415	166	220	1 938	2 131	1 274	483	222	106	1 182
阿曼	173	3 069	107	220	99	466	269	7 757	7 364	3 534	3 664	4 311	1 662	1 528
卡塔尔	8 495	13 536	1 583	11 508	7 514	1 496	252	18 543	25 033	4 089	3 796	2 089	1 597	1 215
沙特阿拉伯	4 896	5 946	1 435	5 627	2 033	2 701	1 926	37 162	14 581	8 315	16 152	7 859	6 351	9 967
巴勒斯坦	—	—	—	—	15	—	—	1 050	14	15	—	—	7	20
叙利亚	357	61	—	219	0	—	—	5 521	3 638	1 992	1 593	3	—	4
土耳其	4 871	3 883	3 075	3 019	4 139	6 803	2 685	19 499	19 619	9 483	11 185	8 996	9 714	4 779

续表

合作伙伴区域/经济体	将全球作为投资目的地							将全球作为投资目的地						
	按来源地划分							按目的地划分						
	2008	2009	2010	2011	2012	2013	2014	2008	2009	2010	2011	2012	2013	2014
阿拉伯联合酋长国	78 988	27 952	17 744	15 003	15 578	16 402	20 159	28 676	11 264	10 866	10 227	10 245	7 141	12 856
也门	52	—	70	—	11	21	—	2 345	910	1 413	6	302	178	510
拉丁美洲和加勒比海地区	17 856	12 475	22 462	20 724	10 398	20 499	8 689	132 518	112 792	110 077	125 316	77 808	153 023	89 446
南美洲	15 397	9 983	19 619	9 726	6 661	14 131	4 592	84 077	76 901	86 723	90 590	55 394	68 031	40 528
阿根廷	420	875	1 267	533	1 349	1 368	69	5 870	8 491	6 086	11 590	5 837	4 263	3 273
玻利维亚	—	—	—	—	—	66	—	747	1 912	776	243	10	1 028	502
巴西	11 027	5 896	11 703	4 281	3 130	9 159	1 590	41 844	34 992	42 325	50 054	30 081	28 317	18 713
智利	772	1 462	2 217	1 791	1 175	1 600	1 421	6 515	15 847	5 721	14 814	10 903	10 195	6 610
哥伦比亚	600	109	3 384	815	812	1 073	392	8 953	3 167	13 048	7 102	3 258	12 191	3 162
厄瓜多尔	69	368	190	81	41	—	2	529	324	108	619	488	803	562
圭亚那	—	—	—	—	—	—	—	1 000	12	159	45	302	38	—
巴拉圭	—	—	—	—	—	—	—	280	65	369	111	369	401	326
秘鲁	16	358	27	265	12	400	376	9 791	10 768	11 320	4 332	3 023	5 688	5 464
苏里南	—	—	—	—	—	—	—	107	—	—	160	31	13	—
乌拉圭	2	45	2	5	—	11	—	4 356	248	724	1 027	753	1 075	1 160
委内瑞拉	2 491	870	830	1 955	142	453	741	4 084	1 075	6 086	494	338	4 021	755
中美洲	1 566	2 438	2 748	10 790	3 725	6 121	3 678	41 651	32 507	20 931	26 937	20 447	76 074	45 611
伯利兹	—	—	—	13	—	—	—	—	5	1	—	259	100	4
哥斯达黎加	5	55	119	11	3	114	84	508	1 403	1 711	2 983	677	762	1 363
萨尔瓦多	—	264	145	20	—	55	—	529	718	252	479	230	858	515
危地马拉	48	116	71	146	205	222	7	992	1 108	892	237	384	1 058	379

续表

合作伙伴区域/经济体	将全球作为投资目的地 按来源地划分							将全球作为投资目的地 按目的地划分						
	2008	2009	2010	2011	2012	2013	2014	2008	2009	2010	2011	2012	2013	2014
宏都拉斯	—	—	—	—	37	373	—	1 062	121	246	483	51	548	1 551
墨西哥	1 397	1 923	1 701	10 532	3 474	5 291	3 446	35 217	26 173	16 078	20 531	17 706	30 545	33 319
尼加拉瓜	62	—	246	3	3	31	2	147	751	265	270	350	40 597	725
巴拿马	54	81	465	65	4	35	139	3 196	2 228	1 487	1 954	790	1 606	7 755
加勒比海地区	893	55	95	209	12	247	420	6 790	3 385	2 422	7 788	1 968	8 918	3 307
安提瓜和巴布达	—	—	—	—	—	—	—	69	—	—	—	—	—	2 221
阿鲁巴岛	—	—	—	—	—	—	—	65	—	6	25	65	—	84
巴哈马群岛	10	35	—	1	8	96	37	70	6	68	479	24	16	221
巴巴多斯	—	—	5	32	21	—	—	—	28	122	227	4	—	240
开曼群岛	608	987	65	483	295	76	464	310	98	248	282	299	6	298
古巴	7	—	—	31	—	—	133	2 281	958	1 552	446	221	195	19
多米尼加	—	—	—	—	—	—	—	—	—	—	—	—	—	—
多米尼加共和国	—	39	25	—	—	—	—	2 861	1 336	253	5 307	603	2 858	1 375
格林纳达	—	—	—	—	—	—	—	—	—	4	6	30	0	1
瓜德罗普岛	—	—	—	—	—	—	—	267	—	—	25	—	—	221
海地	—	—	8	—	—	9	—	3	49	59	350	45	434	—
牙买加	880	13	28	168	12	237	232	245	38	37	458	12	1 363	505
马提尼克岛	—	—	13	—	—	—	13	—	6	—	—	15	—	221
波多黎各	5	3	20	10	—	1	42	747	681	497	1 071	952	2 555	965
圣基茨和尼维斯	—	—	—	—	—	—	—	—	—	—	—	65	—	—
圣卢西亚岛	—	—	—	—	—	—	—	—	1	145	65	—	65	44

续表

合作伙伴区域/经济体	将全球作为投资目的地							将全球作为投资目的地						
	按来源地划分							按目的地划分						
	2008	2009	2010	2011	2012	2013	2014	2008	2009	2010	2011	2012	2013	2014
圣文森特和格林纳丁斯	—	—	—	—	—	—	—	—	—	—	—	—	—	31
特立尼达和多巴哥	—	—	3	—	—	—	—	387	316	24	131	118	1 513	3
特克斯和凯科斯群岛	—	—	—	—	—	—	1	65	—	31	—	—	221	—
大洋洲	69	86	16	185	—	—	0	4 684	2 283	2 486	3 278	1 388	3 066	923
斐济	—	70	10	—	—	—	0	111	302	—	159	36	12	48
法属波利尼西亚	—	10	—	—	—	—	—	—	—	70	—	—	—	—
密克罗尼西亚联邦	—	—	—	—	—	—	—	—	—	—	—	156	—	35
新喀里多尼亚	—	—	—	35	—	—	—	1 400	18	—	10	—	—	—
巴布亚新几内亚	67	—	7	150	—	—	—	2 638	1 927	2 195	3 045	1 196	3 054	840
萨摩亚	2	—	—	—	—	—	—	500	—	—	—	—	—	—
所罗门群岛	—	6	—	—	—	—	—	35	36	221	65	—	—	—
转型经济体	22 495	20 549	19 801	16 827	9 737	18 818	5 801	97 848	49 974	46 169	55 628	37 092	29 345	25 650
东南欧洲	660	325	498	182	75	225	148	16 415	5 589	4 937	6 833	7 736	6 345	6 094
阿尔巴尼亚	—	—	105	—	—	3	3	3 324	116	58	317	288	56	53
波斯尼亚和黑塞哥维那	7	—	19	3	4	38	4	1 981	1 316	277	1 258	1 349	878	1 006
黑山共和国	—	—	7	—	—	9	—	715	120	372	424	350	612	1 143
塞尔维亚	653	316	365	146	71	78	142	7 734	3 262	3 775	3 981	4 633	4 223	2 926
马其顿	—	9	1	33	—	99	—	2 661	776	454	853	1 117	576	966
独联体国家	21 761	20 195	19 296	16 464	8 895	18 562	5 653	78 919	40 549	40 185	47 100	28 827	21 707	18 701
亚美尼亚	47	—	13	70	120	—	—	590	878	229	658	486	811	281

续表

合作伙伴区域/经济体	将全球作为投资目的地							将全球作为投资目的地						
	按来源地划分							按目的地划分						
	2008	2009	2010	2011	2012	2013	2014	2008	2009	2010	2011	2012	2013	2014
阿塞拜疆	1 215	3 418	569	422	2 883	220	110	1 530	2 063	646	1 384	1 496	1 006	647
白俄罗斯	1 410	395	2 075	109	75	539	222	974	1 143	1 783	1 012	616	594	348
哈萨克斯坦	350	700	693	343	137	219	419	16 218	1 743	2 379	7 455	1 188	1 386	2 165
吉尔吉斯斯坦	81	31	—	—	—	—	—	463	45	—	277	60	49	70
摩尔多瓦共和国	537	—	—	0	—	3	—	153	487	271	346	155	282	115
俄罗斯联邦	15 421	14 890	14 885	14 619	4 251	16 376	4 569	46 149	26 583	29 645	22 416	16 683	12 468	12 974
塔吉克斯坦	82	8	—	—	—	—	—	223	539	2	1 060	587	159	482
土库曼斯坦	—	—	—	—	—	—	—	4 024	1 262	300	2 219	7	—	35
乌克兰	2 617	754	1 063	901	1 429	1 206	334	7 644	4 463	4 062	2 869	3 061	4 669	1 090
乌兹别克斯坦	—	—	—	—	0	—	—	952	1 344	867	7 404	4 488	285	495
格鲁吉亚	75	29	7	181	766	31	—	2 514	3 836	1 047	1 694	529	1 292	855
备忘录														
最不发达国家（LDCs）[b]	875	589	861	896	1 131	1 624	1 604	52 569	31 192	37 704	31 629	22 061	40 279	47 680
内陆发展中国家（LLDCs）[c]	3 258	4 312	1 483	1 213	3 500	1 047	1 220	44 241	23 815	22 271	38 535	18 640	17 712	16 398
小岛屿发展中国家（SIDS）[d]	1 292	887	2 585	1 928	339	3 605	2 021	5 302	3 163	6 101	7 079	2 456	6 504	4 841

注：

a) 不包括加勒比海地区的金融中心（安圭拉、安提瓜和巴布达、阿鲁巴、巴哈马、巴巴多斯、英属维尔京群岛、开曼群岛、库拉索、多米尼克、格林纳达、蒙特塞拉特、圣基茨和尼维斯、圣卢西亚、圣文森特和格林纳丁斯、圣马丁和特克斯和凯科斯群岛）

b) 最不发达国家包括阿富汗、安哥拉、孟加拉国、贝宁、布基纳法索、布隆迪、不丹、柬埔寨、中非共和国、乍得、科摩罗、刚果民主共和国、吉布提、赤道几内亚、厄立特里亚、埃塞俄比亚、冈比亚、几内亚、几内亚比绍、海地、基里巴斯、老挝人民民主共和国、莱索托、利比里亚、马达加斯加、马拉维、马里、毛里塔尼亚、莫桑比克、缅甸、尼泊尔、尼日尔、卢旺达、圣多美和普林西比、塞内加尔、塞拉利昂、所罗门群岛、索马里、南苏丹、苏丹、东帝汶、多哥、图瓦卢、乌干达、坦桑尼亚、瓦努阿图、也门和赞比亚。

c) 内陆发展中国家包括阿富汗、亚美尼亚、阿塞拜疆、不丹、玻利维亚、博茨瓦纳、布基纳法索、布隆迪、中非共和国、乍得、埃塞俄比亚、哈萨克斯坦、吉尔吉斯斯坦、老挝人民民主共和国、莱索托、马其顿共和国、马拉维、马里、摩尔多瓦、蒙古、尼泊尔、尼日尔、巴拉圭、卢旺达、南苏丹、斯威士兰、塔吉克斯坦、土库曼斯坦、乌干达、乌兹别克斯坦、赞比亚和津巴布韦。

d) 小岛屿发展中国家包括安提瓜和巴布达、巴哈马、巴巴多斯、佛得角、科摩罗、多米尼加、斐济、格林纳达、牙买加、基里巴斯、马尔代夫、马绍尔群岛,、瑙鲁、毛里求斯、密克罗尼西亚联邦、帕劳、巴布亚新几内亚、圣基茨和尼维斯、圣卢西亚、圣文森特和格林纳丁斯、萨摩亚、圣多美和普林西比、塞舌尔、所罗门群岛、东帝汶、汤加、特立尼达和多巴哥、图瓦卢和瓦努阿图。

注释：该数据是资本投资的估计值。

资料来源：UNCTAD 基于金融时报 FDI 市场数据整理。（www.fDimarkets.com）。

译后语

《世界投资报告》是联合国贸易和发展组织（UNCTAD）关于全球外国直接投资流动趋势和政策的年度报告，也是 UNCTAD 最重要的出版物之一。

为了方便我国相关政府部门和企业界研究和决策人士以及外国投资研究领域的专家学者更便捷地使用这份报告，南开大学跨国公司研究中心受世界贸发组织的委托及联合国出版局的知识产权许可，组织翻译了《世界投资报告 2015：重构国际投资机制》中文版。

报告翻译的具体分工是：冼国明和葛顺奇总校译；第一章：田珍、沈玉昊；第二章：戴琳、康青青、李凌睿；第三章：王璐瑶；第四章：万淑贞、刘蕊；第五章：陈李明、田珍；前言、附录翻译由张英达、李坦完成，参与专栏翻译的还有陈明、龙江艳。

南开大学跨国公司研究中心主任冼国明教授、联合国贸发组织投资和企业司司长兼报告总撰稿人詹晓宁博士，对报告的翻译及出版工作进行了总体部署和指导。商务部外资管理司黄峰副司长、范文杰副司长，投资促进事务局刘殿勋局长，合作司陈明霞处长，政研室陈霖处长，国际司沈晓凯处长，厦门市会展局王琼文局长、陈文水处长，国际经济合作杂志社齐国强社长，为本报告的翻译工作提供了大力支持和帮助，使本报告得以顺利完成。南开大学国经所葛顺奇教授负责具体翻译的组织和协调工作，并校对全文，保证了报告按时出版。南开大学出版社王乃合、夏冰媛、张丽娜、周敏编辑的认真负责，高质量地完成了编辑排版工作，在此一并致谢。

特别感谢厦门市会展局在厦门“9.8 投洽会”期间，组织安排中文版新闻发布会。

《世界投资报告 2015》英文版于 2015 年 6 月 26 日在中国地区发布，从英文版发布到翻译完成，不足一个月的时间，翻译和审校人员付出了巨大辛劳。因时间仓促，如有疏漏之处，敬请读者谅解。

天津泰康投资有限公司、百利融资租赁有限公司、南开大学跨国公司研究中心为本报告中文版的翻译和审校工作提供了资助。

2015 年 7 月 26 日